# Material para comprender la Naturaleza de Cristo

# LA PALABRA SE HIZO CARNE:

## UN ESTUDIO COMPLETO DE LA NATURALEZA DE CRISTO EN LOS ESCRITOS DE ELLEN G. WHITE

Edición Completa

Ralph Larson

Copyright ©2023
LS COMPANY
ISBN: 978-1-0880-6875-5

## Tabla de Contenido:

Capítulo 1 – ¿Qué Fue Hecho Carne? ...................................................................................................5

Capítulo 2 – La Circunstancia de la Búsqueda ...................................................................................8

Capítulo 3 – El Propósito de Este Estudio .........................................................................................10

Capítulo 4 – Principios y Procedimientos Las Categorías de la Evidencia ...................................11

Capítulo 5 – Una Cristología Basada en la Biblia .............................................................................16

Capítulo 6 – Definiciones de Términos de Uso Peculiar de Ellen White .......................................18

Capítulo 7 – Un Estudio de las Palabras Pasiones y Propensiones en los Escritos de Ellen White ..26

Capítulo 8 – Una Explicación ..............................................................................................................33

Capítulo 9 – 1852 - 1894 El Periodo Anterior A La Carta Baker .....................................................36

Capítulo 10 – 1886-1904 Sección Especial .........................................................................................49

Capítulo 11 – 1895 - 1896 El Contexto Inmediato de la Carta Baker .............................................58

Capítulo 12 – 1897-1915 El Periodo Posterior a la Carta Baker ....................................................100

Capítulo 13 – 1916-1952 El Último Brillo de Claridad y Unidad .................................................131

Capítulo 14 – Reflexión-¿De Cuántas Maneras Podría Ella haberlo Dicho? ..............................175

Capítulo 15 – 10 de Julio y 17 de Julio de 1952; Un Editorial en la Review and Herald ...................180

Capítulo 16 — Septiembre de 1956 y Abril de 1957; Artículos en la Revista Ministry ....................... 184

Capítulo 17 — 1957-Preguntas Sobre Doctrinas y el Comentario Bíblico Adventista del Séptimo Día ................................................................................................................................................................ 189

Capítulo 18 — El Nuevo Pronunciamiento Cristológico; Un Examen de las Fuentes ....................... 192

Capítulo 19 — El Nuevo Pronunciamiento Cristológico; Un Análisis de la Evidencia ...................... 209

Capítulo 20 — Conclusión — Una Metodología Defectuosa Ha Producido Interpretaciones No Válidas ............................................................................................................................................................ 230

Capítulo 21 — La Ligación Inevitable Entre la Naturaleza de Cristo y la Obra Salvadora de Cristo ................................................................................................................................................................ 238

Capítulo 22 — La Tensión En Aumento Tiene Que Producir Algo ....................................................... 246

Capítulo 23 — ¿Cómo Podríamos Entenderlo? ......................................................................................... 252

Capítulo 24 — ¿Qué Podemos Hacer Ahora? ........................................................................................... 257

Epílogo ............................................................................................................................................................ 263

Apéndice A — El Texto Total de la Carta Baker ....................................................................................... 268

Apéndice B — Un Análisis de la Carta Baker ........................................................................................... 279

Apéndice C — ¿Debiera Ser Adicionada la Doctrina del Pecado Original a la Teología ASD? ........ 287

Apéndice D — Yo Solo; El Predicamento de Pablo en Romanos 7 ....................................................... 306

# Capítulo 1 – ¿Qué Fue Hecho Carne?

¿Fue "Logos" o fue "Dabar"?

El Nuevo Testamento fue, desde luego, escrito en Griego, y el apóstol Juan escribió su evangelio en ese idioma. Al hacerlo de esa manera, él usó un término Griego "Logos", el cual ha ocasionado gran discusión.

"Al principio era el Verbo (logos)... El Verbo (logos) era con Dios, y el Verbo (logos) era Dios". (Juan 1:1-2)

"Y el Verbo (logos) fue hecho carne, y habitó entre nosotros..." (Verso 14)

¿Cuál es entonces el problema? ¿No debiéramos esperar que Juan usase un término Griego, ya que él está escribiendo en ese idioma?

Claro que sí. Pero el término Logos en Griego está tremendamente cargado de implicaciones culturales.

Logos, como término técnico, parece haberse originado con los Estoicos, los cuales lo usaron para querer decir Sabiduría Divina como siendo la fuerza integradora del universo.[1]

Esto ha llevado a algunos estudiantes a concluir que Juan había sido fuertemente influenciado por el pensamiento y la filosofía Griega, de tal manera que él estaba escribiendo que era el logos Griego el que había venido a la tierra en la persona de Jesús Cristo (los estudiantes encontrarán un completo estudio acerca del pensamiento Griego en relación a logos, en el Diccionario Teológico Kittel).

Otros estudiantes, sin embargo, han llegado a la conclusión que mientras los lectores Griegos del evangelio de Juan pudieran haber apreciado su reconocimiento de los méritos del logos, habrían sido confrontados con la declaración del verso 14: "Y el Verbo (logos) se hizo carne...".

Para la mente Griega, imbuida con el dualismo de los filósofos, una transformación de este tipo era impensable, ya que logos es espiritual, y por eso es bueno, y carne es físico, y por ello intrínsecamente vil, corrupto y malo. Este es el fondo del dualismo "alma buena en cuerpo vil" de la teología cristiana medieval, el concepto de alma inmortal, etc.

Para la mente Griega, la declaración "El Verbo se hizo carne", sería más o menos lo mismo que decir "Lo bueno se hizo malo".

Existe aún otra posibilidad. No había ninguna necesidad de que Juan sacase de la cultura Hebrea el concepto de un Verbo (Palabra) desencarnado, sin cuerpo, que habría introducido un cambio significativo al hacerse carne.

En el mismo corazón de la cultura y de la tradición Hebrea estaba el trono de la misericordia, en el Lugar Santísimo del santuario, protegido por las alas de los querubines, de donde emanaban brillantes rayos de la gloria de Dios, y de donde se escuchaba en ocasiones supremamente importantes la Palabra audible, la dabar (forma principal), que daba consejo y guiaba a Israel.

El término dabar, usado primeramente para describir la Palabra desencarnada, eventualmente vino a ser usado en relación al lugar desde donde la palabra era escuchada, el santo Shekinah. Los traductores de la King James, tratando de verter este concepto fielmente al inglés, invocaron la palabra oráculos para traducir la palabra dabar (forma principal).

"Y el consejo de Ahitofel, que él daba en aquellos días, era como si un hombre hubiese consultado el oráculo de Dios…". (2 Samuel 16:23)

"Y los sacerdotes trajeron el arca del pacto del Señor hasta su lugar, en el oráculo de la casa, en el Lugar Santísimo, aun hasta debajo de las alas de los querubines". (1 Reyes 8:6)

"Escucha la voz de mis súplicas, cuando lloro delante de ti, cuando levanto mis manos hacia tu santo oráculo". (Salmo 28:2; 1 Reyes 6:5, 16, 19, 20-23; 2 Crónicas 4:20)

Releer todas estas escrituras, usando el término "palabra" (o verbo) cada vez que aparece el término "oráculo", proveerá un sentido de profundidad del significado del término "palabra" (verbo) que viene del pensamiento Hebreo. Fue esa divina y beneficiente palabra que era escuchada desde el lugar donde ningún cuerpo, ni ninguna carne era vista, el santo Shekinah, el lugar más reverenciado en todo Israel. Cuán profundamente significativo era entonces para los Israelitas, para los Judíos de los tiempos de Juan, cuando leían su evangelio:

"Al principio era el Verbo (Palabra)…"

(Desde luego, nosotros lo sabemos)

"Y el Verbo (Palabra) estaba con Dios…"

(Si, si. Nosotros lo sabemos)

---

[1] 5CBA: 894.

"Y el Verbo (Palabra) era Dios…"

(Sin duda. Nosotros lo entendemos así)

"Y el Verbo fue hecho carne"

(¿Qué? Realmente está queriendo decir eso? ¿Puede eso ser verdad? ¿Puede ser que esa gloriosa, amorosa y guiadora palabra, la presencia de la Shekinah, se transforme realmente en carne? ¿Es eso lo que Jesús es? ¡Gloria a Dios!)

Entonces tenemos que dejar sabiamente a un lado la filosofía Griega en sus dos dimensiones. Nuestro Señor Jesús Cristo no es logos; Él es dabar. Y la carne que lleva la humanidad, y que Jesús asumió, no lleva la carga de la corrupción intrínseca y de la vileza que le atribuye la filosofía Griega. Nosotros no somos helenísticos; nosotros somos Cristianos.

"…La carne en sí misma no puede actuar contrariamente a la voluntad de Dios".[2]

---

[2] HAd:127.

## Capítulo 2 – La Circunstancia de la Búsqueda

En el verano de 1983, el curso que se iba a graduar en teología del Seminario Adventistas del Séptimo Día del Lejano Este, solicitó que yo condujera un servicio eclesiástico especial para ellos. Las lecciones de la Escuela Sabática relacionadas con el tema de la naturaleza humana de Cristo, habían creado preguntas y análisis en sus países de origen, y ellos esperaban encontrarse con estas preguntas cuando volviesen a sus respectivos campos de trabajo. Me pidieron que compartiera con ellos los resultados de mi investigación sobre ese tema.

Yo les presenté los resultados de mis propios estudios que yo había hecho hasta ese entonces, y agregué aun alguna información que me había sido enviada por otras personas. Entonces, comprendiendo que todos nuestros esfuerzos hasta aquel instante habían sido fragmentarios, que nos habíamos dedicado a analizar solamente a una pequeña parte de la gran masa de evidencias, resolví dedicar tanto tiempo como fuese posible a un examen más profundo de las declaraciones acerca de la naturaleza de Cristo emitidas no solamente en los libros y artículos publicados por Ellen White, sino que también en los escritos de otros líderes adventistas que han editado y han contribuido con sus artículos en los más importantes diarios de la iglesia a través de los años.

Esta fue una de las experiencias más provechosas. La búsqueda trajo a la luz una gran cantidad de material a respecto del tema, del cual yo ni siquiera me había imaginado que pudiese existir. Aparentemente la humanidad de Jesús había sido mirada como una doctrina fundamental de una tremenda importancia por nuestros pioneros de la Iglesia Adventista del Séptimo Día, y ellos daban su testimonio a respecto de eso frecuentemente y con una claridad inconfundible.

También fue una sorpresa agradable descubrir que la mayoría, si no todas, las preguntas teológicas que ahora están recibiendo atención por parte de la iglesia, habían sido cuidadosa y completamente Examinadas por nuestros ancestrales espirituales, los cuales, aun cuando no hayan poseído un grado académico, eran incuestionablemente competentes en las Escrituras.

Un tercer punto de interés que descubrí tal vez de una manera muy triste, es que hasta mediados de 1950 la mayor parte de los escritos teológicos de nuestra iglesia fueron hechos por los administradores de nuestra iglesia, los cuales aceptaron la responsabilidad de ser competentes en teología, como siendo parte de sus deberes administrativos.

Pareciera ser que ellos consideraron la teología tan importante que decidieron no confiársela a los estudiantes de teología. Tal vez hayan actuado en forma correcta.

Sin embargo, me gustaría enfatizar que aun cuando los resultados de mi búsqueda me han impedido a no concordar con algunos teólogos Adventistas del Séptimo Día, no es mi intención impugnar ya sea su sinceridad o su integridad.

# Capítulo 3 — El Propósito de Este Estudio

El propósito de este estudio es para poder determinar cuál ha sido el consenso de opinión entre los Adventistas del Séptimo Día en relación a la pregunta cristológica específica: ¿Vino el Cristo encarnado a esta tierra en la naturaleza humana no caída de Adán, o en la naturaleza caída del hombre?

Este estudio es de una necesidad histórica en su naturaleza, más que escritural o teológico. Procura establecer QUÉ es lo que los Adventistas del Séptimo Día han creído, y no POR QUÉ lo han creído. Las razones escriturísticas y teológicas para que ellos hayan creído lo que creyeron, nos llevarían a una materia inmensamente grande como para incluirla en este estudio, y necesitaría ser analizada en forma separada. Sin embargo, una pequeña lista de las escrituras usadas con más frecuencia por los escritores Adventistas del Séptimo Día puede ser encontrada en el Capítulo 5.

La fuente de materiales han incluido artículos publicados en los diarios Adventistas del Séptimo Día más importantes: Review and Herald, Signs of the Times, Southern Watchman, Watchman, Our Times, These Times, Youth's Instructor, Bible Echo, Australasian Signs of the Times, Australasian Record y South African Signs of the Times; Boletines de la Conferencia General, Lecciones de la Escuela Sabática, libros escritos por autores Adventistas del Séptimo Día, y, con un énfasis muy especial, todos los libros, artículos de revistas y manuscritos no publicados escritos por Ellen White.

Las cartas de Ellen White no fueron examinadas, pero el estudio incluye algunos ítems de estas fuentes que me fueron enviadas por otros autores.

# Capítulo 4 – Principios y Procedimientos Las Categorías de la Evidencia

La investigación ha revelado que las declaraciones hechas, tanto por Ellen White como por otros escritores, caen mas bien naturalmente en cinco categorías:

1.- Las declaraciones más fuertes, que usan las palabras "naturaleza pecaminosa" o "naturaleza caída" para describir la humanidad de Jesús.

"Él tomó sobre Sí nuestra naturaleza pecaminosa".[1]

"Él tomó sobre Sí mismo la naturaleza humana caída y sufridora, degradada y contaminada por el pecado".[2]

"Él condescendió ... en tomar sobre Sí mismo la naturaleza humana caída".[3]

"En Su humanidad Cristo compartió nuestra naturaleza pecaminosa caída".[4]

2.- Declaraciones que no usan los términos "pecaminosa" o "caída" pero que usan expresiones incuestionablemente equivalentes:

"... Cristo tomó sobre Sí las enfermedades de la humanidad degenerada".[5]

"Cristo en realidad unió la naturaleza ofensiva del hombre con Su propia naturaleza sin pecado".[6]

"Así como Jesús era en la carne humana, así Dios quiere que sean Sus seguidores".[7]

"Si lector, el bendito Hijo de Dios... hizo Su morada en la carne con los mismos deseos que usted tiene en su carne".[8]

3.- Declaraciones que van desde algunas difíciles de entender hasta aquellas que carecerían completamente de significado si fuesen aplicadas a Cristo en la naturaleza no caída de Adán:

"Cristo declaró que no violaré ningún principio de la naturaleza humana".[9]

"Un ángel no habría sabido cómo simpatizar con el hombre caído, pero... Jesús puede ser tocado con todas nuestras enfermedades".[10]

"Él estaba sujeto a las debilidades de la humanidad".[11]

"Como cada hijo de Adán, Él aceptó los resultados del trabajo de la gran ley de la herencia".[12]

"Infinitamente superior en todo en relación a Booz, y sin embargo Él se inclinó para casarse con la raza caída".[13]

4.- Declaraciones que rechazan específicamente la idea de que Cristo tomó la naturaleza no caída de Adán:

"Cristo no estaba en una posición tan favorable en el desierto desolado para soportar las tentaciones de Satanás, como lo estuvo Adán cuando fue tentado en el Edén. El Hijo de Dios se humilló a Sí mismo y tomó la naturaleza del hombre después que la raza había vagado cuatro mil años desde el Edén, y de su original estado de pureza y rectitud".[14]

"Su naturaleza humana fue creada; ni siquiera poseía poderes angélicos. Era humano, idéntico a nosotros".[15]

"Habría sido casi una infinita humillación para el Hijo de Dios tomar la naturaleza humana, aun cuando Adán permaneció en pie en su inocencia en el Edén. Pero Jesús aceptó la humanidad cuando la raza había sido debilitada por cuatro mil años de pecado. Como cada hijo de Adán Él aceptó los resultados del trabajo de la gran ley de la herencia. Lo que fueron estos resultados se muestran en la historia de Sus ancestrales terrestres. Él vino con esa herencia a compartir nuestras penas y tentaciones, y para darnos el ejemplo de una vida sin pecado".[16]

"El segundo Adán no vino en el punto donde el primer Adán estuvo cuando falló, sino que en el punto en el cual la humanidad estaba al final de cuatro mil años de degeneración...".[17]

"Él no vino a este mundo y tomó sobre Sí mismo las condiciones de Adán, sino que Él bajó más aun, para alcanzar al hombre tal como él es, debilitado por el pecado, peludo en su propia iniquidad".[18]

5.- Declaraciones que de acuerdo con el principio de la hermenéutica podrían haber sido incluidos, pero que eran tan numerosos que quedé abrumado por la absoluta evidencia, de tal manera que decidí no compilarlos ni siquiera contarlos. La expresión "vistió Su divinidad con humanidad" ocurre tan a menudo en los escritos de Ellen White, que llevaría meses para completar una investigación y poder compilar estas declaraciones. De acuerdo con los principios de la hermenéutica (reglas de la evidencia) que las declaraciones de un escritor deben ser aclaradas con otras declaraciones del mismo escritor, deberíamos preguntarnos, cada vez que veamos esas palabras, "¿A qué clase de humanidad se está refiriendo ella? ¿Caída o no caída?".

Las reglas de la evidencia nos dicen que debemos responder, "Caída", debido a la frecuencia con la cual ella clarifica su posición en relación a ese punto, como por ejemplo:

"Cristo vino en la semejanza de carne pecaminosa, vistiendo Su divinidad con humanidad".[19]

No somos justos si le ponemos cualquier otro significado a sus palabras, ya que ella misma nunca nos colocó cualquier otro significado.

Sin embargo, la tarea de compilar todas las veces que aparece la expresión "vistió Su divinidad con humanidad", es demasiado grande para mi. Tal vez otra persona consiga hacerlo.

El mismo principio se aplica a las pocas citas de naturaleza general que han sido incluidas, que son aquellas en que Ellen White simplemente declara que Cristo tomó la "naturaleza humana" o "nuestra naturaleza". Ya que estas expresiones se encuentran normalmente en un contexto que claramente describen la naturaleza caída, y no se encuentran nunca en un contexto que describan la naturaleza no caída, las reglas de la hermenéutica nos permitirían incluirlas como evidencias. Sin embargo, eso aumentaría enormemente el tamaño de este trabajo; así, teniendo en cuenta la brevedad, solamente una muestra de esas declaraciones generales han sido incluidas.[20]

En mi presentación de las evidencias, escogí organizarlas por los años en vez de hacerlo por las categorías. Pareciera que esto haría más fácil al estudiante encontrar un ítem en particular de evidencia, que tener que estar buscándolo. Este orden también sirve para ilustrar el gran paralelismo entre los pensamientos de Ellen White y los otros que escribieron, y editaron, como es el caso de la Review, de Signs y de otros diarios Adventistas. La relación puede hasta llamarse simbólica. Cualquier cosa que ella escribió ellos lo repitieron, tanto en material principal como en material argumentativo de ayuda. Y ella, tanto cuanto yo he podido descubrir, nunca se sintió incómoda con sus declaraciones bastante fuertes en relación a la naturaleza de Cristo.

El uso frecuente de paréntesis (...) es desaconsejable, pero no pude encontrar tiempo para copiar material en una forma más extensa. Por esta razón se ha perdido bastante, tanto en los pasajes bíblicos usados para apoyar las posiciones de los escritores y de la riqueza del raciocinio empleado.

En vista de la consistencia, he aprovechado el uso de todos los pronombres referentes a la Deidad, aun cuando los escritores lo hayan hecho o no.

Todos los énfasis subrayados son míos, a menos que se diga lo contrario. La cuenta de las declaraciones, aunque les parezca algo muy simple de ser hecho, fue de hecho algo que causó perplejidad, ya que iban desde simples a complejas y compuestas, con varias afirmaciones que a veces aparecían en un simple artículo, o aun en un único párrafo.

Finalmente decidimos seguir tan fielmente como fuese posible la aparente intención del autor. Si su segunda declaración parecía ser apenas una continuación o una clarificación de la primera, esta no fue contada en forma separada. Si la segunda declaración o las siguientes parecían tener la intención de re-afirmar algo con la intención de darle fuerza o un énfasis, entonces eran contadas separadamente. En esto espero haber seguido tan cerca cuanto fue posible el propósito del autor, pero tiene que reconocerse que puedan aparecer algunas variaciones en la cuenta, ya que fueron hechas por investigadores diferentes.

Notas:

1. Ellen White, Review and Herald, 15-12-1896.
2. Ellen White, Youth Instructor, 20-12-1900.
3. C.T. Ellingston, Review and Herald, 29-12-1910.
4. Bible Reading for the Home Circle: 115.
5. Ellen White, Signs of the Times, 03-12-1902.
6. Ellen White, Review and Herald, 17-07-1900.
7. Ellen White, Signs of the Times, 01-04-1897.
8. J.H. Durland, Signs of the Times, 26-09-1895.
9. Ellen White, Mensaje 65, 1899.
10. Ellen White, Review and Herald, 01-10-1889.
11. Ellen White, Signs of the Times, 22-04-1897.
12. DTN: 49.
13. E. Farnsworth, Signs of the Times, 06-05-1897.
14. Ellen White, Review and Herald, 28-07-1874.
15. Ellen White, Mensaje 94, 1893.
16. Ellen White, DTG: 49.
17. A.T. Jones, Review and Herald, 18-02-1896.
18. Stephen Haskell, Signs of the Times, 02-04-1896.

19. Signs of the Times, 11-04-1895.

20. Compare el uso de Sábado y Diezmo en las Escrituras. La definición dada en unos pocos usos se aplica a todos.

# Capítulo 5 – Una Cristología Basada en la Biblia

Los textos de la Escritura que eran más usados por Ellen White y otros escritores ASD para apoyar sus puntos de vista de que el Señor Jesús Cristo, en Su encarnación terrenal, tomó sobre Sí mismo la naturaleza humana caída, fueron:

La primera y la más usada, (Romanos 8:3) "Dios, enviando a Su propio Hijo en semejanza de carne de pecado, y por causa del pecado, condenó al pecado en la carne".

Ellos entendían las palabras "en semejanza de carne de pecado" como siendo una descripción literal de la carne humana de nuestro Salvador. Ellos entendían la palabra "semejanza" como habiendo sido usada en este párrafo en el mismo sentido en el cual fue usada en Fil. 2:7, "hecho semejante a los hombres", para indicar, no una similitud superficial o parcial, sino que una verdadera y completa semejanza, diferente de la nuestra solamente en que la carne (naturaleza) de Cristo nunca se vio envuelta en pecado.

Ellos entendían "condenó al pecado en la carne" como queriendo decir que Cristo había vivido una vida sin pecado en una carne pecaminosa, para así demostrar que el hombre, usando la misma fe, confianza, y dependencia de Dios que Él usó, pueda hacer lo mismo, con éxito. Así en su misma fuente su cristología (naturaleza de Cristo) estaba inseparablemente unida con su soteriología (obra salvadora de Cristo). Esta cita, (Romanos 8:3), era, por un gran margen, el texto más usado en su cristología.

Otro texto comúnmente usado era (énfasis del autor): "Acerca de Su Hijo Jesús Cristo nuestro Señor, el cual fue hecho de la simiente de David de acuerdo con la carne". (Rom. 1:3)

"Porque ambos Él que santifica y los que son santificados son todos de uno: por lo cual Él no se avergüenza de llamarlos hermanos". (Heb. 2:11)

"Así que, entonces los hijos son participantes de carne y sangre, Él de la misma manera participó de lo mismo ...". (Heb. 2:14)

"Porque ciertamente no tomó sobre Sí la naturaleza de los ángeles; sino que Él tomó sobre Sí la simiente de Abrahán". (Heb. 2:16)

"Por lo cual en todas las cosas le incumbía a Él ser hecho semejante a Sus hermanos ...". (Heb. 2:17)

Estas citas eran vistas como siendo las llaves interpretativas para el correcto entendimiento de las palabras de Juan: "En el comienzo era la Palabra, y la Palabra estaba con Dios, y la Palabra era Dios. La misma estaba en el principio con Dios. Todas las cosas fueron hechas por Él; y sin Él nada de lo que ha sido hecho fue hecho. ... Y la Palabra fue hecho carne, y habitó entre nosotros (y vimos Su gloria, gloria como del unigénito del Padre), llena de gracia y de verdad". (Juan 1:1-3, 14)

Ellos veían tanto la escalera de Pedro (2 Pedro 1:4-8) como la Jacob (Gén. 28:12-15) como símbolos de la naturaleza caída que Cristo asumió.[1] A menudo se planteó el punto, como en esta cita, que si Cristo no hubiese venido en la naturaleza caída – carne pecaminosa del hombre -- el peldaño más bajo de la escalera de Jacob no habría alcanzado la tierra, y el hombre no habría tenido una salvación efectiva.

Ellen White usa el simbolismo de la serpiente de bronce levantada por Moisés en el desierto como una representación de la carne pecaminosa asumida por Cristo en Su encarnación (Num. 21:9).[2] Ella señala que si la mano de Jesús no se contaminaba al tocar la carne de un leproso, así también Jesús no se contaminó al venir a habitar en la humanidad, una declaración que no tendría ningún sentido si fuese aplicada a la naturaleza no caída de Adán.[3]

De esta manera los pioneros adventistas se vieron ellos mismos adhiriendo firmemente al claro testimonio de las Escrituras al creer y enseñar que Cristo vino a la tierra en la naturaleza humana caída.

Ellos también adhirieron firmemente a las enseñanzas de Ellen White, a quien ellos aceptaban como siendo la mensajera inspirada enviada por Dios a los guardadores de los mandamientos de la iglesia remanente de (Apoc. 12:17). Como veremos, Ellen White tuvo fuertes y profundas convicciones acerca de la humanidad de Jesús, las cuales ella expresó libre y completamente en sus diferentes libros y artículos en revistas.

Notas:

1. Ver Ellen White en Bible Echo – Australian Signs of the Times, 14-12-1903.

2. DTG:174-175 y en la carta 55 de 1895.

3. Ver Ministerio de Curación:70.

# Capítulo 6 – Definiciones de Términos de Uso Peculiar de Ellen White

Es un principio bien establecido en la investigación que el escritor use términos y expresiones (grupos de palabras) que deberán ser entendidos a la luz de sus otros escritos donde use los mismos términos y expresiones. Si los escritos de un autor no son muchos, las comparaciones puede volverse difícil como también puede ser difícil establecer el significado de sus palabras.

Esto ciertamente no es el caso con Ellen White. Ella escribió 25 millones de palabras, y usó términos y expresiones con una uniformidad de significado realmente admirable. El estudiante notará, sin embargo, que su uso, aunque sea claro, uniforme y consistente en sus propios escritos, algunas veces son diferentes de los nuestros. En esos casos debemos dejar que Ellen White nos hable en su propia manera de hacerlo, y tenemos que tomar cuidado para no forzar una interpretación extraña a lo que ella quiso decir, o que tratemos de sacar nuestra propia interpretación de sus palabras.

1.- Para tener una correcta comprensión de las declaraciones de Ellen White en relación a la humanidad de Jesús, es de suprema importancia reconocer el hecho de que ella siempre se adhirió firmemente a las definiciones del diccionario al usar aquellas palabras como pecaminoso, impecable, corrupción e impecabilidad. Uno tiene la impresión de que ella debe haber escrito con el diccionario al lado del brazo. El uso indebido de cualquiera de estos términos en relación a la naturaleza de Cristo, podría traer serios mal entendidos. Ella trató de evitar esos mal entendidos usando las definiciones del diccionario con una precisión increíble.

Nuestra primera observación, a medida que nos vamos adentrando en el tema, es que Ellen White usa los términos naturaleza y carne como si, en el contexto del análisis cristológico, fuesen intercambiables:

"Él tomó sobre Sí nuestra naturaleza pecaminosa".[1]

"Él tomó sobre Sí mismo la semejanza de carne pecaminosa".[2]

Este es apenas una muestra de muchas de estas expresiones. Ahora observemos el uso que ella hace de los términos colocados a continuación:

a.- Pecaminoso: El diccionario ofrece como significado del sufijo "oso" como teniendo una tendencia hacia. Esto no llega a ser la descripción de un acto. El término pecaminoso, de acuerdo con este uso, no se refiere a ningún acto de pecar, y mucho menos a estar lleno de pecado, como algunos podrían entender. Quiere decir tener una tendencia hacia el pecado, lo cual describe acertadamente la carne (naturaleza) en la cual vivimos nosotros los seres humanos caídos. Ellen White usa consistentemente este término, pecaminoso, para describir la carne (naturaleza) en la cual Cristo hizo su tabernáculo terrestre. Ella vio Su carne (naturaleza) como teniendo las mismas tendencias (propensiones naturales, no propensiones para el mal) que nuestra carne (naturaleza) tiene. (ver más abajo propensiones).

b.- Impecable: El diccionario define el sufijo "im" como significando "sin" o "incapaz de". Así una persona intrépida es incapaz de sentir miedo, una persona insensible es incapaz de sentir, etc., y una naturaleza impecable es incapaz de pecar. Ellen White afirmó reiteradamente que Cristo nunca pecó, pero ella nunca describió la carne humana (naturaleza) que Él asumió como impecable, para que no se entendiese que ella estuviese queriendo decir que Su carne humana (naturaleza) era incapaz de pecar. Ella no se colocó al lado de aquellos que piensan que era imposible que Cristo pecase. Ella creía que Sus tentaciones eran reales y que Él podía pecar.

c.- Corrupción: El diccionario define el sufijo "ción" como significando un estado del ser. Esto está bien más allá que una tendencia hacia. Debe envolver las prácticas actuales del pecado. Ellen White aplica este término a los humanos, pero nunca a Cristo, para que no se dijese que ella creía que Cristo había pecado. Observe:

"En Él no había engaño ni corrupción (maldad),... y sin embargo Él tomó sobre Sí nuestra naturaleza pecaminosa".[3]

"... tomando la naturaleza pero no la corrupción (maldad) del hombre".[4]

Ella no igualó pecaminoso con corrupción, como algunos lo hacen hoy día, y en esto se le debe reconocer que ella sigue fielmente el diccionario.

d.- Impecabilidad: Nuevamente, el diccionario define el sufijo "dad" como significando un estado del ser. Ellen White no dudó en aplicar este término a Cristo, ya que ella creía que Él nunca había pecado, y que nunca había estado en el estado de ser un pecador. Tal como ella lo veía, la impecabilidad en la naturaleza pecaminosa era una posibilidad real y práctica demostrada por Cristo y mantenida delante de todos los cristianos como un objetivo o una meta. De algunos cristianos victoriosos ella predijo:

"Cada uno que por la fe obedece los mandamientos de Dios alcanzará la condición de impecabilidad en la cual Adán vivió antes de su transgresión".[5]

Es manifiesto que estas personas no perderían su naturalezas caídas y pecaminosas. Su condición será de impecabilidad en una naturaleza pecaminosa. Esta asociación de ideas se ve nuevamente en una declaración acerca de Cristo:

"Al tomar la naturaleza humana en su condición caída, Cristo no participó en lo más mínimo en su pecado... No debiéramos tener dudas en relación a la perfecta impecabilidad de la naturaleza humana de Cristo".[6]

De una manera diferente a la que usó Ellen White, y con menos cuidado acerca de las definiciones del diccionario que ella trató siempre de seguir, algunos igualan impecable con impecabilidad en sus descripciones de la naturaleza humana de Cristo, aparentemente sin tener ninguna preocupación de estar corriendo el riesgo de ser entendidos como queriendo decir que Su naturaleza humana era incapaz de pecar al usar la palabra impecable. Ellen White no hizo esto. Ella aplicó el término impecabilidad a la naturaleza humana de Cristo, pero el término impecable. Es extremamente infeliz que algunos de sus intérpretes no hayan reconocido este hecho, insistiendo inflexiblemente diciendo que cuando ella usó el término impecabilidad ella quería decir impecable. Yo estoy proponiendo que ella quiso decir lo que escribió, y escribió lo que ella quiso decir.

Los siguientes son otros términos típicamente Whitistas, el uso de palabras que son peculiares a Ellen White. La familiaridad con estos términos aumentará grandemente nuestro entendimiento de sus escritos.

2.- Méritos de Cristo

No solamente justificación.-

"Nuestra justicia se encuentra en la obediencia a la ley de Dios a través de los méritos de Jesús Cristo".[7]

"... a través de los méritos de Cristo podemos ser elevados para guardar los mandamientos de Dios".[8]

"... Nos hace victoriosos a través de Sus méritos".[9]

"... Nosotros debemos apoderarnos de los méritos de Cristo y parar de pecar".[10]

3.- Justicia Imputada

No solamente justificación.-

"... a través de la justicia imputada de Cristo, todo aquel que Lo recibe por la fe puede mostrar su lealtad guardando la ley".[11]

"... haciendo así posible al hombre guardar los mandamientos de Dios a través de Su justicia imputada".[12]

"Él testifica que a través de Su justicia imputada el creyente puede obedecer los mandamientos de Dios".[13]

4.- Substituto y Seguridad

No solamente justificación.-

"...como nuestro substituto y seguridad, Él puede vencer el príncipe de las tinieblas a nuestro favor, y hacernos victoriosos a través de Sus méritos".[14]

"A través de la perfección del impecable substituto y seguridad (el cristiano) puede correr la carrera de humilde obediencia a todos los mandamientos de Dios".[15]

5.- Una Segunda Oportunidad

El hombre la está teniendo ahora.

Algunos han sugerido de que la razón por la cual Adán no murió inmediatamente después de haber pecado, es que la forma del verbo hebraico de (Gén. 2:17) no exige una muerte inmediata. Ellen White ofrece una explicación diferente. De acuerdo con ella, la razón por la cual Adán no murió inmediatamente es que Cristo intervino inmediatamente, de manera que el hombre pudiese tener una segunda oportunidad de salvación. El hombre está teniendo ahora mismo esa segunda oportunidad.

"Después de la caída, Cristo fue el instructor de Adán. Él actuó en lugar de Dios para con la humanidad, salvando a la raza de una muerte inmediata".[16]

"En el instante en que el hombre aceptó las tentaciones de Satanás... Cristo, el Hijo de Dios, se interpuso entre la vida y la muerte, diciendo, "Que el castigo caiga sobre Mí. Yo me voy a poner en el lugar del hombre. Él tendrá otra oportunidad"".[17]

6.- La Caída

No nuevas facultades, etc.-

"La caída no creó en el hombre nuevas facultades, energías, y pasiones, porque esto habría sido una censura a Dios. Fue a través de la desobediencia a los requerimientos de Dios que estos poderes fueron pervertidos".[18]

7.- Nuestra naturaleza

No es una excusa para pecar.-

No diga, "Es mi naturaleza hacer esto o aquello, y no puedo hacerlo de otra manera. He heredado debilidades que me dejan sin poder delante de las tentaciones".[19]

"Pero muchos dicen que Jesús no era igual a nosotros, que Él no fue como nosotros somos en el mundo, que Él era divino, y que nosotros no podemos vencer como Él venció". (Entonces ella cita diversos textos de las Escrituras para refutar este error).[20]

8.- Asechanzas

No una parte que no se pueda erradicar de

la naturaleza humana.-

"Debemos apropiarnos de estas promesas para nosotros mismos de manera que podamos vencer la incredulidad, y obtener la victoria sobre cada asechanza..."[21]

"Dios probará una y otra vez hasta que venzamos nuestras asechanzas, o nos entreguemos totalmente a nuestra rebelión y obstinación".[22]

9.- Transmisión del pecado

Por contagio, y por influencia, no por una

herencia biológica.-

"Es la naturaleza del pecado esparcirse y aumentar. Desde el primer pecado de Adán, de generación en generación fue esparcido como una enfermedad contagiosa".[23]

"A través del medio de la influencia, tomando ventaja de la acción de la mente, (Satanás) prevaleció en hacer pecar a Adán... Y desde entonces el pecado ha continuado su obra odiosa, alcanzando una y otra mente".[24]

10.- Naturaleza caída heredada

No es una excusa para pecar.-

"Existen muchos que murmuran contra Dios en sus corazones. Ellos dicen, "Nosotros heredamos la naturaleza caída de Adán, y no somos responsables por nuestras imperfecciones naturales". Ellos encuentran errados los requerimientos de Dios, y se quejan de que Él demanda algo que ellos no tienen el poder para cumplir. Satanás hizo la misma queja en el cielo, pero tales pensamientos deshonran a Dios".[25]

11.- La muerte de niños

No a causa de la culpa heredada.-

"Para poseer una existencia sin límites, el hombre tiene que continuar participando del árbol de la vida... A nadie de la familia de Adán se le permitió cruzar aquella barrera (ver Gén. 3:22-24) para participar del fruto de la vida: porque no existe un pecador inmortal".[26]

"Adán no pudo transmitir a su posteridad aquello que no poseía... Si se le hubiese permitido al hombre después de su caída un libre acceso al árbol de la vida, habría vivido para siempre... A nadie de la familia de Adán se le permitió cruzar esa barrera y participar del fruto de la vida. Por eso, no existe un pecador inmortal".[27]

12.- "Condenó al pecado en la carne" (Rom. 8:3)

Una vida sin pecado en carne pecaminosa.-

"Satanás ha declarado de que es imposible para los hijos e hijas de Adán el poder guardar la ley de Dios... Los hombres que están bajo el control de Satanás repiten esta acusación contra Dios, diciendo que el hombre no puede guardar la ley de Dios. Jesús se humilló a Sí mismo, cubriendo Su divinidad con la humanidad, de manera que Él pudiese permanecer como la cabeza y como representante de la familia humana, y tanto por precepto como por ejemplo condenó el pecado en la carne, des-mintiendo así los cargos de Satanás.

...Él cumplió cada especificación de la ley, y condenó el pecado en la carne... Dios fue manifestado en la carne para condenar el pecado en la carne, manifestando perfecta obediencia a toda la ley de Dios". Signs of the Times 16-01-1896 (si fuese posible, el estudiante debería leer todo este artículo).

13.- La Serpiente de Bronce

La carne pecaminosa que Cristo asumió.-

"Que símbolo más extraño de Cristo fue aquella semejanza de la serpiente que los mordía. Este símbolo fue erguido en un poste, y ellos tenían que mirarla y ser sanados. Así fue hecho Jesús en semejanza de carne pecaminosa".[28]

14.- "Animal"

Usado como término biológico.-

"Todas las propensiones animales tienen que ser sujetadas a los poderes superiores del alma". El Hogar Adventista:128.

15.- "Tomó sobre"

Significado aclarado a través de expresiones

paralelas.-

"Se unió a Sí mismo a la debilidad de la humanidad".[29]

"Unió a la raza caída consigo mismo".[30]

"Se hizo uno con la raza caída".[31]

"Unió al hombre pecaminoso con Su propia naturaleza divina".[32]

"Abrazó a la humanidad caída".[33]

"El hijo de la raza caída".[34]

"Se identificó a Sí mismo con las debilidades y miserias del hombre caído".[35]

16.- "Forma"

No es idéntico a naturaleza.-

"Era la voluntad de Dios que Cristo tomase sobre Sí mismo la forma y la naturaleza del hombre caído".[36]

"Él no fue apenas hecho carne, sino que fue hecho en la semejanza de carne pecaminosa".[37]

17.- Cristo el "Segundo Adán"

No la misma naturaleza sino que las mismas

tentaciones que el primer Adán.[38]

18.- Pasiones y Propensiones.-

Estos términos han recibido tanta atención en los años recientes que creo que es mejor hacer un extenso estudio de estas palabras. En especial, el término "propensiones" en la manera en que fue usado en una carta de Ellen White mientras ella estaba en Australia al Pastor W. L. H. Baker, el cual estaba trabajando en Tasmania, lo cual ha causado mucha discusión. Se harán referencias a esta carta en la próxima sección de este libro y en el Apéndice B al final de este libro. La carta en sí misma puede ser vista en el Apéndice A de este libro.

Notas:

1. Signs of the Times, 30-07-1902 (pág. 132).
2. Signs of the Times, 03-09-1902 (pág. 133).
3. Signs of the Times, 30-07-1902.
4. Signs of the Times, 29-05-1901.
5. Signs of the Times, 23-07-1902, pág. 3, col. 1.
6. Signs of the Times, 09-06-1898. 1ME:256.

7. Review and Herald, 04-02-1890, pág. 65, col.2.

8. Review and Herald, 18-08-1891, pág. 513, col. 2.

9. Review and Herald, 27-02-1892, pág. 610, col. 1.

10. Review and Herald, 17-06-1890, pág. 369, col. 1.

11. Signs of the Times, 07-04-1898, pág. 3, col. 1.

12. Signs of the Times, 18-06-94, pág. 509, col. 1.

13. Signs of the Times, 16-01-1896, pág. 5, col.3.

14. Review and Herald, 27-09-1892, pág. 610, col. 1.

15. Signs of the Times, 22-08-1892, pág. 647, col. 2.

16. Signs of the Times, 29-05-1901.

17. Carta 22, del 13 de Febrero de 1900; 1 CBA: 1085.

18. Review and Herald, 01-03-1887, pág. 129, col. 1.

19. Signs of the Times, 17-06-1889, pág. 354, col. 3.

20. Review and Herald, 01-03-1892, pág. 130, col. 1.

21. Review and Herald, 08-05-1913, pág. 436, col. 1.

22. Review and Herald, 18-06-1889, pág. 385, col. 2.

23. Signs of the Times, 01-04-1886, pág. 193, col. 1.

24. Review and Herald, 16-04-1901, pág. 241, col. 1.

25. Signs of the Times, 29-08-1892, pág. 662, col. 3.

26. Patriarcas y Profetas: 60.

27. CS:533-534.

28. Carta 55, 1895; ver DTG:174-175

29. Review and Herald, 01-04-1875.

30. Signs of the Times, 23-09-1889.

31. Signs of the Times, 25-04-1892.

32. Review and Herald, 16-10-1894.

33. 6T:147.

34. Carta 19, 1901.

35. Review and Herald, 04-08-1874.

36. 4 Dones Espirituales:115; Review and Herald, 31-12-1872.

37. Carta 106, 1896.

38. Ver un largo análisis en Review and Herald del 28-07-1874 en la página 37 y citas de Signs of the Times del 17-10-1900 en la página 124.

39.

# Capítulo 7 — Un Estudio de las Palabras Pasiones y Propensiones en los Escritos de Ellen White

Ellen White escribió acerca de las palabras usadas por escritores de la Biblia:

"La Biblia debe ser dada en el lenguaje del hombre... Existen diferentes significados expresados por la misma palabra. No existe solamente una palabra para expresar una idea".[1]

(Esto también es válido para sus propios escritos inspirados ya que también están escritos en el lenguaje del hombre).

Pasiones – Control.-

En algunos pasajes, Ellen White usa la palabra pasiones para describir algo que tiene que ser controlado:

"Sus apetitos (de Adán) y pasiones estaban bajo el control de la razón". PP: 45. (Note que el Adán no caído no estaba exento de pasiones).

"Las palabras (de Pablo), sus prácticas, sus pasiones, todo fue traído bajo el control del espíritu de Dios".[2]

"Un hombre con las mismas pasiones que nosotros mismos, la pluma de la inspiración lo describe como (a Daniel) siendo sin falta".[3]

"Todas las circunstancias, todos los apetitos y pasiones, tienen que ser siervos del hombre tremente a Dios...".[4]

"El apetito y las pasiones debieran ser restringidos y estar bajo el control de una consciencia iluminada".[5]

"Cada cristiano genuino tendrá un control de su apetito y pasiones".[6]

"Nuestra juventud quiere madres que les enseñen desde la cuna a controlar las pasiones...".[7]

Propensiones – Control.-

De la misma manera, en algunos pasajes Ellen White usa la palabra propensiones para describir algo que tiene que ser controlado. En el primer pasaje, note la colocación entre pasiones y propensiones, y la indicación de que Cristo venció controlando ambas:

"Que vuestras pasiones y apetitos estén sujetos al control de la razón... Nuestras propensiones naturales deben ser controladas, o no podremos nunca vencer así como Cristo venció".[8]

"... permitiendo al hombre traer todas sus propensiones bajo el control de sus poderes superiores...".[9]

"Él trajo a su propia familia a sus rígidas reglas, pero falló en controlar sus propensiones animales".[10]

"Todas las propensiones animales tienen que estar sujetas a los poderes superiores del alma".[11]

"Si el intelecto iluminado mantiene las riendas, controlando las propensiones animales, manteniéndolas en sujeción a los poderes morales, Satanás sabe muy bien que su poder para vencer con las tentaciones es muy pequeño".[12]

Sería entonces este tipo de pasiones y/o propensiones que Ellen White tenía en mente cuando ella escribió de Cristo,

"Aun cuando Él tenía todo el poder de las pasiones de la humanidad, nunca cedió a hacer ningún acto que no fuese puro, elevado y ennoblecedor".[13]

"Él fue hecho igual a Sus hermanos, con las mismas susceptibilidades, mentales y físicas".[14]

Entonces Él tenía estas pasiones y propensiones pero Él las controló, y así vivió sin pecar. Esta es la experiencia que se nos recomienda.

Veremos ahora un uso bien diferente de las palabras pasiones y propensiones.

Pasiones – Eliminar.-

En algunos pasajes, Ellen White usa la palabra pasiones para describir algo que tiene que ser eliminado

"Cuando (la gracia de Cristo) es implantada en el corazón, eliminará las malas pasiones que causan contienda y disensión".[15]

"Pasiones no santificadas tienen que ser crucificadas".[16]

"La voluntad no santificada y las pasiones tienen que ser crucificadas".[17]

"Nuestras... malas pasiones... tienen que ser todas vencidas".[18]

"Cualquiera que sea la mala práctica, la pasión principal, la cual a través de una larga indulgencia amarra tanto al alma como al cuerpo, Cristo está capacitado y quiere liberarla".[19]

"El mal genio, la exaltación propia, el orgullo, las pasiones... tienen que ser vencidos".[20]

Y así como encontramos en la lista previa una ligación entre pasiones y propensiones, también encontramos la misma ligación aquí:

"(La esposa) es hecha un instrumento para ministrar la gratificación de las propensiones bajas y sensuales, y muchas mujeres se someten a ser esclavas de pasiones sensuales...".[21]

Aun cuando los siguientes usos sean solamente descriptivos, es obvio que simplemente controlarlos no será una solución adecuada para el problema.

"Pasiones depravadas, bajas pasiones, infames, pasiones infernales".[22]

"Pasiones corruptas".[23]

"Amargas y funestas pasiones".[24]

"Pasiones vulgares".[25]

"Pasiones asesinas".[26]

"Pasiones pervertidas".[27]

"Pasiones viciosas".[28]

El cristiano conseguirá muy poco si apenas limita las indulgencias sobre este tipo de pasiones, tal como se muestra a través de la palabra control en la lista previa. Este tipo de pasiones tienen que ser eliminadas.

Propensiones – Eliminar.-

De la misma manera, en algunos pasajes Ellen White usa la palabra propensiones para describir algo que tiene que ser eliminado:

"Pero aun cuando sus malas propensiones puedan parecerle como siendo preciosas, así como lo son la mano derecha o el ojo derecho, tienen que ser separadas del obrero, o no será aceptado por Dios".[29]

"Las propensiones absurdas y de diversión tienen que ser descartadas".[30]

Aun cuando el uso de las siguientes palabras sea apenas descriptivo, es obvio que simplemente controlándolas no será una solución adecuada para el problema:

"Propensiones al amor al dinero".[31]

"Propensiones al escándalo".[32]

"Propensiones al egoísmo".[33]

"Propensiones a las intrigas".[34]

"Propensiones a la lascivia".[35]

Sobre esto es alentador leer lo siguiente:

"No tenemos que retener una sola propensión pecaminosa".[36]

Sería entonces este tipo de pasiones y/o propensiones que Ellen White tenía en mente cuando escribió de Cristo,

"Él fue un poderoso suplicante, no poseyendo las pasiones de nuestra naturaleza caída, pero se compadeció con las enfermedades, fue tentado en todos los puntos así como nosotros lo somos".[37]

"Él es un hermano en nuestras enfermedades, pero no en poseer las mismas pasiones".[38]

"Ni por un momento hubo en Él una propensión hacia el mal".[39]

Conclusiones.-

1.- Ellen White estaba consciente del hecho de que las mismas palabras tienen que ser usadas a veces para expresar ideas diferentes.

2.- Encontramos un ejemplo de este problema en el uso que ella hace de las palabras pasiones y propensiones. Ella usa ambas palabras de dos maneras diferentes.

3.- Ella ecualiza (o liga) pasiones con propensiones en cada uno de los dos tipos de aplicación.

4.- En un uso, ambas palabras, pasiones y propensiones, son usadas para describir algo que los cristianos tienen que controlar, pero que por la naturaleza de las cosas, tienen que retener y no pueden eliminar de sus experiencias. En este uso ella trata de ligar la palabra propensión con los términos descriptivos como animal, humano, natural, etc.

5.- En el otro uso ambas palabras, pasiones y propensiones, son usadas para describir algo que los cristianos no necesitan retener, sino que deben eliminar. Aquí el control no es una solución adecuada para el problema. En este uso ella trata de ligar la palabra propensión con los términos descriptivos malo, pecaminoso, lascivo, etc.

6.- En sus referencias a Cristo, ella indica que Él tiene un tipo de pasiones y propensiones, pero que no tuvo los otros. Así su declaración en relación a ese asunto debe ser visto como un complemento y no como una contradicción. Pongamos los textos uno al lado del otro para efecto de comparación:

Pasiones

"Aun cuando Él tenía todo el poder de la pasión humana, nunca cedió Él para hacer un acto que no fuese puro, noble y elevado." [40]

Él fue un poderoso suplicante, no poseyendo las pasiones de nuestra naturaleza humana caída, pero se compadeció de nuestras enfermedades, y fue tentado en todos los puntos así como nosotros lo somos"[41]

Propensiones

"Él fue hecho a semejanza de sus hermanos, con las mismas susceptibilidades, mentales y Físicas".[42]

"Nuestras propensiones naturales tienen que ser Controladas, o no podremos nunca vencer así Como Cristo venció".[43]

"Ni por un instante hubo en Él una mala propensión."[44]

Note la distinción entre propensiones naturales y propensiones malas. Para ella estas son categorías separadas.

No debemos forzar a Ellen White haciendo con que ella se contradiga a sí misma, al ignorar el hecho de que ella claramente usó ambas palabras de dos maneras diferentes. Tampoco debiéramos concentrar nuestra atención apenas en un uso e ignorar el otro. Deberíamos reconocer la evidencia innegable de que ella vio a Cristo como teniendo ciertas pasiones y propensiones naturales, y de que Él evitó el pecado controlándolas. El otro tipo de pasiones y propensiones malas, las cuales ya son pecado o el resultado del pecado, y las cuales los cristianos tienen que eliminar de su experiencia, Cristo no las tuvo de ninguna manera.

Tomando entonces su declaración, "ni por un instante hubo en Él una mala propensión", y leerla como si ella hubiera dicho una propensión natural, y sacar como conclusión de eso que ella creía que Cristo tomó la naturaleza no caída de Adán es insostenible. Puede verse mejor como una afirmación enfática de que Él no pecó, lo cual también está indicado en la construcción de su sentencia en el uso de la conjunción "pero". Esta palabra es usada, siguiendo una declaración, para indicar que lo opuesto a esa declaración es verdadero.

Por ejemplo:

"Podría haberme ido, pero no lo hice.

"Ella podría haber ganado, pero no fue así.

Esta forma de contradicción no se pierde cuando otras palabras son usadas en la segunda cláusula.

"Podría haber ido, pero estaba ocupado".

Nadie, al leer esta declaración, concluiría que yo fui.

"Ella podría haber ganado, pero estaba cansada".

Nadie, al leer esta declaración, concluiría que ella ganó. La contradicción indicada por la conjunción "pero" imposibilita tal conclusión. Así que cuando Ellen White escribe:

"Él podría haber pecado, Él podría haber caído, pero ni por un momento hubo en Él una mala propensión", debemos entender que esto enfáticamente está queriendo decir: "Él podía haber pecado, pero no lo hizo".

Entonces no estamos usando su declaración acerca de propensiones en contradicción con sus muchas declaraciones de que Cristo tomó la naturaleza caída del hombre.

Las implicaciones de esta conjunción usada para contrastar "pero", debería ser mantenida en mente, cuando el estudiante analice este pasaje:

"Adán fue tentado por el enemigo, y cayó. No fue el pecado que habitaba en él el que lo hizo ceder; porque Dios lo hizo puro y recto; a Su propia imagen. Él era tan sin falta como los ángeles que están delante del trono. No habían en él principios corruptores, ninguna tendencia para el mal, pero cuando Cristo vino para enfrentar las tentaciones de Satanás, Él llevaba "la semejanza de carne pecaminosa"".[45]

Vea el próximo capítulo y también el Apéndice B, Ellen White Corrige Dos Errores Cristológicos, al final de este libro, para un análisis de la Carta Baker en la cual se encuentra la línea, "en ningún instante hubo en Él una mala propensión". Para el texto de la propia carta, vea el Apéndice A, al final de este libro.

Notas:

1. 1ME: 20.
2. HAp:315.
3. PR:546.
4. TM:421.
5. 3T:491.
6. 3T:569-570.
7. 3T:564-565.
8. 4T:235.
9. 3T:491.
10. 2T:378. (Nota: Ellen White usa la palabra animal en el sentido biológico).
11. Hogar Adventista:128.
12. Mensajes a los Jóvenes:237.
13. En Los Lugares Celestiales:155.
14. Review and Herald, 10-02-1885. (El Diccionario Roget coloca susceptibilidades y propensiones como siendo sinónimos).
15. DTG:305.
16. Obreros Evangélicos:128.
17. 3T:84.
18. 3T:115.
19. DTG:203.
20. 4T:527.
21. 2T:474.
22. 2T:474.
23. 2T:410.
24. 2CBA:1017.
25. 3T:475.
26. PP:658.
27. CRA:238.
28. 2T:468.
29. TM:171-172.
30. Mensajes a los Jóve-nes:42.
31. 3T:545.
32. 5T:57.
33. 7T:204.
34. 4T:351.
35. CRA:389.
36. Review and Herald, 24-04-1900.
37. 2T:509.
38. 2T:202.
39. 5CBA:1128.
40. En los lugares Celestiales:155
41. 2T:509
42. Review and Herald, 10-02-1885.
43. 4T:235.
44. 5CBA:1128
45. Signs of the Times, 17-10-1900.

# Capítulo 8 – Una Explicación

*La Carta Baker*

En este punto de nuestro análisis, pueden haber preguntas que se están gestionando en la mente del estudiante. ¿Por qué se le da tanta atención a los términos pasiones y propensiones en los escritos de Ellen White? ¿Y por qué nuestra próxima Sección está dividida en términos de su relación a algo llamado la Carta Baker?

La respuesta es simple, y fascinante. Una carta personal y privada fue escrita cerca del final del año 1895 (algunos dicen que fue al comienzo de 1896) de Ellen White, que estaba en Australia, para un joven pastor en Tasmania (una isla en el sur de Australia) cuyo nombre era W. L. H. Baker. En esta carta Ellen White escribió de Cristo:

"Él podría haber pecado, Él podría haber caído, pero ni siquiera por un momento hubo en Él una propensión mala".

Esta carta ha sido tomada por algunos intérpretes de los escritos de Ellen White, y ha sido usada como un principio guía (en su interpretación) para entender todas las demás declaraciones cristológicas, en libros, artículos en revistas u otras cartas privadas (como si todo estuviese que estar subordinado a lo que esta carta dice).

Los pasos lógicos que han sido seguidos por sus intérpretes parecen ser los siguientes:

1.- Ellen White le escribió a Baker que Cristo no tuvo una mala propensión.

2.- Por esto ella quiso realmente decir que Cristo no tuvo propensiones naturales, así como las tienen los hombres caídos.

3.- Si Él no tuvo las propensiones naturales que tienen los hombres caídos, se concluye que Él no pudo haber tenido la misma naturaleza humana que tiene el hombre caído.

4.- Por eso, Ellen White estaba tratando de decirle a Baker que Cristo vino a la tierra en la naturaleza humana no caída de Adán.

Habiendo establecido esto a su satisfacción, a través de su interpretación de la carta, ellos no se permiten a sí mismos ser perturbados por el hecho de que Ellen White en ninguna parte escribió que Cristo vino a la tierra en la naturaleza no caída de Adán, ni aun por el hecho de que ella a menudo escribió que Cristo vino a la tierra en la naturaleza caída del hombre. Tenemos que recordar que Ellen White no tenía una educación formal más allá del tercer año básico, que no tenía ningún entrenamiento teológico, parecen estar diciendo. Por eso, no debemos esperar mucho de ella, pero podemos ayudarla generosamente a decir lo que nosotros creemos que ella quiso decir, pero que de alguna manera no estaba en condiciones de expresarlo correctamente en sus propias palabras, ellos agregan.

Sus intérpretes la ayudan generosamente explicándole al mundo que cuando ella escribió que Cristo soportó las mismas tentaciones que Adán soportó, ella realmente quiso decir que Cristo tenía la misma naturaleza humana que tenía Adán antes de la caída; que cuando ella escribió a respecto de la impecabilidad de la naturaleza humana de Cristo, ella realmente quiso decir la naturaleza humana sin pecado (sinless) de Cristo; que cuando ella escribió que Cristo vino a la tierra en la naturaleza humana caída del hombre ella realmente quiso decir que solamente Su naturaleza física era semejante a aquella del hombre caído; y que cuando ella escribió que Cristo tomó sobre Sí mismo todas las enfermedades, todas las desventajas, todas las debilidades y todas las susceptibilidades de la naturaleza humana caída, ella realmente quiso decir que Él hizo esto vicariamente, pero no realmente. Ellos le recuerdan a menudo a sus lectores que la encarnación de Cristo es un gran misterio.

Habiéndola ayudado generosamente a decir lo que ellos piensan que ella quiso decir, pero que aparentemente no pudo encontrar las palabras para decirlo correctamente, ellos, sus intérpretes, pueden ahora aplaudir fervorosamente la extraordinaria sabiduría de sus intenciones, en expresiones como estas:

"Sublime en capacidad... penetración, comprensión, balance, dependencia. Ningún otro escritor en nuestras filas jamás se aproximó tanto en su alcance... Sus declaraciones son refrescantemente claras... Nada de que avergonzarse, nos podemos enorgullecer de todo... sin precio... extraordinario... sucinto... comprensivo", etc. etc.[1]

Podemos ser perdonados por preguntarnos quién merece realmente estas honras de alabanza: Ellen White, la cual aparentemente no estaba en condiciones de decir lo que quería decir, o sus intérpretes, que la han ayudado tan generosamente. Si sus intérpretes actualmente están aplaudiendo a Ellen White o se están aplaudiendo ellos mismos, pareciera ser una pregunta justa.

Será necesario, entonces, ahondar en nuestra investigación mientras mantenemos ciertas preguntas en nuestras mentes:

¿Sería posible, después de todo, que Ellen White quiso decir lo que escribió y escribió lo que quiso decir?

¿Encontramos alguna declaración, en sus propias palabras, que Cristo vino a la tierra en la naturaleza humana no caída de Adán? Si no es así, ¿cómo podemos estar seguros de que esto era lo que realmente ella creía?

¿Encontramos alguna declaración, en sus propias palabras, que Cristo asumió solamente la naturaleza física del hombre caído, en Su encarnación?

¿Encontramos en sus propias palabras alguna declaración que Cristo asumió las debilidades, las desventajas y las susceptibilidades de la naturaleza humana caída vicariamente, pero no realmente?

¿Encontramos alguna carta correctiva de Ellen White a los muchos líderes prominentes de la iglesia que estaban enseñando que Cristo había venido a la tierra en la naturaleza caída del hombre? ¿Por qué corregiría ella a Baker y no a los otros?

¿Encontramos algún cambio entre las primeras declaraciones y las últimas declaraciones de Ellen White en relación a la humanidad de Jesús?

¿Encontramos algún otra área en la cual Ellen White haya necesitado desesperadamente de ayuda de parte de intérpretes para decir lo que estaba queriendo decir?

Con estas preguntas en mente, veamos los registros de la historia.

Nota:

1. (Froom, Movimiento de Destino, pág. 494-495).

## Capítulo 9 — 1852 - 1894 El Periodo Anterior A La Carta Baker

1852: "Así como Aarón y sus hijos, Él tomó sobre Sí carne y sangre, la simiente de Abrahán...".[1]

1853: "Jesús Cristo, que nos dice que Él es "El Hijo de Dios", uno con el Padre... que "tomó sobre Sí la simiente de Abrahán", nuestra naturaleza, y permaneció sin pecado...".[2]

1854: "Decir que Dios envió a Su propio Hijo "en semejanza de carne pecaminosa", es equivalente a decir que el Hijo de Dios asumió nuestra naturaleza...".[3]

"¿Qué sangre fue derramada "por la remisión de los pecados"? ¿No fue acaso la misma sangre que fluyó a través de las venas de María, Su madre, y hacía atrás a través de los ancestrales hasta Eva, la madre de todo ser viviente? De otra manera Él no sería la "simiente de la mujer", de Abrahán, Isaac, Jacob y David...".

"Él tenía todas las sensaciones que la carne puede heredar... Él tenía todas las pasiones humanas inocentes...".[4]

"... El Hijo, por Su parte, tomó sobre Sí la naturaleza del hombre (exceptuando solamente el pecado)".[5]

"Él tenía todas las pasiones humanas inocentes...".[6]

1858: "Jesús también les dijo... que Él tendría que tomar la naturaleza caída del hombre, y Su fuerza no sería ni aun igual a la de ellos".[7]

1860: "... ¿Qué enfermedad más humana, más severa, más humillante podría Él tomar, para ser tocado con vuestros sentimientos?".[8]

1864: "Era la voluntad de Dios que Cristo tomase sobre Sí mismo la forma y la naturaleza del hombre caído...". (Note que Ellen White no iguala forma con naturaleza).[9]

1870: "... (Él) tomó nuestra naturaleza para que pudiera entender cómo simpatizar con nuestra fragilidad...".[10]

"... Cristo se humilló a Sí mismo, y tomó sobre Sí mismo nuestra naturaleza... para que... Él pudiese convertirse en una piedra de apoyo (trampolín) para los hombres caídos".[11]

"... Cristo se colocó entre el hombre caído y Dios, y le dice al hombre, aun puedes venir al Padre...".[12]

1872: "Esta fue la recepción que recibió el Salvador cuando Él vino a un mundo caído. Él... tomó sobre Sí mismo la naturaleza del hombre, para que así pudiese salvar a la raza caída. En vez de que el hombre glorificase a Dios por el honor que Él les confirió enviándoles a Su Hijo en la semejanza de carne pecaminosa...".[13]

"Su obra era unir lo finito con lo infinito. Esta era la única manera en la cual el hombre caído podría ser exaltado... Era la voluntad de Dios que Cristo tomase sobre Sí mismo la forma y la naturaleza del hombre caído...".[14]

"Y Él dejó el trono de gloria y de poder y tomó sobre Sí la naturaleza del hombre caído. En Él se mezclaron "el brillo de la gloria del Padre" y la debilidad de "la simiente de Abrahán". En Él mismo Él unió el Dador de la Ley con el transgresor de la ley, el Creador a la criatura...".[15]

"Así que nuestro Señor tomó sobre Él la naturaleza de la simiente de Abrahán. (Heb. 2:16)".[16]

1873: "Cristo condescendió en tomar la humanidad, y así Él unió Sus intereses con los hijos e hijas caídas de Adán aquí abajo...".[17]

1874: "A través de Su humillación y pobreza Cristo se identificaría a Sí mismo con las debilidades de la raza caída... La gran obra de redención podría ser llevada a cabo solamente si el Redentor tomase el lugar del caído Adán... El Rey de gloria se propuso humillarse a Sí mismo hasta la humanidad caída... Él tomaría la naturaleza caída del hombre".[18]

"Cristo no estaba en una posición tan favorable en el desierto para soportar las tentaciones de Satanás como lo estuvo Adán cuando fue tentado en el Edén. El Hijo de Dios se humilló a Sí mismo y tomó la naturaleza del hombre después que la raza había vagado cuatro mil años desde el Edén, y de su estado original de pureza y rectitud. El pecado había dejado sus terribles marcas sobre la raza durante esos años; y la degeneración física, mental y moral prevalecía a través de toda la familia humana.

Cuando Adán fue asaltado por el tentador en el Edén él estaba sin una mancha de pecado. Él permaneció en la fuerza de su perfección delante de Dios. Todos los órganos y facultades de su ser se habían desarrollado por igual, y estaban armoniosamente balanceadas.

Cristo, en la tentación del desierto, permaneció en el lugar de Adán para soportar la prueba que él había fallado en soportar. Aquí Cristo venció en beneficio del pecador, cuatro mil años después que Adán le volvió las espaldas a la luz de su hogar. Separado de la presencia de Dios, la familia humana se ha ido apartando en cada generación sucesiva, cada vez más de la pureza original, de la sabiduría, y del conocimiento que poseía Adán en el Edén. Cristo llevó los pecados y las enfermedades de la raza tal cual ellos existían cuando Él vino a la tierra a ayudar al hombre. A favor de la raza, con la debilidad del hombre caído sobre Sí, tuvo que enfrentar las tentaciones de Satanás en todos los puntos donde el hombre sería asaltado.

Adán estaba rodeado con todo aquello que su corazón podía desear. Cada deseo era suplido. No había pecado, y ninguna señal de decaimiento en el glorioso Edén. Los ángeles de Dios conversaban libre y amorosamente con la santa pareja. Los alegres cantores entonaban libremente sus cantos de alabanza al Creador. Las mansas bestias en su alegre inocencia jugaban alrededor de Adán y Eva, obedientes a su palabra. Adán estaba en la perfección de la virilidad, la obra más noble del Creador. Él estaba en la imagen de Dios, pero un poco inferior que los ángeles.

En qué contraste está el segundo Adán a medida que Él entra al tenebroso desierto para disputar con Satanás sin ayuda de nadie. Desde la caída la raza había estado decreciendo en estatura y en fuerza física, y hundiéndose más en la escala de valores morales, hasta el periodo del adviento de Cristo a la tierra. Y para elevar al hombre caído, Cristo tiene que alcanzarlo donde éste estaba. Él tomó la naturaleza humana, y llevó las enfermedades y la degeneración de la raza. Él, que no conoció pecado, se hizo pecado por nosotros. Se humilló a Sí mismo hasta las más bajas profundidades del dolor humano, para que pudiera estar calificado para alcanzar al hombre, y traerlo de vuelta de la degradación en la cual el pecado lo había sumergido. (Similar a DTG:117 en inglés)".[19]

La humanidad de Cristo alcanzó las mismas profundidades de la infelicidad humana, y se identificó a Sí mismo con las debilidades e infelicidades del hombre caído...".[20]

"... Él se humilló a Sí mismo para tomar la naturaleza humana, para que... Él pudiese alcanzar al hombre donde este está. Él obtuvo para los caídos hijos e hijas de Adán aquella fuerza que les era imposible a ellos obtener por sí mismos... En la humillación de Cristo Él descendió a las mismas profundidades del dolor en simpatía y en piedad por el hombre caído, el cual le fue representado a Jacob por uno de los extremos de la escala que descansaba en la tierra... Los ángeles pueden pasar desde el cielo a la tierra con mensajes de amor hacia el hombre caído...".[21]

"... Él tomó sobre Sí la naturaleza de la simiente de Abrahán para la redención de nuestra raza caída...".[22]

1875: "Qué acto de condescendencia de parte del Señor de la vida y de la gloria, para que Él pudiera levantar al hombre caído".[23]

"Satanás mostró su conocimiento de los puntos débiles del corazón humano, y colocó todo su poder para sacar ventaja de la debilidad de la humanidad que Cristo había asumido... Porque el Hijo de Dios se había ligado a Sí mismo a la debilidad de la humanidad...".[24]

"... Dios le encomendó a Su Hijo, de una manera especial, el caso de la raza caída".[25]

"Cristo se hizo pecado por la raza caída... Cristo permaneció a la cabeza de la familia humana como su representante... En la semejanza de carne pecaminosa Él condenó el pecado en la carne".[26]

1877: "Él había tomado sobre Sí mismo la forma de la humanidad con todos su concomitancia (acompañamiento, pasivo)...".[27]

"... Cristo, debilitado con nuestra naturaleza... debilitado por la simiente de Abrahán... tomó sobre Sí mismo la debilidad de la simiente de Abrahán, para que Él pudiese alcanzar a aquel que está debilitado por la transgresión".[28]

1879: "(Satanás) le dijo a sus ángeles que cuando Jesús tomase la naturaleza caída del hombre, él podría vencerlo...".[29]

"Aquí (en el bautismo del Señor) se le aseguró al Hijo de Dios que Su Padre había aceptado la raza caída a través de su representante... El Hijo de Dios fue entonces el representante de nuestra raza".[30]

1881: "Nuestro Redentor entendió perfectamente las necesidades de la humanidad. Él que condescendió en tomar sobre Sí mismo la naturaleza del hombre, estaba informado de las debilidades del hombre... Cristo tomó sobre Sí mismo nuestras enfermedades, y en la debilidad de la humanidad Él necesitó buscar fuerza del Padre".[31]

"El infinito descendió por parte del Hijo de Dios para alcanzar la misma profundidad de la degradación y del dolor humano...".[32]

"...Que Uno, participando de las mismas enfermedades que cercan a la naturaleza humana, anduvo en esta tierra...".[33]

1882: "... Su obra fue en beneficio de la raza caída... Él asumió nuestra naturaleza...".[34]

"La majestad del cielo no se mantuvo a Sí mismo lejos de la humanidad degradada y pecaminosa".[35]

"Cristo descendió para tomar sobre Sí mismo la naturaleza humana, para que Él pudiese alcanzar a la raza caída y levantarla... (Él) participó de nuestra naturaleza humana, para que Él pudiese alcanzar la humanidad".[36]

"Él renunció a la forma divina, para que Él pudiese tomar una forma a la distancia más apartada posible debajo de ella...".[37]

1883: "Jesús tomó sobre Sí mismo la naturaleza del hombre, para que pudiese dejarle un padrón a la humanidad, completo, perfecto... nuestra naturaleza caída tiene que ser purificada".[38]

"Porque el Hijo de Dios se ligó a Sí mismo a la debilidad de la humanidad...".[39]

1884: "En (la expiación) está envuelto el gran "misterio" central del evangelio, "Dios manifestado en la carne", la divinidad cargando la simiente de Abrahán...".[40]

1885: "... Él condescendió en tomar sobre Sí mismo la debilidad y la enfermedad de la naturaleza humana...".[41]

"Él dejó Su trono en las cortes celestiales, Él dejó a un lado Su manto real, vistió Su divinidad con la humanidad, y vino a nuestro mundo todo marchito y dañado por la maldición, para alcanzar al hombre donde éste estaba".[42]

"Él fue hecho al igual que Sus hermanos, con las mismas susceptibilidades, mentales y físicas".[43]

1886: "Cristo se humilló a Sí mismo en la humanidad, y tomó sobre Sí mismo nuestra naturaleza, para que... Él pudiese ser una piedra de apoyo para la raza caída".[44]

Cristo con Su largo brazo humano rodea la raza caída, mientras que con Su brazo divino Él se aferra al trono del Todopoderoso, uniendo así la tierra con el cielo y al hombre caído y finito con el infinito Dios".[45]

"... (Él) se compadeció de tal manera de la raza caída, que Él dejó a un lado Su manto real, dejó las cortes reales del cielo, y bajó a este mundo de polución y pecado, y tomó sobre Sí mismo la forma humana...".[46]

"(Cristo) vio que el hombre se había vuelto tan débil por la desobediencia que Él no tenía sabiduría o fuerza para alcanzar al testarudo adversario, y esta es la razón por la cual el Hijo de Dios tomó sobre Sí mismo la naturaleza humana...".[47]

"Él podía haber ayudado su naturaleza humana a permanecer firme contra las incursiones de la enfermedad, derramando de su naturaleza divina vitalidad y vigor sin decaimiento a la parte humana. Pero Él se humilló a Sí mismo hasta la naturaleza humana (El Adán no caído no sufrió las incursiones de la enfermedad)".[48]

"Él tomó nuestra naturaleza sobre Sí mismo para que Él pudiese experimentar nuestras pruebas y penas, y conociendo todas nuestras experiencias, Él permaneció como Mediador e Intercesor delante del Padre".[49]

1888: "Él dejó a un lado Su manto real, vistió Su divinidad con humanidad, descendió del trono real, para que Él pudiese alcanzar la misma profundidad del dolor y de la tentación, y pudiese levantar nuestras naturalezas caídas, e hiciese posible para nosotros el ser vencedores...".[50]

"Él vistió Su divinidad con humanidad... Él descendió hasta la misma profundidad del dolor y de la degradación humana, para que Él pudiese elevar al hombre caído a un lugar de alegría y de pureza".[51]

"Él que era uno con el Padre descendió del trono de gloria en el cielo, y vistió Su divinidad con humanidad, llevándose así Él mismo al nivel de las débiles facultades humanas... El mayor don que el cielo podía ofrecer fue dado para rescatar a la humanidad caída".[52]

1889: "Cristo asumió la humanidad para que Él pudiese alcanzar a la humanidad donde ésta estaba. Él vino y obró en la forma de un hombre por amor al rescate de la raza caída".[53]

"Él debía venir como un hombre de dolores, para llevar las enfermedades de la humanidad".[54]

"Cristo era la escalera que vio Jacob. Cristo es el eslabón que une la tierra con el cielo, y une al hombre finito con el Dios infinito. Esta escalera alcanza desde la mas baja degradación en la tierra y en la humanidad hasta la más alta en el cielo... (Cristo) vino al mundo para que Él pudiese entender todas las necesidades de la humanidad caída".[55]

"... El divino Hijo de Dios, que había... venido del cielo y había asumido su naturaleza caída... Él tomó sobre Sí mismo nuestra naturaleza para que Él pudiese alcanzar al hombre en su condición caída... Él vino... a unir a la raza caída con Él mismo...".[56]

"Él fue hecho un niño para que Él pudiese entender las tentaciones de la niñez, y conocer sus debilidades...".[57]

"Un ángel no habría sabido cómo simpatizar con el hombre caído, pero... Jesús puede ser tocado con todas nuestras enfermedades".[58]

"Jesús vistió Su divinidad con humanidad para que Él pudiese tener una experiencia en todas las cosas pertenecientes a la vida humana".[59]

"Antes que Cristo pudiese ser un perfecto Mediador, Él tuvo que tomar la naturaleza del hombre sobre Sí mismo, y estar sujeto a todas las debilidades y tentaciones del hombre, a las cuales el hombre ha quedado sujeto... Ángeles, o seres que nunca han tenido la naturaleza humana para contender con ella, no estarían preparados para un lugar así".[60]

1890: "No podemos concebir la humillación que Él soportó al tomar nuestra naturaleza sobre Sí mismo. No que en sí mismo fuese una desgracia en pertenecer a la raza humana...".[61]

"... El Padre celestial le permitió a Su Hijo el asumir la humanidad, para levantar a la raza caída...".[62]

"Con su brazo humano Él alcanzó hasta la misma profundidad del dolor humano, para que Él pudiese levantar al hombre caído... Al asumir la humanidad, Él exaltó a la raza caída delante de Dios...".[63]

"... debe haber sido el hombre pecaminoso del cual Él fue hecho, porque fue el hombre pecaminoso que Él vino a redimir... Más aun, el hecho de que Cristo tomó sobre Sí mismo la carne, no la de un ser sin pecado, sino la del hombre pecaminoso, esto es, que la carne que Él asumió tenía todas las debilidades y tendencias pecaminosas a las cuales la naturaleza humana está sujeta, está mostrado en la declaración que Él "fue hecho de la simiente de David de acuerdo a la carne"... tomando realmente sobre Sí mismo la naturaleza pecaminosa... habiendo sufrido todo aquello que la naturaleza pecaminosa está sujeta a sufrir, Él sabe todo a respecto de eso".[64]

1891: "... Jesús... unió al mundo caído con el cielo, ligando al hombre finito con el Dios infinito; sobre la escalera mística, Cristo, cada uno que esté perdido puede ganar el cielo".[65]

"Él se humilló a Sí mismo para que Él pudiese alcanzar al hombre caído donde éste estaba".[66]

"... Cristo es el Hijo de Dios, el Redentor del hombre caído".[67]

"... en Su humanidad Él ha conocido todas las dificultades que acosan a la humanidad".[68]

"Jesús dejó la gloria del cielo, dejó a un lado Su manto real, y vistió Su divinidad con humanidad, para que Él pudiese levantar al hombre caído... Jesús libremente dedicó todo Su poder y majestad a la causa de la humanidad caída... la perfección de carácter es ofrecida al hombre caído...".[69]

"Cristo era uno con el padre desde el comienzo; Él compartió la gloria del Padre, y sin embargo él consintió en ser el substituto y la seguridad del hombre caído".[70]

"(Jesús) es el "arbitro" entre un Dios santo y nuestra humanidad pecaminosa, uno que puede "colocar Su mano en nosotros".[71]

"Y así como Jesús fue en la naturaleza humana, así Dios quiere que sean Sus seguidores".[72]

"... (Jesús) fue hecho en todos las cosas como aquellos a quienes Él vino a salvar".[73]

"En todos los puntos Él es hecho como Sus hermanos...".[74]

"Pero lo que la ley no pudo hacer, Cristo vino en la semejanza de carne pecaminosa para hacerlo".[75]

"... por Su vida Él nos ha mostrado que el pecado en la carne está condenado, y que Él lo ha destruido, porque en Él el cuerpo del pecado está destruido...".[76]

"Él ha dejado a un lado esta naturaleza pecaminosa, la ha tomado sobre Sí mismo para que nosotros seamos liberados de ella.[77]

"Dios envió a Su propio Hijo en la semejanza de carne pecaminosa, y por el pecado, para que Él pueda condenar el pecado en la carne".[78]

1892: "Pero muchos dicen que Jesús no era como nosotros, de que Él no era como nosotros somos en el mundo, de que Él era divino, y de que nosotros no podemos vencer como Él venció. Pero Pablo escribe, "Ciertamente no tomó sobre Sí la naturaleza de los ángeles, sino que Él tomó sobre Sí la simiente de Abrahán. Por lo cual debía ser en todo semejante en sus hermanos...".[79]

"... con Su brazo humano Cristo abraza a la raza humana, y con Su brazo divino Él se aferra del trono del Infinito...".[80]

"... Él consintió en tomar las vestiduras de la humanidad, para hacerse uno con la raza caída".[81]

"... Él asumió la semejanza de carne pecaminosa".[82]

"... Él vino en el vestido de nuestra humanidad...".[83]

"El Redentor del mundo vistió Su divinidad con la humanidad, para que Él pudiese alcanzar a la humanidad; porque tomó lo divino y lo humano para traer al mundo la salvación que necesitaba el hombre caído".[84]

"... Él tuvo toda la fuerza de la pasión de la humanidad...".[85]

"... la divinidad tomó sobre Sí mismo la humanidad, con todas sus debilidades y fatigas, con todas sus pasiones y amores, e impaciencias, y con todas sus tentaciones".[86]

1893: "... Él tomó sobre Sí mismo nuestra naturaleza... Él tomó sobre Sí mismo la naturaleza del hombre... Él tomó sobre Sí mismo la forma de un siervo, y fue hecho en la semejanza de carne pecaminosa... sin pecado y exaltado por naturaleza, el Hijo de Dios consintió en tomar las vestiduras de la humanidad, para hacerse uno con la raza caída. La Palabra eterna consintió en ser hecho carne".[87]

"Jesús vino en la semejanza de carne pecaminosa, mediante una vida pura y santa para condenar el pecado en la carne".[88]

"(Cristo) se humilló a Sí mismo al tomar la naturaleza del hombre en su condición caída, pero Él no tomó la mácula (mancha) del pecado".[89]

"Su naturaleza humana fue creada; ni siquiera poseyó poderes angélicos. Fue humano, idéntico a nosotros... Él tuvo un cuerpo humano y una mente humana. Él fue hueso de nuestros huesos y carne de nuestra carne".[90]

"... Él tomó sobre Sí mismo nuestra naturaleza pecaminosa, pero sin pecado".[91]

"Aquella vestidura fue tejida en Jesús, en la misma carne que usted y yo tenemos, porque Él tomó parte de la misma carne y sangre que nosotros tenemos".[92]

"... en nuestra carne, fue mi carne la que Él tuvo; fue su carne que Él tuvo...".[93]

"... el Señor Jesús Cristo, que vino y permaneció donde yo estoy, en la carne en la cual yo vivo...".[94]

"(citando a Ellen White, con énfasis) Cristo tomó la humanidad con todas sus desventajas... Él asumió la naturaleza humana, llevando las enfermedades y degeneración de la raza.[95]

1894: "Él dejó a un lado Su corona real, Sus vestiduras (manto) reales, vistió Su divinidad con la humanidad, para que Él pudiese tocar la humanidad... Él no vino a nuestro mundo como un ángel de gloria, sino que como un hombre. Él fue hecho en semejanza de carne de pecado, y condenó al pecado en la carne. Con Su brazo humano Él abraza la raza, y con Su brazo divino Él se aferra al trono del Infinito, uniendo al hombre con Dios, y la tierra con el cielo".[96]

"... las debilidades humanas, las necesidades humanas estaban sobre Él".[97]

"Dejemos que los niños lleven en su mente que el niño Jesús tenía sobre Sí mismo la naturaleza humana, y era en semejanza de carne pecaminosa, y fue tentado por Satanás como todos los niños son tentados".[98]

"Él… unió al hombre pecaminoso con Su propia naturaleza divina…".[99]

Notas:

1. Editorial, Review and Herald, 16-09-1852, pág. 76, col. 2.

2. Autor Inglés, Review and Herald, 18-05-1853, pág. 115, col. 2.

3. J. M. Stephenson, Review and Herald, 09-11-1854, pág. 99, col 3.

4. J. M. Stephenson, Review and Herald, 15-07-1854, pág. 106, col 3.

5. J. M. Stephenson, Review and Herald, 17-10-1854, pág. 75, col 1.

6. J. M. Stephenson, Review and Herald, 14-11-1854, pág. 107, col 4.

7. Ellen White, 1 Dones Espirituales, pág. 25.

8. Editorial, Review and Herald, 10-05-1860, pág. 195, col. 3.

9. Ellen White, 4 Dones Espirituales, pág. 115.

10. Ellen White, Review and Herald, 19-04-1870, pág. 139, col. 1, BV95.

11. Ellen White, Review and Herald, 31-05-1870, pág. 185, col. 2, BV97.

12. Ellen White, Review and Herald, 31-05-1870, pág. 186, col. 1, BV98.

13. Ellen White, Review and Herald, 24-12-1872, pág. 118, col. 1, BV118.

14. Ellen White, Review and Herald, 31-12-1872, pág. 119, col. 3, BV119.

15. J. H. Waggoner, Editor de Signs of the Times, La Expiación (1872), pág. 161.

16. S. S. Griswald, Review and Herald, 26-11-1872, pág. 186, col. 4.

17. Ellen White, Review and Herald, 21-01-1873, pág. 126, col. 1, BV126.

18. Ellen White, Review and Herald, 24-02-1874, pág. 83, col. 2, BV139.

19. Ellen White, Review and Herald, 28-07-1874, pág. 51, col. 1, BV143.

20. Ellen White, Review and Herald, 04-08-1874, pág. 58, col. 1, BV144.

21. Ellen White, Review and Herald, 18-08-1874, pág. 146, col. 1, BV146.

22. Editorial, James White, Presidente de la Conferencia General, Editor de la Review and Herald, Signs of the Times 04-06-1874

23. Ellen White, Review and Herald, 04-03-1875, pág. 159, col. 2, BV159.

24. Ellen White, Review and Her-ald, 01-04-1875, pág. 161, col. 2, BV161; pág. 161, col. 1, BV162.

25. Ellen White, Review and Herald, 29-04-1875, pág. 163, col. 1, BV163.

26. Ellen White, Review and Herald, 06-05-1875, pág. 164, col. 3, BV164.

27. Ellen White, Signs of the Times, 04-01-1877, pág. 1, col. 3, BV41.

28. James White, Review and Herald, 29-11-1877, pág. 172, col. 2.

29. Ellen White, Signs of the Times, 30-01-1879, pág. 85, col. 1.

30. Ellen White, Signs of the Times, 07-08-1879, pág. 101, col. 3, BV101.

31. Ellen White, Review and Herald,

11-10-1875, pág. 1, col. 2, BV289.

32. James White, Review and Herald, 04-01-1881, pág. 2, col. 1.

33. M. C. Wilcox, Review and Herald, 02-08-1881.

34. Ellen White, 5T:204, 1882.

35. Ellen White, 5T:346, 1882.

36. Ellen White, 5T:746-747, 1882.

37. The Expositor, Review and Herald, 22-08-1882, pág. 533, col. 1.

38. Ellen White, Signs of the Times, 11-01-1883, pág. 14, col. 1, BV327.

39. Ellen White, Signs of the Times, 12-04-1883, pág. 169, col. 2, BV342.

40. Editorial (anunciando una nueva edición de J. H. Waggoner sobre "La Expiación" – ver página 50), Review and Herald, 16-12-1884, pág. 792, col. 1.

41. Ellen White, Signs of the Times, 15-01-1885, pág. 33, col. 3, BV480.

42. Ellen White, Signs of the Times, 29-10-1885, pág. 642, col. 1, BV506.

43. Ellen White, Review and Herald, 10-02-1885, pág. 81, col. 3, BV505.

44. Ellen White, Review and Herald, 25-05-1886, pág. 1, col. 2, BV45.

45. Ellen White, Ms. 16, 1886, pág. 2.

46. Ellen White, Review and Herald, 04-01-1887, pág. 2, col. 1, BV104.

47. Ellen White, Review and Herald, 15-03-1887, pág. 1, col. 3, BV119.

48. Ellen White, Review and Herald, 05-07-1887, pág. 1, col. 3, BV151 (un interesante comentario a respecto de enfermedad).

49. Ellen White, Signs of the Times, 24-11-1887, pág. 706, col. 1, BV165.

50. Ellen White, Review and Herald, 17-07-1888, pág. 450, col. 1, BV230.

51. Ellen White, Review and Herald, 28-08-1888, pág. 545, col. 2, BV241.

52. Ellen White, Review and Herald, 11-12-1888, pág. 1, col. 1, BV263.

53. Ellen White, Review and Herald, 11-06-1889, pág. 369, col. 1-2, BV308.

54. Ellen White, Signs of the Times, 08-07-1889, pág. 402, col. 1, BV301.

55. Ellen White, Signs of the Times, 29-07-1889, pág. 450, col. 2, BV307.

56. Ellen White, Signs of the Times, 23-09-1889, pág. 577, col. 3, BV322 y pág. 578, col. 1, BV323.

57. Ellen White, Signs of the Times, 30-09-1889, pág. 594, col. 1, BV325.

58. Ellen White, Review and Herald, 01-10-1889, pág. 609, col. 3, BV335.

59. Ellen White, Review and Herald, 24-12-1889, pág. 801, col. 2, BV351.

60. R. A. Underwood, Presidente de Unión, Review and Herald, 24-09-1889, pág. 1, col. 1.

61. Ellen White, Review and Herald, 18-02-1890, pág. 97, col. 1, BV367.

62. Ellen White, Review and Herald, 10-06-1890, pág. 353, col. 2, BV401.

63. Ellen White, Signs of the Times, 28-07-1890, pág. 429, col. 1, BV399.

64. E. J. Waggoner, Editor de Signs of the Times, "Cristo y Su Justicia" (más tarde conocido como "Cristo Nuestra Justicia"), 1890, pág. 26-28, 30.

65. Ellen White, Review and Herald, 10-02-1891, pág. 82, col. 1, BV465.

66. Ellen White, Review and Herald, 21-07-1891, pág. 450, col. 1, BV506.

67. Ellen White, Signs of the Times, 13-04-1891, pág. 117, col. 2, BV451.

68. Ellen White, Review and Herald, 28-04-1891, pág. 257, col. 2, BV 483.

69. Ellen White, Signs of the Times, 18-05-1891, pág. 157, col. 1, BV434.

70. Ellen White, Signs of the Times, 15-06-1891, pág. 189, col. 2, BV438.

71. Ellen White, Signs of the Times, 24-08-1891, pág. 269, col. 3, BV444.

72. Ellen White, Mensaje 7, 1891, pág. 1.

73. Ellet J. Waggoner, General Conference Bulletin, 1891, pág. 156, col. 1.

74. Ellet J. Waggoner, General Conference Bulletin, 1891, pág. 156, col. 2.

75. Ellet J. Waggoner General Conference Bulletin, 1891, pág. 187, col. 2.

76. Ellet J. Waggoner, General Conference Bulletin, 1891, pág. 187, col. 2.

77. Ellet J. Waggoner, General Conference Bulletin, 1891, pág. 187, col. 2.

78. Ellet J. Waggoner, General Conference Bulletin, 1891, pág. 245, col. 2.

79. Ellen White, Review and Herald, 01-04-1892, pág. 130, col. 1, BV548.

80. Ellen White, Signs of the Times, 18-04-1892, pág. 374, col. 3, BV481.

81. Ellen White, Signs of the Times, 25-04-1892, pág. 391, col. 1, BV484.

82. Ellen White, Signs of the Times, 08-08-1892, pág. 616, col. 2, BV504

83. Ellen White, Review and Herald, 27-09-1892, pág. 610, col. 1, BV600.

84. Ellen White, Review and Herald, 01-11-1892, pág. 673, col. 3.

85. Ellen White, Signs of the Times, 21-11-1892, pág. 39, col. 1, BV526.

86. G. E. Fifield, Signs of the Times, 25-07-1892, pág. 582, col. 1, BV500.

87. Ellen White, Signs of the Times, 20-02-1893, pág. 246, col. 3, BV23 y pág. 247, col. 1, BV24.

88. Ellen White, Mensaje 1, 1893, pág. 8.

89. Ellen White, Mensaje 93, 1893, pág. 3.

90. Ellen White, Mensaje 94, 1893, pág. 2.

91. S. N. Haskell, General Conference Bulletin, 1893, pág. 214, col. 1.

92. Alonzo T. Jones, Editor de Signs of the Times, Editor de la Review and Herald, General Conference Bulletin, 1893, pág. 207.

93. Alonzo T. Jones, General Conference Bulletin, 1893, pág. 301, col. 1.

94. Alonzo T. Jones, General Conference Bulletin, 1893, pág. 412, col. 2.

95. R. A. Underwood, General Conference Bulletin, 1893, pág. 140, col. 1-2.

96. Ellen White, Signs of the Times, 16-04-1894, pág. 372, col. 1-2, BV109.

97. Ellen White, Review and Herald, 24-04-1894, pág. 257, col. 2, BV141.

98. Ellen White, Youth Instructor, 23-08-1894, pág. 268, col. 2.

99. Ellen White, Review and Herald, 16-10-1894, pág. 641, col. 3, BV193.

# Capítulo 10 – 1886-1904 Sección Especial

*El Eco Bíblico Australiano*

El Bible Echo fue un diario misionero iniciado por Stephen Haskell y J. O. Corliss como un adjunto a sus sermones pioneros del mensaje Adventista del Séptimo Día en Australia. El 02 de Noviembre de 1885, ellos lanzaron una edición de prueba con la cual quisieron estimar sus posibilidades de éxito. Aparentemente satisfechos, comenzaron una publicación regular mensual en Enero de 1886. Eventualmente el diario se volvió bimensual, y después semanal. En ese ínterin su nombre sufrió una metamorfosis de Bible Echo para Bible Echo y Signs of the Times, para finalmente pasar a ser el Signs of the Times Australiano.

Como pareciera que algunos lectores de este diario querían estudiar las citas del Bible Echo en forma separada, viendo el diario como parte del medio en el cual vivía y trabajaba W. L. Baker, hemos presentado aquí una sección separada de las otras citas. Tenemos que recordar que Ellen White estaba en Australia durante los años 1891-1900.

1887: "Aquel que no consideró ser un robo el ser igual con Dios, pisó una vez la tierra, llevando nuestra naturaleza sufridora y afligida".[1]

Los romanistas han estado tratando de hacer con que la naturaleza humana de Cristo permanezca tan separada como sea posible de la nuestra, y así han enseñado la inmaculada concepción de María. No es así en las Escrituras. Ellas muestran que en Su lado humano Jesús era el descendiente de ancestrales no mejores que cualquier otro hombre; que entre estos ancestrales estaban aquellos que eran culpables de todo vicio y crímenes posibles para la humanidad; que la sangre que por la parte humana corría por Sus venas, había bajado por siglos a través de lo más vil de los viles. Pero en esa humanidad Él habitó; Su presencia lo hizo y lo mantuvo puro y santo".[2]

1889: "El Dios del Universo ha dejado nuestros casos en juicio en las manos de Su Hijo, uno que conoce nuestras enfermedades... Él ha tomado nuestra naturaleza sobre Sí...".[3]

"Cristo vino la primera vez, vestido con la humanidad, no tomando sobre Sí mismo la naturaleza de los ángeles, sino la simiente de Abrahán, para que Él pudiese ser hecho, como nosotros, sujeto a la tentación, pena, y muerte, que a través de Su conexión con la humanidad Él pudiese simpatizar con Sus criaturas caídas (se cita Heb. 2:16-18)".[4]

"(Cristo) dejó a un lado Su manto real, vistió Su divinidad con la humanidad, descendió del trono real, para que Él pudiese alcanzar las mismas profundidades del dolor y de la tentación humana, levantó nuestras naturalezas caídas, e hizo posible que nosotros seamos vencedores, los hijos de Dios, los herederos del reino eterno".[5]

"Muy pocos de nosotros comprenden cuán cercano se aproximó la naturaleza Divina de la humana en la persona de Jesús de Nazaret. Hablando en forma más apropiada, es imposible para nosotros aun el concebir la infinita condescendencia que fue necesaria para que el Hijo de Dios, el asociado con el Padre, pudiese aparecer en carne mortal y participar en experiencias humanas, con todos sus sufrimientos (pruebas) y debilidades. Cuán completamente esto fue llevado a cabo fue expresado por el apóstol en (Heb. 2:17) = "Por lo cual debía ser en todo semejante a sus hermanos".

Solamente de esta manera pudo Él ser traído a sentir el poder de las tentaciones. No podemos suponer que las tentaciones a las cuales la humanidad está sujeta impresionarían a la Divinidad. Pero "Él fue tentado en todos los puntos así como lo somos nosotros": consecuentemente Él tiene que haber participado de nuestra naturaleza. Si alguien piensa que esta expresión es demasiado fuerte, lean el verso 16 de (Hebreos 2): "Porque ciertamente no tomó sobre Sí la naturaleza de los ángeles, sino que Él tomó sobre Sí la simiente de Abrahán". Sabemos que Él estaba sujeto a la tentación, porque se dijo de Él, "Pues en cuanto Él mismo padeció siendo tentado, es poderoso para socorrer a los que son tentados". Las tentaciones tuvieron su poder con Jesús. Él sufrió con ellas, luchó contra ellas, y las venció. Hay poca simpatía en el pensamiento de que Jesús enfrentó nuestras tentaciones en Su capacidad y naturaleza divina. No habría sido más que una flor de cardo lanzada contra una montaña. En este sentido "Dios no puede ser tentado".

Pero cuando consideramos a nuestro Salvador en Su condición humillada, "menor que los ángeles", enfrentando exitosamente los ataques de Satanás y la malicia del hombre, y luchando con una debilidad innata; y cuando miramos abiertamente nuestra carrera llena de faltas y de derrotas, nos maravillamos, ¿cómo es que Él soportó "tal contradicción de los pecadores contra Él mismo?"... Su vida sin faltas bajo esas circunstancias se volvió una constante reprobación de nuestros pecados y también un estímulo para nuestras debilidades".[6]

(Cristo) oró por nosotros, para que la misma gracia que le daba fuerzas a Su corazón y ministraba Sus debilidades pudiese ser nuestra porción... La Redención... se hace necesaria a través de Su simpatía amorosa, Su asociación con el dolor y las debilidades humanas...".[7]

1890: "(después de citar Heb. 2:9,14-15)... Él... fue realmente alguien que compartió la carne y la sangre como nosotros, ¿y por qué? Para que Él pudiese saber en Su persona y fuese tocado con los sentimientos de nuestras enfermedades".[8]

1891: "Él se emparentó a Sí mismo con la humanidad al tomar nuestra humanidad y hacerse uno de nosotros... aquello que le interesa a la humanidad, y aquello que la humanidad puede apreciar es el hecho que Él compartió de su naturaleza, sus intereses, sus alegrías y sus aflicciones".[9]

"Al compartir nuestra naturaleza, Su brazo humano abrazó a la raza caída".[10]

"Él tomó sobre Sí la carne pecaminosa para sufrir y morir por el hombre culpable".[11]

"... Él experimentó todas nuestras circunstancias de pruebas y debilidades".[12]

"Cristo mostró Su amor por el hombre caído dejando el Cielo de felicidad, el amor y el honor de los ángeles, para venir al mundo y encontrar al hombre en su condición caída".[13]

"Él tomó sobre Sí la naturaleza del hombre y fue hecho "en semejanza de carne pecaminosa" y se hizo pecado por nosotros "para que nosotros pudiésemos ser la justicia de Dios en Él".[14]

"Pero muchos dicen que Jesús no era como nosotros, que Él no fue como nosotros somos en el mundo, que Él era divino, y por eso no podemos vencer como Él venció. Pero eso no es verdad. "Por-que ciertamente no tomó sobre Sí la naturaleza de los ángeles, sino que Él tomó sobre Sí la simiente de Abrahán"... Él tomó sobre Sí mismo nuestra naturaleza".[15]

"La gran obra de la redención pudo ser hecha por el Redentor solamente si Él tomó el lugar del hombre caído. Cuando Adán fue asaltado por el tentador, ninguno de los efectos del pecado estaban sobre él, sino que él estaba rodeado por las glorias del Edén. Pero no fue así con Jesús, porque, cargando las enfermedades de la humanidad degenerada, Él entró en el desierto para contender con el poderoso enemigo...".[16]

"... Él vistió Su divinidad con humanidad, se hizo a Sí mismo sin reputación, tomó sobre Sí la forma de un siervo, y fue hecho en semejanza de carne pecaminosa. Porque ciertamente Él no tomó sobre Sí la naturaleza de los ángeles, sino que Él tomó sobre Sí la simiente de Abrahán".[17]

1893: "... Él tomó sobre Sí nuestra naturaleza... Él... fue hecho en semejanza de carne pecaminosa... sin pecado y exaltado por naturaleza, el Hijo de Dios consintió en tomar las vestiduras de la humanidad, para hacerse uno con la raza caída".[18]

"Cuando Cristo vino a esta tierra, Él tomó la naturaleza del hombre. Él "fue hecho de la simiente de David de acuerdo a la carne" (Rom. 1:3). De su propia naturaleza dice David: "He aquí, en iniquidad he sido formado, y en pecado me concibió mi madre" (Salmo 51:5). Juan nos cuenta que Cristo, la Palabra, fue "hecho carne" (Juan 1:14), y Pablo nos cuenta que Él fue hecho "en semejanza de carne pecaminosa". (Rom. 8:3).

La naturaleza que asumió Cristo, y las desventajas que Él tomó cuando Él vino a esta tierra a rescatar de las garras de Satanás lo que él había obtenido en la caída, son declaradas así por el apóstol:

"Porque ciertamente no tomó sobre Sí la naturaleza de los ángeles, sino que Él tomó sobre Sí la simiente de Abrahán. Por lo cual debía ser en todo semejante a Sus hermanos, para que Él pudiese ser un misericordioso y fiel Sumo Sacerdote en las cosas pertenecientes con Dios, para hacer reconciliación por los pecados del pueblo" (Heb. 2:16-17).

Así las Escrituras declaran tan claramente como pueden hacerlo las palabras, que cuando Cristo vino a la tierra Él tomó la naturaleza humana caída y pecaminosa. Él fue "hecho en todas las cosas como Sus hermanos". Él "fue tentado en todos los puntos así como lo somos nosotros" (Heb. 4:15). Al así hacerlo, Él se colocó a Sí mismo en el lugar del hombre...

Al tomar la naturaleza humana, Cristo no se hizo pecador. "Él asumió la naturaleza humana, llevó las enfermedades y la degeneración de la raza". "Él tomó la naturaleza del hombre, capaz de ceder a la tentación". Él "tomó la humanidad con todas sus desventajas".[19]

"Él vino en "semejanza de carne pecaminosa". Él fue en todas las cosas "hecho como Sus hermanos". Él fue tentado en todos los puntos "así como lo somos nosotros". Él tomó la naturaleza humana, con sus debilidades y desventajas".[20]

"Él tomó la naturaleza humana con todas sus desventajas".[21]

1894: "Después de citar (Rom. 8:3-4)... Cristo vino a la tierra en la forma de un hombre pecaminoso...".[22]

"(La escalera de Jacob) es una representación de Cristo. Él vino a nuestra tierra y se encontró con el hombre donde este estaba; a través de Sus propios méritos Él conectó al hombre desvalido con el Dios infinito; a través de Su propio sacrificio Él atrajo a la raza caída hacia Sí...".[23]

1895: "Jesús era uno con el Padre, y reveló la perfección de Dios, y sin embargo Él vino al mundo en semejanza de carne pecaminosa...".[24]

"¿Pero quién guardó los mandamientos? Jesús Cristo. ¿Y quién puede hacerlo nuevamente, aun en carne pecaminosa?[25]

1896: "(No repetiremos aquí este sermón que fue copiado a medida que Prescott lo iba diciendo en el domingo en la noche, 31 de Octubre de 1895, en la reunión de Armadale. Él contenía 25 declaraciones diciendo que Cristo vino a la tierra en la naturaleza caída del hombre, y dos declaraciones diciendo que Cristo no vino a la tierra en la naturaleza no caída de Adán. Para el sermón y los comentarios de Ellen White sobre él, ver página xy. Destacamos con interés que al mes siguiente la misma Ellen White publicó su propia aprobación en relación a la posición de Prescott. Ver más abajo).[26]

"(Cristo) identificó Sus intereses con aquellos de la humanidad caída. Sus debilidades fueron Sus debilidades. Sus necesidades fueron Sus necesidades... El Hijo de Dios, teniendo una humanidad sobre Sí, vivió en nuestro mundo como un agente humano. Él pisó el terreno que el hombre tiene que pisar".[27]

"(Cristo) viviendo la vida de Dios en carne pecaminosa para que el pecador pudiera vivir después de Él en carne pecaminosa".[28]

"Pero esta significaría una vida de dolor y tentación en carne pecaminosa... (para) pasar por cada dolor y tentación de carne pecaminosa...".[29]

"No se olviden que el misterio de Dios no es Dios manifestado en carne no pecaminosa, sino que Dios manifestado en carne pecaminosa. Nunca podría haber algún misterio a respecto de Dios manifestándose a Sí mismo en carne no pecaminosa, en uno que no tenga ninguna conexión con el pecado. Esto sería suficiente. Pero que Él pueda manifestarse a Sí mismo en carne cargada con pecado y con todas las tendencias para pecar, así como lo es la nuestra, eso sí que es un misterio".[30]

Esta expresión sorprendente, carne cargada con pecado, que Jones usó cuatro veces en este articulo, tal vez pueda ser visto como un ejemplo de por qué Ellen White sintió que fuese necesario de advertir a Jones acerca de crear impresiones erradas al usar un lenguaje muy fuerte (en su tratamiento de otro asunto, justificación). (Aparentemente Jones tenía la tendencia de exagerar su caso)[31]

1897: "Así Él se identificó a Sí mismo con la raza caída, pecaminosa...".[32]

"... Cristo... se humilló en la forma de carne humana...".[33]

"Vestido en las vestiduras de la humanidad, el Hijo de Dios bajó al nivel de aquellos que Él quería salvar. En Él no había engaño o pecaminosidad; Él fue siempre puro e incontaminado, a pesar de que Él tomó sobre Sí nuestra naturaleza pecaminosa".[34]

"Él tomó la naturaleza humana. Él se hizo carne aun como somos nosotros... Cada tentación que podía ser traída contra la humanidad caída, Él la enfrentó y la venció... Si Él no hubiese sido totalmente humano, Él no podría haber sido nuestro substituto...

Como hijo del primer Adán, nosotros compartimos la naturaleza decadente (moribunda) de Adán".[35]

1898: "... fue necesario... que la Palabra se hiciese carne, y no solamente que fuese hecha carne, sino que debía llevar el mismo tipo de carne. Y así Dios envió a Su Hijo "en semejanza de carne pecaminosa...".[36]

1899: "El hombre tiene que ser alcanzado (encontrado) en sus debilidades, y Cristo tomó esas debilidades para poder alcanzarlo (encontrarlo). La vida de Dios tiene que ser revelada al hombre, pero tiene que ser hecho por un ser sujeto a todas las debilidades y aflicciones del hombre".[37]

"Como Hijo del hombre, Él estaba sujeto a las debilidades que han sido acarreadas sobre la raza a través de la degeneración, personal y heredada, de las sucesivas generaciones de los malhechores".[38]

1900: "Al descender del trono de gloria que tenía Cristo con el Padre antes que el mundo fuese, para tomar sobre Sí mismo la semejanza de carne pecaminosa, fue que la humanidad pudo ser alcanzada donde ésta estaba en su estado inferior..."[39]

"Él vistió Su divinidad con humanidad, para que Él pudiese llevar todas las enfermedades y soportar todas las tentaciones de la humanidad".[40]

"Las únicas condiciones sobre las cuales ese regalo podía realmente ser hecho fue primero, dando todo lo que Él poseía; segundo, descendiendo al nivel de "carne pecaminosa"; y tercero, Su unión con la naturaleza humana... Él fue hecho en semejanza de "carne pecaminosa"".[41]

"Jesús vino al mundo como un ser humano para que Él pudiese conocer a los seres humanos, y acercarse a ellos en sus necesidades...

Adán fue tentado por el enemigo, y cayó. No fue el pecado que habitaba en él que lo hizo ceder; porque Dios lo hizo puro y recto, a Su propia imagen. Él era tan sin falta como los ángeles delante del trono. No habían en él principios corruptos, ni tendencias hacia el mal. Pero cuando Cristo vino a enfrentar las tentaciones de Satanás, Él llevó (cargó) "la semejanza de carne pecaminosa".[42]

"Cuando el pecado de Adán hundió a la raza en una miseria sin esperanza, Dios debería haberlo cortado de entre los seres vivientes... Pero Él no hizo eso. En vez de desterrarlos de Su presencia, Él vino aún más cerca de la raza caída. Él dio a Su Hijo para que sea hueso de nuestros huesos y carne de nuestra carne... A través de Su nombramiento Él ha colocado en Su altar un Abogado vestido con nuestra naturaleza".[43]

El estudiante que ha leído declaraciones de escritores adventistas, para los efectos de que cuando Adán pecó Dios se separó (retiró) de la raza humana, será interesante analizar el contraste entre ese punto de vista y las palabras de Ellen White que dicen que "Él vino aún más cerca de la raza caída". (Estos dos puntos de vista no pueden ser reconciliados)[44]

"Al hacer esto, Cristo aceptó el desafío en las mismas condiciones y con el mismo ambiente que acompaña los esfuerzos humanos; Él vino "en semejanza de carne humana".

Cuando Adán pecó, él estaba en la semejanza de Dios, pero no había una excusa para su pecado, porque Cristo vino en la misma semejanza de carne dominada por el pecado, y en esa carne Él resistió lo malo.[45]

1903: "(Cristo) tomó la humanidad, uniendo al ofensor con Su naturaleza divina...".[46]

"(Dios) lo dio a Él a la raza caída".[47]

"(Cristo) supo por experiencia cuáles son las debilidades de la humanidad...".[48]

"Pero al colocar Su mano sobre el leproso, Jesús no se contaminó... Jesús, viniendo habitar en la humanidad, no recibió polución".[49]

"Jesús fue en todas las cosas hecho como Sus hermanos. Él se hizo carne, aun como nosotros somos...

Cristo es la escalera que Jacob vio, la base descansando en la tierra... Si esa escalera hubiese fallado en un único peldaño en tocar la tierra, nosotros estaríamos perdidos. Pero Cristo nos alcanzó donde nosotros estamos. Él tomó nuestra naturaleza y venció, para que nosotros tomando Su naturaleza podamos vencer. Hecho "en semejanza de carne pecaminosa", Él vivió una vida sin pecado".[50]

"(Jesús) tomó nuestra naturaleza sobre Sí mismo, y fue sujeto a nuestras tentaciones y enfermedades".[51]

"... en lo sucesivo la iglesia tendría que mirar hacia atrás hacia un Salvador que vino; que vivió en carne pecaminosa...".[52]

1904: "... Él que fue Comandante de todo el cielo dejó a un lado Su manto real y Su corona real, y comprendiendo el desamparo de la raza caída, vino a esta tierra en naturaleza humana para hacer posible que nosotros unamos nuestra humanidad con Su divinidad".[53]

"Porque nosotros compartimos carne y sangre, y heredamos sus debilidades, Él compartió nuestra naturaleza...".[54]

"...Cristo, para revelar el amor de Su Padre, tomó sobre Sí mismo nuestra carne, unió la humanidad con la divinidad, se sujetó a todos nuestros dolores y penas... "Él mismo tomó nuestras enfermedades...""".[55]

"Cristo se degradó (doblegó) para tomar sobre Sí mismo la naturaleza humana, para que Él pudiese alcanzar a la raza caída y levantarla".[56]

Notas:

1. Ellen White, Bible Echo, 08-1887, pág. 114, col. 1.

2. Obispo Simpson, Conferencia sobre Predicación en Yale (citado), Bible Echo, 12-1887, pág. 179, col. 2-3.

3. Ellen White, Bible Echo, 15-01-1889, pág. 17, col. 2.

4. S. H. Haskell, Bible Echo, 15-03-1889, pág. 89, col. 1.

5. Ellen White, Bible Echo, 15-04-1889, pág. 113, col. 3.

6. Editorial (G. C. Tenney, Editor), Bible Echo, 15-05-1889, pág. 152, col. 1.

7. Editorial (G. C. Tenney, Edi-tor), Bible Echo, 03-06-1889, pág. 168, col. 1.

8. D. Lacy, Bible Echo, 01-04-1890, pág. 99, col. 3.

9. Editorial, Bible Echo, 01-12-1891, pág. 361, col. 1.

10. Stephen Haskell, Bible Echo, 15-02-1892, pág. 56, col. 3.

11. A. W. Semmens, Profesor en el Colegio Melbourne, Secretario de la Conferencia Australiana, Bible Echo, 15-05-1892, pág. 148, col. 3.

12. Editorial, Bible Echo, 15-08-1892, pág. 248, col. 2.

13. Ellen White, Bible Echo, 01-09-1892, pág. 258, col. 2.

14. Ellen White, Bible Echo, 15-09-1892, pág. 274, col. 3.

15. Ellen White, Bible Echo, 01-11-1892, pág. 322, col. 2.

16. Ellen White, Bible Echo, 15-11-1892, pág. 338, col. 1.

17. Ellen White (usando las palabras de la Biblia como si fuesen las suyas), Bible Echo, 15-12-1892, pág. 370, col. 1.

18. Ellen White, Bible Echo, 01-08-1893, pág. 242, col. 2.

19. (Todos los énfasis son del editor). (Editorial en la Página Frontal), Bible Echo, 22-11-1893, col. 2-3.

20. (Editorial en la Página Frontal), Bible Echo, 08-12-1893, col. 1.

21. (Editorial en la Página Frontal), Bible Echo, 08-12-1893, col. 2.

22. Editorial, Bible Echo, 19-11-1894, pág. 354, col. 2.

23. Ellen White, Bible Echo, 19-11-1894, pág. 355, col. 3.

24. Ellen White, Bible Echo, 22-04-1895, pág. 123, col. 1.

25. Jesús Cristo. W. W. Prescott, Bible

Echo, 06-01-1896 y 13-01-1896.

26. W. W. Prescott, Bible Echo, 06-01-1896 y 13-01-1896.

27. Ellen White, Bible Echo, 24-02-1896, pág. 1, col. 2.

28. (Editorial en la Página Frontal), Bible Echo, 27-04-1896, pág. 1, col. 3.

29. (Editorial en la Página Frontal), Bible Echo, 20-07-1896, pág. 1, col. 3.

30. (énfasis de él). Alonzo T. Jones, Bible Echo, 30-11-1896, pág. 370, col. 3.

31. Ver 1MS:377.

32. Editorial, Bible Echo, 08-02-1897, pág. 42, col. 1.

33. (Editorial en la Página Frontal), Bible Echo, 22-03-1897, col. 1.

34. Ellen White, Bible Echo, 05-04-1897, pág. 106, col. 2.

35. Ellen White, Bible Echo, 08-08-1897, pág. 1, col. 3.

36. W. W. Prescott, Bible Echo, 02-05-1898, pág. 138, col. 2.

37. Editorial, Bible Echo, 15-05-1899, pág. 162, col. 3.

38. Alonzo T. Jones, Bible Echo, 10-07-1899, pág. 227, col. 3.

39. S. McCullagh, primer secretario de la Conferencia Australiana, Bible Echo, 15-01-1900, pág. 43, col. 1.

40. Ellen White, Bible Echo, 21-05-1900, pág. 330, col. 2.

41. Editorial, Bible Echo, 30-07-1900, pág. 496, col. 1.

42. Ellen White, Bible Echo, 03-09-1900, pág. 571, col. 1.

43. Ellen White, Australasian Record, 01-06-1900, pág. 33, col. 2.

44. Edward Heppenstall, El Hombre Que Es Dios, pág. 121.

45. Editorial, Bible Echo, 08-10-1900, pág. 657, col. 3.

46. Ellen White, Bible Echo, 02-02-1903, pág. 51, col. 2.

47. Ellen White, AST, 27-04-1903, pág. 195, col. 1.

48. Ellen White, AST, 25-05-1903, pág. 247, col. 2.

49. Ellen White, AST, 08-06-1903, pág. 271, col. 3.

50. Ellen White, AST, 14-12-1903, pág. 600, col. 1-2.

51. E. Hilliard, AST, 12-10-1903, pág. 492, col. 2.

52. E. W. Farnsworth (editor), AST, 23-11-1903, pág. 568, col. 2.

53. Ellen White, AST, 14-03-1904, pág. 127, col. 1.

54. G. B. Starr, AST, 04-07-1904, pág. 323, col. 3.

55. W. H. Pascoe, AST, 04-07-1904, pág. 324, col. 3.

56. Ellen White, AST, 17-10-1904, pág. 504, col. 1.

## Capítulo 11 – 1895 - 1896 El Contexto Inmediato de la Carta Baker

Para que la carta Baker pueda ser vista tan claramente como sea posible dentro de su propio contexto inmediato, tenemos que concentrar nuestra atención en esta sección en el periodo envuelto por los años 1895-1896. Fue alrededor del término del año 1895 que Ellen White le escribió una carta desde Australia al pastor W. L. H. Baker en Tasmania, una carta que sería usada por otros, después de su muerte, para cambiar la posición cristológica de la Iglesia Adventista del Séptimo Día.

Queda claro a través de los registros que este periodo de 24 meses, 1895-1896, constituyeron un "hito" en el análisis cristológico dentro de la Iglesia Adventista del Séptimo Día y su testimonio hacia el mundo. Hemos notado que en 1895-1896 el Australian Bible Echo publicó la opinión de que Cristo había venido a la tierra en la naturaleza humana caída (carne pecaminosa) en:

Dos declaraciones de Ellen White;

Dos editoriales en páginas frontales;

Una declaración de Alonzo T. Jones;

Una declaración de W. W. Prescott; y

El texto completo de un sermón de Prescott en el cual él afirma esa opinión 22 veces, y dos veces él rechaza el punto de vista de que Cristo hubiese venido a la tierra en la naturaleza humana no caída de Adán.

Mientras tanto, al mismo asunto se le estaba dando un extenso tratamiento en otro lugar. En Enero de 1895, una declaración de William Covert y otra de J. H. Durland fueron publicadas en la Review and Herald. En Febrero, los delegados de la iglesia pidieron una reunión de la Conferencia General en el tabernáculo de Battle Creek, Michigan. Aquí ellos escucharon una serie de mensajes de W. W. Prescott durante los cuales él declaró por lo menos en 20 oportunidades que Cristo había venido a la tierra en la naturaleza caída (carne pecaminosa) del hombre.

Esta convicción era compartida y reforzada por Alonzo T. Jones, quien, en una serie de charlas acerca del Mensaje del Tercer Ángel tocó el mismo punto más de 90 veces (vale la pena notar que Jones usó varias líneas de un estudio avanzado de Ellen White que aún no había sido publicado en el Deseado de Todas las Gentes para apoyar estas declaraciones acerca de la naturaleza de Cristo).

Estos mensajes fueron copiados por estenógrafas y fueron enviados a todos los miembros de la iglesia a través del General Conference Bulletin. Durante los siguientes meses de 1895 varias declaraciones adicionales (por Prescott, Starbuck y Durland) fueron publicadas en la Review and Herald y en la Signs of the Times.

Ellen White no pudo haber llegado al final del año 1895, cuando le escribió la carta a Baker, sin estar consciente de estos eventos. Y cuando W. W. Prescott trajo el mismo mensaje, con gran énfasis, a la reunión de Armadale en Australia en Octubre-Noviembre de 1895, los registros dicen claramente que ella se regocijó en escucharlo y lo comentó en términos inequívocos. Ella misma había estado expresando los mismos pensamientos en cartas y manuscritos a través de los últimos años, como también en los manuscritos del Deseado de Todas las Gentes, el cual ella estaba preparando para ser publicado.

En 1896, junto con 20 declaraciones de Ellen White y varias de J. E. Evans, Stephen Haskell, etc., la Review and Herald publicó una serie de artículos de W. W. Prescott en los cuales él afirmaba su convicción acerca de la naturaleza humana de Jesús, por lo menos 20 veces.

Así que los testimonios combinados de los diversos conferencistas de la iglesia, incluyendo Ellen White, durante este periodo de dos años, 1895-1896, deben haber sido por lo menos 250 declaraciones diciendo que nuestro Señor vino a esta tierra en la naturaleza humana caída del hombre.

Hablando en términos cronológicos, vemos estos dos años, con un gran énfasis en un análisis cristológico, como el contexto inmediato a la carta Baker. No podemos declarar con certeza cuánto de este análisis llegó a los oídos de W. L. Baker, pero no podemos dudar que la mayor parte, sino todo, fue conocido por Ellen White. Y sería muy extraño que Baker no haya sabido absolutamente nada.

Los registros no indican que en cualquier otro par de años en la historia de la iglesia se le prestase tanta atención al asunto de la naturaleza de Cristo, como en los años 1895-1896, ni tampoco dan ninguna evidencia de alguna divergencia sobre el asunto. Por eso la pregunta que tenemos que considerar ahora es si el énfasis colocado en las interpretaciones de algunas líneas de la carta Baker reflejan exactamente y adecuadamente el tenor y el consenso de este análisis cristológico, o si a través del uso hecho de estas interpretaciones de la carta Baker el cuadro ha sido distorsionado, y la infeliz impresión creada ha sido que Ellen White se ha contradicho a sí misma. Examinemos pues las evidencias.

1895: "Él estaba vestido con un cuerpo como el nuestro...".[1]

"... Él vino al mundo en semejanza de carne pecaminosa...".[2]

"... Cristo vino en semejanza de carne pecaminosa, vistiendo Su divinidad con humanidad".[3]

"Él tomó sobre Sí la semejanza de carne pecaminosa, y fue hecho en todos los puntos como Sus hermanos...".[4]

"Él se degradó (inclinó) para tomar la naturaleza humana, para estar apto para alcanzar al hombre donde éste estaba".[5]

"... (Él) se humilló a Sí mismo de tal manera que pudiese alcanzar al hombre en su condición caída y desamparada...".[6]

"Él vino como un niño indefenso, llevando la humanidad que nosotros llevamos".[7]

"Qué símbolo más extraño aquel de Cristo semejante a una serpiente que los mordía. Este símbolo fue levantado en una estaca, y ellos tenían que mirar y ser sanados. Así Jesús fue hecho en semejanza de carne pecaminosa".[8]

"Jesús asumió la humanidad para que Él pudiese tratar la humanidad... haciendo con que todos pudiesen sentir que Su identificación con su naturaleza e intereses es completo".[9]

"Él vino como un niño indefenso, llevando la humanidad que nosotros llevamos. "Así como los hijos participaron de carne y sangre, Él también participó de lo mismo"... En Su humanidad Él entendió todas las tentaciones que le sobrevendrían al hombre".[10]

"... Él... sufrió cada fase de prueba y tentación con las cuales la humanidad es acosada".[11]

"Así Jesús fue hecho en semejanza de carne pecaminosa".[12]

"Con la naturaleza humana sobre Él... Él tiene que ser como Sus hermanos en todos los puntos en relación a la carne y a las tentaciones, y sin embargo vivir sin pecado. En la carne Él tiene que ser tan débil como ellos... Él tiene que saber el poder del pecado... en carne pecaminosa... en carne pecaminosa... en carne pecaminosa... la debilidad de la carne pecaminosa...".[13]

"Así Jesús era de la carne de David, y sujeto a todas las enfermedades de la carne".[14]

"Entonces (Dios) predicó a Cristo en la carne – una vida – presentándolo delante de los hombres, bajo las mismas circunstancias bajo las cuales ellos vivían, y en la misma carne en las cuales ellos vivían...".[15]

"... es porque los hijos eran participantes de la carne y sangre que Él mismo también tomase parte de la misma carne y sangre...".[16]

"... la Divinidad se había manifestado, fue puesta en la humanidad, vestida con un cuerpo; vestida con carne, nuestra carne... ¿cómo tomó Él sobre Sí esa naturaleza, aquella carne y sangre? Él lo hizo a través del nacimiento, naciendo de una mujer...".[17]

"... Cristo tomó nuestra carne... fue cuando Jesús Cristo tomó nuestra naturaleza humana y nació de una mujer, que la humanidad y la divinidad se unieron".[18]

"... Jesús Cristo se hizo carne y sangre, el pariente más próximo a cada uno de nosotros... Él... tomó parte de nuestra misma carne y sangre".[19]

"... la carne que Él tomó y en la cual Él habitó fue nuestra carne... Él tomó nuestra carne...".[20]

"... ¡la condescendencia de Jesús Cristo en venir aquí y habitar en nosotros! Para tomar nuestra carne, nuestra carne pecaminosa...".[21]

"... ese cuerpo de carne fue un cuerpo de carne pecaminosa (Rom. 8:3)...".[22]

"... Jesús Cristo vino, y al tomar nuestra naturaleza, nuestra carne pecaminosa... Él se unió a Sí mismo con la carne pecaminosa...".[23]

"... Él tomó la carne pecaminosa, carne que es usada para propósitos pecaminosos, y en esa carne pecaminosa, Él dio Su pensamiento, Él se reveló a Sí mismo... fue en carne pecaminosa que Él fue revelado...".[24]

".. Aun cuando Jesús Cristo tomó la carne pecaminosa, la carne en la cual nosotros pecamos,... Dios podía mantenerlo a Él sin pecar en esa carne pecaminosa. Así es que aun cuando Él se manifestó en carne pecaminosa, Dios a través de Su Espíritu y del poder que habitaba en Él, lo mantuvo sin pecar en esa carne pecaminosa... (Dios) hizo una revelación perfecta de Su mente en esa carne pecaminosa...".[25]

"... la gracia de Dios fue capaz de revelar en carne pecaminosa el carácter de Dios... Aun en carne pecaminosa pudo ser, a través de la gracia de Dios, revelado el carácter

Divino no dañado por el pecado... en carne pecaminosa se reveló perfectamente el carácter de Dios... Para mostrar... que Dios no requirió de la humanidad, aun en carne pecaminosa, nada más que lo que podía ser entregado a través de la gracia de Dios en Jesús Cristo...".[26]

"... el poder que mantuvo a Jesús Cristo en Su vida en carne pecaminosa, es para usted y es para mí".[27]

"Para enfrentar a Satanás fue necesario enfrentarlo en la carne caída del hombre. Así cuando Jesús tomó Su permanencia en la carne, no fue la carne que el hombre tenía antes de caer, sino que era la carne pecaminosa que el hombre tenía después de la caída... Él vino para salvar a los pecadores, por eso Él tenía que tomar la carne de los pecadores... Él tenía todas las debilidades de la carne que nosotros tenemos. La carne que Él tomó tenía los mismos deseos que nuestra propia carne tiene...".[28]

"El pensamiento particular que será el tema de nuestro estudio ahora es aquel que se encuentra en el verso 11, capítulo dos de Hebreos: "Porque el que santifica y los que son santificados, de uno son todos". Es el hombre de este mundo, hombre pecaminoso, a quien Cristo santifica. Él es el Santificador. Y Él y estos son todos de uno.

En esta parte del capítulo usted se acordará que estamos estudiando el hombre. En el capítulo uno, como hemos visto, se muestra el contraste entre Cristo y los ángeles, con Cristo sobre los ángeles como Dios. En el capítulo dos el contraste es entre Cristo y los ángeles, con Cristo bajo los ángeles. Dios no ha puesto en sujeción de los ángeles el mundo futuro del cual estamos hablando. Él la ha puesto en sujeción del hombre, y Cristo es el hombre. Por eso Cristo se hizo hombre; Él tomó el lugar del hombre; Él nació como el hombre nace. En Su naturaleza humana, Cristo vino del hombre del cual todos nosotros hemos venido; de tal manera que la expresión en este verso, "todos de uno", es la misma que "todos desde uno", como queriendo decir que todos venimos de uno. Un hombre es la fuente y la cabeza de nuestra naturaleza humana. Y la genealogía de Cristo, como siendo uno de nosotros, llega hasta Adán. Vea (Luc. 3:38).

Es verdad que todos los hombres y todas las cosas son de Dios; pero el pensamiento en este capítulo es el hombre, y Cristo como hombre. Nosotros somos los hijos del primer hombre, y así es Cristo de acuerdo con la carne. Nosotros estamos ahora estudiando a Cristo en Su naturaleza humana. El primer capítulo de Hebreos es Cristo en Su naturaleza divina. El segundo capítulo es Cristo en naturaleza humana. El pensamiento en estos dos capítulos está claramente emparentado con aquel de (Fil. 2:5-8):

"Haya, pues, en vosotros este pensamiento que hubo también en Cristo Jesús, el cual, siendo en forma de Dios, no pensó que fuese un robo el ser igual con Dios; sino que se hizo a Sí mismo sin reputación, y tomó sobre Sí la forma de siervo, y fue hecho en semejanza de los hombres; y siendo encontrado en la forma de hombre, se humilló a Sí mismo, y fue obediente hasta la muerte, aun la muerte de cruz".

En ese pasaje Cristo es colocado en las dos formas. Primero, siendo en la forma de Dios, Él tomó la forma del hombre. En Hebreos, en los dos primeros capítulos, no es la forma, sino la naturaleza.

Repito: en el segundo capítulo de Filipenses tenemos a Cristo en dos formas, la forma de Dios y la forma del hombre. En Hebreos, en los dos primeros capítulos, tenemos a Cristo en las dos naturalezas, la naturaleza de Dios y la naturaleza del hombre. Usted puede tener algo en la forma del hombre que puede no ser de la naturaleza del hombre. Usted puede tener un pedazo de piedra en la forma de hombre, pero eso no es la naturaleza del hombre. Jesús Cristo tomó la forma del hombre, eso es verdad; y Él hizo aún más que eso, Él tomó la naturaleza del hombre.

Leamos ahora (Heb. 2:14): "Así que, por cuanto los hijos (los hijos de Adán, la raza humana) son partícipes de carne y sangre, Él de la misma manera participó de lo mismo". "De la misma manera" significa en esta sabiduría, en este camino, en un camino como este del cual se está hablando. Por eso Cristo tomó la carne y la sangre en un camino como nosotros las tomamos. ¿Pero cómo tomamos nosotros la carne y la sangre? Por nacimiento y también a través de Adán. Él tomó la carne y la sangre también a través del nacimiento; y también a través de Adán. Porque está escrito: Él es "la simiente de David de acuerdo con la carne" (Rom. 1:3). Mientras David lo llama Señor, él también es el hijo de David. (Mat. 22:42-45). Su genealogía llega hasta David; pero no para allí. Llega hasta Abrahán; porque Él es la simiente de Abrahán. Él tomo sobre Sí la simiente de Abrahán, como consta en el verso 16 del capítulo dos de Hebreos. Pero Su genealogía no para en Abrahán; ella va hasta Adán. (Lucas 3:38). Por eso Él que santifica entre los hombres, y ellos que son santificados entre los hombres son todos de uno. Todos vienen de un hombre de acuerdo con la carne, son todos de uno. Así desde el lado humano, la naturaleza de Cristo es precisamente nuestra naturaleza.

Miremos ahora hacia el otro lado nuevamente para una ilustración de esta unidad, para que podamos ver la fuerza de esta expresión que Él y nosotros somos todos de uno.

Por otro lado, sin embargo, en el primer capítulo de Hebreos, él es de la naturaleza de Dios. El nombre "Dios" que Él lleva le pertenece por el mismo hecho de Su existencia; le pertenece "por herencia". Como ese nombre le pertenece completamente porque Él existe, y tan ciertamente como Él existe; y como le pertenece por naturaleza, es cierto que Su naturaleza es la naturaleza de Dios.

También, en el primer capítulo de Juan, verso uno, está escrito: "En el comienzo estaba la Palabra, y la Palabra estaba con Dios". Esa palabra "con" no expresa la realidad del pensamiento tan bien como otra. El alemán puso una palabra allí que define mejor el Griego que lo que lo hacemos nosotros en inglés. Entonces dice, "En el comienzo era la Palabra, y la Palabra estaba junto con (del alemán "bei": al lado de, junto con) Dios". Literalmente, "la Palabra era de Dios". Y eso es verdad. La palabra griega lleva la misma idea de que mi brazo derecho es mío, de mí cuerpo. El griego por lo tanto es literal, "En el comienzo la Palabra era Dios".

Esto simplemente ilustra desde ese punto de vista el hecho de lo que Él es en este otro punto de vista. Porque desde el lado divino, Él fue de Dios, de la naturaleza de Dios, y fue realmente Dios, de tal manera que desde el lado humano Él es del hombre, y de la naturaleza del hombre, y realmente humano.

Veamos (Juan 1:14): "Y la Palabra fue hecha carne, y habitó entre nosotros". Esto nos cuenta la misma historia que hemos leído aquí en los primeros dos capítulos de Hebreos. "En el principio era la Palabra, y la Palabra era de Dios, y la Palabra era Dios". "Y la Palabra fue hecha carne, y habitó entre nosotros", carne y sangre como la nuestra.

¿Qué tipo de carne es? ¿Qué tipo de carne es que este mundo la conozca? Justamente la carne que tú y yo poseemos. Este mundo no conoce ninguna otra carne de hombre, y no ha conocido ninguna otra desde que ha existido la necesidad de que Cristo viniera. Por eso, como este mundo solamente conoce esa carne que nosotros tenemos, tal como es ahora, es ciertamente verdadero que cuando "la Palabra fue hecha carne", Él fue hecho justamente la carne que nosotros tenemos. No puede ser de otra manera.

Nuevamente: ¿Qué tipo de carne es nuestra carne, tal como es en ella misma? Vamos al capítulo 8 de Romanos, y leamos donde la naturaleza humana de Cristo se encuentra con la nuestra, y es como la nuestra en ese respecto ya que la nuestra es carne pecaminosa. (Rom. 8:3) = "Lo que la ley no pudo hacer, en lo que era débil por la carne, Dios enviando a Su propio Hijo" lo hizo.

Había algo que la ley no pudo hacer, y que Dios, enviando a Su propio Hijo, lo hizo. ¿Pero por qué era que la ley no pudo hacer lo que quería, y qué es lo que se requería? Era débil debido a la carne. El problema estaba en la carne. Era esto lo que hacía con que la ley fallara en sus propósitos en relación con el hombre. Entonces Dios envió a Cristo para que hiciese lo que la ley no podía hacer. Y habiendo fallado la ley en sus propósitos, a causa de la carne, y no por causa de alguna carencia en sí misma, Dios tuvo que enviarlo a Él para ayudar a la carne, y no para ayudar a la ley. Si la ley hubiese estado en sí misma muy débil como para hacer lo que tenía que hacer, entonces lo que Él tendría que haber hecho era remediar la ley; pero el problema estaba con la carne, y por eso Él tenía que remediar la carne.

Es verdad que el argumento en estos días, viniendo de aquella enemistad que hay contra Dios, y que no está sujeta a la ley de Dios, y tampoco lo puede estar, es que la ley no puede hacer lo que tenía que hacer, y Dios envió a Su Hijo para debilitar la ley, de tal manera que la carne pudiese responder a las demandas de la ley. Pero si yo soy débil y usted es fuerte, y yo necesito ayuda, no me ayuda en nada hacer con que usted se vuelva tan débil como yo: yo continúo tan débil como antes. No hay ninguna ayuda en todo eso. Pero cuando yo soy débil y usted es fuerte, y usted puede traerme su fuerza a mí, eso sí me ayuda. La ley era suficientemente fuerte; pero su propósito no podía cumplirse a través de la debilidad de la carne. Por eso Dios, para suplir la necesidad, tiene que traerle fuerza a la débil carne. Él envió a Cristo para suplir la necesidad; y por eso Cristo tiene que hacerlo de tal manera que la fuerza pueda ser traída a nuestra propia carne, la que tenemos hoy día, para que el propósito de la ley pueda ser alcanzado en nuestra carne. Así está escrito: "Dios enviando a Su propio Hijo en semejanza de carne pecaminosa", para que "la justicia de la ley pueda ser completada en nosotros, que no caminamos tras la carne, sino tras el Espíritu".

Ahora, no se forme una idea errada de la palabra "semejanza". No es la forma; no es la fotografía; no es la semejanza en el sentido de una imagen; sino que es semejanza en el sentido de ser realmente como. La palabra "semejanza" aquí no es el pensamiento que está expresado en el segundo capítulo de Filipenses, donde es la forma, o la semejanza de la forma; pero aquí, en el libro de Hebreos, es semejanza en naturaleza, semejanza en carne tal como ella es en sí misma, Dios enviando a Su propio Hijo en aquello que es justamente como carne pecaminosa. Y para ser justamente como carne pecaminosa, tenía que ser carne pecaminosa; para ser hecho realmente carne, como ella lo es en este mundo, Él tenía que ser justamente esa carne que existe en este mundo, así como lo somos nosotros, y que es carne pecaminosa. Esto es lo que se dice en las palabras "semejanza de carne pecaminosa".

Esto se muestra también en (Heb. 2:9-10) = "Nosotros vemos a Jesús, el cual fue hecho un poco menor que los ángeles", no solo como el hombre fue hecho menor que los ángeles cuando Él fue creado.

El hombre era pecaminoso cuando Dios lo hizo un poco menor que los ángeles. eso era carne pecaminosa. Pero el hombre cayó desde ese lugar y condición, y se volvió carne pecaminosa.

Ahora vemos a Jesús, quien fue hecho un poco menor que los ángeles; pero no como el hombre fue hecho cuando fue hecho inicialmente un poco menor que los ángeles, sino como el hombre es desde que pecó, y se volvió aún más bajo que los ángeles. Ahí es donde vemos a Jesús. Leamos y veamos: "Vemos a Jesús quien fue hecho un poco menor que los ángeles". ¿Para qué? "Para los sufrimientos de la muerte". Entonces Cristo siendo hecho mucho menor que los ángeles y que lo que los hombres, es tanto menor que los ángeles como el hombre lo es desde que pecó y quedó sujeto a la muerte. Lo vemos a Él "coronado con gloria y honor; para que por la gracia de Dios pudiese probar la muerte por cada ser humano. Porque fue apropiado para Él, para quien son todas las cosas, y por quien son todas las cosas, trayendo muchos hijos a la gloria, para hacer el capitán de su salvación perfecto a través de sufrimientos".

Por eso, como Él estuvo sujeto a sufrimiento y muerte, esto demuestra con suficiente fuerza que el punto al cual Cristo vino es inferior al de los ángeles; donde Él está; y donde "nosotros lo vemos", es el punto al cual el hombre llegó cuando él, en el pecado, llegó aún más debajo de lo que Dios lo había creado, aun un poco menor que los ángeles.

Nuevamente: el verso 16 dice "Ciertamente Él no tomó la naturaleza de los ángeles; sino que tomó sobre Él la simiente de Abrahán". Él no tomó sobre Él la naturaleza de los ángeles, sino que tomó sobre Él la naturaleza de Abrahán. Pero la naturaleza de Abrahán y la simiente de Abrahán es solamente naturaleza humana.

Nuevamente: "Porque en todas las cosas debía ser hecho como sus hermanos". ¿En cuántas cosas? En todas las cosas. Entonces en Su naturaleza humana no hay ninguna partícula de diferencia entre Él y usted.

Leamos las Escrituras. Estudiemos esto más a fondo. Quiero ver que lo entendamos. Vamos a leerlo nuevamente: "Son todos de uno". Él tomó parte de carne y de sangre de la misma manera en que nosotros tomamos parte de carne y de sangre. Él no tomó la naturaleza de los ángeles, sino la simiente, la naturaleza, de Abrahán. De donde, por estas razones, le pertenecen, le son apropiadas. Él debía ser hecho en todas las cosas como Sus hermanos. ¿Quiénes son Sus hermanos? La raza humana. "Todos de uno"; y por esta causa Él no se avergüenza de llamarnos, a usted y a mí, hermanos. "Porque en todas las cosas debía ser hecho como Sus hermanos".

Bien, entonces, en Su naturaleza humana, cuando Él estaba sobre la tierra, ¿era Él de algún modo diferente de lo que usted es en su naturaleza humana esta noche? (algunos en la congregación responden: "NO"). Me hubiera gustado escuchar que todos hubiesen dicho "NO", en voz alta. Ustedes todos son muy tímidos. La Palabra de Dios dice que, y nosotros también lo decimos, que es así; porque existe salvación justamente en eso. No, no es suficiente decirlo de esa manera: la salvación de Dios para los seres humanos reside justamente en eso. No tenemos que ser tímidos en relación a eso, en absoluto. Allí reside nuestra salvación, y hasta que lleguemos allá no estaremos seguros de nuestra salvación. Es ahí que ella está. "En todas las cosas debía ser hecho como Sus hermanos". ¿Para qué? Oh, "para que Él pudiese ser un Sumo Sacerdote misericordioso y fiel en las cosas pertenecientes a Dios, para hacer reconciliación por los pecados del pueblo. Porque en lo que Él mismo había sufrido siendo tentado, Él está apto para ayudar a aquellos que son tentados". ¿Ven ustedes que nuestra salvación depende justamente de eso? ¿No ven ustedes que es justamente ahí donde Cristo viene hasta nosotros? Él vino a nosotros justamente donde somos tentados, y fue hecho como nosotros justamente donde nosotros somos tentados; y ese es el punto donde nosotros Lo encontramos a Él, el Salvador viviente contra el poder de la tentación.

Ahora el verso 14 del cuarto capítulo de Hebreos: "Viendo entonces que tenemos un gran Sumo Sacerdote, que entró en el cielo, Jesús, el Hijo de Dios, aseguremos nuestra profesión. Porque no tenemos un Sumo Sacerdote que no pueda ser tocado con los sentimientos de nuestras enfermedades; sino que fue tentado en todos los puntos así como nosotros lo somos".

Él no podría haber sido tentado en todos los puntos como yo lo soy, si Él no fuese en todos los puntos así como yo soy. Por eso debía ser hecho en todos los puntos como yo soy, si es que Él me va a ayudar donde yo necesito ayuda. Yo sé que justamente ahí es donde yo la necesito. Y oh, yo sé que es justamente ahí donde yo la consigo. ¡Alabado sea el Señor! Ahí es donde Cristo está, y es ahí donde está mi ayuda.

"No tenemos un Sumo Sacerdote que no pueda ser tocado", aquí hay dos negativas; NO tenemos un Sumo Sacerdote que NO pueda ser tocado. ¿Y qué es lo que tenemos por el lado afirmativo? Tenemos un SS que PUEDE ser tocado con los sentimientos de nuestras enfermedades, mis enfermedades, vuestras enfermedades, nuestras enfermedades. ¿Siente Él mis enfermedades? Sí. ¿Siente Él vuestras enfermedades? Sí. ¿Qué es una enfermedad? Debilidad, incertidumbre, vacilación – debilidad – eso es suficientemente expresivo. Tenemos muchas debilidades. Todos tenemos muchas debilidades. Nosotros sentimos nuestras debilidades. Gracias al Señor, hay Uno que también las siente, si, no solamente las siente, sino que es tocado con los sentimientos de ellas. Hay más cosas en esa palabra "tocado" que simplemente que Él es alcanzado con los sentimientos de nuestras debilidades, y que siente como nosotros sentimos. Él siente como nosotros sentimos, eso es verdad, pero más allá aun, Él es "tocado"; esto es, Él es tiernamente afectado; su simpatía es agitada. Él es tocado hasta la ternura y afectado a la simpatía, y Él nos ayuda. Eso es lo que se dice en las palabras, "tocado con los sentimientos de nuestras enfermedades". ¡Gracias al Señor por un Salvador así!

Pero lo digo nuevamente, Él no puede ser tentado en todos los puntos como lo soy yo, a menos que Él sea en todos los puntos así como yo soy. Él no puede sentir como yo siento a menos que Él esté donde yo estoy, y en la manera en que yo lo soy. En otras palabras, Él no puede ser tentado en todos los puntos como yo lo soy, y sentir lo que yo siento, a menos que Él sea yo mismo nuevamente. La palabra de Dios dice: "En todos los puntos así como lo somos nosotros".

Estudiemos esto un poco más. Existen cosas que lo tentarán a usted fuertemente, que lo van a atraer fuertemente, y que para mí no son más que un zafiro en un día de verano. Algo me va a atraer fuertemente a mí, y tratará de sobrepasarme, pero que no lo afectará a usted de ninguna manera. Lo que a uno lo tienta fuertemente puede no afectarlo a usted en lo más mínimo. Lo que a uno lo tienta fuertemente puede no afectar a otro. Entonces, para que me pueda ayudar, Jesús tiene que estar donde Él pueda sentir lo que yo siento, y ser tentado en todos los puntos donde yo puedo ser tentado y donde no tengo ningún poder en absoluto. Pero como las cosas que me tientan a mí pueden no afectarlo a usted en nada, y las cosas que lo afectan a usted pueden no afectarme a mí, Cristo tiene que permanecer donde usted y yo estamos, para poder enfrentar todas las tentaciones de nosotros dos. Él tiene que sentir todo lo que usted enfrenta y que no me afecta a mí, y también todo aquello que yo enfrento y que no lo afecta a usted. Él tiene que tomar el lugar de nosotros dos. Así es.

Entonces está el otro hombre. Existen cosas que lo tientan para derribarlo, y que no me afectan ni a mí ni a usted. Entonces Jesús tiene que tomar todos los sentimientos y mi naturaleza, su naturaleza (la suya, de usted) y también la del otro hombre, de tal manera que Él puede ser tentado en todos los puntos así como lo soy yo, y en todos los puntos como usted lo es, y en todos los puntos así como lo es el otro hombre. Pero cuando usted y yo, y el otro hombre, somos tomados por Él, ¿cuántos son abrazados por Él? Él abraza a toda la raza humana.

Y esta es exactamente la verdad. Cristo estaba en el lugar, y tenía la naturaleza, de toda la raza humana. Y en Él se encuentran todas las debilidades de la humanidad, de tal manera que cada hombre en la tierra que puede ser tentado, encuentra en Jesús Cristo poder contra la tentación. Porque cada alma que está en Jesús Cristo tiene victoria contra todas las tentaciones, y alivio (desahogo) de ella. Esa es la verdad.

Veámoslo ahora desde otro punto de vista. Hay uno en el mundo, Satanás, el dios de este mundo, quien está interesado en que nosotros seamos tentados tanto cuanto sea posible; pero él no tiene que emplear mucho de su tiempo ni de su poder tentando de manera que cedamos.

Ese mismo estuvo aquí, y él estaba particularmente interesado en hacer con que Jesús ceda a la tentación. Él tentó a Jesús en cada punto en que me ha tentado a mí para que peque; y todo lo que hizo fue en vano. Él falló totalmente en hacer con que Jesús consintiera en pecar en ningún punto sobre los cuales yo puedo ser tentado.

Él también tentó a Jesús en cada punto donde él lo ha tentado a usted, para que usted peque; y él también falló totalmente ahí. Eso me lleva a mí y a usted entonces; y Jesús ha vencido en todos los puntos tanto para mí como para usted.

Pero cuando él tentó a Cristo en todos los puntos en que él nos ha tentado a mí y a usted, y falló allí, como realmente falló completamente, él tuvo que tentarlo (a Jesús) más allá aun. Él tuvo que tentarlo en todos los puntos en que el otro hombre ha sido tentado, para hacerlo ceder. Satanás también hizo esto, y también allí fue totalmente derrotado.

Entonces Satanás trató, y realmente lo hizo, de tentar a Jesús en todos los puntos en que me ha tentado a mí; y en todos los puntos en que lo ha tentado a usted; y también en todos los puntos en que tentaría al otro hombre. Consecuentemente tenía que tentar a Jesús en cada punto en que es posible hacer con que una tentación crezca en cualquier ser humano de la raza humana.

Satanás es el autor de todas las tentaciones, y él tenía que tentar a Jesús en todos los puntos en los cuales es posible tentar a cualquier ser humano. Él también tenía que tentar a Jesús en cada punto en el cual es posible que Satanás mismo encontrase una tentación. Y en todo eso falló todo el tiempo. ¡Gracias al Señor!

Más que eso: Satanás no solamente tenía que tentar a Jesús en todos los puntos en que me tentaría a mí, sino que tenía que tentar a Jesús con un poder muy superior al que jamás usaría conmigo. Él nunca tendría que tentarme muy duro, ni tampoco usar mucho de su poder tentador, para hacer con que yo ceda. Pero tomando los mismos puntos en los cuales me ha tentado a mí y me ha hecho pecar, o que jamás haya usado para tentarme hasta hacerme pecar, él tuvo que tentar a Jesús en esos mismos puntos mucho más poderosamente de lo que nunca lo hizo conmigo, hasta que yo pecase. Él tuvo que tentar a Jesús con todo su poder tentador que poseía – ese es el diablo que yo estoy queriendo mostrarles – y también falló. ¡Gracias al Señor! De tal manera que yo estoy libre en Cristo.

Él tuvo que tentar a Cristo en todos los puntos en que él jamás tentó a alguien, o jamás lo haya tentado a usted, y tuvo que tentarlo con todo su poder que tenía; y falló nuevamente. ¡Gracias al Señor! De tal manera que usted es libre en Cristo. Él también tuvo que tentar a Cristo en todos los puntos que le afectan al otro hombre, y también con todo su poder satánico; y también falló. ¡Gracias al Señor! Y en Cristo el otro hombre es libre.

Por eso tuvo que tentar a Jesús en cada punto en que jamás la raza humana ha sido tentada, y falló; él tentó a Jesús con todo el conocimiento que él tenía, y con toda la astucia que tenía, y falló; y tuvo que tentar a Jesús con todo su poder en cada punto en particular, y también falló.

Aquí hay entonces una falla triple – sí, completa – una falla del diablo en todo. En la presencia de Cristo, Satanás es absolutamente dominado; y en Cristo nosotros somos conquistadores de Satanás. Jesús dijo, "el príncipe de este mundo vino, pero no tiene nada en Mí". En Cristo, entonces, escapamos de él. En Cristo encontramos en Satanás un enemigo completamente derrotado y exhausto.

Eso no quiere decir que no tengamos más luchas que enfrentar. Pero sí quiere decir, y decirlo enfáticamente y llenos de regocijo, que en Cristo peleamos la batalla de la victoria. Fuera de Cristo, peleamos, pero es para pura derrota. En Él nuestra victoria es completa.

Pero, oh, no olviden esta expresión: ¡es en Él!

Entonces, como Satanás ha agotado todas las tentaciones que él conoce, o que posiblemente conoce, y ha agotado todo su poder también en la tentación, ¿qué es él? En la presencia de Cristo, ¿qué es él? Sin ningún poder. Y cuando él nos encuentra en Cristo, y nos encuentra y nos acosa, ¿qué es él? Sin ningún poder. ¡Alabado y magnificado sea el Señor!

Regocijémonos en esto; porque en Él somos victoriosos; en Él somos libres; en Él Satanás es sin ningún poder contra nosotros. Seamos agradecidos por eso. En Él nosotros somos completos".[29]

"... y en consideración a lo que dijimos la noche pasada de cómo Él se hizo uno de nosotros, encontramos que fue por nacimiento de la carne. Él es "la simiente de David de acuerdo con la carne". Él no tomó la naturaleza de los ángeles, sino que la naturaleza de la simiente de Abrahán; y Su genealogía va hasta Adán...

... de tal manera que todas las tendencias para pecar que están en la raza humana vinieron de Adán. Pero Jesús Cristo sintió todas estas tentaciones; Él fue tentado en todos estos puntos en la carne que Él derivó de David, de Abrahán, y de Adán. En Su genealogía existen una cantidad de caracteres puestos en marcha tal como fueron vividos en los hombres; y ellos no eran justos. Manases está ahí, quien fue el peor rey de Judea, e hizo con que Judea fuese peor que los impíos; Salomón está ahí, con la descripción de su carácter que consta en la Biblia; David está ahí; Rahab está ahí; Judá está ahí; Jacob está ahí; todos están ahí tal cuales ellos fueron. Ahora Jesús vino de acuerdo a la carne al final de esa línea de descendencia humana. Y existe también una cosa que se llama herencia...".[30]

"... ahora esa ley de la herencia que viene desde Adán en la carne hasta Jesús Cristo es ciertamente igual a cualquiera de nosotros; porque Él fue uno de nosotros. En Él habían cosas que venían desde Adán; en Él habían cosas que venían desde David, desde Manases, desde el comienzo hasta Su nacimiento.

Así en la carne de Jesús Cristo, no en Él mismo, sino en Su carne – nuestra carne que Él tomó en la naturaleza humana – existían exactamente las mismas tendencias a pecar que existen en usted y en mí... Y así siendo en semejanza de carne pecaminosa, Él condenó el pecado en la carne...

... Eso es simplemente decir que todas las tendencias a pecar que existen en la carne humana estaban en Su carne humana, y a ninguna de ellas le permitió siquiera aparecer; Él las conquistó (venció) todas. Y en Él todos nosotros tenemos victoria sobre todas ellas...".[31]

"... nosotros no somos más responsables por estas tendencias que están en nosotros de lo que somos responsables por el hecho de que el sol brilla; pero cada hombre en la tierra es responsable por estas cosas cuando aparecen en acciones abiertas en él; porque Jesús Cristo ha hecho provisión contra su aparecimiento abierto...".[32]

"... Jesús Cristo, el segundo hombre, tomó nuestra naturaleza pecaminosa...".[33]

"... y Cristo habiendo tomado nuestra naturaleza humana en todas las cosas en la carne, ... En todos los puntos debía Él ser hecho como Sus hermanos; y Él es nuestro hermano en la relación sanguínea más cercana...".[34]

"... Él lo ha demostrado en mí carne, que Él se ha inclinado, se inclinó completamente, para escuchar mi llanto...".[35]

"... débil como nosotros, pecaminoso como nosotros – simplemente como nosotros – Él caminó a través de este mundo, y nunca pecó. Él era pecaminoso como nosotros, débil como nosotros, desvalido (desamparado) como nosotros...

... el misterio de Dios no es Dios manifestado en carne no pecaminosa. No hay ningún misterio en que Dios se manifieste en carne no pecaminosa; eso es suficientemente natural. ¿No es el propio Dios sin pecado? ¿Existe entonces algo como para que nos maravillemos de que Dios se haya manifestado a través o en carne sin pecado? ¿Existe algún misterio en que Dios manifieste Su poder y Su justicia a través de Gabriel, o a través de un brillante serafín o de un querubín? No; eso es suficientemente natural. Pero lo maravilloso es que Dios puede hacer eso a través o en carne pecaminosa. Ese es el misterio de Dios, Dios manifestado en carne pecaminosa.

En Jesús Cristo en la medida en que Él lo fue en carne pecaminosa, Dios ha demostrado ante el universo que Él puede tomar posesión de carne pecaminosa para manifestar Su propia presencia, Su poder, y Su gloria, en vez de que el pecado se manifieste en sí mismo...".[36]

El estudiante observará en este pasaje una expresión imprudente de Jones, "Él era pecaminoso como nosotros...". Esto es muy diferente a decir que Él tuvo una naturaleza pecaminosa como la nuestra pero nunca pecó, lo cual Jones dijo varias veces.

El lector atento y equilibrado, viendo esta expresión rodeada de declaraciones de que Cristo nunca pecó, no malinterpretará las intenciones del escritor, pero verá esto como un ejemplo de palabras imprudentes. Sin embargo, no podemos esperar realmente que todos los lectores sean tan atentos y equilibrados. Una expresión como esta, sacada de su contexto, puede llegar a ser muy dañina. De tal manera que evitemos cuidadosamente el uso inadvertido de este tipo de expresiones.

"... respondamos entonces, y sumerjámonos en Él, para que Dios aún se manifieste en carne pecaminosa...".[37]

"Cristo se ha aliado a Sí mismo con cada alma en la tierra; Él se ha unido a Sí mismo con cada ser humano, con cada uno en carne pecaminosa...".[38]

"... la falsa idea de que Él es tan santo de que sería impropio en Él el hecho de llegar cerca de nosotros, y ser poseído por una naturaleza como la nuestra, pecaminosa, depravada, una naturaleza humana caída. Por eso es que María tiene que haber nacido inmaculada, perfecta, sin pecado, y mayor que los querubines y que los serafines; y entonces Cristo tiene que haber nacido de tal manera que tomara su naturaleza sin pecado en forma total de ella. Pero hizo con que Él quedara aún más lejos de nosotros de lo que lo están los querubines y los serafines, y en una naturaleza no pecaminosa.

Pero si Él no se acerca más a nosotros sino que en una naturaleza sin pecado, eso es sumamente lejos; porque yo necesito a alguien que esté mucho más cercano a mí que lo que eso representa. Yo necesito a alguien que me ayude, que sepa algo a respecto de mi naturaleza pecaminosa; porque esa es la naturaleza que yo tengo; y eso es lo que el Señor hizo. Él se hizo uno de nosotros".[39]

"Así en Su verdadera santidad, Cristo pudo venir, y vino, hasta el hombre pecaminoso en carne pecaminosa, donde este hombre pecaminoso está. Así en Cristo, y solamente en Cristo, se encuentra la hermandad del hombre. Todos en realidad son uno en Cristo Jesús nuestro Señor.

Algunos han encontrado, y todos pueden hacerlo, en los Testimonios la declaración de que Cristo no tiene "las mismas pasiones" que nosotros tenemos. La declaración está ahí; cada uno puede encontrarla ahí, desde luego".[40]

"Ahora en relación a que Cristo no tenga "las mismas pasiones" que nosotros: en las Escrituras se lo muestra siempre como nosotros, y con nosotros conforme a la carne. Él es la simiente de David de acuerdo a la carne. Él fue hecho en semejanza de carne pecaminosa; no en semejanza de mente pecaminosa. No coloquen Su mente en esto. Su carne fue nuestra carne; pero la mente era "la mente de Cristo Jesús". Por eso está escrito: "Que esta mente esté en ti, la cual también estuvo en Cristo Jesús".[41]

"... ahora Jesús Cristo viene al mundo, tomando nuestra carne...".[42]

"Ahora la carne de Jesús Cristo fue nuestra carne, y en ella había todo lo que hay en nuestra carne, todas las tendencias a pecar que están en nuestra carne estaban en Su carne, atrayéndolo a Él para que consintiese en pecar. Supongamos que Él hubiese consentido en pecar en Su mente; ¿Qué hubiera pasa-do? Entonces Su mente se habría corrompido, y entonces Él habría tenido pasiones iguales a las nuestras...".[43]

"... Por eso Jesús Cristo vino en la misma carne que nosotros, pero con una mente que mantuvo su integridad contra cada tentación, contra cada aliciente a pecar, una mente que nunca consintió en pecar; no, nunca en la menor sombra concebible de un pensamiento...".[44]

"... Jesús Cristo vino en esta carne a Sí mismo, el Glorioso, Aquel que hizo los mundos, la Palabra de Dios, Él mismo fue hecho carne, y Él era de nuestra carne; y Él, aquel Divino, que estaba en el cielo, estuvo en nuestra carne pecaminosa. Sin embargo aquel Divino, cuando estuvo en carne pecaminosa, nunca manifestó ni siquiera una partícula divina Suya para resistir las tentaciones que estaban en esa carne, sino que se vació a Sí mismo...

... Jesús Cristo, el Divino, el Infinito, vino en Su persona divina en esta misma carne nuestra, y nunca permitió que Su poder divino, Su propio poder, sea manifestado en algo al resistir estas tentaciones y seducciones y atracciones de la carne.

¿Qué es lo que había ahí entonces que conquistó el pecado, y Lo mantuvo sin pecar? Fue el poder de Dios, el Padre, que Lo mantuvo...

... el propio Cristo, que hizo los mundos, estuvo todo el tiempo en esa carne pecaminosa, vuestra y mía, que Él tomó...".[45]

"Ahora leo algunas líneas de "Vida de Cristo" (más tarde se tituló "El Deseado de Todas las Gentes").

"Para poder llevar a cabo la gran obra de la redención, el Redentor tuvo que tomar el lugar del hombre caído...

... cuando Adán fue asaltado por el tentador, él no tenía ninguna mancha de pecado. Él permaneció delante de Dios en la fuerza de la perfecta humanidad, todos los órganos y las facultades de su ser estaban completamente desarrolladas y armoniosamente balanceadas; y él estaba rodeado con cosas bellas, y tenía una comunión diaria con los santos ángeles. Qué contraste con este ser perfecto presentó el segundo Adán, al entrar al desolado desierto para luchar con Satanás. Por cuatro mil años la raza había estado decreciendo en tamaño y fuerza física, y deteriorándose en poder moral; y para elevar al hombre caído, Cristo tiene que alcanzarlo donde éste estaba. Él asumió la naturaleza humana, llevando las enfermedades y la degeneración de la raza. Él se humilló a Sí mismo a lo más bajo del dolor humano, para que Él pudiese simpatizar con el hombre y rescatarlo de la degradación en la cual el pecado lo había sumergido.

... Cristo tomó la humanidad con todas sus debilidades. Él tomó la naturaleza del hombre con la posibilidad de ceder a la tentación, y Él descansó sobre el poder divino para no caer...".[46]

"... Él fue nuestras carnes pecaminosas, y ahí estaban todas estas tendencias a pecar siendo agitadas en Su carne para hacerlo consentir a pecar. Pero Él mismo no se mantuvo libre de pecar. Si así lo hubiese hecho habría estado manifestándose a Sí mismo contra el poder de Satanás, y esto habría destruido el plan de salvación...".[47]

"... Por eso Cristo vino en nuestra carne, y el Padre habitaba con Él... Cristo vino en esa carne pecaminosa, pero no hizo nada de Sí mismo contra la tentación y el poder del pecado en la carne. Él se vació a Sí mismo, y el Padre trabajó en carne humana contra el poder del pecado, y Lo mantuvo libre de pecar...".[48]

"Cristo se vació a Sí mismo, para que Dios pudiese manifestarse en la carne, en carne pecaminosa;...".[49]

"... hemos estudiado durante varias lecciones el hecho de que Él en la naturaleza humana fue igual a nosotros;...".[50]

"... Él ha probado Su habilidad para tomarnos y cumplir Su propósito en relación a la naturaleza humana, en relación a la carne pecaminosa tal como es en este mundo...".[51]

"... Dios ha colocado delante de nosotros en Cristo toda Su arte (habilidad) en carne pecaminosa. En Cristo Él la ha completado, y la ha colocado como Su mano derecha. Ahora Él nos dice a nosotros: "Miren eso. Eso es lo que Yo estoy dispuesto a hacer con la carne pecaminosa...".[52]

"... cuando Él estuvo sobre la tierra, Él estuvo en nuestra carne humana pecaminosa... Esto es lo mismo que ya vimos en un estudio anterior, que Dios manifestado en la carne, Dios manifestado en carne pecaminosa, es el misterio de Dios; no Dios manifestado en carne no pecaminosa, sino que en carne pecaminosa. Esto es, Dios habitará de tal manera en nuestra carne pecaminosa hoy, que aun cuando esa carne sea pecaminosa, su pecaminosidad no será sentida o percibida, ni lanzará ninguna influencia sobre otros; Dios habitará de tal manera en carne pecaminosa que a pesar de toda la pecaminosidad de la carne pecaminosa, Su influencia, Su gloria, Su justicia, Su carácter, se manifestará donde quiera que la persona vaya. Esto fue precisamente el caso con Jesús en la carne...".[53]

"Vino un segundo Adán, no como el primer Adán, sino como el primer Adán ha tenido sus descendientes en el tiempo en el cual él vino. El segundo Adán vino en el punto de la degeneración de la raza a la cual esta ha llegado desde el primer Adán".[54]

"El Señor Jesús entra en el campo abierto para enfrentar a Satanás, en carne humana en el punto en que la carne humana alcanzó en la degeneración en el momento cuando Él nació en el mundo. Entonces, en la debilidad de la naturaleza humana como era en el mundo cuando Él vino en carne, Él peleó la batalla".[55]

"Jesús Cristo vino al mundo en ese estado de debilidad de la carne humana, y en esa carne, como hombre, Él peleó la batalla con Satanás... Ahora cuando este segundo Adán viene en carne humana justo en el punto en que Satanás ha traído a toda la raza por el pecado, y ahí en todas estas debilidades entró en el combate, y Satanás nunca puede decir que eso no es justo... Él no puede hacerlo, porque Cristo permaneció en la debilidad de la carne a la cual Satanás ha traído al hombre. Cristo vino en la misma debilidad que Satanás ha traído a la raza...".[56]

"Jesús vino aquí al territorio de Satanás, y tomó la naturaleza humana en el punto en que el propio Satanás la ha traído".[57]

"Él puso a un lado el cuerpo de carne destruyendo la enemistad en la carne pecaminosa, conquistando todas las tendencias de la carne pecaminosa...".[58]

"En Su encarnación Él fue humano en el más amplio sentido, porque Él tuvo carne pecaminosa, con todas sus tendencias acumuladas para el mal...

No nos es imputado como pecado que nazcamos en carne pecaminosa, o que seamos tentados en esta naturaleza, porque Cristo voluntariamente asumió esta naturaleza y fue tentado en ella, pero sin pecado... Él asumió nuestra carne pecaminosa, con sus tendencias pecaminosas inherentes".[59]

"¿Cuál era la naturaleza de la carne que Él tomó?... Él tiene que haber tenido el mismo tipo de carne que nosotros tenemos... Jesús Cristo tomó "carne pecaminosa"... Si, lector, el bendito Hijo de Dios... tomó Su morada en carne con los mismos deseos que usted tiene en su carne".[60]

"... Nadie podrá nunca estar apto a explicar cómo el Hijo de Dios pudo dejar el cielo y venir a esta tierra y nacer como nace la humanidad caída... Él tiene que tomar la misma carne que el hombre tuvo después de la caída... Él no tomó la naturaleza de los ángeles, ni la del hombre antes de la caída... Si Él hubiese tomado la naturaleza de Adán antes de la caída, Él no habría estado bajo la sentencia de muerte que ha pasado sobre todo ser humano...

Él no poseyó las pasiones de nuestra naturaleza caída, provenientes de haber sido vencido por el pecado. Pero la carne que Él tomó luego habría tenido todas las pasiones que el pecado ha traído sobre nosotros si es que Él hubiese cedido. Él enfrentó al tentador en la debilidad, en carne pecaminosa, y la condenó de tal manera que ella no estaba en condiciones de vencerlo... Él tomó la carne pecaminosa para que pudiese someter las corrupciones de nuestra naturaleza".[61]

El domingo en la noche, 31 de Octubre de 1895, W. W. Prescott predicó un sermón en la reunión campal de Armadale, en Victoria, Australia. Ellen White escuchó este sermón, y sus otros sermones que lo siguieron, y quedó tan impresionada que ella expresó su gratitud por este mensaje en términos fervientes en diferentes cartas a diversas personas.

Como el White Estate aún no ha liberado todas estas cartas para que sean publicadas, yo no puedo informárselas a usted con una identificación específica, dándole la ubicación precisa de cada declaración. Pero yo puedo, sin embargo, decirle que si el estudiante examina el material que viene a continuación, encontrará dispersas a lo largo del mismo, expresiones de aprobación del mensaje de Prescott como los que aparecen las próximas páginas:

Mensaje 19, 1895 -- Carta W-25, 1895 -- Review and Herald

Mensaje 23, 1895 -- Carta W-32, 1895 -- 06 de Enero de 1896

Mensaje 47, 1895 -- Carta W-83, 1895 -- (publicado y liberado)

Mensaje 52, 1895 -- Carta W-84, 1895

(Después de leer las expresiones de aprobación, el estudiante querrá leer el sermón de W. W. Prescott, el cual viene inmediatamente después).

"He estado escuchando un discurso dado por el Profesor Prescott. Fue un poderoso apelo al pueblo... Maggie Hare está anotando el discurso del Profesor Prescott y mis charlas, para que sean publicados. (Sus) sermones nunca parecerán ser los mismos, me temo, como cuando son dados por el propio predicador. Porque las palabras son dichas con la demostración del Espíritu, y con poder, y su rostro está encendido con la luz del sol del cielo. La presencia del Señor está en nuestro mensaje día a día.

La palabra obedecida es vida, y fe, y salvación para todos. "Si me amáis, guardad Mis mandamientos". Me siento tan agradecido por estas palabras; porque si no fuese posible para nosotros obedecer los mandamientos de Dios, estas palabras no habrían sido dichas... (énfasis mío) a través de Cristo Jesús dándonos gracia,... podemos guardar la ley de Dios.

El Señor ha visitado a Prescott en una manera especial y le ha dado un mensaje especial para el pueblo... la verdad fluye desde él en ricas corrientes, las personas dicen que la Biblia ahora les es una nueva revelación.

Aquellos que desde la reunión de Minneapolis han tenido el privilegio de escuchar las palabras dichas por los mensajeros de Dios, Alonzo T. Jones, Ellet J. Waggoner y W. W. Prescott... luz del cielo ha estado brillando. La trompeta ha sonado con el sonido correcto... Luz ha estado brillando sobre la justificación por la fe y la justicia imputada de Cristo.

El Señor ha enviado a Prescott, él no es un vaso vacío, sino lleno de tesoro celestial. Él ha presentado verdades en un estilo claro y simple, rico en alimento.

W. W. Prescott ha estado dando las palabras ardientes de la verdad como yo las he escuchado de alguien en 1844; la inspiración del Espíritu Santo está sobre él. Prescott nunca ha tenido tal poder al predicar la verdad.

Prescott ha estado derramando el Espíritu Santo desde que ha llegado aquí; nosotros distinguimos la voz del Pastor verdadero. La verdad derramada de sus labios como las personas nunca antes lo habían escuchado; las personas dicen que ese hombre es inspirado.

Prescott ha hablado muchas veces en el campamento de Armadale bajo inspiración del Espíritu Santo.

Las personas quieren copias impresas del mensaje de Prescott; ellos actuaron como un rebaño de ovejas con hambre, "clamaron por una copia". Ellos quieren leer y estudiar cada punto que ha sido presentado.

La mente de Prescott ha sido fructífera en la verdad; que Dios pueda guiarnos en toda la verdad".

"En la noche (del 31 de Octubre) el Profesor Prescott dio una lección valiosa, como oro precioso. La tienda estaba llena, y muchos quedaron afuera. Todos parecían estar fascinados con la palabra, a medida que él iba presentando la verdad en líneas tan nuevas para aquellos que no eran de nuestra fe. La verdad fue separada del error, y hecha, a través del divino Espíritu, brillar como preciosas joyas. Se mostró que la perfecta obediencia a todos los mandamientos de Dios es esencial para la salvación de las almas. La obediencia a las leyes del reino de Dios revelan lo divino en lo humano, santificando el carácter.

El Señor está trabajando con poder a través de Sus siervos que están proclamando la verdad, y Él le ha dado al hermano Prescott un mensaje especial para el pueblo. El poder y el Espíritu de la verdad vienen de labios humanos en demostración del Espíritu y del poder de Dios. El Señor ha visitado al hermano Prescott de una manera extraordinaria (notable). Estamos seguros que el Señor lo ha dotado con Su Santo Espíritu, y la verdad está fluyendo de él en ricas corrientes.

No podemos hablar de todas las reuniones en particular, pero todas han sido caracterizadas por el espíritu de ir atrás de la verdad (en algunas personas).[62]

Las siguientes páginas contienen el sermón predicado por W. W. Prescott el domingo en la noche, del 31 de Octubre, en el campamento de Armadale en Victoria, Australia.[63]

Los itálicos y la numeración es mía. El estudiante querrá estudiar cuidadosamente tanto el sermón como los comentarios de Ellen White al respecto, en vista del hecho de que inmediatamente después de haber escuchado el sermón, ella escribió la famosa Carta Baker, cuya referencia está en la Sección III: El Uso de los Términos "Pasiones" y "Propensiones" en los escritos de Ellen White.

La Palabra se Hizo Carne, por el Profesor W. W. Prescott

"En el principio era la Palabra, y la Palabra era con Dios, y la Palabra era Dios". "Y la Palabra se hizo carne, y habitó entre nosotros". La Revised Version dice, "La Palabra se volvió carne".

El tema de la redención será la ciencia y el canto de las edades eternas, y bien puede ocupar nuestras mentes durante nuestra corta estada aquí. No hay ninguna porción de este gran tema que tenga una demanda tal en nuestras mentes para que podamos apreciarlo en algún grado, como el asunto que vamos a estudiar esta noche, "La Palabra se volvió carne y habitó entre nosotros". A través de Él se hicieron todas las cosas; ahora Él mismo se hace. Él que tenía toda la gloria con el Padre, ahora deja a un lado Su gloria y se hace carne. Él deja a un lado Su modo divino de existencia, y toma el modo humano de existencia, y Dios se hace manifiesto en la carne. Esta verdad es la verdadera fundación de toda verdad.

Una Verdad Provechosa.-

Y Jesús Cristo haciéndose carne, Dios siendo manifestado en la carne, es uno de las verdades más provechosas, una de las verdades más instructivas, en la cual la humanidad puede regocijarse.

Me gustaría estudiar en esta noche este asunto para nuestro beneficio personal y presente. Comandemos nuestras mentes al máximo, porque comprender que la Palabra se hizo carne, y habitó entre nosotros, demanda todos nuestros poderes mentales. Consideremos, primero, qué tipo de carne; porque este es el verdadero fundamento de este asunto en lo que se refiere a nosotros personalmente. "Así que, por cuanto los hijos son participantes de carne y de sangre, Él también asimismo tomó parte de lo mismo; que a través de la muerte Él pudiese destruir al que tenía el poder de la muerte, esto es, al diablo; y librar aquellos que a través del miedo a la muerte estaban todas sus vidas sujetos a servidumbre. Porque ciertamente no tomó sobre Sí la naturaleza de los ángeles; sino que Él tomó sobre Sí la simiente de Abrahán. Por lo cual en todos los puntos debía ser hecho como Sus hermanos, para que Él pudiese ser un misericordioso y fiel Sumo Sacerdote en las cosas pertinentes a Dios, para hacer reconciliación por los pecados del pueblo. Pues en cuanto Él mismo sufrió, siendo tentado, Él es apto para socorrer a aquellos que son tentados". (Heb. 2:14-18). Que a través de la muerte, siendo hecho sujeto a la muerte, tomando sobre Sí la carne de pecado, Él puede, con Su muerte, destruir a aquel que tiene el poder de la muerte.

"Ciertamente Él no tomó sobre Sí la naturaleza de los ángeles; sino que Él tomó sobre Sí la simiente de Abrahán". El margen dice: "Él no se aferró de los ángeles, sino que de la simiente de Abrahán es que se aferró"; y una versión dice: "Él no ayudó a los ángeles". Vemos la razón en el siguiente verso: "Por lo cual en todos los puntos debía ser hecho como Sus hermanos, para que Él pudiese ser un misericordioso y fiel Sumo Sacerdote en las cosas pertinentes a Dios". "Ahora a Abrahán y su simiente fueron hechas las promesas. Él no dijo, y a las simientes, como si fuesen muchas; sino a una, y a tu simiente, la cual es Cristo". (Gal. 3:16). Ahora ciertamente, Él ayudó a la simiente de Abrahán haciéndose Él mismo la simiente de Abrahán. Dios, enviando a Su propio Hijo en semejanza de carne pecaminosa, y por el pecado, condenó al pecado en la carne; para que la justicia de la ley pueda ser revelada en nosotros, que caminamos tras la carne, sino que tras el Espíritu.

Así que usted ve que lo que declaran las Escrituras muy claramente es que Jesús Cristo tenía exactamente la misma carne que nosotros llevamos, carne de pecado, carne en la cual nosotros pecamos, carne, sin embargo, en la cual Él no pecó, pero Él llevó nuestros pecados en esa carne de pecado. No deje este punto a un lado. No importa cómo usted lo haya mirado en el pasado, mírelo ahora tal como él es en la palabra; y mientras más lo mire de esa manera, más razones tendrá para agradecerle a Dios de que así sea.

El Pecado Típico de Adán.-

¿Cuál era la situación? Adán había pecado, y Adán siendo la cabeza de la familia humana, su pecado fue un pecado típico. Dios hizo a Adán a Su propia imagen, pero por el pecado él perdió esa imagen. Entonces él tuvo hijos e hijas, pero él los tuvo en su imagen, no en la de Dios. Y así nosotros hemos descendido en la línea, pero todos a su imagen.

Durante cuatro mil años esto ha continuado así, y entonces Jesús Cristo vino, de la carne, y en la carne, nacido de una mujer, hecho bajo la ley; nacido del Espíritu, pero en la carne. ¿Y qué carne podía Él tomar sino era la carne que había en ese tiempo? No solamente eso, sino que era la misma carne que Él había decidido (planificado) tomar; porque, vea usted, el problema era ayudar al hombre a sacarlo de la dificultad en la cual él había caído, y el hombre es un agente moral libre. Él tiene que ser ayudado como un agente moral libre. La obra de Cristo tiene que ser, no para destruirlo, no para crear una nueva raza, sino para rescatar al hombre, para restaurar en él la imagen de Dios. "Vemos a Jesús, que fue hecho un poco menor que los ángeles a través del sufrimiento de la muerte, coronado con gloria y honra; para que Él a través de la gracia de Dios pudiese probar (experimentar) la muerte por cada hombre". (Heb. 2:9)

Una Raza Incompleta, Desamparada.-

Dios hizo al hombre un poco menor que los ángeles, pero el hombre cayó mucho más bajo debido a su pecado. Ahora él está muy separado de Dios; pero él tiene que ser traído nuevamente de vuelta. Jesús Cristo vino para hacer esa obra, y para hacerla, Él vino, no donde el hombre estaba antes de caer, sino que donde el hombre estaba después de caer. Esta es la lección de la escalera de Jacob. Ella descansaba en la tierra en la cual estaba Jacob, pero la parte más alta alcanzaba el cielo. Cuando Cristo viene para ayudar al hombre para sacarlo del hoyo, Él no viene al borde del hoyo y mira hacia abajo, y dice, ven aquí, y Yo te ayudaré. Si el hombre pudiese ayudarse y pudiese volver al punto del cual cayó, también podría hacer todo lo demás. Si él pudiese ayudarse a dar un paso, entonces podría ayudarse durante todo el camino; pero es porque el hombre está completamente arruinado, débil, y herido y quebrado en pedazos, de hecho, totalmente desamparado, que Jesús Cristo desciende justamente hasta donde él está, y lo encuentra ahí. Él toma su carne y se hace un hermano con él. Jesús Cristo es un hermano para nosotros en la carne; Él nació en la familia.

"Porque Dios amó al mundo de tal manera, que Él dio a Su Hijo unigénito". Él tenía solamente un Hijo, y Él Lo dio. ¿Y a quién se lo dio? "A nosotros nos ha nacido un niño".

A Nosotros Se Nos Ha Dado Un Hijo.-

(Isa. 9:6). El pecado ha hecho un cambio aun en el cielo; porque Jesús Cristo, a causa del pecado, ha tomado sobre Sí mismo la humanidad, y hoy día Él lleva esa humanidad, y Lo hará durante toda la eternidad. Jesús Cristo se hizo el Hijo del hombre y también el Hijo de Dios. Él nació en nuestra familia. Él no vino como un ser angelical, sino que nació en la familia, y creció en ella; Él fue un niño, un joven, un hombre joven, un hombre en la plenitud de su vida, en nuestra familia. Él es el Hijo del hombre, en relación a nosotros, llevando la carne que nosotros llevamos.

Adán fue el representante de la familia; por eso su pecado fue un pecado representativo. Cuando Jesús Cristo vino, Él vino para tomar el lugar en el cual Adán falló. "Y así está escrito, el primer hombre Adán fue hecho un alma viviente; el último Adán fue hecho un espíritu vivificante".( 1 Cor. 15:45). El segundo Adán es el hombre Cristo Jesús, y Él descendió para unir a la familia humana con la familia divina. Se dice que Dios es el Padre de nuestro Señor Jesús Cristo, del cual se nombra toda la familia en el cielo y en la tierra. Jesús Cristo, el Hijo del Dios viviente, vino Él mismo hasta esta parte de la familia, para que Él pudiese ganarla de vuelta nuevamente, para que pudiese ser una familia reunida en el reino de Dios.

Una Familia Reunida En El Reino De Dios.-

Él vino y tomó la carne de pecado que esta familia había colocado sobre sí misma a través del pecado, y les trajo (forjó) la salvación, condenando el pecado en la carne.

Adán falló en su lugar, y por la ofensa de uno muchos fueron hechos pecadores. Jesús Cristo se dio a Sí mismo, no solamente por nosotros, sino que en nosotros, uniendo a Sí mismo a la familia, para que Él pudiese tomar el lugar del primer Adán, y como cabeza de la familia ganada y traída de vuelta, que estaba perdida por causa del primer Adán. La justicia de Jesús Cristo es una justicia representativa, tal como el pecado de Adán fue un pecado representativo, y Jesús Cristo, siendo el segundo Adán, reunió en Sí mismo a toda la familia.

Pero desde que el primer Adán tomó su lugar, ha habido un cambio, y la humanidad es una humanidad pecaminosa. El poder de la justicia se ha perdido. Para redimir al hombre del lugar en el cual él había caído, Jesús Cristo viene, y toma la misma carne que ahora lleva la humanidad; Él viene en carne pecaminosa, y toma el caso donde Adán fue tentado y falló. Él se hizo, no un hombre, sino que Él se hizo carne; Él se hizo humano, y reunió a toda la humanidad en Sí mismo, la abrazó en Su mente infinita, y permaneció como el representante de toda la familia humana.

Adán fue tentado al principio en el asunto del apetito. Cristo vino, y después de un ayuno de cuarenta días el diablo Lo tentó para que usase Su poder divino para alimentarse a Sí mismo. Y noten, fue en carne pecaminosa que Él fue tentado, no en la carne en la cual Adán cayó. Esta es una verdad maravillosa, pero yo estoy maravillosamente agradecido de que así sea. Se concluye inmediatamente que por nacimiento, habiendo nacido en la misma familia, Jesús Cristo es mi hermano en la carne, "por lo cual Él no se avergüenza de llamarlos hermanos" (Heb. 2:11). Él ha venido a la familia, identificado Él mismo con la familia, es tanto padre de la familia y hermano de la familia. Como padre de la familia, condenando el pecado en la carne, uniendo la divinidad con la carne de pecado. Jesús Cristo hizo la conexión entre Dios y el hombre, para que el espíritu divino pudiese descansar sobre la humanidad. Él hizo el camino de la humanidad.

Él Ha Llevado Nuestras Penas.-

Y Él vino bien cerca nuestro. Él no está un paso alejado de nosotros. Él "fue hecho semejante a los hombres" (Fil. 2:7). Él ahora está hecho en semejanza del hombre, y al mismo tiempo Él mantiene Su divinidad; Él es el divino Hijo de Dios. Y así, por Su divina unión de Sí mismo con la humanidad, Él restaurará al hombre a la semejanza de Dios. Jesús Cristo, al tomar el lugar de Adán, tomó nuestra carne. Él tomó nuestro lugar completamente, para que nosotros pudiésemos tomar Su lugar. Él tomó nuestro lugar con todas sus consecuencias, y eso significa muerte, para que nosotros podamos tomar Su lugar con todas sus consecuencias, y eso es vida eterna. "Porque Él lo hizo pecado por nosotros, el que no conoció pecado, para que nosotros pudiésemos ser hechos justos de

Dios en Él". (2 Cor. 5:21). Él no era un pecador, pero Él invitó a Dios para que Lo tratara como si fuese pecador, para que nosotros, que somos pecadores, pudiésemos ser tratados como si fuésemos justos. "Ciertamente Él llevó nuestras penas y sufrió nuestras aflicciones; y sin embargo nosotros lo estimamos como golpeado, castigado de Dios, y afligido". (Isa. 53:4). Las aflicciones que Él llevó eran nuestras aflicciones, y es realmente correcto que Él se identificó de tal manera con nuestra naturaleza humana que llevó en Sí mismo todas las aflicciones y todas las penas de toda la familia humana. "Él fue herido por nuestras transgresiones, Él fue contundido por nuestras iniquidades; el castigo de nuestra paz estaba sobre Él y con Sus azotes somos sanados". Lo que era contusión para Él, era sanidad para nosotros, y Él fue contundido para que nosotros fuésemos sanados. "Todos como ovejas nos hemos descarriado; nos hemos apartado cada uno por su propio camino; y el Señor ha colocado sobre Él la iniquidad de todos nosotros". (Isa. 53:6). Y entonces Él murió porque sobre Él fue colocada la iniquidad de todos nosotros. No había pecado en Él, pero los pecados de todo el mundo fueron colocados sobre Él. Contemplen al Cordero de Dios, que cargó los pecados de todo el mundo. "Y Él es la propiciación por nuestros pecados; y no solamente por los nuestros, sino que también por los pecados de todo el mundo". (1 Juan 2:2).

El Precio Pagado Por Cada Alma.-

Yo quiero que sus mentes se apoderen de la verdad, que, no importa si un hombre se arrepiente o no, de todas maneras Jesús Cristo ha llevado sus penas, sus pecados, sus aflicciones, y se le invita a que las deje en Cristo. Si cada pecador en este mundo se arrepiente con toda su alma, y se vuelve a Cristo, el precio ha sido pagado. Jesús no ha esperado a que nosotros nos arrepintamos, para que entonces Él muriese por nosotros. "Mientras aun éramos pecadores, Cristo murió por nosotros". "En esto hay amor, no que nosotros hayamos amado a Dios, sino que Él nos amó, y envió a Su Hijo para que sea la propiciación por nuestros pecados". Cristo ha muerto a favor (en beneficio) de cada alma aquí; Él ha llevado vuestras penas y ha llevado vuestras aflicciones; Él simplemente nos pide a nosotros que las dejemos con Él, para que Él las lleve.

Cristo Nuestra Justicia.-

Más aún: cada uno de nosotros estaba representado en Cristo Jesús cuando la Palabra fue hecha carne y habitó entre nosotros. Todos nosotros estábamos ahí en Jesús Cristo. Todos estábamos representados en Adán después de la carne; y cuando vino Cristo como el segundo Adán, Él se colocó en el lugar del primer Adán, y así todos estamos representados en Él. Él nos invita a permanecer en la familia espiritual. Él ha formado esta nueva familia, de la cual Él es la cabeza. Él es el nuevo hombre. En Él tenemos la unión de lo divino y de lo humano.

En esa nueva familia, cada uno de nosotros está representado. "Y como yo pueda decirlo, también Leví, quien recibió diezmos, pagó los diezmos a Abrahán. Porque él aún estaba en los lomos de su padre, cuando Melquisedec lo encontró". Cuando Melquisedec salió para encontrar a Abrahán que volvía del despojo, Abrahán le pagó un diezmo de todo. Leví aún estaba sobre los lomos de su padre Abrahán; pero puesto que él era un descendiente de Abrahán, lo que hizo Abrahán, las Escrituras dicen que Leví lo hizo en Abrahán. Leví descendía de Abrahán de acuerdo con la carne. Él aún no había nacido cuando Abrahán pagó el diezmo; pero en lo que Abrahán pagó el diezmo, él también lo pagó. Es exactamente así en esta familia espiritual. Lo que Cristo hizo como cabeza de esta nueva familia, nosotros lo hicimos en Él. Él fue nuestro representante; Él se hizo carne; Él se hizo nosotros. Él no se hizo simplemente un hombre, sino que Él se hizo carne, y cada uno que nace en Su familia estaba representado en Jesús Cristo cuando Él vivió aquí en la carne. Vean, entonces, que todo lo que Cristo hizo, cada uno que se ha ligado a sí mismo con esta familia se le ha dado crédito, como si hubiese sido hecho en Cristo. Cristo no fue un representante fuera de él, desligado de él; sino así como Leví pagó el diezmo en Abrahán, cada uno que después ha nacido en esta familia espiritual, hizo lo que Cristo hizo.

El Nuevo Nacimiento.-

Vean lo que esto significa en relación a los sufrimientos vicarios. No es que Jesús Cristo vino desde afuera, y simplemente se puso en nuestro lugar como un extraño (intruso); sino que uniéndose Él mismo con nosotros a través del nacimiento, toda la humanidad fue reunida en la cabeza divina, Jesús Cristo. Él sufrió en la cruz. Entonces fue toda la familia en Jesús Cristo que fue crucificada. "Porque el amor de Cristo nos constriñe; porque nosotros juzgamos, que si uno muere por todos, entonces todos estaban muertos", o como lo dice la Revised Standard Version: "Todos murieron". (2 Cor. 5:14). Lo que nosotros queremos en nuestra experiencia es entrar en el hecho de que nosotros morimos en Él. Pero mientras es verdad que Jesús Cristo pagó todo el precio, llevó cada pena, era humanidad en Sí mismo, sin embargo también es verdad que ningún hombre recibe beneficio de eso, a menos que reciba a Cristo, a menos que él nazca de nuevo. Solamente aquellos que han nacido dos veces pueden entrar en el reino de Dios. Aquellos que han nacido en la carne, tienen que nacer de nuevo, nacer en el Espíritu, para que aquello que Jesús Cristo hizo en la carne, nosotros podamos sacar provecho de eso, de que realmente estemos en Él.

La obra de Cristo es la de ofrecer el carácter de Dios en nosotros, y en el interim Dios mira hacia Cristo y Su carácter perfecto, y no sobre nuestro carácter pecaminoso. En el mismo momento en que nosotros nos vaciamos a nosotros mismos, o dejamos que Cristo nos vacíe, del egoísmo, y creemos en Jesús Cristo y Lo recibimos como nuestro Salvador personal, Dios mira sobre Él como siendo realmente nuestro representante personal. Entonces Él no nos ve a nosotros y nuestros pecados; Él ve a Cristo.

Nuestro Representante En Las Cortes Del Cielo.-

"Porque hay un Dios, y un mediador entre Dios y el hombre, el hombre Cristo Jesús". (1 Tim. 2:5). Hay un hombre en el cielo ahora – el hombre Cristo Jesús – llevando nuestra naturaleza humana; pero no es más una carne de pecado; es glorificada. Habiendo venido aquí y habiendo vivido en una carne de pecado, Él murió; y cuando murió, murió al pecado; y cuando vive, Él vive delante de Dios. Cuando Él muere, Se libera a Sí mismo de la carne de pecado, y es llevado glorificado. Jesús Cristo vino aquí como nuestro representante, anduvo el camino de vuelta al cielo en la familia, murió ante el pecado, y fue llevado glorificado. Él vivió como el Hijo del hombre, creció como el Hijo del hombre, ascendió como el Hijo del hombre, y hoy, Jesús Cristo, nuestro propio hermano, el hombre Cristo Jesús, está en el cielo, viviendo para interceder por nosotros.

Él ha estado en cada una de nuestras experiencias. ¿Será que Él no sabe lo que significa la cruz? Él fue al cielo por el camino de la cruz, y Él dice, "Ven". Eso es lo que Cristo ha hecho al hacerse carne. Nuestras mentes humanas permanecen espantadas ante el problema. ¿Cómo podemos nosotros expresar en lenguaje humano lo que ha sido hecho por nosotros, cuando "la Palabra se hizo carne, y habitó entre nosotros"? ¿Cómo podemos expresar lo que Dios nos ha dado? Cuando Él dio a Su Hijo, Él dio el regalo más precioso del cielo, y Él Lo dio no para llevárselo nuevamente. Por toda la eternidad el Hijo del hombre llevará en Su cuerpo las marcas que el pecado le hizo; para siempre Él será Jesús Cristo, nuestro Salvador, nuestro Hermano. Eso es lo que Dios ha hecho por nosotros al darnos a Su Hijo.

Cristo Identificado Con Nosotros.-

Esta unión de lo divino y lo humano ha traído a Jesús Cristo muy cerca de nosotros. No hay nadie que esté muy abajo como para que Cristo no esté con él. Él se identificó a Sí mismo completamente con la familia humana. En el juicio, cuando las recompensas y los castigos sean distribuidos, Él dice, "En la medida en que lo han hecho a uno de estos hermanos menores Míos, Me lo han hecho a Mí". Una versión dice, "en la medida en que lo han hecho con uno de estos Mis pequeños hermanos, a Mí me lo han hecho". Él es nuestra cabeza; y cuando en cualquier parte del cuerpo cae alguna punzada de dolor, la cabeza siente aquella punzada de dolor. Él se ha unido a Sí mismo con nosotros, uniéndonos así con Dios; porque leemos en Mateo: "Vean, una virgen tendrá un niño, y tendrá un hijo, y Lo llamarán Emanuel, lo cual se interpreta como, Dios con nosotros".

Unidad En Cristo.-

Jesús Cristo se unió a Sí mismo con la familia humana, para que Él pudiese estar con nosotros estando en nosotros, así como Dios estuvo con Él estando en Él. El verdadero propósito de Su obra fue que Él pudiese estar en nosotros, y que, como Él representaba al

Padre, así los hijos, el Padre, y el Hermano mayor pudiesen estar unidos en Él.

Veamos cuál fue Su pensamiento en Su última oración: "Que todos puedan ser uno; como Tu, Padre, eres en Mí, y Yo en Ti, que ellos también puedan ser uno en nosotros". "Y la gloria que Tú Me diste, Yo se las he dado a ellos; para que puedan ser uno, así como nosotros somos uno; Yo en ellos, y Tú en Mí, para que ellos puedan ser hechos perfectos en uno; y que el mundo pueda saber que Tú Me has enviado a Mí, y los has amado como Tú Me has amado a Mí. Padre, Yo quiero que ellos también, a quienes Tú Me diste, sea conmigo donde Yo estoy, y que puedan ver Mí gloria, la cual Tú Me has dado; porque Tú Me has amado antes de la fundación del mundo. Oh Padre justo, el mundo no Te ha conocido; pero Yo Te he conocido, y estos han sabido que Tú Me has enviado a Mí. Y Yo les he declarado Tu nombre a ellos, y aun lo declararé". Y las últimas palabras de Su oración fueron: "Que el amor con el cual Tú Me has amado pueda estar en ellos, y Yo en ellos". (Juan 17:21-26). Y cuando Él estaba ascendiendo, Sus palabras de despedida a Sus discípulos fueron: "He aquí, Yo estoy contigo todo el camino, aun hasta el fin del mundo". (Mat. 28:20). Estando en nosotros, Él está con nosotros todo el camino, y para que esto sea posible, que Él pueda estar en nosotros, Él vino y tomó nuestra carne.

Este también es el camino en el cual la santidad de Jesús opera. Él tenía una santidad que lo capacitó a venir y habitar en carne pecaminosa, y glorificar la carne pecaminosa a través de Su presencia en ella; y eso es lo que Él hizo, de tal manera que cuando Él fue levantado de entre los muertos, Él fue glorificado. Su propósito fue que habiendo purificado la carne pecaminosa a través de Su presencia habitando en ella, Él puede ahora venir y purificar la carne pecaminosa en nosotros, y glorificar la carne pecaminosa en nosotros. Él "puede cambiar nuestro cuerpo vil, para que pueda ser transformado en Su cuerpo glorioso, de acuerdo a la obra a través de la cual Él es apto aun para someter todas las cosas sobre Sí mismo". (Fil. 3:21). "Porque a los que antes conoció, Él también los predestinó, para que sean conformados a la imagen de Su Hijo, para que Él pudiese ser el primogénito entre muchos hermanos". (Rom. 8:29).

La Elección De La Gracia.-

Déjenme decirles que en esta idea está ligada toda la cuestión de la predestinación. Existe una predestinación; es una predestinación de carácter. Es una elección; es una elección de carácter. Cada uno que cree en Jesús Cristo es un elegido, y todo el poder de Dios está atrás de esa elección, para que él pueda llevar la imagen de Dios. Llevando esa imagen, él está predestinado por toda la eternidad en el reino de Cristo; pero todo aquel que no lleva la imagen de Dios está predestinado a la muerte. Es una predestinación de Dios en Jesús Cristo. Cristo provee el carácter, y lo ofrece a cualquiera que crea en Él.

El Corazón y La Vida Del Cristianismo.-

Entremos en la experiencia que Dios nos ha dado a Jesús Cristo para habitar en nuestra carne pecaminosa, para trabajar en nuestra carne pecaminosa para conseguir lo que Él consiguió cuando estuvo aquí. Él vino y vivió aquí para que nosotros pudiésemos reflejar a través de Él la imagen de Dios. Este es el corazón del cristianismo. Cualquier cosa contraria a esto no es cristianismo. "Amados, no le crean a cualquier espíritu, sino que prueben los espíritus, si es que son de Dios; porque muchos falsos profetas han venido al mundo. En esto conoced el Espíritu de Dios: cada espíritu que confiese que Jesús Cristo ha venido en la carne es de Dios; y cada espíritu que no confiese que Jesús Cristo ha venido en la carne no es de Dios". (1 Juan 4:1-3). Ahora, eso no puede significar simplemente en saber que Jesús Cristo estuvo aquí y vivió en la carne. Los demonios tienen ese conocimiento. Ellos saben que Cristo ha venido en la carne. La fe que viene a través del Espíritu de Dios dice: "Jesús Cristo ha venido en mí carne; yo Le he recibido". Ese es el corazón y la vida del cristianismo.

La dificultad con la cristiandad de hoy es que Cristo no habita en los corazones de aquellos que profesan Su nombre. Él es un extraño, uno que está mirando desde lejos, como un ejemplo. Pero Él es más que un ejemplo para nosotros. Él nos hizo conocer a nosotros cuál es el ideal de Dios para la humanidad, y entonces Él vino y vivió frente a nosotros, para que nosotros pudiésemos ver qué es ser a la imagen de Dios. Entonces Él murió, y ascendió a Su Padre, enviando Su Espíritu, Su propio representante, para vivir en nosotros, para que la vida que Él vivió en la carne nosotros podamos vivirla nuevamente. Esto es cristianismo.

Cristo Tiene Que Habitar En El Corazón.-

No es suficiente hablar de Cristo y de la belleza de Su carácter. Cristianismo sin Cristo habitando en el corazón no es cristianismo genuino. Solamente es cristiano genuino aquel que tiene a Cristo habitando en su corazón, y solamente podemos vivir la vida de Cristo si lo tenemos a Él habitando en nosotros. Él quiere que nosotros nos apoyemos en la vida y en el poder del cristianismo. No se satisfagan con cualquier otra cosa. No le hagan caso a cualquiera que os lleve por otro camino. "Cristo en vosotros, la esperanza de gloria", Su poder, Su presencia habitando en nosotros, eso es cristianismo. Eso es lo que nosotros necesitamos hoy; y yo soy agradecido de que existen corazones que están deseando esa experiencia, y que la reconocerán cuando venga. No hace ninguna diferencia cuál es su nombre o cuál ha sido su denominación. Reconozca a Jesús Cristo, y déjelo habitar en usted. Siguiendo Su comando (guía), podemos saber cuál es la experiencia del cristianismo, y qué es habitar en la luz de Su presencia. Yo les digo, esta es un maravillosa verdad. El lenguaje humano no puede colocar más en el pensamiento o en lenguaje humano que lo que está dicho en estas palabras: "La Palabra se hizo carne, y habitó entre nosotros". Esta es nuestra salvación.

El objeto en estas observaciones no es apenas establecer una línea de pensamiento. Es traer una nueva vida a nuestra alma, y abrir nuestras ideas de la Palabra de Dios y del don de Dios, para que podamos estar aptos para aferrarnos de Su amor por nosotros. Nosotros lo necesitamos. Nada menos que eso alcanzará lo que tenemos que alcanzar, el mundo, la carne, y el maligno. Porque el que es por nosotros es más poderoso que el que es contra nosotros. Que tengamos en nuestras vidas diarias a Jesús Cristo, la Palabra" que "se hizo carne".

El estudiante observará que durante este único sermón Prescott le dijo a la gente 25 veces que Cristo vino en carne pecaminosa, o su equivalente en otras palabras. Si su sermón duró 45 minutos, lo que sería un sermón normal en una reunión campal de la época, eso significaría que en media, cada dos minutos, a lo largo de todo el sermón, él les recordó a las personas que Cristo vino en carne pecaminosa. Dos veces les dijo que Cristo NO vino en la naturaleza no caída de Adán.

Ellen White se regocijó al oír este mensaje y lo comentó en términos inconfundibles. Luego después que ella escribió la famosa carta Baker, que algunos están ahora interpretando para probar que ella creía que Cristo vino en la naturaleza no caída de Adán.

Ella escuchó este sermón y lo comentó antes de escribir la carta Baker. Las siguientes páginas incluyen 20 declaraciones hechas por ella acerca de la naturaleza de Cristo, después de haber escrito la carta Baker, aun durante el año 1896, y otras 35 declaraciones de otros líderes de la iglesia.

1896: "Cristo, el unigénito del Padre, asumió la naturaleza humana, vino en semejanza de carne pecaminosa para condenar el pecado en la carne".[64]

"Cristo, el Hijo de Dios sin mancha, honró a la humanidad tomando sobre Sí mismo la naturaleza caída del hombre".[65]

"(Él) vistió Su divinidad con humanidad para levantar a la raza caída...".[66]

"... Cristo ha unido al hombre caído con el Dios infinito".[67]

"Vestido en las vestiduras de la humanidad, el Hijo de Dios descendió al nivel de aquellos que Él quería salvar... Él tomó sobre Sí mismo nuestra naturaleza pecaminosa. Vistiendo Su divinidad con humanidad, para que Él pudiese asociarse con la humanidad caída...".[68]

"No fue una humanidad imaginaria (como para que creyesen que era un hombre, pero no siéndolo en verdad) la que Cristo tomó sobre Sí mismo. Él tomo la naturaleza humana y vivió en la naturaleza humana... Él estaba rodeado de enfermedades...

Justamente aquello que usted puede ser, Él lo fue en la naturaleza humana. Él tomo nuestra enfermedades. Él no solamente fue hecho carne, sino que Él fue hecho en semejanza de carne pecaminosa".[69]

"... Él se humilló a Sí mismo para hacerse un miembro de la familia terrestre... y un hermano para cada hijo e hija de nuestra raza caída".[70]

"La mente humana no puede concebir la profundidad de ese amor que induce al Hijo de Dios a dejar las glorias del cielo, y que el riesgo de perder todo, tomar sobre Sí la naturaleza, y con ella la maldición del pecado, para que Él pudiese redimir a la raza caída".[71]

"¿Pero quién guardó los mandamientos? Jesús Cristo. ¿Y quién puede hacerlo nuevamente, aun en carne pecaminosa? Jesucristo".[72]

"El segundo Adán no vino donde el primer Adán estaba cuando falló, sino que en el punto en que la humanidad estaba al final de cuatro mil años de degeneración; no en la posición de poder y gloria en la cual la raza estaba envuelta al final de este largo periodo de reinado del pecado... hecho "en todos los puntos" como hombre pecaminoso...".[73]

"Es nuestro estudio ahora traer la totalidad con la cual Jesús Cristo se identificó a Sí mismo con la familia humana la cual Él vino a salvar...".[74]

"... así como Él vino a salvarnos a nosotros y a levantarnos, "Él también semejantemente tomó parte de lo mismo", la misma carne y la misma sangre...".[75]

"... Jesús Cristo se identificó a Sí mismo con nosotros, al compartir nuestra carne y sangre y haciéndose uno con nosotros, un miembro de la familia humana, tal como lo somos nosotros".[76]

"Las Escrituras no nos dejan en la incerteza en relación a qué tipo de carne y sangre fue esta... Dios enviando a Su propio Hijo en semejanza de carne pecaminosa... La carne que Jesús Cristo tomó cuando Él vino aquí fue la única carne que cualquiera podía tomar naciendo de una mujer, y esa fue la carne de pecado".[77]

"Él (Jesús Cristo) no tomó la semejanza del hombre de la manera en que Adán era antes de la caída, sino que Él descendió al mismo plano al cual el hombre había caído... y tomó sobre Sí mismo la carne de pecado".[78]

"... nosotros encontramos al divino Salvador justamente donde está la humanidad caída...".[79]

"... tomando sobre Sí mismo todas las condiciones de la humanidad caída...".[80]

"... Él voluntariamente tomó el lugar de la debilidad con nosotros".[81]

"Él tomó un lugar donde Él no obtuviese ninguna fuerza de ninguna otra manera que aquella que está abierta para nosotros".[82]

"... Cristo Jesús... en nuestra carne...".[83]

"... el hombre Cristo Jesús en nuestra humanidad...".[84]

"Nosotros Lo hemos encontrado (a Cristo) como nuestro hermano en la carne, habiendo sido hecho en todas las cosas como uno de Sus hermanos...". [85]

"Jesús Cristo... vino en nuestra propia humanidad...".[86]

"Él (Jesús) vino aquí y se juntó a Sí mismo a nuestra carne...".[87]

"... (Él) entró con todas las condiciones de nuestra humanidad caída...".[88]

"... Cristo vino... para vivir en la carne de pecado...".[89]

"Esto es hecho posible por el hecho que Jesús Cristo vivió en nuestra carne".[90]

"Él (Jesús) tomó la humanidad como nosotros la encontramos hoy, caída, pecaminosa".[91]

"Las Escrituras enfatizan la manera de Su (Jesús) nacimiento... nacido de la simiente de David...".[92]

"Cristo habitó en un cuerpo justamente como el nuestro...".[93]

"... Dios enviando a Su propio Hijo en semejanza de carne pecaminosa... Ella (la ley) se cumplió en Él, para que pudiese ser cumplida en nosotros".[94]

"... Cristo vino en esta misma carne nuestra...".[95]

"Cristo vino aquí y forjó todo esto en nuestra carne...".[96]

"Jesús Cristo... que vino como el Hijo del hombre en nuestra carne...".[97]

"... Él no pudo ser sacerdote hasta que Él vino en semejanza de carne pecaminosa".[98]

"Él no vino a este mundo a tomar sobre Sí mismo la condición de Adán, sino que Él descendió aún más bajo, para alcanzar al hombre tal como él es, debilitado por el pecado, poluído en su propia iniquidad".[99]

"Cristo... no tomó sobre Sí mismo la naturaleza de los ángeles, o aun la del hombre cuando éste fue creado, sino nuestra naturaleza caída...".[100]

"Él vivió nuestra vida en naturaleza pecaminosa, sin pecado...".[101]

"Así Cristo desde la eternidad fue hecho la conexión entre el cielo y la raza caída".[102]

"Él demostró el poder de la justicia sobre el pecado, en carne pecaminosa".[103]

"Cristo en Su humanidad, sujeto a todas las condiciones y limitaciones de la humanidad...".[104]

Durante los años 1895 y 1896 Ellen White ha estado colocando los toques finales del "Deseado de Todas las Gentes", el cual ella planeaba publicar en dos volúmenes. El 06 de Mayo de 1896, ella le escribió a su hijo Edson, diciéndole que el primer volumen estaba listo[105]. En los primeros capítulos del Deseado de Todas las Gentes, los cuales estaban en el primer volumen, ella había escrito:

"Él (Dios) Lo dio (a Cristo) a la raza caída".[106]

"Habría sido una humillación casi infinita para el Hijo de Dios revestirse de la naturaleza humana, aun cuando Adán poseía la inocencia del Edén. Pero Jesús aceptó la humanidad cuando la especie se hallaba debilitada por cuatro mil años de pecado. Como cualquier hijo de Adán, aceptó los efectos de la gran ley de la herencia. Y la historia de sus antepasados terrenales demuestra cuáles eran aquellos efectos. Mas él vino con una herencia tal para compartir nuestras penas y tentaciones, y darnos el ejemplo de una vida sin pecado".[107]

"A pesar de que los pecados de un mundo culpable pesaban sobre Cristo, a pesar de la humillación que implicaba el tomar sobre sí nuestra naturaleza caída, La voz del cielo lo declaró Hijo del Eterno".[108]

"Satanás había señalado el pecado de Adán como prueba de que la ley de Dios era injusta, y que no podía ser acatada. En nuestra humanidad, Cristo había de resarcir el fracaso de Adán. Pero cuando Adán fue asaltado por el tentador, no pesaba sobre él ninguno de los efectos del pecado. Gozaba de una plenitud de fuerza y virilidad, así como del perfecto vigor de la mente y el cuerpo. Estaba rodeado por las glorias del Edén, y se hallaba en comunión diaria con los seres celestiales. No sucedía lo mismo con Jesús cuando entró en el desierto para luchar con Satanás. Durante cuatro mil años, la familia humana había estado perdiendo fuerza física y mental, así como valor moral; y Cristo tomó sobre sí las flaquezas de la humanidad degenerada. Únicamente así podía rescatar al hombre de las profundidades de su degradación.

Muchos sostienen que era imposible para Cristo ser vencido por la tentación. En tal caso, no podría haberse hallado en la posición de Adán; no podría haber obtenido la victoria que Adán dejó de ganar. Si en algún sentido tuviésemos que soportar nosotros un conflicto más duro que el que Cristo tuvo que soportar, él no podría socorrernos. Pero nuestro Salvador tomó la humanidad con todo su pasivo. Se vistió de la naturaleza humana, con la posibilidad de ceder a la tentación. No tenemos que soportar nada que él no haya soportado".[109]

"Así como la imagen de la serpiente destructora fue alzada para sanar al pueblo, un ser "en semejanza de carne de pecado" iba a ser el Redentor de la humanidad".[110]

"Jesús fue hecho en todo semejante a sus hermanos. Se hizo carne, como somos carne. Tuvo hambre y sed, y sintió cansancio. Fue sostenido por el alimento y refrigerado por el sueño. Participó de la suerte del hombre, aunque era el inmaculado Hijo de Dios. Era Dios en la carne. Su carácter ha de ser el nuestro. El Señor dice de aquellos que creen en él: "Habitaré y andaré en ellos; y seré el Dios de ellos, y ellos serán mi pueblo.'

Cristo es la escalera que Jacob vio, cuya base descansaba en la tierra y cuya cima llegaba a la puerta del cielo, hasta el mismo umbral de la gloria. Si esa escalera no hubiese llegado a la tierra, y le hubiese faltado un solo peldaño, habríamos estado perdidos. Pero Cristo nos alcanza donde estamos. Tomó nuestra naturaleza y venció, a fin de que nosotros, tomando su naturaleza, pudiésemos vencer. Hecho "en semejanza de carne de pecado," vivió una vida sin pecado. Ahora, por su divinidad, echa mano del trono del cielo, mientras que por su humanidad llega hasta nosotros. El nos invita a obtener por la fe en él la gloria del carácter de Dios. Por lo tanto, hemos de ser perfectos, como nuestro "Padre que está en los cielos es perfecto".[111]

Sus intérpretes han propuesto que en la mitad de estos eventos publicados en 1895-1896 Ellen White supo que un pastor Baker en Tasmania, una isla al sur de Australia, estaba enseñando que Cristo había venido en la naturaleza humana del hombre caído y que le escribió una carta urgente con el propósito de corregirle su error, cerca del final del año 1895.

Esto podría haber parecido un maravilloso esfuerzo dirigido en la dirección errada. Si la enseñanza estaba errada que necesitaba ser corregido, ¿no serían las páginas de la Review and Herald y de Signs of the Times y del Bible Echo el lugar apropiado para que apareciese esa corrección? ¿Y no serían los prominentes líderes de la iglesia que estaban públicamente promulgando ese error, las personas a quienes las cartas correctivas debieran ser enviadas? ¿Y no sería la propia participación de Ellen White en la promulgación de ese error en sus artículos y en El Deseado de Todas las Gentes la que requiriese una cuidadosa explicación? ¿Qué se habría conseguido al dirigir una carta correctiva a un pastor en Tasmania si se ignoraba la continuación de la publicación del error en la Review and Herald, en Signs of the Times, y en el Bible Echo, y dejando el Deseado de Todas las Gentes sin corregir? ¿Y por qué habría ella ignorado el extenso análisis del asunto a través de Alonzo T. Jones y W. W. Prescott en la Conferencia General en Febrero de 1895?

Fue después de 50 (raros) años que fue escrita la carta Baker, que la iglesia se enteró de eso. Si hubiera sido la intención enviarla como una advertencia a la iglesia, entonces fue una falla muy triste, una falla que Ellen White podría haber corregido antes que ella muriese en 1915, veinte años después de que la carta fue escrita.

Si el pastor Baker creía (lo cual yo no lo dudo), que Cristo vino a la tierra en la naturaleza humana, pareciera que, como dicen los antiguos, que él habría llegado a esa opinión bien honestamente. El pastor Baker no tuvo falta de oportunidades para conocer ese particular punto de vista.

Él era miembro de la Iglesia Adventista del Séptimo Día en IOWA y dejó aquel estado en 1882 para asociarse con la obra de publicaciones en la Pacific Press en Mountain View, California (yo he recogido el material de apoyo para esta sección de la Enciclopedia Adventista del Séptimo Día). Como un adventista de Iowa él debiera haber estado alerta en relación al trabajo evangelístico conducido en ese estado por J. H. Waggoner, cuya fuerte opinión de que Cristo vino a la tierra en la naturaleza caída del hombre y que fue publicada en su libro, La Expiación. Él habría tenido la oportunidad de leer ese libro.

Como un lector de la Review and Herald él habría tenido la oportunidad de examinar 13 declaraciones de que Cristo vino a la tierra en la naturaleza caída del hombre que fueron publicadas en ese diario por Ellen White durante los años 1870-1882.[112]

En 1881 J. H. Waggoner sucedió a James White como editor de Signs of the Times, el nuevo diario misionero para los estados del Oeste y que se imprimía en la Pacific Press en California. En 1882 Baker fue llamado para asistir a Waggoner en la obra de publicaciones, y continuó su asociación con la Pacific Press hasta 1887. Durante este periodo de cinco años él estuvo asociado con el editor J. H. Waggoner durante los años 1882-1885; con su hijo, editor asociado y posteriormente editor, Ellet J. Waggoner, durante los años 1884-1887, y con el editor asociado y posteriormente coeditor, Alonzo T. Jones, durante los años 1885-1887. Las fuertes convicciones de Ellet J. Waggoner y Alonzo T. Jones de que Cristo vino a la tierra en la naturaleza caída del hombre han sido informadas en las páginas precedentes.

Si Baker se había tomado la molestia de leer el diario que estaba siendo publicado con su asistencia, él habría tenido la oportunidad de considerar 5 declaraciones publicadas en Signs of the Times por Ellen White durante los años 1882-1887, de que Cristo vino a la tierra en la naturaleza caída del hombre, sin mencionar sus 6 declaraciones publicadas en la Review and Herald durante esos mismos años.[113]

En 1887 Baker fue llamado a conectarse con la obra de publicaciones en Australia, donde el Bible Echo, un diario misionero había comenzado con J. O. Corliss y S. N. Haskell en 1886, y que estaba aún en su infancia. No está claro cuándo dejó la obra de publicaciones para liderar las actividades de la iglesia en Tasmania, pero él fue un contribuyente ocasional para el Bible Echo por algunos años. Las fuertes convicciones de Haskell de que Cristo vino a la tierra en la naturaleza caída del hombre también han sido informadas en las páginas anteriores.

Hubo un interim durante el cual el presidente de la recién formada Conferencia Australiana, G. C. Tenney, también sirvió como editor del Bible Echo. Para un resumen de las fuertes convicciones de Tenney de que Cristo vino a la tierra en la naturaleza caída del hombre, vea las editoriales del 15-05-1889 y 03-06-1889 (colocadas en las páginas 24-25). Entonces la obra editorial fue asumida por W. A. Colcord. Sus fuertes convicciones de que Cristo vino a la tierra en la naturaleza caída del hombre aparecieron muy luego en la página frontal de las editoriales.[114]

Comenzando en Octubre de 1890, una serie de 9 avisos de J. H. Waggoner sobre La Expiación publicado en el Bible Echo recomendaban ese volumen a la reciente iglesia Australiana (200 miembros). Durante los años 1892-1895 treinta y un avisos recomendaban el libro de Ellet J. Waggoner Cristo y Su Justicia, sobrepasando por un amplio margen el espacio para propaganda otorgado a cualquier otra publicación. Hemos visto que ambos de estos libros traen claras y fuertes declaraciones de que Cristo vino a la tierra en la naturaleza caída del hombre.[115]

Y finalmente, durante los años 1892-1895 Baker habría tenido la oportunidad de examinar 8 declaraciones de que Cristo vino a la tierra en la naturaleza caída del hombre que fueron publicadas en el Bible Echo bajo la firma de Ellen White.

Pareciera, entonces, que el pastor Baker tuvo más que una amplia oportunidad de conocer la opinión de que Cristo vino a la tierra en la naturaleza caída del hombre.

Como la visión (punto de vista) habría venido con la recomendación de los más altos líderes de la iglesia, tanto de América como de Australia, y también por parte de Ellen White, no sería sorprendente si él la hubiese aceptado. Habría sido aún mucho más sorprendente si no lo hubiese hecho. Pero cierta-mente habría quedado mucho más sorprendido de haber recibido una carta de Ellen White, amonestándolo contra esa visión (punto de vista), como algunos ahora están insistiendo en que así fue.

Cuando los estudiantes mediten a respecto de estas materias, ellos mismos pueden sentirse inclinados a concordar con Robert Wieland, cuyas conclusiones fueron que creer en esta interpretación propuesta de la carta Baker, es torcer la credulidad hasta el máximo. Es difícil entender cómo una propuesta así, pudo alguna vez ser tomada en serio.

Para una sugestión alternativa a respecto de cuál podría haber sido el problema del pastor Baker, por lo cual le fue llamada la atención, vea el Apéndice B al final de este libro. Para sugestiones en relación a los principios hermenéuticos envueltos, vea las páginas siguientes. Para el texto completo de la carta en sí misma, vea el Apéndice A al final de este libro.

Sugestiones en relación a la carta Baker.-

El estudiante debiera considerar los principios hermenéuticos (reglas de la evidencia) que están envueltos.

a) El uso de palabras por parte del escritor, o el significado de la declaración de un escritor, tiene que ser aclarado por otros usos y declaraciones del mismo escritor, si eso fuese posible.

b) La propia Ellen White solicitó que miremos sus obras publicadas como para descubrir sus creencias (5T696 en inglés). Ella no publicó la carta Baker.

c) No debemos colocar una interpretación en las palabras de un escritor que lo fuerce a contradecirse a sí mismo. Tenemos que proceder con la premisa de que el escritor no se contradice a sí mismo, hasta que encontremos una evidencia absoluta, inconfundible, de lo contrario.

d) El estudiante tiene que colocar la carta Baker, con sus declaraciones acerca de propensiones, en el contexto general de las declaraciones de Ellen White acerca de la naturaleza de Cristo, lo cual llega a casi 400 citas en esta compilación.

e) El estudiante tiene que colocar la carta Baker en el contexto específico del tiempo en que fue escrita, luego después de la reunión campal en Armadale, en 1895, donde W. W. Prescott dijo que Cristo no tomó la naturaleza no caída de Adán, sino que tomó la naturaleza caída del hombre, lo que hizo con que Ellen White diese expresiones de aprobación, que parecen no tener paralelo en sus escritos.[116]

f) El estudiante debiera examinar cuidadosamente aquellas declaraciones de Ellen White acerca de la naturaleza de Cristo que fueron hechas después que la carta Baker fue escrita, lo cual llega a 110 en esta compilación, más aproximadamente 60 en sus manuscritos no publicados.

g) El estudiante debiera examinar de cerca las diversas declaraciones de escritores inspirados en relación a la naturaleza de Cristo, que aparecieron en la Review and Herald y en Signs of the Times, en estrecha proximidad a los escritos de Ellen White, y que hicieron libre uso de los términos "propensiones", "inclinaciones", "susceptibilidades", "tendencias", etc., al describir la naturaleza humana de Cristo. No encontramos ninguna intimación en su escritos de que ella estuviese descontenta (molesta) con estos términos al ser aplicados a Cristo.

Y ella no era indiferente a lo que fue escrito en los trabajos de la iglesia. Cuando aparecían artículos en la Review and Herald afirmando que existen diferentes grados de inspiración, ella reaccionaba rápidamente con una firme carta correctiva. Y cuando una desavenencia acerca del libro de Gálatas fue llevada al papel, ella nuevamente reaccionó rápidamente con algunas firmes cartas correctivas.

h) El estudiante debiera preguntarse a sí mismo si las explicaciones ofrecidas algunas veces, de que Ellen White trató de decir solamente que el cuerpo de Cristo, o la naturaleza física, era como la del hombre caído, parece ser su propia intención o una colocada en sus escritos por otros.

i) El estudiante debiera preguntarse a sí mismo si el concepto de Ellen White acerca de la íntima correlación entre cuerpo, mente y personalidad permitiría la creencia de que Cristo pudo aceptar los resultados de cuatro mil años de degeneración del cuerpo y de la mente sin que esto afectase Su naturaleza humana.

j) El estudiante debiera pesar cuidadosamente las implicaciones de la ligación cristológica-soteriológica en los escritos de Ellen White.[117]

k) El estudiante debiera observar que la carta Baker no dice que Cristo vino en la naturaleza no caída de Adán, sino más bien se interpreta que esté diciendo eso.

l) El estudiante no debiera fallar en comprender el significado completo de la amonestación de Ellen White a Baker:

... Que cada ser humano esté alerta (advertido, avisado) en hacer a Cristo totalmente (enteramente, del todo) humano, como si fuese uno de nosotros mismos...

Divino-humano y enteramente humano son polos opuestos en su significado. Puede no haber una naturaleza divina en un Cristo que es enteramente humano, como si fuese uno de nosotros mismos.[118]

Notas:

1. Ellen White, Review and Herald, 05-02-1895, pág. 81, col. 3, BV227.

2. Ellen White, Signs of the Times, 07-03-1895, pág. 147, col. 1, BV188.

3. Ellen White, Signs of the Times, 11-04-1895, pág. 227, col. 2, BV198.

4. Ellen White, Signs of the Times, 16-05-1895, pág. 292, col. 2, BV207.

5. Ellen White, Review and Herald, 03-12-1895, pág. 769, col. 2, BV313.

6. Ellen White, Review and Herald 17-12-1895, pág. 802, col. 1, BV318.

7. Ellen White, Mensaje 21, 1895.

8. Ellen White, Carta 55, 1895.

9. Ellen White, General Conference Bulletin 1895, pág. 338, col. 2.

10. Ellen White, Mensaje 21, 1895, pág. 3.

11. Ellen White, Mensaje 35, 1895, pág. 1.

12. Ellen White, Carta 54, 1895, pág. 25.

13. William Covert, Review and Herald, 14-01-1895, pág. 18, col. 1-2.

14. J. H. Durland, Review and Herald, 22-01-1895, pág. 51, col. 1.

15. W. W. Prescott, Presidente del Colegio, Presidente de la Conferencia, Vice-Presidente de la Conferencia General, Editor de la Review and Herald, Review and Herald, 19-02-1895, pág. 114, col. 3.

16. W. W. Prescott, General Conference Bulletin, 1895, pág. 9, col. 1.

17. W. W. Prescott, General Conference Bulletin, 1895, pág. 9, col. 2.

18. W. W. Prescott, General Conference Bulletin, 1895, pág. 10, col. 1.

19. W. W. Prescott, General Conference Bulletin, 1895, pág. 11, col. 1.

20. W. W. Prescott, General Conference Bulletin, 1895, pág. 24, col. 2.

21. W. W. Prescott, General Conference Bulletin, 1895, pág. 25, col. 2.

22. W. W. Prescott, General Conference Bulletin, 1895, pág. 26, col. 2.

23. W. W. Prescott, General Conference Bulletin, 1895, pág. 108, col. 1.

24. W. W. Prescott, General Conference Bulletin, 1895, pág. 200, col. 2.

25. W. W. Prescott, General Conference Bulletin, 1895, pág. 319, col. 2.

26. W. W. Prescott, General Conference Bulletin, 1895, pág. 384, col. 1.

27. W. W. Prescott, General Conference Bulletin, 1895, pág. 384, col. 2.

28. J. H. Durland, Signs of the Times, 12-09-1895, pág. 5, col. 3, BV238.

29. Alonzo T. Jones, General Conference Bulletin, 1895, pág. 230-235.

30. Alonzo T. Jones, General Conference Bulletin, 1895, pág. 266, col. 1.

31. Alonzo T. Jones, General Conference Bulletin, 1895, pág. 266, col. 2 y pág. 267, col. 1.

32. Alonzo T. Jones, General Conference Bulletin, 1895, pág. 267, col. 2.

33. Alonzo T. Jones, General Conference Bulletin, 1895, pág. 269, col. 1.

34. Alonzo T. Jones, General Conference Bulletin, 1895, pág. 299, col. 1.

35. Alonzo T. Jones, General Conference Bulletin, 1895, pág. 300, col. 1.

36. Alonzo T. Jones, General Conference Bulletin, 1895, pág. 302, col. 2 y pág. 303, col. 1.

37. Alonzo T. Jones, General Conference Bulletin, 1895, pág. 303, col. 2.

38. Alonzo T. Jones, General Conference Bulletin, 1895, pág. 309, col. 2.

39. Alonzo T. Jones, General Conference Bulletin, 1895, pág. 311, col. 1.

40. Alonzo T. Jones, General Conference Bulletin, 1895, pág. 312, col. 1.

41. Alonzo T. Jones, General Conference Bulletin, 1895, pág. 327, col. 1.

42. Alonzo T. Jones, General Conference Bulletin, 1895, pág. 327, col. 2.

43. Alonzo T. Jones, General Conference Bulletin, 1895, pág. 328, col. 2.

44. Alonzo T. Jones, General Conference Bulletin, 1895, pág. 328, col. 2.

45. Alonzo T. Jones, General Conference Bulletin, 1895, pág. 330, col. 1-2.

46. Alonzo T. Jones, General Conference Bulletin, 1895, pág. 332, col. 2 y pág. 333, col. 1.

47. Alonzo T. Jones, General Conference Bulletin, 1895, pág. 349, col. 1.

48. Alonzo T. Jones, General Conference Bulletin, 1895, pág. 349, col. 2.

49. Alonzo T. Jones, General Conference Bulletin, 1895, pág. 350, col. 1.

50. Alonzo T. Jones, General Conference Bulletin, 1895, pág. 365, col. 2.

51. Alonzo T. Jones, General Conference Bulletin, 1895, pág. 367, col. 2.

52. Alonzo T. Jones, Ge-neral Conference Bulletin, 1895, pág. 368, col. 1.

53. Alonzo T. Jones, General Conference Bulletin, 1895, pág. 377, col. 2.

54. Alonzo T. Jones, General Conference Bulletin, 1895, pág. 436, col. 2.

55. Alonzo T. Jones, General Conference Bulletin, 1895, pág. 446, col. 2.

56. Alonzo T. Jones, General Conference Bulletin, 1895, pág. 447, col. 1.

57. Alonzo T. Jones, General Conference Bulletin, 1895, pág. 448, col. 1.

58. Alonzo T. Jones, General Conference Bulletin, 1895, pág. 496, col. 2.

59. J. H. Star-buck, Signs of the Times, 19-09-1895, pág. 6, col. 1-2.

60. J. H. Durland, Signs of the Times, 26-09-1895, pág. 6, col. 2.

61. J. H. Durland, Signs of the Times, 10-10-1895, pág. 5, col. 2, BV245.

62. Review and Herald, Battle Creek, Michigan, 07 de Enero de 1896.

63. Fue publicado en el Bible Echo el 06 de Enero de 1896, en las páginas 4 y 5, Volumen II, N°1; y el 13 de Enero de 1896, página 12, Volumen II, N°2.

64. Ellen White, Signs of the Times, 02-07-1896, pág. 408, col. 1, BV304.

65. Ellen White, Review and Herald, 29-09-1896, pág. 613, col. 1, BV397.

66. Ellen White, Review and Herald, 10-11-1896, pág. 709, col. 2, BV408.

67. Ellen White, Signs of the Times, 10-12-1896, pág. 773, col. 2-3, BV344.

68. Ellen White, Review and Her-ald, 15-12-1896, pág. 789, col. 2, BV421.

69. Ellen White, Carta 106, 1896.

70. Ellen White, Mensaje 58, 1896, pág. 4.

71. Alton V. Farnsworth, Review and Herald, 21-01-1896, pág. 35, col. 2.

72. W. W. Prescott, Review and Herald, 28-01-1896, pág. 56, col. 3.

73. Alonzo T. Jones, Review and Herald, 18-02-1896, pág. 105, col. 1.

74. W. W. Prescott, Review and Herald, 10-03-1896, pág. 152, col. 2.

75. W. W. Prescott, Review and Herald, 10-03-1896, pág. 152, col. 3.

76. W. W. Prescott, Review and Herald, 10-03-1896, pág. 152, col. 3.

77. W. W. Prescott, Review and Herald, 10-03-1896, pág. 152, col. 3.

78. W. W. Prescott, Review and Herald, 10-03-1896, pág. 152, col. 3.

79. W. W. Prescott, Review and Herald, 17-03-1896, pág. 168, col. 2.

80. W. W. Prescott, Review and Herald, 24-03-1896, pág. 185, col. 3.

81. W. W. Prescott, Review and Herald, 24-03-1896, pág. 185, col. 3.

82. W. W. Prescott, Review and Herald, 24-03-1896, pág. 185, col. 3.

83. W. W. Prescott, Review and Herald, 24-03-1896, pág. 186, col. 2.

84. W. W. Prescott, Review and Herald, 24-03-1896, pág. 186, col. 2.

85. W. W. Prescott, Review and Herald, 07-04-1896, pág. 217, col. 3.

86. W. W. Prescott, Review and Herald, 07-04-1896, pág. 218, col. 1.

87. W. W. Prescott, Review and Her-ald, 07-04-1896, pág. 218, col. 1.

88. W. W. Prescott, Review and Herald, 07-04-1896, pág. 218, col. 1.

89. W. W. Prescott, Review and Herald, 07-04-1896, pág. 218, col. 1.

90. W. W. Prescott, Re-view and Herald, 07-04-1896, pág. 218, col. 2.

91. W. W. Prescott, Review and Herald, 14-04-1896, pág. 232, col. 1.

92. W. W. Prescott, Review and Herald, 14-04-1896, pág. 232, col. 1.

93. W. W. Prescott, Review and Herald, 21-04-1896, pág. 248, col. 3.

94. W. W. Prescott, Review and Herald, 21-04-1896, pág. 249, col. 1.

95. W. W. Prescott, Review and Herald, 21-04-1896, pág. 249, col. 1.

96. W. W. Prescott, Review and Herald, 21-04-1896, pág. 249, col. 1.

97. W. W. Prescott, Review and Herald, 21-04-1896, pág. 249, col. 2.

98. W. W. Prescott, Review and Herald, 24-03-1896, pág. 179, col. 3.

99. Stephen Haskell, Presidente de Conferencia, Misionero, Educador, Consejero, Signs of the Times, 02-04-1896, pág. 5, col. 1, BV280.

100. Stephen Haskell, Signs of the Times, 09-04-1896, pág. 7, col. 3, BV282.

101. W. H. Glenn, Editor Asociado de Signs, Signs of the Times, 14-05-1896, pág. 5, col. 1, BV293.

102. Stephen Haskell, Signs of the Times, 28-05-1896, pág. 4, col. 3, BV295.

103. Alonzo T. Jones, Signs of the Times, 29-10-1896, pág. 4, col. 1.

104. Folleto de la Escuela Sabática, Cuarto Trimestre, 1896, pág. 11-12.

105. Carta 150, 1896

106. Pág. 25.

107. Pág. 32.

108. Pág. 87.

109. Pág. 91-92.

110. Pág. 146.

111. Pág. 278.

112. También debe haber tenido la oportunidad de leer las declaraciones similares en el libro Dones Espirituales, Volumen I, pág. 25 (1858) y en Dones Espirituales, Volumen IV, pág. 115 (1864). (Ver página 17).

113. Él habría tenido la oportunidad de leer (y puede haber leído las pruebas) sus 3 declaraciones similares en Testimonios Para la Iglesia, Volumen V, pág. 204, 346 y 746, ya que se volumen fue publicado por la Pacific Press en 1882.

114. Ver páginas 26-27.

115. Ver páginas 17 y 21.

116. Ver año 1895 en la compilación de este capítulo, y vea las declaraciones que fueron escritas en todo ese año, y en el año 1896.

117. Ver capítulo 21.

118. Ver página xyz.

119.

# Capítulo 12 — 1897-1915 El Periodo Posterior a la Carta Baker

Ellen White continuó escribiendo y publicando, después de haber escrito la carta Baker, hasta el año 1915. Durante los 18 años desde 1897 hasta su muerte (16-07-1915), es el motivo de nuestra búsqueda en este capítulo. Mantengamos en mente, a medida que avanzamos, las siguientes preguntas:

Si en su carta a W. L. H. Baker en el año 1895 Ellen White había tomado la posición de que Cristo vino a la tierra en la naturaleza no caída de Adán, ¿por qué continuó ella expresando la posición opuesta, sin calificación, en más de 75 cartas separadas, manuscritos, libros y artículos en revistas publicados durante los años 1897-1915?[1]

¿Por qué no levantó ella la voz en protesta contra las opiniones expresadas frecuentemente de otros líderes de la iglesia de que Cristo vino a la tierra en la naturaleza caída del hombre, que fueron publicadas durante esos mismos años, a menudo en artículos cercanos a los suyos en las páginas de los diarios de la iglesia?

¿Por qué ella no hizo arreglos para que se publicase la carta Baker, de tal manera que el consejo correctivo que ella supuestamente le estaba dando a Baker pudiese haber sido de provecho para otros líderes de la iglesia?

¿Por qué ningún intérprete vino en su ayuda durante esos años, para ayudarla explicándole al mundo lo que realmente ella quiso decir, pero que no pudo encontrar las palabras para decirlo correctamente?

La evidencia en las próximas páginas parecen indicar que la creencia de que Cristo vino a la tierra en la naturaleza caída del hombre estaba creciendo en la iglesia durante esos años, y no estaba disminuyendo. No encontramos ninguna sugestión de que esto fuese una materia concerniente a ella.

1897: "... porque solamente la Divinidad puede ser eficaz en la restauración del hombre de la mordedura venenosa de la serpiente, el propio Dios en Su único Hijo, asumió la naturaleza humana y en la debilidad de la naturaleza humana sostuvo el carácter de Dios, vindicó Su santa ley en cada punto en particular".[2]

"Y así como Jesús fue en carne humana, así quiere Dios que sean Sus seguidores".[3]

"Él estaba sujeto a las debilidades de la humanidad".[4]

"Él sabía que el enemigo vendría a cada ser humano, para tomar ventaja de las debilidades hereditarias... Y pasando sobre el terreno que el hombre tiene que atravesar...

Cristo preparó el camino para que nosotros ganemos la victoria".[5]

"Como el Príncipe de la Vida en carne humana, Él enfrentó al príncipe de las tinieblas... Cada tentación que pudiese ser traída contra la humanidad caída, Él la enfrentó la venció. Si Él no hubiese sido completamente humano, Cristo no hubiera podido ser nuestro substituto... Cristo no hizo nada que la naturaleza humana no pueda hacer si comparte la naturaleza divina".[6]

"Él se vistió a Sí mismo en el vestido de la humanidad, y vivió la vida del hombre desde el mismo comienzo... Cristo asumió la humanidad, con toda su humillación y servicio...".[7]

"En el don de Su Hijo como un substituto y seguridad por el hombre caído, es un eterno testimonio para el mundo, para el universo celestial, y para los mundos no caídos. La sabiduría del propósito divino ha velado en misterio la historia del periodo terrestre de la vida de Cristo. Las palabras no pueden expresar la grandiosidad del amor de Dios por el hombre, pero Cristo lo ha revelado en Su vida en la humanidad. Solamente por Sí mismo asumiendo la naturaleza humana y descendiendo a las mismas profundidades de la miseria humana, pudo Él levantar la raza humana de su oscuridad y desespero".[8]

"Él sabía por experiencia cuáles eran las debilidades de la humanidad...".[9]

"Para que la familia humana no pudiese tener ninguna excusa en la tentación, Cristo se hizo uno con ellos".[10]

"Su humillación no consistió en una baja estima de Su propio carácter y calificaciones, sino en humillarse a Sí mismo hasta la humanidad caída, para poder levantarlos con Él a una vida más alta".[11]

"La naturaleza humana de Cristo era como la nuestra...".[12]

"La naturaleza humana de Cristo era como la nuestra...".[13]

"Cristo se degradó para tomar la naturaleza humana para que Él pudiese revelar los sentimientos de Dios hacia la raza caída. La Divinidad y la humanidad combinadas fueron traídas al alcance de todos, para que el hombre caído pudiese revelar la imagen de Dios. Cristo asumió nuestra naturaleza para deshacer los falsos principios de Satanás".[14]

"Obedeciendo a favor del hombre, Él fue colocando al hombre caído en terreno ventajoso con Dios. En Su naturaleza humana Jesús dio evidencia que en cada tentación con que Satanás puede asaltar al hombre caído, hay ayuda para él en Dios... Jesús permaneció en la naturaleza humana como un conquistador a favor de la raza caída".[15]

"Como el Redentor del mundo, Él entiende todas las experiencias que la humanidad tiene que pasar".[16]

"(Cristo) sabe por experiencia cuáles son las debilidades de la humanidad, cuáles son sus deseos, y dónde está la fuerza de sus tentaciones; porque Él fue tentado en todos los puntos como lo somos nosotros, "pero sin pecado"".[17]

"Cristo... tomó nuestra naturaleza en su condición deteriorada".[18]

"Al tomar sobre Sí mismo la naturaleza del hombre en su condición caída... Él estaba sujeto a las enfermedades y debilidades de la carne con las cuales la humanidad se enfrenta...".[19]

"No debiera haber la más mínima sospecha en relación a la perfecta libertad (ausencia) de la pecaminosidad en la naturaleza humana de Cristo".[20]

"Infinitamente superior en todo respecto a Boaz, y sin embargo Él se degradó para casarse con la raza perdida".[21]

"Él tomó nuestra naturaleza pecaminosa, y nuestra carne pecaminosa...".[22]

"Cristo descendió aun hasta las más profundas debilidades humanas...".[23]

"La palabra fue hecha perfecta carne en Adán, pero en Cristo la palabra fue hecha carne caída. Cristo descendió hasta el fondo, y ahí está la carne Palabra, carne pecaminosa".[24]

"... si podemos confesar con nuestra boca al Señor Jesús, que Él ha venido en nuestra carne... seremos salvos".[25]

"... Dios tomó sobre Sí mismo carne pecaminosa... (Cristo) vino en humanidad caída...".[26]

"Comenzamos con el verso 9: "Vemos a Jesús". ¿Dónde estamos mirando? (Voz) "Al hombre en su estado caído". Si, nuestra mirada está dirigida al primer dominio del hombre; a medida que miramos, lo vemos caer, y, aun mirando, vemos a Jesús tomando las condiciones del hombre caído...".[27]

"Cristo ha tomado todas nuestras debilidades sobre Sí mismo...".[28]

"En semejanza de carne pecaminosa, Él descendió hasta las mismas profundidades de las condiciones del hombre caído, y fue obediente hasta la muerte, aun la ignominiosa muerte de la cruz".[29]

"Él vino en semejanza de carne pecaminosa para demostrar ante todos en la controversia, que era posible que el hombre en la carne guardase la ley. Él demostró esto guardándola Él mismo. En nuestro plano de existencia, y en nuestra naturaleza, Él entregó una obediencia tal a cada principio y precepto, que el ojo de la propia Omnisciencia no pudo detectar ninguna imperfección en eso. Toda Su vida fue una transcripción de esa ley, en su naturaleza espiritual, y en su santidad, en sus buenas y justas demandas. Él condenó así el pecado en la carne, viviendo Él mismo en la carne y no cometiendo ningún pecado, mostrando que era posible que el hombre así viviese".[30]

"Que el Hijo de Dios dejase a un lado toda Su gloria y tomase sobre Sí la forma del hombre pecaminoso... es un asunto merecedor de un estudio más intenso (superior)".[31]

1898: "Al tomar nuestra naturaleza, Él se unió a Sí mismo a nosotros a través de las edades eternas".[32]

"Él asumió la naturaleza humana, para que Él pudiese elevar a la familia humana... Su acción ha sido a favor del mundo caído".[33]

"El Señor de gloria vistió Su divinidad con humanidad, y vino a nuestro mundo para soportar la negación de Sí mismo y el sacrificio de Sí mismo, para que la imagen moral de Dios pudiese ser restaurada en el hombre".[34]

"Al tomar sobre Sí mismo la naturaleza del hombre en su condición caída, Cristo no participó en lo más mínimo de su pecado".[35]

"Fue la compasión que Lo llevó a vestir Su divinidad con humanidad, para que Él pudiese tocar la humanidad. Esto Lo llevó a manifestar una ternura y una simpatía sin paralelo por el hombre en su condición caída".[36]

"Jesús se hizo... hueso de nuestro hueso y carne de nuestra carne... Él fue un hombre entre los hombres".[37]

"Él dejó las cortes reales del cielo, y vistió Su divinidad con humanidad, para que la humanidad pudiese tocar a la humanidad, y para que la divinidad pudiese dejar el poder de Dios a favor de la raza caída".[38]

"Él (Dios) Lo dio (a Cristo) a la raza caída".[39]

"Habría sido una humillación casi infinita para el Hijo de Dios revestirse de la naturaleza humana, aun cuando Adán poseía la inocencia del Edén. Pero Jesús aceptó la humanidad cuando la especie se hallaba debilitada por cuatro mil años de pecado. Como cualquier hijo de Adán, aceptó los efectos de la gran ley de la herencia. Y la historia de sus antepasados terrenales demuestra cuáles eran aquellos efectos. Mas él vino con una herencia tal para compartir nuestras penas y tentaciones, y darnos el ejemplo de una vida sin pecado".[40]

"A pesar de que los pecados de un mundo culpable pesaban sobre Cristo, a pesar de la humillación que implicaba el tomar sobre sí nuestra naturaleza caída, La voz del cielo lo declaró Hijo del Eterno".[41]

"Satanás había señalado el pecado de Adán como prueba de que la ley de Dios era injusta, y que no podía ser acatada. En nuestra humanidad, Cristo había de resarcir el fracaso de Adán. Pero cuando Adán fue asaltado por el tentador, no pesaba sobre él ninguno de los efectos del pecado. Gozaba de una plenitud de fuerza y virilidad, así como del perfecto vigor de la mente y el cuerpo. Estaba rodeado por las glorias del Edén, y se hallaba en comunión diaria con los seres celestiales. No sucedía lo mismo con Jesús cuando entró en el desierto para luchar con Satanás. Durante cuatro mil años, la familia humana había estado perdiendo fuerza física y mental, así como valor moral; y Cristo tomó sobre sí las flaquezas de la humanidad degenerada. Únicamente así podía rescatar al hombre de las profundidades de su degradación.

Muchos sostienen que era imposible para Cristo ser vencido por la tentación. En tal caso, no podría haberse hallado en la posición de Adán; no podría haber obtenido la victoria que Adán dejó de ganar. Si en algún sentido tuviésemos que soportar nosotros un conflicto más duro que el que Cristo tuvo que soportar, él no podría socorrernos. Pero nuestro Salvador tomó la humanidad con todo su pasivo. Se vistió de la naturaleza humana, con la posibilidad de ceder a la tentación. No tenemos que soportar nada que él no haya soportado".[42]

"Así como la imagen de la serpiente destructora fue alzada para sanar al pueblo, un ser "en semejanza de carne de pecado" iba a ser el Redentor de la humanidad".[43]

"Jesús fue hecho en todo semejante a sus hermanos. Se hizo carne, como somos carne. Tuvo hambre y sed, y sintió cansancio. Fue sostenido por el alimento y refrigerado por el sueño. Participó de la suerte del hombre, aunque era el inmaculado Hijo de Dios. Era Dios en la carne. Su carácter ha de ser el nuestro. El Señor dice de aquellos que creen en él: "Habitaré y andaré en ellos; y seré el Dios de ellos, y ellos serán mi pueblo.'

Cristo es la escalera que Jacob vio, cuya base descansaba en la tierra y cuya cima llegaba a la puerta del cielo, hasta el mismo umbral de la gloria. Si esa escalera no hubiese llegado a la tierra, y le hubiese faltado un solo peldaño, habríamos estado perdidos. Pero Cristo nos alcanza donde estamos. Tomó nuestra naturaleza y venció, a fin de que nosotros, tomando su naturaleza, pudiésemos vencer. Hecho "en semejanza de carne de pecado," vivió una vida sin pecado. Ahora, por su divinidad, echa mano del trono del cielo, mientras que por su humanidad llega hasta nosotros. El nos invita a obtener por la fe en él la gloria del carácter de Dios. Por lo tanto, hemos de ser perfectos, como nuestro "Padre que está en los cielos es perfecto".[44]

"En sí mismo el acto de consentir en ser un hombre no sería un acto de humillación si no fuese por el hecho de la exaltada preexistencia de Cristo, y de la condición caída del hombre... (Él) vistió Su divinidad con humanidad para que pudiese alcanzar al hombre donde éste estaba...".[45]

"El Señor Jesús Cristo tomó sobre Sí la forma de hombre pecaminoso, vistiendo Su divinidad con humanidad".[46]

"Para salvar a la humanidad caída, el Hijo de Dios tomó la humanidad sobre Sí... Él consintió en una unión actual con el hombre... Cristo en realidad se unió la ofensiva naturaleza del hombre con Su propia naturaleza no pecaminosa, porque a través de este acto de condescendencia, Él estaría apto a derramar Su sangre a favor de la raza caída".[47]

"El Señor Jesús Cristo dejó Sus riquezas y Su esplendor en las cortes celestiales y tomó la humanidad sobre Sí mismo para que Él pudiese cooperar con la humanidad en la obra de levantarla".[48]

"Cristo vistió Su divinidad con humanidad para que Él pudiese asociarse con la raza caída... Dios ha querido que Su único Hijo viniese en la forma humana para permanecer a la cabeza de la raza caída...".[49]

1899: "... Él tomó nuestra naturaleza, y en ella vivió una vida de perfecta obediencia".[50]

"Él se conmovió tanto con los pobres pecadores que Él dejó las cortes del cielo y dejó a un lado Sus mantos de realeza, se humilló a Sí mismo en la humanidad, para que pudiese ser conocedor de las necesidades de los hombres, y ayudarlos a levantarse sobre la degeneración de la caída".[51]

"... Él dejó a un lado Su corona, y se desvistió a Sí mismo de Su manto real, para tomar sobre Sí la naturaleza humana, para que la humanidad pudiese tocar la humanidad. Como el Redentor del mundo, Él pasó por todas las experiencias por las cuales nosotros tenemos que pasar. Él se encontró a Sí mismo en forma de hombre".[52]

"Cristo tomó sobre Sí la forma del hombre pecaminoso, vistiendo Su divinidad con humanidad. Pero Él era santo, así como Dios es santo. Él fue el que llevó los pecados no necesitando de expiación. Si Él no hubiese sido inmaculado o sin mancha, Él no podría haber sido el Salvador de la humanidad. Uno con Dios en pureza y santidad, Él estaba apto para hacer una propiciación por los pecados del mundo".[53]

"El Hijo de Dios vistió Su divinidad con humanidad, para que la humanidad pudiese tocar la humanidad, y la divinidad dejase el trono del Infinito".[54]

"El Comandante de todo el cielo, se humilló a Sí mismo para permanecer a la cabeza de la humanidad caída...".[55]

"... Su único Hijo, uno igual con Sí mismo, debería degradarse hasta la naturaleza humana y alcanzar al hombre donde éste estaba".[56]

"Cristo declaró... no violaré ningún principio de la naturaleza humana".[57]

"Él que era sin pecado, la perfección del cielo, vino a nuestro mundo en semejanza humana para alcanzar la humanidad. Cuando Él vino se colocó a Sí mismo entre los pobres y entre los sufridores, para que pudiese conocer la humanidad caída...".[58]

"Él, la majestad del cielo, se despojó a Sí mismo de Su gloria, y vistió Su divinidad con humanidad, para que Él pudiese pasar por aquello que la humanidad tiene que pasar".[59]

"La identidad de Cristo con el hombre será siempre el poder de Su influencia. Él se hizo hueso de nuestro hueso y carne de nuestra carne... Él podría haberse alejado de los seres caídos. Él podría haberlos tratado como los pecadores merecen ser tratados. Pero en vez de eso, Él estuvo aún más cerca de ellos".[60]

"Él soportó cada prueba que el hombre jamás será llamado a soportar. Él enfrentó todas las tentaciones que el hombre enfrentaría en su experiencia de vida".[61]

1900: "Él ni siquiera tomó la forma de un ángel. "Ciertamente", el apóstol dice, "Él no tomó sobre Sí la naturaleza de los ángeles, sino que tomó sobre Sí la simiente de Abrahán".

La Divinidad tomó la humanidad, para que la humanidad pudiese tocar la humanidad. Él mostró que la humanidad puede guardar la ley".[62]

"A favor de los seres que Él había creado, que se habían convertido en una raza caída a través del pecado, Él descendió del trono que ocupaba como Príncipe del cielo, y se vistió a Sí mismo con las vestiduras de la humanidad".[63]

"Él llevó las debilidades de la humanidad".[64]

"Cristo se degradó para tomar la naturaleza del hombre, para que Él pudiese revelar los sentimientos de Dios hacia la raza caída. El poder divino fue traído al alcance de todos, para que los seres humanos pecadores pudiesen revelar la imagen de Dios".[65]

"Cristo, que conectó la tierra con el cielo, es la escala (de Pedro). La base está plantada firmemente en la tierra en Su humanidad; la parte superior alcanza el trono de Dios en Su divinidad. La humanidad de Cristo abraza la humanidad caída...".[66]

"El Señor de la vida y de la gloria se humilló a Sí mismo para compartir la naturaleza humana, para que en Él y a través de Él los hijos e hijas caídos de Adán pudiesen ser unidos con Dios".[67]

"... vistiendo Su divinidad con humanidad... Él vino para vivir entre la humanidad caída...".[68]

"Él vistió Su divinidad, para que Él pudiese llevar todas las enfermedades y soportar todas las tentaciones de la humanidad".[69]

"Jesús vino al mundo como un ser humano para que Él pudiese conocer a los seres humanos... Adán fue tentado por el enemigo, y cayó. No fue el pecado que habitaba en él que hizo con que él cediera; porque Dios lo hizo puro y recto, a Su propia imagen. Él era tan inmaculado como los ángeles ante el trono. No habían en él principios corruptos, ninguna tendencia hacia el mal. Pero cuando Cristo vino para enfrentar las tentaciones de Satanás, Él llevó la "semejanza de carne humana".[70]

(El estudiante haría bien en leer este pasaje varias veces, lentamente y con reflexión, dándole mucha atención al contraste dado al uso de la palabra "pero").

"Cristo en realidad unió la ofensiva naturaleza del hombre con Su propia naturaleza sin pecado".[71]

"Él tomó sobre Sí mismo la naturaleza caída y sufridora del hombre, degradada y contaminada (manchada) por el pecado".[72]

"Él (Dios) dio a Su Hijo para que sea hueso de nuestro hueso y carne de nuestra carne".[73]

"Jesús fue afligido en todas las afllicciones de la humanidad".[74]

"Cristo se hizo uno con la familia humana... Así Él les aseguró Su completa identificación con la humanidad".[75]

"La naturaleza caída del hombre es como el zarcillo de la vid agarrándose del rastrojo y de los desperdicios. Pero Cristo es representado como descendiendo del cielo y tomando la naturaleza del hombre, haciendo así posible que el brazo humano de Cristo abrazase al hombre caído...".[76]

"Toda la familia humana de Dios que Cristo ha tomado en estrecha relación con Su propia humanidad... ".[77]

"Cuando el pecado de Adán hundió a la raza en una miseria sin esperanza, Dios podría haberse alejado de los seres caídos... Pero Él no hizo eso. En vez de desterrarlos de Su presencia, Él vino aún más cerca de la raza caída. Él dio a Su Hijo para que sea hueso de nuestro hueso y carne de nuestra carne... En todas las aflicciones de la humanidad Él estaba afligido".[78]

"Aquel cuerpo fue Su cuerpo de carne pecaminosa, tomado en las entrañas de Su virgen madre, y teniendo en sí misma todas las propensiones a pecar que tiene la carne de todos los hijos de Adán. Nosotros no solamente fuimos hechos "en semejanza de carne pecaminosa", (Rom. 8:3), sino que Él llevó (cargó) la carne pecaminosa. La semejanza no fue meramente externa. Su carne fue la misma que tiene toda la humanidad; porque Él "fue hecho de la simiente de David de acuerdo con la carne". Cada crimen en el catálogo (en la lista de ancestrales de Cristo) fue manifestado entre aquellos de entre los cuales Jesús recibió Su herencia de la carne. Dios preparó ese cuerpo en el cual Él sería "en todas las cosas" "semejante a Sus hermanos", de "la simiente de Abrahán", compartiendo "la carne y la sangre". (Heb. 2:14-17). ¿Otros heredaron tendencias corruptas en la carne? Así fue con Él. ¿Fueron los ancestrales de otros codiciosos, ávidos, adúlteros, dados al placer? Así fue la suya. Él fue hecho como nosotros, para que Él pudiese hacernos como Él es.

Pero, aunque teniendo la carne, con todas sus tendencias pecaminosas, Él no pecó. La fe viviente hizo con que el Espíritu de Dios dominase sobre todas las tendencias carnales".[79]

"Él trajo la divinidad de las cortes de gloria en (dentro) la humanidad caída".[80]

"Por Su nuevo nacimiento Él descendió hasta la "semejanza de carne pecaminosa". (Rom. 8:3). Él fue "hecho de la simiente de David de acuerdo con la carne". (Rom. 1:3). Todos saben de qué pecados eran culpables David, sus ancestrales y su posteridad.[81]

"Cuando nosotros dijimos que creíamos que Cristo nació en humanidad caída, ellos nos representarían como si nosotros estuviésemos diciendo que Cristo pecó, a pesar del hecho de que nosotros declaramos nuestra posición de una forma tan clara que pareciera que nadie podría mal interpretarla.

Su punto teológico a este respecto en particular parece ser este: ellos creen que Cristo tomó la naturaleza de Adán antes que él cayese; entonces Él tomó la humanidad como era en el jardín del Edén, y esta humanidad era santa, y esta fue la humanidad que Cristo tenía; y ahora, ellos dicen, que ha llegado el tiempo particular para nosotros para que seamos santos en ese sentido, y entonces tendremos "fe trasladadora", y nunca moriremos".

Una descripción concisa del Movimiento de la Carne Santa se encuentra en 2MS:35 = "Una enseñanza fanática empleado por sus partidarios "La Doctrina de la Carne Santa", comenzó en 1900 en Indiana desviando al presidente de la conferencia y varios obreros. Reclamando de que cuando Cristo pasó por la agonía del Getsemaní, Él obtuvo carne sana tal como la que tenía Adán antes de la caída. Esta teoría alega que aquellos que siguen al

Salvador también tienen que adquirir el mismo estado de impecabilidad física como una preparación esencial para la traslación. Testigos oculares dicen que en sus servicios los fanáticos provocaban una gran excitación a través del uso de instrumentos musicales tales como órganos, flautas, violines, tamboriles, cuernos, y aun un gran bombo de bajos. Como buscaban una manifestación de orden físico, gritaban y oraban y cantaban hasta que alguien en la congregación caía postrado e inconsciente, de su asiento. Uno o dos personas que recorrían el pasillo de un extremo a otro con ese propósito, arrastraban al que había caído hasta el escenario. Entonces aproximadamente una docena de personas se reunían en torno del cuerpo postrado, algunos cantando, algunos gritando, y algunos orando, todos al mismo tiempo. Cuando la persona volvía en sí, era contado entre los que habían pasado a través de la experiencia del Getsemaní, había obtenido carne santa, y tenía fe trasladadora. Después, aseguraban, él no podría pecar y nunca moriría...".

1901: "Dios creó a Adán puro y noble, pero a través de la indulgencia del apetito él cayó. A pesar del gran abismo abierto entre Dios y el hombre, Cristo amó al pecador desamparado. Él dejó Su trono real, vistió Su divinidad con humanidad, y vino a nuestro mundo a unir el abismo que el pecado había hecho, y para unir el poder divino con la debilidad humana...".[82]

"Él tomó Su posición a la cabeza de la humanidad tomando la naturaleza pero no la pecaminosidad del hombre".[83]

(Note que Ellen White no iguala naturaleza pecaminosa con pecaminosidad).

"Él dejó a un lado Su corona y su manto real, y descendió de Su alto comando para tomar Su lugar a la cabeza de la raza caída. Vistiendo Su divinidad con humanidad, Él vino a un mundo todo marchito y arruinado con la maldición, para hacerse uno con la humanidad...".[84]

"Nosotros estamos rodeados de enfermedades de la humanidad. Así fue Cristo. Para que Él pudiese a través de Su propio ejemplo condenar el pecado en la carne, Él tomó sobre Sí mismo la semejanza de carne pecaminosa".[85]

"Como un representante de la raza caída, Cristo pasó sobre el terreno en el cual Adán tropezó y cayó".[86]

"Él (Cristo) asumió la naturaleza humana, y sus enfermedades, sus debilidades, sus tentaciones".[87]

""Él fue hecho en semejanza de hombre"; "encontrado en la forma de un hombre". Él (Cristo) fue en todas las cosas como nosotros".[88]

"La naturaleza de Dios, cuya ley ha sido transgredida, y la naturaleza de Adán, el transgresor, se encontraron en Jesús, el Hijo de Dios, y el Hijo del hombre".[89]

"Para mantener Su gloria velada como hijo de la raza caída, esta fue la más severa disciplina, a la cual el Príncipe de la vida se sujetó a Sí mismo".[90]

"Dejando a un lado Su corona real, Él condescendió en descender, paso a paso, al nivel de la humanidad caída".[91]

"Uno de los factores más potentes a través del cual la humanidad es vencida por el pecado, es el hecho de vivir en carne pecaminosa, obtenida a través de muchas generaciones de ancestrales pecadores. Pero aquellos que ceden al pecado ahora es sin excusa; porque Cristo habitando en la carne que se ha debilitado por cuatro mil años de degeneración... fue entonces enviado "en semejanza de carne pecaminosa"...".[92]

"Cristo ha venido en carne, mi carne, ¿Por qué? ¿Es porque yo soy muy bueno? Oh no, sino porque no hay carne buena en la cual Cristo pudiese venir".[93]

"¿Con quién se deleitó en habitar? Con los pecadores, tomando en Sí mismo la carne pecaminosa, viniendo en tu carne y en la mía...".[94]

"(El Señor) envió a Cristo en semejanza de carne pecaminosa... Él ha condenado el pecado en la carne, mostrando que aun en carne pecaminosa Él puede vivir una vida sin pecado".[95]

"¿Hay alguien que dude de la realidad de Cristo viniendo a vivir en carne pecaminosa, y mostrándose a Sí mismo como Maestro? Todos creemos en eso... Cristo tiene poder sobre la carne, y lo demostró cuando vino en semejanza de carne pecaminosa, y condenó el pecado en la carne...".[96]

(En este sermón en la noche del 16 de Abril de 1901, en la Sesión de la Conferencia General en Battle Creek, se le solicitó a Waggoner que respondiese la siguiente pregunta: ¿Nació aquella Cosa Santa de la virgen María en carne pecaminosa, y tuvo esa carne, con las mismas malas tendencias, que contender como lo hace la nuestra?

Waggoner gastó toda la noche, rechazando firmemente la idea de que Cristo no había venido en carne pecaminosa, como la falsa doctrina Católica de la inmaculada concepción, y afirmando repetidamente que Cristo vino a la tierra en carne pecaminosa. Todo el sermón puede ser visto en el General Conference Bulletin de 1901, páginas 403-408. Sería imposible citar aquí todo el sermón, pero las próximas líneas han sido extraídas del mismo).

"... después de hablar la última noche que estuve aquí, me hicieron llegar dos preguntas, las cuales quiero leer ahora. Una de ellas es esta: "¿Nació aquella Cosa Santa de la virgen María en carne pecaminosa, y tuvo esa carne, con las mismas malas tendencias, que contender como lo hace la nuestra?

… Antes que continuemos con este texto, déjenme mostrarles qué es lo que está inserido en esta pregunta. Ustedes ya lo tienen en mente. ¿Nació aquella Cosa Santa de la virgen María en carne pecaminosa, y tuvo esa carne, con las mismas malas tendencias, que contender como lo hace la nuestra? ¿Alguna vez han escuchado la doctrina Católica romana de la inmaculada concepción? ¿Y ustedes saben lo que eso significa? Algunos de usted posiblemente han escuchado acerca de ella, y significa que Jesús Cristo nació sin pecado. Ese no es todo el dogma católico. La doctrina de la inmaculada concepción es que María, la madre de Jesús, nació sin pecado. ¿Por qué? Ostensiblemente para magnificar a Jesús; pero en realidad es el trabajo del maligno para colocar un gran abismo entre Jesús el Salvador de los hombres, y el hombre a quien Él vino a salvar, de tal manera que uno no pueda pasar hacia el otro. Eso es todo.

Necesitamos establecer, cada uno de nosotros, si estamos fuera de la iglesia de Roma o no. Existen muchos que ya han dado ese paso, pero estoy seguro de que, cada alma que está aquí en esta noche, desea conocer el camino de la verdad y de la justicia… y que no existe aquí ninguno que inconscientemente esté muy ajustado a los dogmas del papado, que no desee liberarse de ellos.

¿No ven ustedes que la idea de que la carne de Jesús no era igual a la nuestra (porque nosotros sabemos que es pecaminosa) necesariamente envuelve la idea de la inmaculada concepción de la virgen María? En realidad, en Él no había pecado, pero el misterio de Dios manifestado en la carne, la maravilla de las edades, la maravilla de los ángeles, aquella cosa que aún tiene el deseo de entender, y que ellos no consiguen tener una clara idea, solo de la manera en que ellos han sido enseñados por la iglesia, es la perfecta manifestación de la vida de Dios en la pureza sin mancha en medio de carne pecaminosa. Oh, eso es maravilloso, ¿no es verdad?

Supongamos que comenzamos con la idea, por un momento, de que Jesús estuvo tan separado de nosotros, esto es, tan diferente de nosotros que Él no tuvo en Su carne nada con lo cual contender. Era carne no pecaminosa. Entonces, desde luego, usted puede ver cómo el dogma Católico Romano de la inmaculada concepción se hace necesario…

… Él estableció la voluntad de Dios en la carne, y estableció el hecho que la voluntad de Dios puede ser hecha en cualquier ser humano, en carne pecaminosa…

… Entonces nosotros no tendremos que luchar más contra la carne, sino que aquella vida sin pecado que hemos apartado (rechazado) por medio de la fe y que se manifestó en nuestros cuerpos pecaminosos, entonces continuará por medio de la simple fe a través de toda la eternidad en el cuerpo no pecaminoso. Eso quiere decir, cuando Dios ha dado este testimonio al mundo de Su poder de salvar hasta lo sumo, de salvar seres pecaminosos, y de vivir una vida perfecta en carne pecaminosa, entonces Él removerá las desventajas (incapacidades) y nos dará mejores circunstancias en las cuales vivir. Pero antes de todo esta maravilla tiene que ser obrada en el hombre pecaminoso, no apenas en la persona de Jesús Cristo, sino que reproducida y multiplicada en Jesús Cristo a los miles de Sus seguidores...

... Jesús nos da la experiencia del poder de Cristo en carne pecaminosa, para ponerla bajo control, y hacer serviciales a Su voluntad, esta carne pecaminosa...

... El Señor nos ha mostrado que Él no ha ocultado Sus propios ancestrales de nosotros. Podemos habernos lamentado de nuestra herencia; hemos lamentado el hecho de que hemos heredado tendencias malignas, naturalezas pecaminosas, casi nos hemos desesperado, porque no hemos podido quebrar esta herencia maligna, ni hemos podido resistir estas tendencias a pecar; no lo hemos podido hacer por nosotros mismos, y a menudo nos hemos sentido avergonzados por ello, y desde luego, tenemos que avergonzarnos del pecado. Al hombre le gusta ocultar la falta de sus ancestrales, y si en algún lugar existe alguna mancha en la familia, eso no aparece cuando se escriben los registros de la familia. Jesús Cristo "nació de la simiente de David, de acuerdo con la carne", y en la simiente de David estaba Manasés, que llenó Jerusalén con sangre inocente de un extremo a otro. En esa línea estaba Judá el adúltero, y el hijo nacido del incesto, y de la misma manera la ramera Rahab. Todos ellos fueron los ancestrales de Cristo, y muestran que Jesús no se avergonzaba de llamar a los hombres pecadores de Sus hermanos; pero Él le dijo al Padre: "Yo voy a declararles Tu nombre a Mis hermanos, en el medio de la congregación; voy a cantar alabanzas a Ti".

Así vemos que no importa cuál haya sido nuestra herencia por naturaleza, el Espíritu de Dios tiene tal poder sobre la carne que puede reverter totalmente todo esto, y hacernos compartir la naturaleza divina, dándonos libertad de la corrupción que está en el mundo a través de la concupiscencia; y así Dios manifiesta Su poder a través de nosotros".[97]

"Al tomar la carne Él unió la divinidad con humanidad; Él unió la vida eterna con nuestra pobre carne...".[98]

"Jesús Cristo vino a este mundo y vivió en carne humana 1900 años atrás para que Él pudiese vivir en la carne de cada creyente hasta el fin del tiempo... Él nos soportó, tomó nuestra naturaleza humana, y fue tocado con el sentimiento de nuestras enfermedades...".[99]

1902: "Él vivió en el mundo la vida que (los hombres) tienen que vivir".[100]

"Él sabe por experiencia cuáles son las debilidades de la humanidad...".[101]

"Él es un hermano en nuestras enfermedades...".[102]

"Vestido en las vestiduras de la humanidad, el Hijo de Dios descendió al nivel de aquellos que Él quería salvar. En Él no había engaño o pecaminosidad, Él fue siempre puro e incontaminado aun cuando Él tomó sobre Sí nuestra naturaleza pecaminosa. Vistiendo Su divinidad con humanidad, para que Él pudiese asociarse con la humanidad caída, Él buscó ganar para el hombre aquello que por desobediencia Adán había perdido...".[103]

(Note que Ellen White hace distinción entre pecaminosidad y naturaleza pecaminosa)

"Para que Él pudiese a través de Su propio ejemplo condenar el pecado en la carne, Él tomó sobre Sí mismo semejanza de carne pecaminosa".[104]

"Para que Él pudiese cumplir Su propósito de amor por la raza caída, Se hizo hueso de nuestro hueso y carne de nuestra carne... Cristo podría haberse alejado de nosotros, a causa de nuestra culpa. Pero en vez de alejarse, Él vino y habitó entre nosotros, lleno con toda la plenitud de la Divinidad, para ser uno con nosotros, que a través de Su gracia nosotros pudiésemos alcanzar la perfección... Él le reveló al mundo el asombroso espectáculo de Dios viviendo en carne humana...".[105]

"Cristo vino a este mundo como un hombre... Nuestro Salvador tomó la naturaleza del hombre con todas sus posibilidades... En el desierto Cristo y Satanás se enfrentaron en combate, Cristo en la debilidad de la humanidad... Cristo tomó sobre Sí las enfermedades de la humanidad degenerada. Solamente así pudo Él rescatar al hombre de la más profunda degradación".[106]

"Él tomó sobre Su naturaleza sin pecado nuestra naturaleza pecaminosa...".[107]

"El Hijo de Dios tomó la naturaleza humana sobre Sí, y vino a esta tierra para permanecer a la cabeza de la raza caída. Él habitó en esta tierra como un hombre entre los hombres".[108]

"Satanás reclamaba que era imposible que los seres humanos guardasen la ley de Dios. Para probar la falsedad de este reclamo, Cristo dejó Su alto comando, tomó sobre Sí mismo la naturaleza del hombre, y vino a esta tierra para permanecer a la cabeza de la raza caída, para mostrar que la humanidad podía resistir las tentaciones de Satanás".[109]

"Él (Cristo) tomó la naturaleza del hombre, con todas sus posibilidades. No tenemos que soportar nada que Él no haya soportado".[110]

"Adán tuvo ventaja sobre Cristo, en que cuando fue asaltado por el tentador, ninguno de los efectos del pecado estaban sobre él. Él permaneció en la fuerza de su perfecta humanidad, poseyendo todo el vigor de la mente y del cuerpo. Él estaba rodeado con las glorias del Edén, y estaba en comunión diaria con los seres celestiales. No fue así con Jesús cuando Él entró en el desierto para batallar con Satanás. Por cuatro mil años la raza había estado decreciendo en fuerza física, en poder mental, en fortaleza moral, y Cristo tomó sobre Sí las enfermedades de la humanidad degenerada. Solamente así podía Él rescatar al hombre de la más profunda degradación".[111]

"... (Él) vistió Su divinidad con humanidad, para que Él pudiese permanecer entre la familia humana como uno de ellos".[112]

"Con su largo brazo humano Cristo abraza la raza caída, mientras que con Su brazo divino Él se aferra del trono del Infinito".[113]

"... Cristo conoce nuestras necesidades y debilidades".[114]

"Jesús Cristo vino a este mundo y vivió y venció en carne humana hace 1900 años atrás... (se cita Rom. 8:3-4 y Heb. 2:16-18) Debido a las debilidades de la carne en la cual Él venció, Él condenó el pecado en la carne demostrando que se puede vencer, y que por lo tanto no hay excusa...

Jesús Cristo fue hecho "en semejanza de carne pecaminosa", para que Él pudiese vencer el pecado en su propia fortaleza".[115]

"El Salvador nos soportó al compartir nuestra pobre naturaleza humana; Él es tocado con los sentimientos de nuestras enfermedades".[116]

"Él vino a demostrar... que es posible que el hombre en la naturaleza pecaminosa viva sin pecar, a través del poder de Dios".[117]

1903: "Era necesario que Cristo vistiera Su divinidad con humanidad. Solamente así podía Él ser el Redentor de la raza caída".[118]

"Él vistió Su divinidad con humanidad para que Él pudiese permanecer entre los hombres como hombre... Él vino para llevar las pruebas que nosotros tenemos que llevar...".[119]

"Él... vino a nuestro mundo para permanecer al lado de los seres caídos...".[120]

"Él se colocó a Sí mismo en un nivel con los seres humanos...".[121]

"El Hijo de Dios tomó la naturaleza humana sobre Sí, y vino a esta tierra para permanecer a la cabeza de la raza caída. Él vivió aquí como un hombre entre los hombres".[122]

"El Salvador vino al mundo en humildad, y vivió como un hombre entre los hombres. En todos los puntos, excepto en el pecado, la Divinidad tenía que tocar la humanidad".[123]

"El Salvador tomó sobre Sí mismo las enfermedades de la humanidad, y en esta tierra vivió una vida sin pecado para que el hombre no tuviese miedo que a causa de la debilidad de la naturaleza humana no estuviese habilitado para vencer".[124]

"Cristo asumió nuestra naturaleza caída, y estuvo sujeto a cada tentación a la cual el hombre está sujeto".[125]

"Cristo, el segundo Adán, vino en semejanza de carne pecaminosa".[126]

"Cristo se hizo uno con la familia humana, hueso de nuestro hueso, y carne de nuestra carne... Él se empeñó a Sí mismo en soportar todas las tentaciones que el hombre tiene que soportar, para que Él pudiese saber cómo socorrer a aquellos que son tentados".[127]

"... (Él) vistió Su divinidad con humanidad, para que Él pudiese tomar en Él las debilidades de la naturaleza humana... Él tuvo que sufrir siendo tentado en todos los puntos en los cuales los hombres caídos son tentados...".[128]

"Tomando la humanidad sobre Sí, Cristo vino para ser uno con la humanidad... Él fue hecho en todas las cosas como Sus hermanos. Él se hizo carne, así como nosotros lo somos... En Su fuerza los hombres y mujeres pueden vivir la vida de pureza y nobleza que Él vivió".[129]

"Su divinidad fue velada con humanidad... Así Cristo tuvo que venir en "en el cuerpo de nuestra humillación", "en semejanza de hombre"".[130]

"Habría sido casi una infinita humillación para el Hijo de Dios el tomar la naturaleza humana, aun como era cuando Adán permaneció en su inocencia en el Edén. Pero Jesús aceptó la humanidad debilitada y contaminada por cuatro mil años de pecado. Como cualquier hijo de Adán, Él aceptó los resultados de la obra de la gran ley de la herencia. Lo que fueron estos resultados están mostrados en la historia de Sus ancestrales terrestres. Él vino con esa herencia para compartir nuestras penas y tentaciones, y para darnos el ejemplo en una vida sin pecado...

... en el mundo donde Satanás reclamaba dominio Dios permitió que Su Hijo viniera, un niño indefenso, sujeto a las debilidades de la humanidad".[131]

"En semejanza de carne pecaminosa" Él habitó entre la familia humana... En este mundo de pecado Él fue como nosotros en humanidad...".[132]

1904: "El Salvador vino al mundo en humildad y vivió como hombre entre los hombres. En todos los puntos excepto el pecado, la divinidad tocó la humanidad".[133]

"Él se humilló a Sí mismo, tomando la naturaleza de la raza caída".[134]

"En la persona de Su único Hijo, el Dios del cielo ha condescendido en degradarse a nuestra naturaleza humana".[135]

"Nuestro Salvador se identificó a Sí mismo con nuestras necesidades y debilidades".[136]

"Para abrazar cada ser humano en el plan de la salvación... Él (Cristo) vino en semejanza de humanidad".[137]

"Cristo se llama a Sí mismo la raíz y la descendencia de David, la descendencia en Su naturaleza humana, y en Su naturaleza divina la raíz. Siendo así ligado con la Raíz, nosotros nos hacemos participantes de la naturaleza divina".[138]

"Cristo vistió Su divinidad con carne pecaminosa para que pudiese ser nuestro sacerdote en la carne...".[139]

1905: "Él vino para conocer todas las tentaciones con las que el hombre es acosado".[140]

"Igual al Padre, pero con Su divinidad vestida con humanidad, permaneciendo a la cabeza de la raza caída...".[141]

"Él conoce las debilidades y las enfermedades de la carne".[142]

"Él tomó Su lugar a la cabeza de la raza caída...".[143]

"... Él vino para permanecer a la cabeza de la raza caída, para compartir en su experiencia desde la niñez hasta la virilidad".[144]

"Cuando este hombre vino a Jesús, estaba "lleno de lepra". Su veneno mortal impregnaba todo su cuerpo. Los discípulos pensaron en prevenir a su Maestro de que lo tocara; porque el que tocase a un leproso quedaba impuro. Pero al colocar Su mano sobre la lepra, Jesús no recibió ninguna contaminación. La lepra fue limpiada. Así es con la lepra del pecado, de raíces profundas, mortal, imposible de ser limpiado a través del poder humano. "Toda la cabeza está enferma, y todo el corazón desfallecido. Desde la planta del pie hasta la cabeza no hay nada sano en él: solo heridas, y contusiones, y llagas putrefactas". Pero Jesús, viniendo a habitar en humanidad, no recibió ninguna polución".[145]

"El Salvador tomó sobre Sí mismo las enfermedades de la humanidad y vivió una vida sin pecado, para que los hombres no tuviesen miedo que a causa de la debilidad de la naturaleza humana ellos no pudiesen vencer".[146]

"Tomando la humanidad sobre Sí, Cristo vino para ser uno con la humanidad... Él fue en todas las cosas hecho como Sus hermanos. Él se hizo carne así como nosotros lo somos".[147]

"Cristo le trajo a los hombres y mujeres poder para vencer. Él vino a este mundo en forma humana, para vivir como hombre entre los hombres. Él asumió las debilidades de la naturaleza huma-na, para ser probado y garantizado".[148]

"Un Salvador divino-humano, Él vino para permanecer a la cabeza de la raza caída...".[149]

"Él tomó Su posición a la cabeza de la raza caída...".[150]

"Él tomó nuestra naturaleza pecaminosa, vivió nuestra vida, murió nuestra muerte...".[151]

"Cristo aprendió obediencia como Hijo del hombre... siendo tentado como hombre en Su carne pecaminosa es tentado.

El enemigo tuvo una maravillosa ventaja en aquello que él pensó a través de la debilidad de nuestra carne pecaminosa, para tener acceso al Hijo de Dios".[152]

"Y más tarde es declarado que la carne que Jesús tomó y en la cual Él fue tentado fue la misma que la de los otros miembros de la familia, carne pecaminosa... habiendo vivido en nuestra carne pecaminosa, sin pecar, el Hijo del hombre, Él ha formado una unión tal entre la divinidad y la humanidad, que Él está habilitado a vivir la misma vida en nosotros...

Fue la experiencia de Jesús en ser preservado del pecado aun cuando habitaba en carne pecaminosa, humillándose a Sí mismo delante de Su Padre, que ha hecho posible que cualquier miembro de la familia humana pueda tener la misma experiencia de la misma manera".[153]

"Un lector de la Review and Herald le ha escrito al editor algo bastante largo en relación a la declaración hecha en un editorial reciente diciendo que la carne que Cristo tomó fue la carne pecaminosa. Muchas preguntas son hechas, pero la mayoría de ellas serán respondidas colocando las principales preguntas en evidencia.

El párrafo que originó objeciones dice lo siguiente: Y posteriormente es declarado que la carne que Jesús tomó, y en la cual Él fue tentado, fue la misma carne que la de los demás miembros de la familia, carne pecaminosa. Aquí está la declaración directa: "Lo que la ley no pudo hacer, en lo que era débil a través de la carne, Dios enviando a Su propio Hijo en semejanza de carne pecaminosa, y por el pecado, condenó el pecado en la carne".

Refiriéndose a este párrafo, nuestro correspondiente dice: He notado que esta escritura no dice que Dios envió a Su propio Hijo "en carne pecaminosa", sino "en semejanza de carne pecaminosa". Para mí esto parece una declaración bien diferente. ¿Cómo puede alguien en carne pecaminosa ser perfecto, ser santo, ser intachable (sin mancha?

Existen dos caminos en los cuales podemos tomar esta pregunta. Podemos introducir pruebas positivas en relación a nuestro punto de vista, o podemos mostrar que tales consecuencias se seguirán de la posición tomada por nuestro correspondiente, lo que nos haría rechazarla. Para hacer la seguridad doblemente segura, vamos a hacer ambas cosas.

Consideremos, entonces, algunas de las declaraciones positivas de las Escrituras que llevan directamente a la materia. "Porque así como los hijos participan de la carne y de la sangre, Él también participó de lo mismo". La conclusión natural y legítima de esta declaración sería que la carne y la sangre de Jesús fueron las mismas que tuvieron los hijos. Esto está enfatizado más adelante en la misma conexión: "Porque ciertamente Él no tomó la naturaleza de los ángeles, sino la simiente de Abrahán. Por eso en todas las cosas debía Él ser hecho como Sus hermanos". La misión de Jesús no era la de rescatar a los ángeles caídos, sino la de salvar al hombre caído. Él entonces se identificó a Sí mismo con el hombre, y no con los ángeles, y Él se hizo "en todas las cosas" como aquellos a los cuales Él se propuso ayudar. La carne del hombre es pecaminosa. Para ser en "todas las cosas" como el hombre, fue necesario que Jesús tomase la carne pecaminosa.

Nuevamente tenemos la declaración citada previamente: "Lo que la ley no pudo hacer, en lo que era débil por la carne, Dios enviando a Su propio Hijo en semejanza de carne pecaminosa, y por el pecado, condenó el pecado en la carne". Se hace la sugestión de que la expresión "en semejanza de carne pecaminosa" no quiere decir lo mismo que "en carne pecaminosa". Entonces podemos preguntar con propiedad: ¿Qué es lo que significa? ¿Significa entonces "en carne no pecaminosa"? Si así fuese, ¿por qué no dice así? ¿Por qué fueron introducidas las palabras "carne de pecado", tal cual lo leemos al margen de la Revised Version, si es que la intención no es expresar el significado de que la carne de Jesús fue la misma carne pecaminosa que nosotros tenemos? Pareciera requerir una interpretación forzada para poder agregarle cualquier otro significado a la declaración.

Pero podemos percibir el significado de este pasaje más claramente si lo comparamos con otra declaración donde se usa una forma similar de expresión. Aquí hay una: Él "se hizo a Sí mismo sin reputación, y tomó sobre Sí la forma de un siervo, y fue hecho en semejanza de hombre". ¿No concluiremos correctamente que Jesús fue realmente un hombre cuando leemos que Él fue hecho "en semejanza de hombre"? Ciertamente. La única manera en la cual Él podía ser "en semejanza de hombre" era hacerse un hombre. Que realmente se hizo un hombre, y de que Él aún es un hombre, lo muestra la aserción de que hay "un mediador entre Dios y los hombres, el hombre Cristo Jesús". ¿No está igualmente claro que el único camino en el cual Dios podía enviar a Su Hijo "en semejanza de carne pecaminosa" era que ese Hijo tuviese carne pecaminosa? ¿Cómo podría haber sido posible para Él ser "en semejanza de carne pecaminosa" y sin embargo que Su carne haya sido sin pecado? Una interpretación semejante envolvería una contradicción de términos.

Podría, desde luego, ser recordado que aun cuando Jesús fue enviado "en semejanza de carne pecaminosa", Él no cometió ningún pecado. "Aquel que no conoció pecado, Él lo hizo pecado a nuestro favor; para que nosotros pudiésemos ser la justicia de Dios en Él".

Consideremos ahora algunas de las consecuencias que siguen si Jesús no tomó la carne pecaminosa. Tenemos que recordar que Jesús era Dios manifestado en la carne, siendo ambas cosas, el Hijo de Dios y el Hijo del hombre. Esta es la gran verdad central del cristianismo, y desde ahí vienen grandes bendiciones para los creyentes. "El Salvador estaba muy ansioso de que Sus discípulos entendiesen el propósito por el cual Su divinidad fue unida a la humanidad. Él vino al mundo a mostrar la gloria de Dios, que el hombre podía ser levantado por su poder restaurador. Dios fue manifestado en Él para que Él pudiese ser manifestado en ellos". Para que el carácter de Dios pudiese ser manifestado en los hombres pecaminosos que creerían en Él, era necesario que Jesús uniese la divinidad con la humanidad en Sí mismo, y que la carne que Él llevó tendría que ser la misma que la de los otros hombres en los cuales Dios tendría que manifestarse. Otra manera de expresarlo sería decir que el Hijo de Dios habitó ("tabernáculo", colocarse el tabernáculo) en la carne cuando Él apareció en Judea, para que el camino pudiese estar preparado para que Él pudiese habitar en la carne de todos los creyentes, y que era por eso necesario que Él tomase el mismo tipo de carne en la cual Él iría posteriormente habitar cuando Él hiciese Su morada en los miembros de Su iglesia.

Esto no es apenas teoría. Es intensamente práctico en sus comportamientos. Si el Hijo de Dios no habitó en carne pecaminosa cuando nació en el mundo, entonces la escalera no ha sido colocada desde el cielo hasta la tierra, y el abismo entre un Dios santo y la humanidad caída no ha sido transpuesto. Entonces sería necesario que algunos medios adicionales fuesen provistos para poder completar la conexión entre el Hijo de Dios y la carne pecaminosa. Y esto es exactamente lo que la Iglesia Católica Romana ha hecho. El credo de esa organización está en perfecta armonía con la visión que tiene nuestro correspondiente. La expresión formal de esta doctrina es llamada el dogma de la inmaculada concepción de la virgen María, de acuerdo con la cual la madre de Jesús fue "a través de un privilegio especial preservada inmaculada, esto es, libre de la mancha del pecado original, desde el primer momento de su concepción". Como la madre era entonces completamente diferente de cualquier otra mujer, entonces la carne que Jesús tomó de ella sería diferente de la carne de otros hombres, y aun habría una separación entre Jesús y los hombres en carne pecaminosa. La Iglesia Católica Romana, habiendo creado esta separación a través de su credo, ha introducido un sistema mediador entre el

Hijo de Dios y los hombres en carne pecaminosa. Primero vienen los sacerdotes en la tierra, los cuales sabemos que tienen naturaleza pecaminosa; entonces vienen aquellos que habitaron en carne pecaminosa, pero que ahora están canonizados por la iglesia como santos en el cielo; después vienen los ángeles; y por último la madre de Jesús. Así la puerta de acceso al cielo no es Jesús, sino la iglesia, y se paga ese precio para abrir la puerta tal como se cree que el pecador o sus amigos pueden pagar. Estas son las consecuencias que siguen naturalmente la doctrina de que Jesús no tomó carne pecaminosa, y nosotros evitamos estas consecuencias al negar la doctrina y manteniéndonos fieles a las claras enseñanzas de las Escrituras.

Después, nuestra correspondiente pregunta, "¿Cómo puede uno ser perfecto, santo, en carne pecaminosa? Esta pregunta toca el mismo corazón de nuestro cristianismo. La enseñanza de Jesús es: "Sed por lo tanto perfecto, así como vuestro Padre que está en el cielo es perfecto". Y a través del apóstol Pedro viene la instrucción: "Sed santos, porque Yo soy santo". Nadie va a negar que nosotros tenemos carne pecaminosa, y nosotros por lo tanto preguntamos: ¿Cómo es posible que alcancemos los requerimientos de las Escrituras si no fuese posible para uno ser perfecto o santo en carne pecaminosa? La propia esperanza de nuestra alcanzable perfección y santidad está basada sobre la maravillosa verdad de que la perfección y la santidad de la divinidad fueron reveladas en carne pecaminosa en la persona de Jesús. No podemos explicar cómo esto es posible, pero nuestra salvación se encuentra en creer en este hecho. Entonces se podrá completar la promesa de Jesús: "Si un hombre me ama, él guardará mi palabra: y mi Padre lo amará, y nosotros vendremos a él, y habitaremos en él". Es la gloriosa coronación de nuestra religión que aún la carne pecaminosa puede ser un templo para la habitación del Espíritu Santo.

Se podría decir mucho más en respuesta a la pregunta de nuestro correspondiente, pero creemos que los principios envueltos y su relación con la experiencia cristiana han quedado claros, y confiamos que ninguno de nuestros lectores aceptarán la doctrina del papado porque no consiguen explicar el misterio de la devoción. Es mejor creer en las claras enseñanzas de las Escrituras.

1906: "Él poseyó en realidad la naturaleza humana... Él era el Hijo de María, él era la simiente de David, de acuerdo a los descendientes humanos... para traer a la raza caída a la unidad con la divinidad, esta es la obra de la redención".[154]

"Hecho "en semejanza de carne pecaminosa", vivió una vida sin pecado".[155]

"Él es nuestro Hermano mayor, envuelto con las enfermedades humanas, y tentado en todos los puntos así como lo somos nosotros, pero sin pecado".[156]

"... Jesús dejó Su vida de gloria, y tomó sobre Sí mismo la forma de un siervo, y en carne pecaminosa se humilló a Sí mismo como un hombre".[157]

1907: "Él se vació a Sí mismo de Su gloria, y vistió Su Divinidad con humanidad, para que la humanidad pudiese tocar la humanidad, y revelarle al hombre caído el perfecto amor de Dios".[158]

"Vestido en las vestiduras de la humanidad, el Hijo de Dios descendió al nivel de aquellos que Él quería salvar. En Él no había engaño ni pecaminosidad, Él fue siempre puro e incontaminado; aun cuando tomó sobre Sí nuestra naturaleza pecaminosa. Vistiendo Su divinidad con humanidad, para que Él pudiese asociarse con la humanidad caída, Él solicitó redimir al hombre el cual por la desobediencia de Adán la había perdido...".[159]

"Él (Cristo) tomó la humanidad sobre Sí mismo... Él se identificó a Sí mismo con las debilidades del hombre...".[160]

"Para salvar a la raza caída, Cristo, la Majestad del cielo, el Rey de gloria, dejó a un lado Su manto y su corona real, vistió Su divinidad con humanidad, y vino a esta tierra como nuestro Redentor. Aquí Él vivió como hombre entre los hombres, enfrentando las tentaciones que nosotros tenemos que enfrentar, y venciendo a través de la fuerza de arriba. Por Su vida sin pecado Él demostró que a través del poder de Dios es posible que el hombre enfrente las tentaciones de Satanás".[161]

"Él se humilló a Sí mismo, tomando la naturaleza caída de la raza... Él sabe por experiencia cuáles son las debilidades de la humanidad... y dónde reside la fuerza de nuestras tentaciones...".[162]

"... Él dejo el cielo, y tomó Su lugar en las filas de los seres caídos...".[163]

"Para que Él pudiese cumplir Su propósito de amor, Él se hizo hueso de nuestro hueso y carne de nuestra carne".[164]

"Así como los hijos caídos de Adán compartieron de carne y sangre, "Él también participó de lo mismo", para que Él pudiese ser hecho un perfecto Salvador de la humanidad. Esta es una verdad que el diablo quiere hacer desaparecer. Su gran esfuerzo es el de separar a la humanidad de Cristo, de interponer algo entre ellos. En el sistema Católico esto se hace mediante la doctrina de la Inmaculada Concepción, la cual declara que la virgen María era sin la mancha del pecado original, que Cristo no tuvo contacto con carne pecaminosa...".[165]

1908: "Él se identificó a Sí mismo con nuestras debilidades...".[166]

"Él vistió Su divinidad con humanidad. Él estableció que la humanidad caída podía tocar Su humanidad".[167]

Cristo... se humilló a Sí mismo como hombre... Él pasó sobre el terreno que cada hombre tiene que pisar y que toma Su nombre...".[168]

"Él que era el comandante en las cortes celestiales... vino como un niño pequeño a nuestro mundo a experimentar todas las enfermedades a que la humanidad está expuesta".[169]

"El Hijo de Dios dejó Su corona y Su manto real, y vistiendo Su divinidad con humanidad, vino a la tierra a enfrentar al príncipe del mal, y a conquistarlo. Para hacerse el abogado de los hombres delante del Padre, Él viviría Su vida en la tierra como cada ser humano tiene que hacerlo... Él se haría uno con la raza... Cristo en las debilidades de la humanidad tuvo que enfrentar las tentaciones de Satanás".[170]

"... esto es, Él tomó nuestra naturaleza. Él se mantuvo sobre nuestra carne pecaminosa... Vestido con las debilidades de la "carne pecaminosa"... En las debilidades de tu carne Él enfrentó cada tentación y desafío que tu enfrentas, y los conquistó (venció)".[171]

"... que el carácter... el cual Él trajo dentro de la riqueza del hombre pecaminoso a través de Sí mismo siendo hecho en semejanza de carne pecaminosa".[172]

1909: "Cristo en la debilidad de la humanidad tuvo que enfrentar las tentaciones de uno que poseía los poderes de la más alta naturaleza que Dios haya otorgado a la familia angélica".[173]

"... Él dio a Su único Hijo para venir a la tierra como un niño pequeño y para vivir una vida como la de cualquier ser humano...".[174]

"Él dejó a un lado Su corona real, dejó a un lado Su manto real, y vino a este mundo, nació de un humilde familia... Él unió en Sí mismo la Divinidad con la humanidad, para que Él pudiese ser la ligación entre el hombre caído y el Padre".[175]

"El Hijo de Dios vino en carne pecaminosa, vivió una vida perfecta, y murió como un rescate para el hombre caído".[176]

"Él llevó en Su carne... todas las debilidades, todas las enfermedades, todas las susceptibilidades a todas las tentaciones a las cuales la humanidad está sujeta".[177]

"La Divinidad habitó ("tabernáculo") en la carne de la humanidad. No la carne no pecaminosa del hombre, sino la carne que poseen los hijos de la tierra. Esa fue la gloria de eso. La Simiente divina pudo manifestar la gloria de Dios en carne pecaminosa, aun para victoria absoluta y perfecta sobre cada tendencia de la carne.

Jesús era Dios actuando en carne pecaminosa a favor de los pecadores. Él se hizo a Sí mismo uno con la humanidad. Él tomó sobre Sí mismo los dolores, las necesidades, los pecados, de la humanidad, de tal manera que Él sintió el conocimiento y la intensidad de ellas como ninguna otra alma jamás lo sintió".[178]

"Jesús tomó la misma carne usted y yo tenemos". (Se cita Heb. 2:10-14).[179]

1910: "Él sabe por experiencia cuáles son las debilidades de la humanidad...".[180]

"... Él tomó sobre Sí la naturaleza de la simiente de Abrahán...".[181]

"... Cristo tuvo que venir como hombre, tomar sobre Sí mismo la forma de un siervo en carne pecaminosa...".[182]

"... es una enseñanza fundamental del Catolicismo Romano que Jesús Cristo no tomó la misma carne que nosotros llevamos...".[183]

"... en Sí mismo uniendo la divinidad con la humanidad... y eso también en carne pecaminosa...".[184]

"Porque nosotros habitamos en carne que es mortal, corruptible, tentable, teniendo en ella las acumuladas tendencias de siglos de pecado, "Él también tomó parte de lo mismo".[185]

"... Él condescendió... en tomar sobre Sí mismo la naturaleza humana caída".[186]

1911: "Él vino en forma humana para que Él pudiese llegar más cerca de la raza caída".[187]

"En esta etapa el Logos eterno "se hizo carne", la misma que nosotros; porque Él "nació de mujer, nacido bajo la ley", bajo su condenación, como humano, teniendo la carne con todas las tendencias humanas; un participante de la "carne y sangre" de la humanidad; "en todas las cosas" "hecho como Sus hermanos", "sufrió siendo tentado". Y Él enfrentó todas las tentaciones tal como nosotros tenemos que enfrentarlas, a través de la fe en la voluntad y en la Palabra de Dios. No existe ninguna tendencia en la carne de la humanidad que no haya habitado en Él. Y Él las venció todas".[188]

"... Él tomó nuestra naturaleza... Él enfrentó, en la debilidad y en la enfermedad de la carne, todas las tentaciones a las cuales el hombre está sujeto, y las venció todas".[189]

"Cristo descendió más bajo y tomó el estado del hombre con todas sus degeneraciones. (Citando Ellen White) "La gran obra de la redención pudo ser llevada a cabo solamente por el Redentor tomando el lugar del hombre caído".[190]

"... Él envió a Su propio Hijo... a este mundo en semejanza de carne pecaminosa...".[191]

1912: "... Él tomó sobre Sí la naturaleza de la simiente de Abrahán".[192]

"Será la maravilla de las eras que la Palabra fue hecha carne pecaminosa...".[193]

1913: "... es tiempo que todos los cristianos lleven Su yugo, y trabajen en Su línea, identificándose a sí mismos con las simpatías humanas en el sentido en que Él se identificó a Sí mismo con la raza caída".[194]

"... para enfrentar las necesidades de la naturaleza humana Él tomó la humanidad sobre Sí mismo... Él... misteriosamente se unió a Sí mismo con los seres humanos caídos".[195]

"Para establecer la relación entre Dios y la carne pecaminosa, fue necesario que el Hijo de Dios tome carne pecaminosa y así se cerró el abismo que separaba al hombre pecaminoso de Dios".[196]

"Él también es el Hijo del hombre... la ligación entre la divinidad y la pobre, pecaminosa débil humanidad... Él fue verdaderamente Dios y verdaderamente hombre... hombre en la encarnación de carne pecaminosa... el eterno Jehová en la carne del débil y pecaminoso hombre...".[197]

"... fue necesario para el Hijo de Dios tomar la carne pecaminosa...".[198]

"Al asumir la carne pecaminosa... Jesús... hizo posible que Él ministrase en carne pecaminosa...".[199]

"A través del dogma de la inmaculada concepción de la virgen María, Roma enseña que la madre de Jesús fue preservada de la mancha del pecado original, y que ella tenía carne sin pecado. Consecuentemente ella estaba separada del resto de la humanidad. Como resultado de esta separación de Jesús de la carne pecaminosa, fue instituido el sacerdocio Romano para que pudiese haber alguien que pueda mediar entre Cristo y el pecador".[200]

"Cristo fue, por eso, de la línea real a través de Su madre. Pero Él fue más que esto; Él fue de la misma carne que la simiente de David, en y a través por la cual por generaciones ha fluido la sangre de la humanidad pecaminosa: Salomón, Reoboam, Acaz, Manasés, Amón, Jeconías, y otros. El Hijo de Dios tomó esta misma carne para que Él pudiese enfrentar las tentaciones por nosotros, y vencer con poder divino todas las pruebas que nosotros tenemos que enfrentar. Cristo es nuestro Hermano en la carne, nuestro Salvador del pecado".[201]

"... Él tomó nuestra naturaleza, y se hizo como Sus hermanos... La única cosa que Dios pudo hacer para salvar la raza fue dejar (Cristo)... venir y vivir la vida santa, entre las criaturas caídas, vivir en su carne...".[202]

"Cuando Adán y Eva cedieron a aquel adversario en el Edén, el pecado se encarnó – encarnado... La promesa fue que vendría en la carne de un descendiente de la mujer una simiente desde el hombre...[203]

1914: "A través de María, Jesús participó de nuestra naturaleza humana...".[204]

(El Australian Signs of the Times no estuvo disponible para nosotros entre los años 1914 y 1923).

"Ese Hijo tomó la carne del hombre pecaminoso...".[205]

1915: "Él se hizo a Sí mismo de ninguna reputación, tomó sobre Sí mismo la forma de un siervo, y fue hecho en semejanza de carne pecaminosa... Sin pecado y exaltado por naturaleza, el Hijo de Dios consintió en tomar las vestiduras de la humanidad, para hacerse uno con la raza caída. La Palabra eterna consintió en ser hecho carne. Dios se hizo hombre".[206]

(Ella murió el 16 de Julio de 1915. Las últimas citas de ella están reimpresas. El estudiante debiera comparar este último testimonio con el primero en 1858).

"6.- ¿Cuán completamente compartió Cristo nuestra humanidad común? "Por lo cual en todas las cosas debía Él ser hecho como Sus hermanos, para que Él pudiese ser un misericordioso y fiel Sumo Sacerdote en las cosas pertenecientes a Dios, para hacer reconciliación por los pecados del pueblo". (Verso 17)

Nota: En Su humanidad Cristo participó de nuestra naturaleza pecaminosa, caída. Si no hubiese sido así, entonces Él no "fue hecho como Sus hermanos", no fue "en todos los puntos tentado como lo somos nosotros", no venció como nosotros tenemos que vencer, y por lo tanto no es, el completo y perfecto Salvador que el hombre necesita y tiene que tener para ser salvo. La idea de que Cristo nació de una madre inmaculada o sin pecado, que no heredó tendencias a pecar, y que por esta razón no pecó, Lo remueve del campo (lugar) de un mundo caído, y del mismo lugar donde se necesita la ayuda. En Su lado humano, Cristo heredó justamente lo que cada hijo de Adán hereda, una naturaleza humana. Del lado divino, desde Su misma concepción Él fue engendrado y nació del Espíritu. Y todo esto fue hecho para colocar a la humanidad en un terreno ventajoso, y para demostrar que de la misma manera cada uno que "nace del Espíritu" puede ganar las mismas victorias sobre el pecado en su propia carne pecaminosa. Así cada uno puede vencer como Cristo venció. (Apoc. 3:21). Sin este nacimiento no puede haber victoria sobre la tentación, y no hay salvación del pecado. (Juan 3:3-7)".[207]

"Las tendencias malignas de la carne eran Suyas, así como lo son las nuestras... Nuestras tentaciones más fuertes vienen desde adentro. Así también debe haber sido con Él... el velo de la debilidad humana, de las tendencias pecaminosas de la carne, estaba entre Él y el Padre, el mismo que está entre nosotros y el Padre".[208]

Notas:

1. Vea las próximas páginas. Las declaraciones en sí mismas llegan a 90.

2. Ellen White, Youth Instructor, 11-02-1897, pág. 42, col. 2.

3. Ellen White, Signs of the Times, 01-04-1897, pág. 196, col. 2, BV372.

4. Ellen White, Signs of the Times, 22-04-1897, pág. 244, col. 3, BV375.

5. Ellen White, Signs of the Times, 27-05-1897, pág. 325, col. 3, BV386.

6. Ellen White, Signs of the Times, 17-06-1897, pág. 3, col. 2, BV390.

7. Ellen White, Signs of the Times, 22-07-1897, pág. 435, col. 1-2, BV400.

8. Ellen White, Youth Instructor, 05-08-1897, pág. 242, col. 2.

9. Ellen White, Signs of the Times, 07-10-1897, pág. 613, col. 2, BV421.

10. Ellen White, Signs of the Times, 14-10-1897, pág. 627, col. 2, BV422.

11. Ellen White, Signs of the Times, 21-10-1897, pág. 645, col. 5, BV424.

12. Ellen White, Signs of the Times 09-12-1897, pág. 755, col. 3, BV436.

13. Ellen White, Mensaje 42, 1897, pág. 9.

14. Ellen White, Mensaje 43, 1897, pág. 3.

15. Ellen White, Mensaje 49, 1897, pág. 8.

16. Ellen White, Mensaje 128, 1897, pág. 11.

17. Ellen White, Mensaje 15, 1897, pág. 7.

18. Ellen White, Mensaje 143, 1897, pág. 1.

19. Ellen White, Mensaje 143, 1897, pág. 3.

20. Ellen White, Mensaje 143, 1897, pág. 3.

21. Elgin Farnsworth, Signs of the Times, 06-05-1897, pág. 1, col. 1, BV380.

22. G. E. Fifield, General Conference Bulletin, 1897, pág. 13, col. 1.

23. H. P. Holser, General Conference Bulletin, 1897, pág. 55, col. 1.

24. Ellet J. Waggoner, editor de Signs of the Times, General Conference Bulletin, 1897, Nº 5, pág. 57.

25. Ellet J. Waggoner, General Conference Bulletin, 1897, pág. 12, col. 1.

26. Ellet J. Waggoner, General Conference Bulletin, 1897, pág. 45, col. 2 y pág. 46, col. 1.

27. Ellet J. Waggoner, General Conference Bulletin, 1897, pág. 67, col. 2.

28. Ellet J. Waggoner, General Conference Bulletin, 1897, pág. 89, col. 1.

29. Uriah Smith, profesor del Colegio, Secretario de la Conferencia General, editor de la Review and Herald, Mirando a Jesús (c. 1897), pág. 23.

30. Ídem, pág. 30.

31. M. C. Wilcox, General Conference Bulletin, 1897, pág. 277, col. 2.

32. Ellen White, Signs of the Times, 1898, pág. 50, col. 3, BV448.

33. Ellen White, Review and Herald, 15-02-1898, pág. 101, col. 1, BV503.

34. Ellen White, Signs of the Times, 24-02-1898, pág. 115, col. 1.

35. Ellen White, Signs of the Times, 09-06-1898, pág. 2, col. 2.

36. Ellen White, Signs of the Times, 25-08-1898, pág. 530, col. 1, BV499.

37. Ellen White, Review and Herald, 20-09-1898, pág. 598, col. 2, BV608.

38. Ellen White, Signs of the Times, 13-10-1898, pág. 643, col. 2, BV509.

39. Ellen White, Deseado de Todas las Gentes, pág. 25.

40. Pág. 32.

41. Pág. 87.

42. Pág. 91-92.

43. Pág. 146.

44. Pág. 278.

45. Ellen White, Mensaje 67, 1898, pág. 4.

46. Ellen White, Mensaje 164, 1898, pág. 1.

47. Ellen White, Mensaje 166, 1898, pág. 9.

48. Ellen White, Mensaje 177, 1898, pág. 4.

49. Ellen White, Mensaje 193, 1898, pág. 1.

50. Ellen White, Signs of the Times, 25-01-1899, pág. 66, col. 3, BV14.

51. Ellen White, Signs of the Times, 17-05-1899, pág. 322, col. 3, BV35.

52. Ellen White, Signs of the Times, 12-07-1899, pág. 453, col. 3, BV44.

53. Ellen White, Youth Instructor, 21-09-1899, pág. 478, col. 2.

54. Ellen White, Signs of the Times, 15-11-1899, pág. 739, col. 2, BV76.

55. Ellen White, Signs of the Times, 20-12-1899, pág. 818, col. 1, BV82.

56. Ellen White, Mensaje 23, 1899, pág. 5.

57. Ellen White, Mensaje 65, 1899.

58. Ellen White, Mensaje 85, 1899, pág. 4.

59. Ellen White, Mensaje 147, 1899, pág. 5.

60. Ellen White, Mensaje 185, 1899, pág. 2.

61. Ellen White, Mensaje 196, 1899, pág. 2.

62. Ellen White, Youth Instructor, 22-02-1900, pág. 62, col. 2.

63. Ellen White, Signs of the Times, 04-04-1900, pág. 210, col. 3, BV107.

64. Ellen White, Signs of the Times, 09-05-1900, pág. 290, col. 3, BV115.

65. Ellen White, Signs of the Times, 16-05-1900, pág. 305, col. 1, BV117.

66. Ellen White, 6T, 1900, pág. 147.

67. Ellen White, Signs of the Times, 30-05-1900, pág. 341, col. 1, BV120.

68. Ellen White, Signs of the Times, 13-06-1900, pág. 371, col. 2, BV123.

69. Ellen White, Signs of the Times, 27-06-1900, pág. 401, col. 3, BV126.

70. Ellen White, Signs of the Times, 17-10-1900, pág. 658, col. 2-3, BV153.

71. Ellen White, Review and Herald, 17-07-1900, pág. 449, col. 3, BV201.

72. Ellen White, Youth Instructor, 20-12-1900, pág. 394, col. 2.

73. Ellen White, Mensaje 21, 1900, pág. 2.

74. Ellen White, Mensaje 21, 1900, pág. 8.

75. Ellen White, Mensaje 53, 1900, pág. 1.

76. Ellen White, Mensaje 88, 1900, pág. 3.

77. Ellen White, Mensaje 89, 1900, pág. 10.

78. Ellen White, AR, 01-06-1900, pág. 3, col. 2, BV34.

79. Editorial, M. C. Wilcox, Editor de Signs of the Times, Signs of the Times 03-01-1900, pág. 1, col. 2.

80. Stephen N. Haskell, Signs of the Times, 17-01-1900, pág. 35, col. 3, BV87.

81. W. N. Glenn, Editor Asistente de Signs of the Times, Signs of the Times, 17-01-1900, pág. 5, col. 1.

82. Ellen White, Signs of the Times, 30-01-1901, pág. 66, col. 2, BV166.

83. Ellen White, Signs of the Times, 29-05-1901, pág. 339, col. 2, BV182.

84. Ellen White, Signs of the Times, 06-11-1901, pág. 706, col. 2, BV207.

85. Ellen White, Mensaje 125, 1901, pág. 14.

86. Ellen White, Mensaje 126, 1901, pág. 17.

87. Ellen White, Mensaje 41, 1901, pág. 2.

88. Ellen White, Mensaje 141, 1901, pág. 4.

89. Ellen White, Mensaje 141, 1901.

90. Ellen White, Carta 19, 1901.

91. Ellen White, General Conference Bulletin, 25-04-1901, pág. 422, col. 3.

92. G. W. Reaser, Signs of the Times, 05-06-1901, pág. 356, col. 1, BV184.

93. Ellet J. Waggoner, General Conference Bulletin, 1901, pág. 70, col. 2.

94. Ellet J. Waggoner, General Conference Bulletin, 1901, pág. 81, col. 1.

95. Ellet J. Waggoner, General Conference Bulletin, 1901, pág. 146, col. 1-3.

96. Ellet J. Waggoner, General Conference Bulletin, 1901, pág. 200, col. 3 y pág. 223, col. 1.

97. Ellet J. Waggoner, General Conference Bulletin, 1901, pág. 403-408.

98. W. W. Prescott, General Conference Bulletin, 1901, pág. 194, col. 2.

99. J. E. White, Editor, Gospel Herald, Abril 1901, pág. 28, col. 3.

100. Ellen White, Signs of the Times, 08-01-1902, pág. 18, col. 3, BV216.

101. Ellen White, Signs of the Times, 16-04-1902, pág. 242, col. 3, BV234.

102. Ellen White, Signs of the Times, 18-06-1902, pág. 386, col. 1, BV245.

103. Ellen White, Signs of the Times, 30-07-1902, pág. 482, col. 2, BV254.

104. Ellen White, Signs of the Times, 03-09-1902, pág. 562, col. 3, BV260.

105. Ellen White, Signs of the Times, 24-09-1902, pág. 610, col. 2-3, BV264.

106. Ellen White, Signs of the Times, 03-12-1902, pág. 770, col. 3, BV271.

107. Ellen White, Medical Ministry, 1902, pág. 181.

108. Ellen White, Mensaje 11, 1902, pág. 6.

109. Ellen White, Mensaje 77, 1902, pág.3.

110. Ellen White, Mensaje 113, 1902, pág. 1.

111. Ellen White, Mensaje 113, 1902, pág. 2.

112. Ellen White, Mensaje 115, 1902, pág. 8.

113. Ellen White, Mensaje 155, 1902, pág. 16.

114. Ellen White, AR, 15-12-1902, pág. 1, col. 1, BV102.

115. Editorial, Gospel Herald, 08-01-1902, pág. 4, col.1.

116. Editorial, Gospel Herald, 24-12-1902, pág. 404, col. 2.

117. L. A. Phippeny, Signs of the Times, 16-07-1902, pág. 3, col. 3.

118. Ellen White, Signs of the Times, 14-01-1903, pág. 20, col. 1, BV277.

119. Ellen White, Signs of the Times, 29-04-1903, pág. 258, col. 1-2, BV288.

120. Ellen White, Signs of the Times, 03-06-1903, pág. 338, col. 1, BV292.

121. Ellen White, Signs of the Times, 17-06-1903, pág. 370, col. 2, BV294.

122. Ellen White, Signs of the Times, 09-12-1903, pág. 770, col. 3, BV314.

123. Ellen White, Mensaje 9, 1903, pág. 9.

124. Ellen White, Mensaje 51, 1903, pág. 4.

125. Ellen White, Mensaje 80, 1903, pág. 12.

126. Ellen White, Mensaje 99, 1903, pág. 4.

127. Ellen White, Mensaje 102, 1903, pág. 7.

128. Ellen White, Mensaje 107, 1903, pág. 5.

129. Ellen White, Mensaje 124, 1903, pág. 111.

130. Ellen White, Mensaje 151, 1903, pág. 3.

131. Ellen White, AR, 15-12-1903, pág. 1, col. 2, BV141.

132. D. A. Fitch, Southern Watchman, 22-09-1903, pág. 411, col. 1-2.

133. Ellen White, Review and Herald, 07-01-1904, pág. 8, col. 2, BV7.

134. Ellen White, Signs of the Times, 13-01-1904, pág. 18, col. 2, BV321.

135. Ellen White, Review and Herald, 17-03-1904, pág. 8, col. 2, BV25.

136. Ellen White, Review and Herald, 08-12-1904, pág. 12, col. 1, BV98.

137. Ellen White, Mensaje 110, 1904, pág. 10.

138. Sra. N. A. Honeywell, Youth Instructor, 01-03-1904, pág. 4, col. 1.

139. Weekly Study, Youth Instructor, 19-04-1904, pág. 4, col. 3.

140. Ellen White, Review and Herald, 09-03-1905, pág. 8, col. 2, BV120.

141. Ellen White, Signs of the Times, 26-04-1905, pág. 264, col. 1, BV383.

142. Ellen White, Signs of the Times, 14-06-1905, pág. 376, col. 1, BV388.

143. Ellen White, Review and Herald, 01-06-1905, pág. 13, col. 2, BV139.

144. Ellen White Review and Herald, 16-06-1905, pág. 8, col. 3, BV141.

145. Ellen White, Ministerio de Curación, 1905, pág. 70.

146. Ellen White, Ministerio de Curación, 1905, pág. 180.

147. Exactamente lo mismo está en 8T:286; Ellen White, Ministerio de Curación, 1905, pág. 422.

148. Ellen White, Mensaje 22, 1905, pág. 2.

149. Ellen White, Mensaje 54, 1905, pág. 4.

150. Ellen White, Mensaje 58, 1905, pág. 3.

151. Elsie Hollingsworth, Southern

Watchman, 04-04-1905, pág. 219, col. 3.

152. T. E. Bowen, The Watchman, 24-10-1905, pág. 692, col. 1-2.

153. Editorial, Review and Herald, 09-11-1905, pág. 4, col. 1.

154. Ellen White, Review and Herald, 05-04-1906, pág. 8, col. 1-2, BV227 y pág. 9, col. 1, BV228.

155. Ellen White, The Watchman, 13-11-1906, pág. 707, col. 2.

156. Ellen White, Mensaje 9, 1906, pág. 2.

157. H. A. St. John, Signs of the Times, 04-04-1906, pág. 8, col. 3.

158. Ellen White, Review and Herald, 06-06-1907, pág. 8, col. 3, BV333.

159. Ellen White, Review and Herald, 22-08-1907, pág. 8, col. 1, BV353.

160. Ellen White, Mensaje 49, 1907, pág. 3.

161. Ellen White, The Watchman, 26-02-1907, pág. 131, col. 2.

162. Ellen White, The Watchman, 03-09-1907, pág. 563, col. 1.

163. Ellen White, The Watch-man, 24-09-1907, pág. 611, col. 1.

164. Se citan varios versos de Hebreos 2; Ellen White, The Watchman, 22-10-1907, pág. 676, col. 1.

165. L. A. Smith, Editor, The Watchman, 08-10-1907, pág. 649, col. 2-3.

166. Ellen White, Signs of the Times, 15-07-1908, pág. 451, col. 2, BV457.

167. Ellen White, Review and Herald, 16-07-1908, pág. 8, col. 1, BV433.

168. Ellen White, Mensaje 23, 1908.

169. Ellen White, Mensaje 99, 1908, pág. 7.

170. Ellen White, Mensaje 117, 1908, pág. 3-4.

171. G. B. Thompson, Presidente de Conferencia, General Conference Departmental Secretary, General Conference General Secretary; Review and Herald, 19-11-1908, pág. 9, col. 2, pág. 10, col. 1.

172. Editorial, Review and Herald, 10-12-1908, pág. 1, col. 2.

173. Ellen White, Review and Herald, 28-01-1909, pág. 7, col. 3, BV491.

174. Ellen White, Mensaje 49, 1909, pág. 4.

175. Ellen White, Mensaje 103, 1909, pág. 2.

176. M. E. Kern, Youth Instructor, 23-11-1909, pág. 12, col. 2.

177. "Él llevó en Su carne... todas las debilidades, todas las enfermedades, todas las susceptibilidades a todas las tentaciones a las cuales la humanidad está sujeta". E. H. Adams, Signs of the Times, 15-12-1909, pág. 6, col. 1.

178. Folleto de la Escuela Sabática, Segundo Trimestre, 1909, pág. 8.

179. R. A. Underwood, General Conference Bulletin, 1909, pág. 299, col. 2.

180. Ellen White, The Watchman, Septiembre 1910, pág. 541, col. 2.

181. Uriah Smith, South African Signs of the Times, 1910, Nº 3, pág. 118.

182. Editorial, South African Signs of the Times, 1910, Nº 4, pág. 151.

183. Prescott rechaza este concepto; W. W. Prescott, Review and Herald, 13-01-1910, pág. 4, col. 3.

184. Idem.

185. C. M. Snow, Editor Asociado de la Review and Herald y Signs of the Times, Editor

del Australian Signs; Review and Her-ald, 02-06-1910, pág. 12, col. 2.

186. G. T. Ellingsom, Review and Herald, 29-12-1910, pág. 6, col. 1.

187. Ellen White, Mensaje 33, 1911, pág. 19.

188. Milton C. Wilcox, Editor de Signs, Preguntas y Respuestas, pág. 19-20.

189. South African Signs of the Times, 1911, (Citando American Signs of the Times), N° 2, pág. 68.

190. Clarence Santee, Ministro, escritor, administrador de conferencias, The Watchman, Junio de 1911, pág. 360, col. 1.

191. George W. Rine, Signs of the Times, South Africa, 1911, N° 4, pág. 159.

192. Uriah Smith (citado), In an Earlier Statement of Faith, Review and Herald, 22-08-1912, pág. 4, col. 3.

193. R. A. Underwood, Review and Herald, 05-12-1912, pág. 4, col. 3.

194. Ellen White, AR, 23-06-1913, pág. 2, col. 1, BV528.

195. Ellen White, Consejos a Padres y Profesores, 1913, pág. 259.

196. Incarnation and Priesthood, Youth Instructor, 21-01-1913, pág. 15, "notas", col. 1.

197. J. F. Tolson, Signs of the Times, 26-08-1913, pág. 516, col. 3, BV523.

198. Folleto de la Escuela Sabática, Primer Trimestre, 1913, pág. 14.

199. Folleto de la Escuela Sabática, Primer Trimestre, 1913, pág. 15.

200. Folleto de la Escuela Sabática, Segundo Trimestre, 1913, pág. 25.

201. Folleto de la Escuela Sabática, Cuarto Trimestre, 1913, pág. 6.

202. V. B. Watts, The Watchman, Julio 1913, pág. 339, col. 2 y pág. 340, col. 1.

203. M. G. Wilcox, Ministro, Editor, Australian Signs of the Times, 22-12-1913, pág. 806, col. 2.

204. A. H. Australian Signs of the Times, 06-04-1914, pág. 214, col. 1.

205. Folleto de la Escuela Sabática, Primer Trimestre, 1914, pág. 16.

206. Ellen White (su último testimonio), Signs of the Times, 05-01-1915, pág. 3, col. 2-3, BV531.

207. Bible Reading for the Home Circle, 1915, pág. 115.

208. Clarence Santee, The Watchman, Septiembre 1915, pág. 427, col. 2.

# Capítulo 13 — 1916-1952 El Último Brillo de Claridad y Unidad

"Y Israel sirvió al Señor todos los días de Josué, y todos los días de los ancianos que sobrevivieron a Josué...". (Josué 24:31).

Como William Grotheer ha señalado, existe un interesante paralelo entre la influencia duradera de Josué y aquella de Ellen White en relación a sus enseñanzas acerca de la humanidad de Jesús. Es aparente de los escritos que su convicción que Cristo había venido a la tierra en la naturaleza del hombre caído, porque esta era la única manera en la cual Él podía efectuar la salvación de la raza caída, había penetrado completamente la iglesia en el tiempo de su muerte en 1915.

La influencia de su fuerte convicción continuó después de su muerte por un tercio de siglo, aproximadamente durante tanto tiempo cuanto permanecieron en servicio activo de la iglesia hombres que conocieron personalmente su vida y su obra. Ellos continuaron imprimiendo y publicando opiniones que no eran diferentes de las suyas hasta la década del 50, como lo demostrarán las próximas páginas.

1916: "Como hombre Él fue uno con la humanidad, y fue llamado el Hijo del hombre". [1]

1918: "...de la propia raza caída tiene que surgir el Libertador... el Hijo de Dios... permaneció, no donde Adán permaneció antes de la caída, sino donde el hombre está hoy...". [2]

1919: "El Hijo de Dios declaró que Él se haría a Sí mismo hombre, tomaría la naturaleza de la carne pecaminosa...".[3]

1920: "Cristo asumió, no la naturaleza original no caída, sino nuestra humanidad caída".[4]

"Él tomó el mismo tipo de carne que usted tiene, carne pecaminosa... Él vino "en semejanza de carne pecaminosa" y vivió una vida sin pecado".[5]

1921: "Jesús vino al mundo (y) tomó sobre Sí "la semejanza de carne pecaminosa...".[6]

"Cristo vino del cielo en semejanza de carne pecaminosa... Él tuvo carne como la nuestra".[7]

"Cristo asumió, no la humanidad original, sino nuestra humanidad caída. En este segundo experimento, Él permaneció no precisamente donde Adán estuvo antes de Él, sino, como se ha dicho, con inmensas desventajas contra Él, malignas, con todo el prestigio de victoria y su consecuente entronización en la misma constitución de nuestra naturaleza, armado con un poder más terrorífico contra la posible realización de esta idea divina del hombre, perfecta santidad. Considerando todo esto, las desventajas de la situación, el tremendo riesgo envuelto, y la fiereza de la oposición encontrada, llegamos a un sentido adecuado tanto de la realidad y de la grandeza de esa vasta realización moral; la naturaleza humana tentada, probada, extraviado en Adán, levantado en Cristo a la esfera de la impecabilidad actualizada".[8]

"Aquel que es introducido en el primer capítulo como Hijo, Dios, y Señor, cuya deidad y eternidad son enfatizadas, nos encuentra en el segundo capítulo como el Hijo del hombre, con todas las limitaciones de nuestra humanidad común. Él es conocido ahora por Su nombre terrestre, personal, y como uno que puede probar la muerte (Heb. 2:9), y puede ser hecho "perfecto a través del sufrimiento" (verso 10). Él compartió la misma carne y sangre que tenemos nosotros (verso 14), haciéndose tan verdaderamente hombre (verso 17) como Él es verdaderamente Dios".[9]

"Él fue hecho en "semejanza de carne pecaminosa". Él tomó parte de la misma carne y sangre que aquellos que Él vino a redimir, fue hecho en todas las cosas "como Sus hermanos".[10]

"Cristo tomó sobre Sí mismo la semejanza de carne pecaminosa...".[11]

"(Jesús) se hizo carne y sangre, así como nosotros somos".[12]

1922: "Y así Cristo, tomando sobre Sí la semejanza de carne pecaminosa, se sujetó a la muerte".[13]

1923: "... Él... vistió Su divinidad con humanidad... para que Él pudiese alcanzar a los hombres donde ellos estaban".[14]

"... Para encontrar las necesidades de la humanidad, Él tomó sobre Sí la naturaleza humana... Misteriosamente Él se juntó a Sí mismo con la naturaleza humana".[15]

"El gran plan de la redención de la raza caída fue forjado en la vida de Cristo en carne humana".[16]

"Y así Cristo, tomando sobre Sí la semejanza de carne pecaminosa, se sujetó a la muerte".[17]

"Pero Él tomó nuestra naturaleza, ocultó Su divinidad en nuestra humanidad, vino en "semejanza de carne pecaminosa". (Rom. 8:3). (Se cita Fil. 2:7-8).[18]

"Como (el hombre) se aferra a la verdad de que realmente vivió sobre esta tierra Uno que poseía nuestra propia naturaleza, que "fue tentado en todos los puntos así como lo somos nosotros, pero sin pecado", él entiende que hay esperanza para él.[19]

"Nadie a no ser un ser humano, "hecho en semejanza de carne humana", puede servir como mediador a favor de los hombres pecadores. Todos los atributos de la Divinidad, y aquellos de la humanidad pecaminosa, tienen que ser hechos para encontrarse en aquel que debiera efectuar la reconciliación".[20]

1924: "... compartiendo de la misma carne y sangre, permaneciendo cerca de la parentela como un miembro de la familia... Cristo se volvió "un pariente cercano" a nosotros, nuestro hermano en la carne...".[21]

"Él fue un hombre. "La Palabra fue hecha carne". Él fue hecho en semejanza de carne pecaminosa"... Él es un hermano para nosotros en nuestra debilidad".[22]

"Como lo ve el mundo, Jesús de Nazaret fue como cualquier otro hombre de Su tiempo, porque Él tuvo la misma carne y sangre...".[23]

"Existen muchas personas en el mundo hoy que piensan que debido a la debilidad de la carne nunca podrán tener una vida de victoria sobre el pecado. También existen otros que piensan que Cristo es un amigo muy distante, uno a quien es difícil acercarse. Pablo, en su carta a los Hebreos, dice que "tanto Él que santifica y ellos que son santificados son todos de uno: por cuya causa Él no se avergüenza de llamarlos hermanos".(Heb. 2:11). Yo creo firmemente que esto quiere decir que Él era no solamente uno con Sus seguidores mientras estuvo aquí sobre la tierra, sino que Él es uno con ellos ahora; y que no importa cuán hondo se haya uno sumergido en el pecado, Él no se avergüenza de llamarlo Su hermano.

Yo también creo que nuestra oportunidad de vida eterna es tan brillante como aquella del Hijo de Dios cuando Él estuvo aquí entre los hombres. Leemos que "la Palabra se hizo carne, y habitó entre nosotros". (Juan 1:14). Podemos preguntarnos a nosotros mismos, ¿cómo fue que la Palabra se hizo carne? La respuesta está en (Gal. 4:4). Él "nació de mujer" como cualquier otra persona que venga al mundo; pero Él fue engendrado por Dios, y fue realmente el Hijo de Dios, hecho en "semejanza de carne pecaminosa". (Rom. 8:3). La pregunta nace espontáneamente, ¿qué carne tomó Él? Porque existe una gran diferencia en la carne pecaminosa. Algunos hombres se han sumergido en las profundidades del pecado y los resultados de sus indulgencias se ven en su descendencia, mientras otros no han sido nunca tan indulgentes. ¿Qué carne tomó Jesús? Él fue "hecho de la simiente de David de acuerdo con la carne". (Rom. 1:3)

**Hecho de Carne Pecaminosa.**

Nada, entonces, puede ser más claro que la misma carne que tuvo David fue la carne que Jesús tuvo. ¿Quién fue David? Él era hijo de Isaí. ¿pero quién era Isaí? Él era hijo de Ruth. Ruth fue una muchacha moabita, descendiente de Moab; y Moab fue hijo de una de las hijas de Lot. (Gen. 19:36-37). Al estudiar el carácter de los progenitores de Jesús, que son los más oscuros de los que han vivido sobre la tierra, y que llegaron a las mayores profundidades en el pecado.

Cuando Jesús nació en este mundo, Él tomó sobre Sí mismo carne pecaminosa después que ésta había sido debilitada por aproximadamente cuatro mil años de debilidad. Él podría haber venido a través de otra línea, pero vino a través de la más débil de las débiles, para que Él pudiese probarle al mundo que el hombre nunca se sumerge tan profundamente en el pecado, sino que el poder de Dios es suficiente para hacer con que él tenga una vida victoriosa. Él "fue tentado en todos los puntos así como nosotros lo somos, pero sin pecado". (Heb. 4:15). Él no solamente fue tentado, sino que Sus tentaciones fueron tan fuertes que Él realmente sufrió mientras era tentado. (Heb. 2:18). Aun cuando Jesús tuvo en Su carne todos los deseos que estaban en la carne de Sus ancestrales, sin embargo Él nunca cedió a pecar.

A menudo surge la pregunta: ¿Cómo pudo Él compartir la carne de José o de David y aun así ser el Hijo de Dios? La respuesta es que: María era del mismo linaje de José o de David. No se les permitía el matrimonio con alguien que no fuese de su misma tribu. Así Jesús fue de la misma carne de José, aun cuando Él no fuese realmente un hijo del propio José.

Mientras Cristo estuvo aquí en la tierra, a pesar del hecho de que Él era el hijo de Dios, Él no ejerció ningún poder en su propio beneficio que no sea ofrecido libremente a nosotros. Él se vació a Sí mismo, porque Él dijo: "Yo no puedo hacer nada de Mí mismo". (Juan 5:3). Él dependió del Padre para todo Su poder y fuerza para vencer y vivir una vida victoriosa.

Así, debido a que Él compartió las debilidades de la familia humana, Él está capacitado para ayudar a aquellos que son tentados y para ser un "misericordioso y fiel Sumo Sacerdote en las cosas pertenecientes a Dios, para hacer reconciliación por los pecados del pueblo". (Heb. 2:17-18). En las tres tentaciones Él enfrentó en el desierto están envueltas todas las tentaciones que acosan al hombre, y al vencerlas, Él hizo posible que toda la raza humana sea victoriosa sobre el pecado. Todo aquel que Lo recibe a Él tiene el poder de ser hijo de Dios. (Juan 1:12)

Déjenme preguntarles: ¿Lo has recibido? Si no es así, ¿por qué no lo haces ahora mismo? Tómalo a Él en Su Palabra. Acepta Sus promesas, y Él nunca te abandonará. (Juan 10:27-29).[24]

"Él venció el pecado en un cuerpo que venía de la herencia de la ley del pecado. Él ahora nos propone que vivamos la misma vida sin pecado en mis miembros".[25]

"Cuando Jesús llevó la cruz, Él conocía la sentencia de muerte sobre la naturaleza pecaminosa. Él tomó nuestra naturaleza, la naturaleza de Adán... y llevó esa naturaleza a su inevitable y necesaria muerte".[26]

"Así que en las venas de Jesús fluía la sangre de muchos caracteres anteriores, algunos buenos y otros malos".[27]

"Cristo se unió a Sí mismo al hombre en su condición caída. Cuando Él tomó nuestra naturaleza Él no la tomó como cuando fue originalmente creada, antes que entrase el pecado, sino como ésta era después de cuatro mil años de devastación debido al pecado. Él vino a nosotros donde nosotros estamos...

Si Cristo no hubiese venido en carne pecaminosa, exactamente donde estaba el hombre, Él no habría necesitado venir, porque Él no habría podido traernos ninguna ayuda de esa manera. Si Él vino solamente donde el hombre estaba en su inocencia y pureza original... entonces Él podría perfectamente haberse quedado en el cielo... porque de esa manera no podía alcanzar a los hombres...

Él participó de la naturaleza esencial de la humanidad caída... la Biblia enseña muy claramente que Cristo era verdaderamente hombre, que Él participó de la naturaleza humana como ella es ahora...

Pablo deja claro que esta carne que Cristo compartió era "carne pecaminosa" (se cita Rom. 8:3)... Él llevó nuestra naturaleza pecaminosa durante 33 años...

En la naturaleza humana fatigada, pecaminosa, caída y desamparada... Cristo obtuvo (trabajó) el camino perfecto de la salvación de la humanidad...".[28]

1925: "Jesús vino en "semejanza de carne pecaminosa" para mí".[29]

"La victoria de Cristo sobre la carne que Él, la Palabra, fue hecho, hizo posible la comunicación libre y total de Dios con el hombre... Su amor por mí Lo llevó a tomar mí naturaleza...".[30]

"Él... tomó sobre Sí mismo la carne del hombre, "la simiente de David" (Rom. 1:3), "la semejanza de carne pecaminosa" (Rom. 8:3), la forma de la criatura. El Creador se hizo un hombre Hermano. El Dios Infinito se hizo humano".[31]

"(Él) se hizo hombre (Fil. 2:5-11), no como el hombre que salió de las manos de Dios en el Edén, carne no pecaminosa, sino hombre después que éste pecó. Él tomó la carne que nosotros tenemos... con todos los dolores y miserias, impaciencia y desespero, conflicto y lucha, de la humanidad caída y pecaminosa, tal como la nuestra".[32]

"El Hijo de Dios tomó nuestra carne, se hizo nuestro Hermano, y asumió ciertas obligaciones a favor de la humanidad caída... Jesús tenía sangre gentil en Sus venas: Él es nuestro Redentor, nuestro Substituto, nuestro Pariente".[33]

"... Él ha pasado por toda la experiencia que ha venido a la humanidad".[34]

1926: "Jesús es el nombre del niño que nació de una mujer en semejanza de carne pecaminosa...".[35]

"El Prometido tiene que nacer de la simiente de la mujer, una mujer carnal, acuérdense, una mujer de carne pecaminosa como la nuestra".[36]

"Jesús es el nombre del niño nacido de mujer en semejanza de nuestra carne pecaminosa...".[37]

"Nuestro Cristo hoy es "la descendencia de David". (Apoc. 22:16).".[38]

"Cristo ha vencido. Él vivió una vida libre de pecado, y Él lo hizo mientras estaba en la misma carne pecaminosa con la cual nosotros tenemos que contender".[39]

"Pero nadie fuera de Dios y Su Hijo podía sondar las profundidades del Amor Divino que llevaría a Cristo realmente a descender del trono del universo para unirse con la humanidad caída compartiendo nuestra carne caída".[40]

"Él fue hecho carne, y aquella carne que nosotros bien conocemos, de nuestro mismo tipo".[41]

"Él tomó sobre Sí mismo nuestra carne, y se hizo en todas las cosas tal cual somos nosotros".[42]

"Él (Cristo) vino como un niño indefenso, sujeto a las debilidades de la humanidad... el bendito Cristo enfrentó los peligros de la vida comunes a cada ser humano... como cada hijo de la humanidad tiene que luchar... Él sabe por experiencia cuáles son las debilidades de la humanidad...".[43]

"Este cuerpo fue aquel cuerpo que fue hecho "en semejanza de carne pecaminosa". (Rom. 8:3)".[44]

"Cristo como el "Hijo de Dios", el unigénito del Altísimo, llevó la naturaleza divina perfecta, pero como el hijo de María, el Hijo del hombre, Él heredó la naturaleza humana caída... Debemos recordar que el hombre que nace con naturaleza pecaminosa no comete necesariamente pecado como un resultado de esto, porque... Cristo "no conoció pecado".[45]

"Cristo vino y habitó (tabernáculo) en nuestra carne pecaminosa...".[46]

1927: "Cristo se degradó para tomar sobre Sí mismo la naturaleza humana, para que Él pudiese alcanzar a la raza caída y levantarla.

"Cristo tomó sobre Sí mismo nuestra carne pecaminosa....[47]

"Oh bendita victoria conseguida así en carne humana... Fue forjada en carne como la nuestra...".[48]

"Como hombre, Él vivió una vida perfecta, soportando, bajo condiciones exactamente similares, cada experiencia a través de las cuales tiene que pasar la familia humana... (Él tuvo) una madre humana, un nacimiento humano, una naturaleza humana, sintiendo todas las enfermedades de la carne... Cristo venció haciendo Su humanidad dependiendo absolutamente no de Sí mismo, sino que de la divinidad de Su Padre".[49]

"Usted sabe, es fácil para ella ser cristiana, Ella nació buena".

"Siento mucho el haber arrojado la manivela de la manera como lo hice, pero no puedo evitarlo; yo heredé un terrible temperamento".

"¿Ha escuchado usted esto antes? ¿LO ha dicho usted en alguna de sus formas?

Me sorprendería si ustedes conociesen los "engendrados". Yo creo que todos debieran conocer los "engendrados". Como un americano típico, yo he observado con interés las genealogías. Algunos amigos míos son muy orgullosos en trazar sus pedigríes hasta que llegan a algún noble o hasta alguna realeza en Europa. La mayor parte de los americanos son descendientes de John Smith, Pocahontas, Miles Standish, o Priscilla, o de alguien que vino en Myflower. Yo no estoy particularmente interesado en mi genealogía. Pero hay un registro en el cual estoy intensamente interesado. Hay un árbol genealógico en el cual yo no aparezco. Hay una línea que es gloriosa. Yo acostumbro a llamarla de los "engendrados".

"Abrahán engendró a Isaac; e Isaac engendró a Jacob; y Jacob engendró a Judá y a sus hermanos; y Judá engendró a Pérez y Zara de Tamar; y Pérez engendró a Esrom; y Esrom engendró...". (Mat. 1:1-17). ARV.

Bien, esos son los "engendrados". Y para mí ellos no son una genealogía árida o sin interés. Ellos están vivos y vivaces, y brillan con interés. Porque ese es el camino en que Cristo el Salvador introduce al lector del Nuevo Testamento.

Hay dos cosas acerca de Sus ancestrales que, según están reveladas por los "engendrados", son muy interesantes y muy notables. La primera es que Él vino de una línea de reyes; y la segunda, que Él vino de una línea de criminales.

Un poeta escribió en un verso de sátira, "Mi anciana pero vil sangre, se ha arrastrado a través de canallas desde el Diluvio".

Eso fue verdad de Jesús.

Nosotros no adoramos el Cristo de hoy porque Él tenía sangre real en Sus venas. Los reyes han sido desde el comienzo, como un todo, un grupo no muy respetable. Y me parece que una lección de los "engendrados" es la verdad de que aun en la más alta genealogía, no existe ningún justo, ni siquiera uno.

Veamos por un momento este pedigrí. Existió Jacob el suplantador; y Judá cuyo hijo nació de una mujer impura; existió Rahab, la prostituta de Jericó; existió Ruth, una mujer pagana de Moab; existió David, cuyo hijo y descendencia fue engendrada por una mujer cuyo marido él mismo mandó matar, para que pudiese quedarse con su mujer; existió Reoboam, Abijah, Ahazías, Jeoram, Amon, Jeoaquin, Jeoacin, y Sedequías, de quien se dice reiteradamente que "hizo lo malo a la vista del Señor"; existió Acaz, el líder de la apostasía; y el débil y cruel Manasés, que hizo pasar a su hijo por el fuego. Si, Jesús vino de una línea de pecadores.

Y yo estoy agradecido por eso. Porque me ayuda a entender cómo Él pudo ser "tocado con los sentimientos" de todas mis enfermedades. Él vino donde yo estaba. Él se paró en mí lugar. En Sus venas estaba incubada una mancha hereditaria como un león enjaulado que trata de quebrarla y destruirla. Por cuatro mil años la raza se venía deteriorando en fuerza física, en poder mental, y en valor moral; y Cristo tomó sobre Sí las enfermedades de la humanidad en su peor estado. Solamente así podía Él rescatar al hombre de las profundidades más bajas de su degradación.

"Si en algún sentido tuviésemos que soportar nosotros un conflicto más duro que el que Cristo tuvo que soportar, él no podría socorrernos. Pero nuestro Salvador tomó la humanidad con todo su pasivo. Se vistió de la naturaleza humana, con la posibilidad de ceder a la tentación. No tenemos que soportar nada que él no haya soportado".[50]

Es bueno saber eso. Él, el Hijo de Dios, se hizo el Hijo del hombre, para que yo, un hijo de hombre, pudiese ser un hijo de Dios. Él se hizo como yo soy para que yo pudiese ser como Él es. Él compartió mi naturaleza humana para que yo pudiese participar de Su naturaleza divina. En cada tentación que nos asalta, es bueno saber que justamente esa tentación en toda su fuerza abrumadora, lo atacó a Él, lo atacó a Él donde, por herencia, Él era más débil, lo atacó de diferentes maneras y tiempos; y que, con las mismas tendencias hacia el mal, a pesar de la mala sangre y de los medios heredados, por el mismo poder al cual yo tengo acceso, Él venció. Él venció por mí. Él me ofrece Su victoria para mí mismo, un regalo libre. Y así en todas estas cosas yo soy más que vencedor a través de Él que me ama. Donde abunda el pecado, la gracia abunda mucho más".[51]

"La doctrina Católica Romana de que María, la madre de Jesús, fue sin pecado, "inmaculada", es una negación de la posibilidad de que Él fuese "tentado en todos los puntos así como lo somos nosotros". La tendencia heredada a pecar es realmente fuerte. La madre del hombre Cristo Jesús heredó la "imagen y semejanza" de sus ancestrales; ella fue "hecha" o "nació" en carne pecaminosa; y Cristo, como su Hijo, heredó esa naturaleza humana".[52]

"... Él es "la simiente de la mujer", y así el Hijo del hombre, hueso de nuestro hueso y carne de nuestra carne, "un pariente cercano" a nosotros".[53]

"Él se hizo uno de nosotros, Él fue uno con nosotros. Él fue hecho hueso de nuestro hueso, carne de nuestra carne".[54]

"... El pecado no tiene excusa, ya que ha sido vencido (por Jesús) en "carne pecaminosa"... pero tomando sobre Sí, o en otras palabras, siendo Él mismo "hecho carne", carne humana, con todas sus debilidades, y venciendo el pecado en la carne, Jesús condenó al pecado al refutar totalmente y al destruir totalmente su única posibilidad de justificación".[55]

"Jesús tomó un cuerpo humano y una personalidad, lo mismo que nosotros".[56]

"Solamente allí (en la cruz) el Salvador pudo conseguir aquella unión con los hombres caídos que era necesaria para que fuese su Substituto y Redentor".[57]

"La graciosa condescendencia de Cristo en unir Su divinidad con nuestra pobre y caída humanidad es difícil de entender".[58]

"Jesús... vino a la tierra como un pequeño bebé, identificándose así Él mismo con la humanidad pecaminosa...".[59]

1928: "Habría sido casi una infinita humillación para el Hijo de Dios el tomar la naturaleza humana, aun cuando Adán permaneció en su inocencia en el Edén. Pero Jesús aceptó la humanidad cuando la raza había sido debilitada por cuatro mil años de pecado. Como cada hijo de Adán, Él aceptó los resultados de la gran ley operante de la herencia".[60]

"Cristo vino en la debilidad de la carne...".[61]

"Él estuvo sobre la tierra como un miembro de la familia humana, estorbado con nuestra carne... conociendo las debilidades de nuestro ser".[62]

"En la vida de Cristo tenemos a Dios manifestado en la carne, viviendo con el hombre, sujeto a todas sus enfermedades y sufriendo todas sus desventajas en esta vida mortal...".[63]

"¿Cómo pudo Cristo en cualquier sentido útil y adecuado ser un participante de nuestra "carne y sangre" a menos que Él compartiese la posibilidad inherente hacia el mal, la posibilidad de pecar, la cual está en nuestra carne y sangre?... ¿Pudo Él ser hecho "semejante a nosotros" en "todas las cosas" si Él no tenía ese mismo deseo dominante, poderoso a cometer pecado?".[64]

"No solamente dio el Padre a Su Hijo a un mundo caído, sino que Él le dio a Su Hijo la familia humana como herencia".[65]

"Pero ese amor es tan grande que Él está deseoso de dejar Su hogar, deseoso de dejar a un lado Su superioridad, deseoso de vaciarse a Sí mismo, y de tomar sobre Sí mismo la carne de los hijos de barro. Él nació como niño de carne en el pesebre de Belén (se cita parcialmente Heb. 2:14-17)".[66]

"... Él tiene que venir a este mundo poluído por el pecado, se vistió con la carne de la humanidad, venció las tendencias heredadas a pecar, y entonces pagó la pena suprema del hombre como substituto del hombre...".[67]

"Él tiene acceso a no más poder que aquel que nosotros tenemos acceso; porque Él fue hecho en semejanza de hombre, fue participante de la misma carne y sangre... Él se hizo verdaderamente hombre, nuestro Pariente en la carne... Él se identificó a Sí mismo totalmente con nuestras debilidades... Siendo plenamente identificado con nosotros como hombre...".[68]

"Dios no nos condena por haber sido hechos en iniquidad, y por haber nacido con propensiones al pecado".[69]

(Esta declaración ha sido incluida aquí porque ofrece una visión de cómo estos escritores entendían las palabras de David en el Salmo 51, y la palabra de Ellen White "propensiones").

"Jesús tomó la humanidad con todas sus debilidades... Él tomó mis enfermedades...".[70]

"Y Él que era el mayor se hizo el menor, se hizo hombre, tomando nuestra carne pecaminosa...".[71]

"El hombre carnal, natural, no puede abolir su enemistad contra Dios. Es parte de su naturaleza. Está entrelazado en cada fibra de su ser. Pero Jesús tomó sobre Sí mismo nuestra naturaleza de carne y sangre (Heb. 2:14), "en todos los puntos... para ser hecho como Sus hermanos" (Heb. 2:17), "de la simiente de David de acuerdo con la carne" (Rom. 1:3); Él enfrentó y "abolió en Su carne la enemistad", "la mente carnal" (Rom. 8:7), "la mente de la carne" (Rom. 8:7 ARV). Él venció el pecado en la carne por nosotros para siempre.[72]

1929: "(Dios) lo dio a Él a la raza caída".[73]

"Jesús entró en las condiciones de nuestra humanidad caída. (Entonces Prescott cita a

Ellen White). Pero nuestro Salvador tomó la humanidad, con todas sus debilidades".[74]

"... hemos visto el Hijo de Dios, que era Dios, asumiendo nuestra humanidad, tomando la misma carne y sangre que nosotros tenemos, hecho en todas las cosas como Sus hermanos...".[75]

"(Citando a Ellen White) Jesús fue en todas las cosas hecho como Sus hermanos. Él se hizo carne, así como lo somos nosotros (Salton comenta) Pero, alabado sea Su nombre, en nuestra humanidad pecaminosa Él tuvo una vida sin pecado".[76]

"Él vino y vivió entre nosotros, hueso de nuestro hueso y carne de nuestra carne... Él llevó nuestras enfermedades en la carne antes que Él lleve nuestros pecados en el árbol... Él conoce el camino que nosotros tenemos que andar, porque Él mismo ha estado encima de cada centímetro de este camino".[77]

"... (Dios) dio a Su único hijo, para que Él pudiese mostrarle a la humanidad cómo aquellos principios divinos pueden ser vividos en carne pecaminosa sobre esta tierra...".[78]

"Hijo del hombre... hecho "como Sus hermanos"... Él vino aquí como hombre hecho igual que usted y yo... Este mismo Jesús, que fue un hombre como yo, que compartió las alegrías y las penas, y las tentaciones a las cuales yo estoy acosado...".[79]

"... Cristo, nuestro Hermano mayor, que sabe todo acerca de nuestras debilidades y de nuestras flaquezas...".[80]

"... en Su humanidad, Él fue como nosotros somos. Él tomó sobre Sí mismo las debilidades y flaquezas de la humanidad (él cita DTG: 152).[81]

"Pero Cristo vino a este mundo y se hizo uno de nosotros, tomando nuestra carne humana con sus debilidades y tentaciones".[82]

"Es a partir de su punto de vista de Su humanidad que Él entra en Su punto más cercano de relacionamiento con nosotros... Él me conoce tal como yo enfrento todas las debilidades de mi humanidad...".[83]

"Jesús, el Hijo del Dios Infinito, se hizo el hijo de un pecador por mí".[84]

"Él participó de la misma carne y de la misma sangre que nosotros tenemos... cuando Él asumió la humanidad, Él se hizo hombre, hombre genérico, hombre racial, la nueva cabeza de la familia humana".[85]

"... (Cristo) se degradó para asumir la carne de pecado".[86]

"... el Hijo del Dios Eterno se hizo de un pecador... el Hijo del Altísimo se hizo el Hijo de un pecador...".[87]

"Si Jesús hubiese venido a la tierra y tomar el mismo tipo de carne que nosotros tenemos... entonces Él puede morir en la cruz como un perfecto sacrificio...".[88]

"Él tomó sobre Sí mismo la humanidad... Él se hizo el Hijo del hombre... Él se hizo un miembro de la familia terrenal... Él se hizo una carne con nosotros... Él tomó nuestra naturaleza y venció".[89]

"(Él fue hecho) como usted, como yo... habiendo triunfado sobre el pecado en carne pecaminosa...".[90]

"Él trajo la perfección de carácter hasta el más bajo plano de la humanidad y la colocó con éxito en carne humana".[91]

1930: "... fue necesario que Él descendiese de Su condición gloriosa y no solamente tomase la forma de hombre, sino que se vació a Sí mismo de Su gloria y tomó la naturaleza de la raza humana justo donde Él la encontró (énfasis de él).

... nacido de la simiente de David después de la carne, de la simiente de Abrahán, carne humana sujeta a las necesidades humanas.[92]

"(Citando Ellen White) (Dios) lo dio a Él a la raza caída".[93]

"Así Jesús Cristo, aun cuando fuese el Infinito Hijo de Dios, no se entregó a Sí mismo a meras teorías, sino que tomó sobre Sí mismo la forma de la humanidad, de tal manera que como hombre, Él pudiese entrar en las experiencias de los hombres...".[94]

"Así como la serpiente de bronce era un Libertador para los Israelitas en la semejanza de la fiera serpiente que destruía, así Cristo vino como el Salvador del mundo en semejanza de hombre que peca. Así como la serpiente de bronce, aun cuando estaba en la forma de una fiera serpiente, era sin veneno, así Jesús, aun cuando estaba en la forma de hombre pecaminoso, era sin pecado".[95]

"Para que Él pudiese ser hueso de nuestro hueso y carne de nuestra carne, Él dejó la casa de Su Padre...".[96]

"(Él tomó) la naturaleza de la raza humana justo donde Él la encontró... Mejor dicho, Él descendió Él mismo de Su gloria, y tomó sobre Sí la naturaleza de una vinculación de siervo haciéndose hombre como los demás hombres... carne humana sujeta a las limitaciones humanas".[97]

"Él descendió de las glorias eternas, y tomó sobre Sí la semejanza de nuestra carne pecaminosa...".[98]

"... Él se hizo carne para que Él pudiese conocer nuestra forma... Él conoce nuestras enfermedades...".[99]

"En Su alianza con el hombre, en Su humanidad, Él fue tan humano como usted y yo. (Después viene una cita del Nuevo Testamento del Siglo Veinte): Lo que la ley no pudo hacer, en lo que nuestra naturaleza terrenal debilitaba su acción, Dios lo hizo enviando a Su propio Hijo, con una naturaleza que se asemeja a nuestra naturaleza pecaminosa para expiar el pecado. (Rom. 8:3)".[100]

"Jesús tomó la misma carne que yo tengo y vivió una vida verdaderamente humana... Él enfrentó las mismas tentaciones que le son comunes a usted y a mí. En este respecto Él no difiere en ninguna manera de Sus hermanos... Cristo es el único que ha experimentado todas las tentaciones que le suceden a la humanidad".[101]

"... Él... se hizo nuestro Hermano mayor, hecho en todos los puntos como nosotros".[102]

"Entonces se formó aquella unión entre la naturaleza Divina y la naturaleza humana en la persona del Hijo de Dios que se hizo el Hijo del hombre, teniendo la misma carne y sangre que nosotros tenemos...".[103]

"...Cualquiera que salvase al hombre tendría que colocarse en el lugar del hombre. Él tenía que sujetarse a la misma tendencia... a pecar... como hombre".[104]

"Jesús vino a este mundo en un plano humano... En Su naturaleza humana Jesús permaneció en nuestro terreno".[105]

1931: "Habría sido casi una infinita humillación para el Hijo de Dios el tomar la naturaleza humana, aun cuando Adán permaneció en su inocencia en el Edén. Pero Jesús aceptó la humanidad cuando la raza había sido debilitada por cuatro mil años de pecado. Como cada hijo de Adán Él aceptó los resultados del trabajo de la gran ley de la herencia".[106]

"... la fuerza de la tentación y la fuerza de las pasiones pecaminosas y de los malos deseos no serían correctamente entendidos; por eso nuestro Divino Substituto también se tuvo que hacer humano... Todo esto pudo ser forjado solamente por medio de la encarnación del Hijo de Dios en nuestra carne humana pecaminosa...".[107]

"El Hijo de Dios, nacido en Belén, se hizo el Hijo del hombre, nuestro pariente más cercano, hueso de nuestro hueso y carne de nuestra carne. Hecho "en semejanza de carne pecaminosa". Él es la escalera mística que une la tierra con el cielo".[108]

"Con ninguno de los efectos del pecado sobre él, en el jardín de Dios Adán cayó. Con cuatro mil años de degeneración en fuerza física, poder mental, y fuerza moral detrás del

Él, Cristo, el segundo Adán, triunfó en el desierto. Tomando la humanidad con todas sus debilidades, tomando las enfermedades de nuestra naturaleza pecaminosa degenerada, Él venció".[109]

1932: "Para aplicar este remedio todo suficiente fue necesario que Cristo viniese la primera vez velado en forma y en carne humana. Él experimentó el plan en contacto con el pecado desde cada ángulo que los seres humanos tienen que enfrentarlo".[110]

"Dios se ha revelado a Sí mismo al hombre y ha probado Su propia existencia a través de la encarnación del Hijo de Dios, quien vivió en semejanza de nuestra carne pecaminosa...".[111]

"Él participó de carne pecaminosa, pero Él no pecó. Jesús Cristo fue encarnado en carne pecaminosa para que el pecado pudiese ser vencido en carne humana".[112]

"Nuestra carne pecaminosa se hizo la Suya. En Sus venas fluyó la sangre manchada de la raza de Adán... En algún lugar entre el pesebre y la cruz Él experimentó cada emoción que toca mi corazón".[113]

"... tocando Su humanidad Cristo vino de la línea de David, Él fue un Judío...".[114]

"Oh, la vergüenza de eso, que el gran Dios hubiese decidido venir a habitar con el hombre, habitando (tabernaculando) en su propia carne...".[115]

"Jesús, nuestro Hermano mayor, se unió a Sí mismo a Su familia sobre la tierra con lazos que nunca podrán ser quebrados. Él participó de carne y sangre y se vistió a Sí mismo con humanidad para que Él pudiese ser uno con nosotros. Él no se mantuvo a Sí mismo apartado de nosotros, porque Él tomó sobre Sí mismo nuestra naturaleza. Él no se avergüenza de llamarnos hermanos".[116]

"Jesús vino en semejanza de carne pecaminosa, y estaba sujeto a las mismas desventajas del hombre. Jesús mismo dijo, "De Mí mismo no puedo hacer nada". Esa declaración reveló que no había ningún poder en la carne pecaminosa que Él tomó sobre Sí".[117]

"Las Escrituras dejan bien claro que Jesús tomó sobre Sí mismo la naturaleza humana con sus necesidades y enfermedades físicas... Hay muchas declaraciones en las Escrituras que muestran que nuestro Salvador descendió hasta el hombre justo donde el pecado lo había colocado".[118]

"Él envió a Su Hijo en semejanza de carne pecaminosa...".[119]

"Él estaba sujeto a las tentaciones humanas, y también a las limitaciones humanas... Jesús tomó la naturaleza humana justo donde Él la encontró, con sus necesidades y enfermedades físicas... Él fue carne de nuestra carne... Nuestro Salvador descendió al hombre justo donde el pecado lo había colocado".[120]

1933: "Él (Cristo) conoce por experiencia cuáles son las debilidades de la humanidad, y dónde radican las fuerzas de nuestras tentaciones...".[121]

"Así Él tomó nuestras enfermedades y llevó nuestras dolencias... Él se dio a Sí mismo enteramente por nosotros".[122]

"Jesús Cristo tomó sobre Sí mismo las debilidades, las tendencias, hacia el pecado, para que Él pudiese probarse un hermano a Sus amigos (se cita Heb. 2:16-17)".[123]

"Así vino el Mesías, tomando sobre Sí mismo la naturaleza humana y sus penalidades, la muerte".[124]

"Para que Cristo entendiera las debilidades de la naturaleza pecaminosa, Él tuvo que experimentarlo... Por eso Él se hizo hueso de nuestro hueso y carne de nuestra carne... Dios tiene que descender primero al hombre para poder levantarlo hasta Él mismo".[125]

"... Jesús Cristo... se vistió a Sí mismo en nuestra golpeada (herida, afligida) carne".[126]

"Para que Cristo entendiera las debilidades de la naturaleza humana, Él tuvo que experimentarla... Por eso Él se hizo hueso de nuestro hueso y carne de nuestra carne".[127]

1934: "Dios dio a Su Hijo para que entrase en el estado del hombre y tomó sobre Sí mismo la naturaleza humana...".[128]

"Ya que nosotros somos humanos, Él tuvo que nacer humano. Él tuvo que estar sujeto a las mismas limitaciones, tentado en todos los puntos así como lo somos nosotros".[129]

"Cuando el hombre estaba desesperadamente perdido,... Cristo entró en el estado del hombre. Él tomó sobre Sí mismo la naturaleza del hombre...".[130]

"(Después de citar Heb. 2:14, 7, 9 y 17, en ése orden, con énfasis en las palabras "como Sus hermanos" en el verso 17, Walker escribe): En Su naturaleza humana Jesús permaneció en nuestro terreno".[131]

"(Después de citar (Heb. 2:14-15) Así como el Hijo de Dios no intervino en prevenir a los tres hebreos de ser lanzados al horno, sino que se les unió en su prueba y los sacó ilesos de la prueba, así Él se unió a Sí mismo con la familia humana a través de la encarnación, asumiendo todas sus debilidades...".[132]

"... Ahora, porque los pecadores caídos son participantes de la carne y de la sangre, "Él también tomó parte de lo misma" carne y sangre... para que Él pudiese identificarse a Sí mismo totalmente con el status de la humanidad... para sentir la debilidad de la carne humana en el terrible combate con el pecado y con Satanás".[133]

"Él tomó sobre Sí mismo la semejanza caída del hombre, pecaminosa. Él... sintió la debilidad que la transgresión ha traído".[134]

"...fue necesario que la Palabra tomase sobre Sí mismo el manto de carne pecaminosa".[135]

"Él vino a la tierra y tomó nuestra carne... En semejanza de carne pecaminosa, el Señor Jesús estuvo colgado en la cruz en el lugar del hombre...".[136]

1935: "El Hijo de Dios, la simiente de la mujer (Gén. 3:15) en el plan divino tomó el lugar del caído Adán...".[137]

"En semejanza de carne pecaminosa, el Señor Jesús estuvo colgado en la cruz en el lugar del hombre...".[138]

"Animado en el descubrimiento de Uno nacido en semejanza de carne pecaminosa que no pecó...".[139]

"... el Hijo de Dios descendió de Su lugar delante del trono del Padre, y fue hecho en semejanza de carne pecaminosa, para que, debido al pecado, Él pudiese condenar el pecado en la carne...".[140]

1936: "...Jesús Cristo tomó sobre Sí mismo carne pecaminosa...".[141]

"17. ¿En qué forma vino Jesús al mundo? "Dios enviando a Su propio Hijo en semejanza de carne pecaminosa, y por el pecado, condenó el pecado en la carne". (Rom. 8:3)".[142]

"... Dios envió a Su propio Hijo en semejanza de carne pecaminosa...".[143]

"Jesús tomó la misma carne que yo tengo... Él fue mi hermano en la carne".[144]

"Si Él tuvo que habitar (tabernacular) en nuestra carne, para tomar nuestra naturaleza sobre Él, y entiende nuestras tentaciones y pruebas, sería necesario que Él naciese de alguna manera en este mundo... Seamos agradecidos de que Él vino a nuestro mundo de esa manera tan maravillosa y que tomó nuestra carne sobre Sí".[145]

"Para enfrentar el problema en su fuente, el Autor de la ley vino a esta tierra, hecho "en semejanza de carne pecaminosa", y, experimentando cada dificultad que el hombre tiene que enfrentar, vivió victoriosamente por el poder que los hombres pueden clamar".[146]

"Jesús Cristo tomó la misma carne que yo tengo... Él vivió una vida verdaderamente humana... Él fue mi hermano en la carne".[147]

"... Él vino a vivir como hombre, sujeto a debilidades... no teniendo más poder del cielo que aquel que tiene el más débil hijo de Adán.

Así Él vino al mundo, como uno de la familia humana, entrando en él de la misma manera en que cualquier otro hijo de Adán lo ha hecho, como un niño indefenso... Como el Hijo del hombre, viviendo una vida perfecta y victoriosa en un cuerpo humano frágil, sin caer nunca en algún punto, aun cuando estuvo cercado por la enfermedad, Cristo nos dejó un ejemplo perfecto de vida".[148]

"Fue planificado que Su único Hijo descendiese a este mundo de pecado y naciese en carne humana caída...".[149]

"No fue la naturaleza de los ángeles la que Él asumió, sino la de Abrahán. Él fue hecho "como Sus hermanos"... Para que Cristo entendiese la debilidad de nuestra naturaleza, Él tenía que experimentarla... Por eso Él se hizo hueso de nuestro hueso y carne de nuestra carne".[150]

"Cuando Él vino a buscarme y a salvarme, Él se humilló a Sí mismo hasta mi bajo estado...".[151]

"Cuando (el hombre) comprende la verdad de que realmente vivió sobre esta tierra uno que poseía la misma naturaleza que él mismo, que fue tentado en todo como nosotros, pero sin pecado, se da cuenta que hay esperanza para él".[152]

**Nacido Para Ser Malo.**

"Nacido Para Ser Malo" era el título de una película que estaba siendo exhibida recientemente en un cine. El título era muy brillante y captó mi atención. La frase continuó rondando en mi mente mientras continuaba andando por la calle. "Nacido Para Ser Malo"; ¿sería esa una visión correcta de la vida? "Nacido Para Ser Malo"; ¿quiénes son los infelices individuos que son destruidos con un fin semejante? ¿Quién ordenó sus carreras?

Esta filosofía del determinismo ha penetrado bastante la moderna literatura europea y americana. Ha estado embebiendo a la juventud, hasta que ellos, también, han declarado que su destino ha sido determinado, y que no pueden cambiarlo; y entonces, ¿por qué no comer, beber, y casarse, ya que mañana moriremos, y nuestro destino es inevitable? Theodore Dreiser, un famoso novelista contemporáneo, escribe lo siguiente: "Todos hemos nacido en un mundo espantoso... ¿Quién va a enderezar la injusticia con la cual muchos tienen que iniciar su vida? ¿Quién les va a dar mentes fuertes en lugar de las debilitadas que poseen? ¿Cuerpos capaces en vez de aquellos miserables? ¿Dónde van a conseguir tendencias puras en vez de las impuras, en las cuales el mundo se deleita?". Estas preguntas retóricas nos dan vuelta en la cabeza cuando vemos la respuesta del autor: "No hay esperanza".

O también, Frank Norris describe uno de sus caracteres para ilustrar esta filosofía predestinada de vida: "Debajo de todo aquel fino tejido, fue bueno que él corriese la sucia corriente del mal heredado, como una alcantarilla. Los vicios y pecados de su padre y de su abuelo, por la tercera y cuarta y por la 500ª generaciones, lo mancharon. Lo malo de una raza entera fluía en sus venas. ¿Por qué tendría que ser así? Él no lo había deseado así. ¿A quién tendría que echarle la culpa?

### ¿Podemos Vencer La Herencia?

Esta visión de la vida y el destino individual, bien expresado en la declaración, "Nacido Para Ser Malo", sería la conclusión lógica del corazón humano sin el poder salvador de Jesús Cristo. Admitimos libremente que no existe esperanza de vencer la herencia y las tendencias cultivadas sin Él. Pero cuando vemos a Jesús, que fue hecho un poco menor que los ángeles, y que tomó sobre Sí mismo "la simiente de Abrahán", comenzamos a entender el significado de la declaración de (Heb. 4:15) = "No tenemos un Sumo Sacerdote que no pueda ser tocado con los sentimientos de nuestras enfermedades; sino que fue tentado en todos los puntos así como lo somos nosotros, pero sin pecado".

Jesús Cristo nació en el mundo en el nivel de todos los hombres. Él vistió Su divinidad con humanidad, y tomó las debilidades y las flaquezas de la "simiente de Abrahán". Él supo lo que era pasar hambre, tener sed, llorar, sentirse exhausto por las labores diarias. Existen muchas personas que creen que Jesús Cristo nunca podría haber pecado, y, por eso, que Él no podría entender las tentaciones por las cuales tienen que pasar todos los mortales. También existen aquellos individuos que creen que sus debilidades heredadas y el medio en el cual vivieron están tan contaminados que ellos no pueden vencer ciertas tentaciones malignas.

Pero las Escrituras declaran abiertamente que Jesús fue "tentado en todos los puntos así como los somos nosotros, pero sin pecado". Si un hombre es totalmente ciego, usted no puede tentarlo a que mire un cuadro maligno o a sentarse y a leer un libro pernicioso. Jesús Cristo pudo haber pecado, porque Su vida estuvo marcada de batallas contra las tentaciones al pecado, a seguir un camino diferente de aquel que Su Padre Le había mostrado.

El desafío de las debilidades heredadas también es tomado por el Salvador de los hombres. ¿Hay alguien que haya recibido un legado maligno de sus ancestrales y que no pueda vencerlo? Es reconocido que las influencias heredadas pueden obstruir o ayudar el carácter del individuo. Los pecados de los padres pueden ser heredados por los hijos.

¿Pero no hay remedio para esta enfermedad llamada pecado?

Cuando el Hijo del hombre tomó sobre Sí mismo "la simiente de Abrahán", Él trajo sobre Sí mismo una de las más viles y más corruptas líneas de ancestrales que fuese posible heredar. Su ancestral a través de María era tal que Él habría muy bien podido pensar, "He nacido para ser malo". Él era de un linaje real, es verdad, pero ese linaje estaba manchado con toda especie de crímenes y actos malignos. Busque Su linaje a través de un Daniel, un Isaías, un Elías, un Moisés o un Jeremías. Ellos no hacen parte de Su linaje. Sus ancestrales incluyen a Jacob, el suplantador; Judá, el hombre de conducta licenciosa; y David, el adúltero y asesino. Rahab, la prostituta, y Ruth, la moabita gentil, están en Su familia. Los últimos reyes de Judá fueron notoriamente hombres malos. Reoboam, Abijam, Acaz, Jeoram, y Manasés forman una porción de la "galería de los canallas" de los cuales se dice constantemente que ellos hicieron lo malo delante del Señor. "La simiente de Abrahán" era realmente corrupta. ¡Sin embargo Jesús Cristo venció cada tentación, y vivió sin pecado!

**Un Hombre Como Cualquier Hombre.**

En la clara declaración de la traducción de Weymouth, vemos revelada la completa humanidad del Maestro, porque "Él se despojó a Sí mismo de Su gloria, y tomó sobre Sí la naturaleza de un siervo al hacerse un hombre como cualquier otro hombre". (Fil. 2:7). Por eso, Él conoció completamente las impaciencias, los deseos, y los apetitos del hombre carnal. Él sintió la inmensa fuerza hacia el mal. Pero no pecó.

"Nacido para ser malo". Ningún hombre puede dar una excusa delante del Juez del cielo, porque Cristo respondió al desafío probando que el hombre puede vivir por sobre las acumulaciones de iniquidad que le han dejado sus ancestrales.

Pero aun alguien puede decir, "He nacido para ser malo; vean lo que me rodea. No puedo ser bueno donde he sido forzado a vivir. Mis compañeros son tales que me hacen imposible ser bueno". Ahora, se sabe que las condiciones ambientales afectan el desarrollo del carácter. Cada hombre no nace en las mismas condicione ambientales. El niño que nace en un hogar culto y religioso, tiene ventajas contra un muchacho que crece en un barrio bajo, el cual rezuma vicio. ¿Dónde puede un individuo encontrar ayuda espiritual si él vive en un lugar maligno? ¿Es posible que él pueda excusar sus malignidades diciendo: "He sido colocado en un ambiente que hace con que yo sea malo"?

Estudie nuevamente el ejemplo de Jesús Cristo, y encuentre fuerza y socorro para cada situación en la vida. El Evangelio de Mateo declara que la familia de Jesús "vino y habitó en una ciudad llamada Nazaret". (Mat. 2:23). Entre las montañas al norte de Jerusalén, en la menospreciada Galilea, estaba localizada esta ciudad. Fue una guarnición de los soldados romanos, un grupo de hombres inmorales y libertinos. Deben haber habido muchas guaridas donde había vicio, y muchas peleas, maldiciones, y juegos. La inmoralidad era desenfrenada. Los compañeros de Jesús deben haber sido tentados a través de estos ambientes malignos. Tan notoria fue la injusta ciudad de Nazaret que cuando Felipe le dijo a Natanael a respecto de que el Mesías venía de Nazaret, él le dijo inmediatamente: "¿Puede venir algo bueno de Nazaret?" (Juan 1:46).

Pero si los compañeros de Jesús eran malos, sin embargo no dañó Su vida. Durante casi 30 años Él vivió en esta atmósfera, y no pecó. Su crecimiento fue positivo y cierto. Él "crecía en sabiduría y estatura, y en favor con Dios y con los hombres". (Luc. 2:52). Como un lirio permanece puro entre el polvo de la mina de carbón, así el Hijo del hombre permaneció puro y libre del contaminante pecado. Él respondió para siempre la pregunta:

¿"Puede venir alguna cosa buena de Nazaret"?.

**La Gracia de Dios es Suficiente.**

Nuevamente, las Escrituras nos declaran que Dios lleva en cuenta dónde un hombre ha nacido (Salmo 87:6), y que la gracia de Dios será suficiente para las necesidades del individuo. Este poder divino puede ser recibido por cada persona que lo pida.

La filosofía del determinismo, o "nacido para ser malo", no es compatible con la vida y las enseñanzas de Jesús Cristo. Se dice que Él es apto para "salvarlos hasta lo sumo a aquellos que vienen a Dios por Él". (Heb. 7:25). Ninguna situación hereditaria o ambiental puede hacer con que algún hombre se desespere por falta de justicia. Como un gran escritor religioso ha declarado pertinentemente a respecto de la gran gracia salvadora de Dios: "Cristo ha dado Su Espíritu como un poder divino para vencer todas las tendencias heredadas y cultivadas hacia el mal, y para imprimir Su carácter sobre Su iglesia". Hay poder dinámico, con recursos omnipotentes, para el individuo que quiere acercarse al cielo. Hay un poder espiritual vivo, vitalizador en la vida del individuo que va a usar esta fuerza para demostrar el poderoso triunfo de una vida cristiana sobre el pecado. Fue a través de tentación, sufrimiento, y muerte que el Hijo de Dios unió para siempre a Sí mismo con la humanidad. Es ésta unión solidaria que unió nuestro amor con Su misericordia delante del trono de Dios. "Por lo cual en todas las cosas debía ser hecho como Sus hermanos, para que pudiese ser un misericordioso y fiel Sumo Sacerdote en las cosas referentes a Dios, para hacer reconciliación por los pecados del pueblo. Por lo que en aquello en que Él mismo sufrió siendo tentado, Él está apto para socorrer a aquellos que son tentados". (Heb. 2:17-18)

Jesús Cristo no se avergüenza de llamarnos hermanos. El linaje humano del Salvador de los hombres hizo posible que Él pleitease por el hombre delante del Padre. Él puede permanecer consciente de los profundos valles de tentación a través de los cuales pasa el hombre, porque Él, también, los ha soportado. La experiencia del desierto lo dejó débil, demacrado y necesitando una ministración celestial. Los intervalos estériles de la vida demandan que busquemos la ministración de Cristo que nos invita: "Sígueme".

**El Remedio para el Desespero.**

Sin un Jesús salvador, las vicisitudes de la vida causan desesperación en el corazón del individuo. No hay remedio que lo pueda sacar de esta situación, a no ser Dios. "Nacido para ser malo" compendia este desespero del corazón. Pablo describe la condición del hombre carnal sin Dios en este texto: "Que en aquel tiempo estabais sin Cristo, estando alejados de la comunidad de Israel, y extraños a los pactos de la promesa, no teniendo esperanza, y sin Dios en el mundo". (Efe. 2:12). ¿Pueden ustedes imaginar un individuo más desamparado que el hombre que siente que él ha nacido para ser siempre malo? Este es el resultado de sumergirse en la duda, y en fallar en conocer a Cristo, porque Pablo agrega: "Pero ahora en Cristo Jesús aquellos que alguna vez estuvieron lejos son hechos cercanos (a Dios) a través de la sangre de Cristo". (Efe. 2:13).[153]

"14. Para que Jesús pudiese ser un "pariente cercano" para los desamparados pecadores, ¿qué fue necesario? Él fue hecho "en semejanza de carne pecaminosa". (Rom. 8:3)".[154]

"Un Salvador que puede entrar en cualquier experiencia de la humanidad, que sería tocado con los sentimientos de la enfermedad humana, era el que venía…".[155]

1937: "(Cristo) conocía por experiencia cuáles son las debilidades de la humanidad…".[156]

"Jesús es nuestro hermano mayor. Él se ha unido a Sí mismo a Su familia sobre la tierra con ataduras que nunca serán quebradas. Él participó de carne y sangre, y se vistió a Sí mismo con humanidad, para que Él pudiese ser uno con nosotros. Él no se mantuvo lejos de nosotros, porque Él tomó sobre Sí mismo nuestra naturaleza. Él no se avergüenza de llamarnos hermanos".[157]

"… el Hijo de Dios… asumió la humanidad con todas sus debilidades debidas al pecado…".[158]

"(Cristo) tomó la forma y las debilidades del hombre caído".[159]

"Cristo fue un hombre, Él llevó nuestra carne y soportó nuestras enfermedades".[160]

"Nuestro Dios habita con los hombres. Él se manifestó en la carne… Él se degradó hasta donde nosotros estamos, para que nosotros pudiésemos ser levantados hasta donde Él está. Él participó de nuestra naturaleza humana, para que nosotros pudiésemos ser participantes de Su naturaleza divina".[161]

"... Él nació de una virgen, y así asumió nuestra naturaleza humana...".[162]

"Habría sido un infinito sacrificio para el Hijo el haber tomado la naturaleza del hombre antes de la caída en el Edén, porque el hombre fue creado menor que los ángeles... Pero el Hijo se degradó aún más bajo; Él nació en semejanza de hombre pecaminoso, y se hizo un siervo entre los hombres".[163]

"Jesús tomó sobre Sí las debilidades de la carne, las tendencias a pecar, y las exposiciones a las tentaciones comunes de los hombres".[164]

"El Hijo de Dios vino a este mundo a compartir la suerte común de la humanidad".[165]

"El Hijo de Dios fue hecho en semejanza de hombre pecaminoso, para que Él pudiese ser un misericordioso Sumo Sacerdote".[166]

"(Él estaba queriendo) tomar la forma de la humanidad degradada por dos mil años de pecado y rebelión".[167]

"El terreno de nuestra seguridad en ir al Señor Jesús es el hecho que Él tomó sobre Sí mismo la naturaleza del hombre... uniendo así el abismo que el pecado había hecho entre Dios y la humanidad".[168]

"Para que Cristo pudiese entender las debilidades de nuestra naturaleza, Él tuvo que experimentarlo... Por eso Él se hizo hueso de nuestro hueso y carne de nuestra carne. Su encarnación fue en la humanidad actual".[169]

"(Citando así a Ellen White): Él fue hecho en todas las cosas como Sus hermanos. Él se hizo carne, así como nosotros somos". (8T: 256).[170]

"Él se hizo participante de nuestra carne y sangre para que Él pudiese habitar (tabernacular) entre nosotros y ser uno de nosotros. En todas las cosas Él fue hecho como Sus hermanos".[171]

1938: "El Hijo de Dios tomó el lugar de Adán, y fue hecho en semejanza de hombre pecaminoso".[172]

"(Citando Ellen White)... Cristo se identificaría a Sí mismo con las debilidades de la raza caída... la gran obra de la redención se llevaría a cabo por el Redentor, tomando el lugar del caído Adán... El Rey de gloria se propuso humillarse a Sí mismo hasta la humanidad caída... Él tomaría la naturaleza caída del hombre". (de Redención: 14-15).[173]

"Él tomó nuestros pecados y nuestra naturaleza pecaminosa".[174]

"La vida del Hijo del hombre teniendo nuestra carne y nuestra naturaleza caída, vivió en este mundo de pecado, constituye la justicia por la cual nosotros somos justificados".[175]

"... el pecado es sin excusa, ya que ha sido vencido (por Jesús) en "carne pecaminosa"... Tomando sobre Sí carne humana con todas sus debilidades... y venciendo el pecado en la carne, Jesús condenó el pecado desaprobando y descalificando totalmente su única justificación posible".[176]

"De hecho, tal como dice un escritor, estos 13 versos (Juan 1:1-13) fueron escritos para elevar al lector a la altura de este clímax, "la Palabra fue hecha carne". Y en otras diversas partes de las Escrituras, "carne" denota la debilidad presente del hombre, condición mortal...

A través de Su encarnación Él se casó con nuestra naturaleza humana, y está consciente de nuestras enfermedades, debilidades, y flaquezas ya que Él es de todo lo que es propiamente divino...

Jesús, para redimirnos, descendió a lo más profundo de nuestra humanidad. Él tomó nuestra naturaleza. Él se hizo hombre... Cristo "vino hasta donde él (hombre) estaba" a través de Su humanidad... Tomando nuestra naturaleza, Él fue "tocado con los sentimientos de nuestras enfermedades...

Con Su brazo divino Él se aferra del trono del Infinito, y con el brazo humano Él abraza a la raza caída...

(Juan 1:51) Jesús es la escalera. Esta escalera está colocada sobre la tierra. Él es el Hijo del hombre, y a través de Su humanidad Él está unido a la humanidad. La escalera está dentro de nuestro alcance...".[177]

"Él entiende nuestras debilidades humanas, porque Él fue "hecho en semejanza de los hombres".[178]

1939: "... fue en un sentido aún más alto de Su vida sin pecado que "condenó el pecado en la carne" mostrando que el pecado no tiene excusa, ya que ha sido vencido en "carne pecaminosa"... Pero tomando sobre Sí carne humana con todas sus debilidades... y venciendo el pecado en la carne, Jesús condenó el pecado desaprobando y destruyendo totalmente su única posible justificación".[179]

"Amados, el plan y el programa que comprende la cruz, separó al Hijo de Dios de Su Padre, y lo unió para siempre con una raza de pecadores, a través de las ataduras de la sangre, ataduras que nunca serán quebradas".[180]

"Jesús dejó a un lado la gloria que Él tenía con el Padre cuando Él tomó sobre Sí mismo la forma humana y la naturaleza humana. Como hombre, Él poseyó las debilidades, las tendencias, las semejanzas y las desemejanzas, de la naturaleza humana".[181]

"Es un Hijo de Dios y un Hijo del hombre, un ser humano "hecho en todos los puntos como Sus hermanos", que nuestro Salvador cumplió cada requerimiento posible del plan de la salvación".[182]

"Cristo se identificó a Sí mismo con el hombre en todo sentido".[183]

"Si, Él vino, el único hombre en la historia cuyo linaje puede ser definitivamente trazado hasta Adán. Él fue "la simiente de la mujer", porque nació de una virgen, y sin embargo fue el "Hijo del hombre" debido a Su descendencia de Adán".[184]

"Habría sido una ignominia para Él dejar Su trono y aun tomar el lugar de Adán como hombre perfecto, sin pecado. Pero encontramos que Él estaba deseando tomar el lugar del hombre después que la raza humana había sufrido durante cuatro mil años de degradación y pecado. Él tomó sobre Sí mismo nuestra naturaleza, con todo su legado de herencia que cada ser humano tiene que enfrentar".[185]

1940: "Él vino del cielo a la tierra, vistió Su divinidad con humanidad, y llevó la maldición como garantía por la raza caída... Él tomó sobre Sí mismo nuestra naturaleza... Satanás y sus ángeles se regocijaron cuando descubrieron que el Hijo de Dios había tomado sobre Sí mismo la naturaleza del hombre... la humanidad necesitaba divinidad, para que un poder de arriba pudiese restaurar al hombre a la semejanza de Dios...(Cristo)... fue hecho en semejanza de carne pecaminosa... Sin pecado y exaltado por naturaleza, el Hijo de Dios consintió en tomar las vestiduras de la humanidad, para hacerse uno con la raza caída".[186]

"Él conoce por experiencia todo lo que el hombre tiene que soportar... Fue necesario que Él fuese hecho como Sus hermanos en todas las cosas".[187]

1941: "Él tomó sobre Sí mismo nuestra naturaleza pecaminosa...".[188]

"Pero para mí el Redentor del hombre, el Creador tiene que hacer se hombre. Él tiene que venir en "semejanza de carne pecaminosa". (Rom. 8:3).[189]

"Y sin embargo no fue sino hasta que Él vino en "carne" y se hizo el "Hijo del hombre" que existió aquella unión más cercana con la humanidad, en la cual Él fue hecho como nosotros, a quienes Él llama "hermanos", y así se hizo nuestro "misericordioso y fiel Sumo Sacerdote". No fue sino hasta aquel día Natal en Belén, cuando Jesús nació como Salvador que el cielo se acercó tanto a la humanidad. En aquel día Jesús se hizo nuestro Hermano mayor, nuestra propia carne. Como uno de nosotros, compartiendo las experiencias del hombre, Él pudo ser "tocado con los sentimientos de nuestras enfermedades".[190]

1942: "(Citando Ellen White) Habría sido una humillación casi infinita para el Hijo de Dios tomar la naturaleza del hombre, aun cuando Adán permaneció en su inocencia en el Edén. Pero Jesús aceptó la humanidad cuando la raza había sido debilitada por cuatro mil años de pecado. Como cualquier hijo de Adán Él aceptó los resultados de la obra de la gran ley de la herencia...

En el mundo en que Satanás clama dominio Dios permitió que Su Hijo viniera, un niño indefenso, sujeto a las debilidades de la humanidad".[191]

"Nada menos que el Hijo de Dios... tomando la semejanza de carne pecaminosa, para que Él pudiese demostrar ante el universo la razonabilidad de los principios enunciados en la Palabra de Su Padre".[192]

"... Jesús heredó... la naturaleza de su madre... Un hombre llamado Jesús, hecho de carne y sangre como cualquier otro hombre, vivió realmente en medio de ellos".[193]

"En Él fue revelado el carácter de Dios en carne humana... Esa revelación fue hecha en Él, quien en todos los puntos fue hecho como Sus hermanos...".[194]

"Antes de que Dios enviase a Su Hijo a este mundo a vivir en semejanza de carne pecaminosa... Satanás le había... dicho a las naciones de la tierra que Dios era un Ser terrible y cruel...".[195]

"En el segundo capítulo (de Hebreos) Él es el Hijo del hombre, un participante de la naturaleza humana, de nuestra carne y sangre".[196]

"Este argumento, sin embargo, está basado en un mal entendido, causado por no mirar una palabra en el texto. El Anticristo no era negar que Cristo había venido en carne, sino que era negar que Él había "venido en la carne", en "el mismo" tipo de carne, que la raza humana a la cual Él vino a salvar... En esta diferencia vital radica la real "verdad del evangelio". ¿Descendió Cristo todo el camino para hacer contacto con la raza caída, o solamente descendió una parte del camino, de tal manera que tenemos que tener santos, papas, y sacerdotes intercediendo por nosotros con Cristo, el cual ha sido bien alejado de la humanidad caída y de sus necesidades como para hacer un contacto directo con el individuo pecador? Es aquí justamente donde reside la división que separa al Protestantismo del Catolicismo Romano...

A través del pecado el hombre se ha separado a sí mismo de Dios, y su naturaleza caída se opone a la voluntad divina... Solamente a través de Cristo, nuestro Mediador, puede el hombre ser rescatado del pecado, y traído nuevamente en conexión con la fuente de pureza y de poder.

Pero para poder obtener esa conexión Cristo tuvo que participar tanto de la divinidad de Dios como de la humanidad del hombre, de tal manera que con Su brazo divino podía abrazar a Dios, y con Su brazo humano abrazar al hombre, conectando así ambos en Su propia persona. En esta unión de lo humano con lo divino radica el "misterio" del evangelio, el secreto del poder para levantar al hombre de su degradación. "Grande es el misterio de la piedad: Dios fue manifestado en la carne". (1 Tim. 3:16). El "misterio", o secreto del poder para vivir una vida piadosa en carne humana, fue manifestado en la vida de Jesús Cristo mientras estuvo en la tierra...

¡Pero noten! Era el hombre caído el que tenía que ser rescatado del pecado. Y para hacer contacto con él, Cristo tuvo que condescender en tomar nuestra naturaleza sobre Sí mismo (no una clase más alta de carne). "Porque así como los hijos son participantes de carne y sangre, Él también participó de lo mismo... Porque en todas las cosas debía Él ser hecho semejante a Sus hermanos". (Heb. 2:14, 17). Este texto está colocado de tal manera que no puede ser mal entendido. Cristo "participó de la misma" carne y sangre que nosotros; Él vino en "la" carne. Negar esto es la marca del Anticristo".[197]

1943: "Habría sido una humillación casi infinita para Él el dejar a un lado Su forma divina y vestirse a Sí mismo en carne antes de la caída del hombre, cuando el hombre aún estaba en su pureza edénica; pero el Hijo de Dios se "manifestó en la carne" (1 Tim. 3:16), después que la humanidad hubo sido desgarrada y deformada por la maldición del pecado durante cuatro mil años... Como cada hijo de Adán, Él aceptó los resultados de la obra de la gran ley de la herencia, y Él triunfó sobre el pecado en ese tipo de carne donde el pecado había reinado y era triunfante".[198]

"... el Hijo de Dios tiene que entender, en Su propia experiencia, como uno de nosotros, el poder seductivo del pecado tentando a los hombres a la muerte... sufriendo nuestras "debilidades"...".[199]

"Él entonces se calificó (para ser nuestro sacerdote) viviendo una vida sin pecado en carne pecaminosa...".[200]

"Cristo... nació en este mundo como un niño, nació de una madre humana, y así participó de la naturaleza humana del hombre".[201]

"(a) El Hijo... fue enviado "en semejanza de carne pecaminosa... (c) Cuando Cristo "en semejanza de carne pecaminosa" resistió cada tentación a pecar...".[202]

"En armonía con el gran plan de la redención, Jesús nació de una mujer en la familia humana. Él aceptó nuestra humanidad con sus debilidades, y se hizo nuestro hermano. (Se cita Heb. 2:14-17).

Cristo se hizo un hombre igual a los hombres en todas las cosas, con la excepción del pecado...".[203]

"(Cristo) nació en la familia humana caída. Él se hizo poseedor de la naturaleza humana".[204]

1944: "Los hombres parecen olvidar que Cristo... se vació a Sí mismo de Su realeza y se vistió a Sí mismo en carne pecaminosa...".[205]

"... nuestro Señor y Salvador Jesús Cristo, el Único que ha vivido una vida sin pecado en carne pecaminosa, el Único que pudo hacerlo... Cristo vivió una vida sin pecado en carne pecaminosa: y Él puede y quiere hacer esto en tu carne y en la mía, si se lo permitimos, y obrará con Él".[206]

1945: "En Su naturaleza terrena se encontraban todas las necesidades y pasiones de los hombres... Hueso de nuestro hueso, carne de nuestra carne, vida de nuestra vida, experiencia de nuestra experiencia... La humanidad de Cristo es más que un hecho en y por sí misma. Es el punto de encuentro de un Dios santo con el hombre pecaminoso".[207]

"Para alcanzar y redimir a los hombres caídos el Redentor tiene que ser uno con ellos. Él tiene que compartir sus debilidades... Él no tiene que tener ningún privilegio que no esté al alcance del más débil de sus amigos... Él vino y tomó sobre Sí mismo la carne que Él había hecho, no como era cuando fue dotada con fuerza original, sino después de haber sido debilitada y corrompida por siglos de pecado".[208]

"Él (Jesús) no tenía ninguna ventaja sobre los demás, porque "Dios enviando a Su propio Hijo en semejanza de carne pecaminosa" hizo con que Jesús tomase la naturaleza del hombre para que Él pudiese alcanzar las necesidades del hombre".[209]

"Jesús tomó sobre Sí mismo la naturaleza del hombre... Como hijo de David, el descendiente de David, Él heredó todas las debilidades y flaquezas de Su línea de ancestrales... (se cita Heb. 2:14-17)... Esta doctrina escriturística de la encarnación es absolutamente esencial para una verdadera concepción de la expiación... Roma enseña que Jesús y aun María, Su madre, fueron "inmaculados" en su concepción. No nacieron de la misma carne, sujeta a pecado, como lo son las multitudes de hombres que heredan las debilidades de Adán".[210]

"Él (Jesús) nació en este mundo como todos nosotros... Él tomó sobre Sí nuestra naturaleza y pasó por nuestras experiencias...

Él se unió a Sí mismo con la humanidad, con la raza que Él vino a salvar, por las ataduras de la carne y de la sangre... atado a nosotros por las ligaciones de la carne y de la sangre...".[211]

1946: "Aun cuando Él era el Hijo de Dios, aun cuando se hizo un miembro de la raza humana, para que Él pudiese soportar las mismas pruebas y tentaciones que nosotros tenemos que soportar, y entender por experiencia propia las pruebas de los hombres que necesitan un Salvador".[212]

"... el Hijo de Dios nació de una mujer. Él nació en este mundo como cualquiera de nosotros... Él tomó sobre Sí nuestra naturaleza y pasó a través de nuestras experiencias... tomando sobre Sí mismo la naturaleza humana, Cristo fue hecho adecuado para entender las pruebas del hombre... Él se unió a Sí mismo con la humanidad, con la raza que Él vino a salvar, por las ataduras de la carne y de la sangre... Él tomó sobre Sí la simiente de Abrahán. "En todas las cosas debía Él ser como Sus hermanos".

Como Hijo de Dios, pero atado a nosotros por las ligaciones de la carne y de la sangre, el Hijo que nos había nacido no se avergüenza de llamarnos hermanos".[213]

1947: "... Él tomó la naturaleza caída del hombre".[214]

"... Cristo tiene que compartir la naturaleza pecaminosa del hombre".[215]

"(Citando a Ellen White) Habría sido una humillación casi infinita para el Hijo de Dios tomar la naturaleza del hombre, aun cuando Adán permaneció en su inocencia en el Edén. Pero Jesús aceptó la humanidad cuando la raza había sido debilitada por cuatro mil años de pecado. Como cada hijo de Adán, Él aceptó los resultados de la obra de la gran ley de la herencia.

...nuestro primeros padres les dejaron a sus descendientes un legado de tentación al pecado. Nosotros pasamos a través de la misma prueba, y el Hijo del hombre no fue una excepción...".[216]

"Así fue cuando Dios envió a Su Hijo al mundo, "La Palabra fue hecho carne, y habitó entre nosotros", y el Hijo de Dios se hizo también Hijo del hombre. En el Hijo, el Padre se unió con la raza caída".[217]

"Citando a Ellen White) Él "aceptó la humanidad cuando la raza estaba debilitada por cuatro mil años de pecado. Como cada hijo de Adán Él aceptó los resultados de la obra de la gran ley de la herencia. Lo que estos resultados fueron se muestran en la historia de Sus ancestrales terrestres".[218]

"Él vino a este mundo en semejanza de nuestra naturaleza, con el riesgo de fallar, para salvarnos".[219]

1948: "... mientras María fue escogida por Dios para ser la madre terrestre de Jesús en Su encarnación, el solo y único propósito de esta elección fue que Jesús pudiese ser participante de la carne y de la sangre de la raza de Adán...".[220]

"... Pero las Escrituras han colocado la identidad del anticristo más allá de cualquier conjetura o confusión. La Biblia ha definido claramente al culpable. Juan dice que él niega que "Jesús Cristo ha venido en la carne". (2Juan 7). Dejemos que esta sea la primera marca del anticristo por la cual su identidad será colocada más allá de cualquier disputa. El verso no dice que el anticristo niega que Jesús ha venido, sino que niega que "Él ha venido en la carne". Lejos de negar la existencia de Cristo, el texto sugiere que el anticristo enseña que Cristo ha venido, sino que enseña una doctrina acerca de su venida que niega que "Él ha venido en la carne". Si la Iglesia Católica es culpable, como lo declararon los Reformadores Protestantes, entonces su enseñanza en relación a la naturaleza de Jesús en Su encarnación en este mundo como un niño lo revelaría. Examinemos esa enseñanza a la luz del texto que está delante de nosotros.

La Biblia enseña que Jesús nació en el mundo a través de María, que era un descendiente directo de Adán. Por herencia ella participó de la naturaleza de Adán. La naturaleza de Adán era mortal y sujeta a muerte como resultado de la transgresión de la voluntad de Dios en el Edén. Su carne era por naturaleza aquella de los "hijos de la ira". María participó de esta naturaleza en todos sus aspectos. Ella era un representante de toda la raza humana, y no era de ninguna manera diferente de otros descendientes de la línea de Adán. Ella era "favorecida entre las mujeres" solamente porque ella fue la escogida de Dios a través de la cual el "misterio de la piedad sería hecho manifiesto", y a través de quien Jesús sería encarnado en el estado carnal de la raza humana. Fue el propósito de Dios que a través de un milagro divino Jesús debía ser traído desde el cielo, donde Él había sido uno con el Padre en la Divinidad, para nacer en la familia humana, y allí participar de todas las tentaciones a las cuales la raza de Adán está sujeta. Esto fue posible solamente si Él participase de la naturaleza de la raza de Adán. A respecto de esto Pablo dice: "Porque así como los hijos participan de la carne y de la sangre, Él también semejantemente participó de lo mismo... Por lo que en todas las cosas debía ser hecho semejante a Sus hermanos". (Heb. 2:14-17).

Por si fuese necesaria una evidencia adicional, el mismo escritor la agrega. En (1 Tim. 3:16) él declara: "Grande es el misterio de la piedad. Dios se manifestó en la carne". Aquí, él dice, está el misterio de la piedad, la aptitud de Jesús en venir desde el cielo, sufrir en Sí mismo manifestándose en carne humana, y sin embargo vivir sin pecado.

Este último hecho sería negado por el anticristo. Él negaría que Jesús vino en una manifestación divina que haría que Él participase en todas las fases de Su naturaleza con las debilidades de la raza de Adán. Él negaría que Jesús vino "en la carne", la misma carne que la de todos los hombres mortales.

En esta primera cuenta, la negación de que Cristo "ha venido en la carne", la Iglesia Católica permanece convicta de culpa y así se identifica con las marcas del anticristo. A través de la enseñanza de la "Inmaculada Concepción de María", de que ella fue preservada de todo pecado original, ellos en teoría han provisto una "carne diferente" de aquella que posee la raza de Adán, y ha sido la avenida por la cual Jesús fue encarnado en el plan de la salvación. Para confirmar sus enseñanzas con autoridad, lo mejor es citar nuestra evidencia a partir de autores católicos.

Nuestra primera prueba será de la pluma del Cardenal Gibbons en su libro, "La Fe De Nuestros Padres", páginas 203-204. Él dice: "Nosotros definimos que la bendita Virgen María en el primer momento de su concepción... fue preservada libre de la mancha del pecado original. Diferentemente al resto de los hijos de Adán, el alma de María nunca estuvo sujeta al pecado".

El Cardenal Gibbons ha declarado aquí claramente la enseñanza de la Iglesia Católica en relación a la impecabilidad de la Virgen María. Es una enseñanza que no es bíblica, pero que ha sido introducida por los profesores Católicos que reclaman tener autoridad aun sobre las Escrituras, en materia de doctrina.

Aquí yo le preguntaría a mis lectores, tanto Protestantes como Católicos, para que ponderen cuidadosamente lo que esta enseñanza le hace al plan del evangelio. Significa que si María nació sin pecado y fue preservada de pecar para el expreso propósito de traer a Jesús al mundo, entonces Jesús nació de carne santa, lo que era diferente del resto de la raza de Adán. Esto quiere decir que Él no tomó sobre Sí mismo nuestro tipo de carne y sangre, y en Su encarnación no se identificó a Sí mismo con la humanidad. Significa, también, que Él no fue tentado "en todos los puntos" como lo somos nosotros. Significa que Pablo estaba totalmente errado cuando escribió el libro de Hebreos en el cual él declara que Jesús "en Sí mismo semejantemente participó de la misma" carne como el resto de la raza de Adán, que "en todas las cosas" Él fue hecho "como Sus hermanos" Heb. (2:14,17). Pero por sobre todo esto, si la enseñanza católica es verdadera, entonces Jesús, no habiendo venido para alcanzar a la humanidad participando de la naturaleza humana, no puede ser un "mediador entre Dios y los hombres". Ni tampoco nosotros podemos "allegarnos confiadamente al trono de la gracia para obtener misericordia, y hallar gracia para ayudar en tiempo de necesidad". (Heb. 4:16). Todo esto se adecua convenientemente en la manos del plan de salvación católico. Abre ampliamente la puerta para la intercesión de la Virgen María y los respectivos "santos", que hacen parte del sistema mediador papal. Y aún más, coloca en las manos del sacerdocio el poder para usurpar autoridad, la cual Dios en Su Palabra jamás se las ha delegado a ellos, de ser controladores de las aproximaciones al trono de la misericordia.

En este punto de nuestra revisión del asunto del anticristo, yo creo que todos las personas imparciales reconocerán que si el Papado no es el anticristo ha sido singularmente infeliz al ser como la descripción de las Escrituras lo presentan. En la reivindicación papal de que Jesús nació de alguien que había sido "preservada de toda mancha de pecado original" y que, "diferentemente al resto de los hijos de Adán... nunca estuvo sujeta al pecado", encontramos la primera marca del anticristo indeleblemente implantada. El Papado ciertamente enseña que Jesús Cristo no "vino en la carne"".[221]

"Como el Hijo del hombre, Él, que en el principio poseía todo el poder y reveló toda la gloria, descendió Él mismo de todo esto, y se hizo "un hombre como cualquier otro hombre"".[222]

"Él descenderá al nivel de la humanidad, no al nivel del hombre en su primitiva pureza, y Él tomará sobre Sí mismo la carne pecaminosa. Él se va a hacer a Sí mismo herencia de todas las debilidades que el pecado ha causado en la familia humana".[223]

"Él fue hecho en semejanza de nuestra carne pecaminosa... En nuestra carne pecaminosa Él vivió una vida sin pecado...".[224]

1949: (Esta declaración se ha incluido, no porque diga directamente algo acerca de la naturaleza de Cristo, sino porque rechaza firmemente el concepto de pecado original definido como culpa heredada lo que da lugar a la necesidad de una doctrina de que Cristo tomó la naturaleza no caída de Adán, para poder escapar a la culpa del pecado original).

"Muchos profesores hoy han construido una concepción errónea de la naturaleza pecaminosa del hombre en la mal interpretación de estos versos en (Rom. 5:19). Ellos lo llaman "depravación total" o pecado original"... (esto) hace todo culpado no porque por lo que ellos hallan hecho sino debido a lo que Adán hizo cuando él pecó por primera vez.

Cuán diferente de este falso evangelio es la libertad espiritual y la victoria enseñada por Romanos".[225]

"... fue la misma carne que nosotros como hijos de la familia humana poseemos".[226]

"... el Hijo de Dios se hizo el Hijo del hombre... Vestido en carne humana, unido con la única raza caída del universo...".[227]

"Cuando leemos Su genealogía (la de Cristo) tal como aparece en Mateo y Lucas, sabemos que Sus antepasados terrestres eran hombres que estaban marcados con las debilidades humanas".[228]

"... Él nació como un niño en Belén, sujeto a las mismas pasiones que nosotros... Si Cristo hubiese sido exento de tentaciones, sin el poder y la responsabilidad de poder escoger, o sin las inclinaciones y tendencias pecaminosas de nuestra naturaleza pecaminosa, Él no podría haber vivido nuestra vida sin pecado...".[229]

1950: "... yo creo que Jesús, que dejó las cortes del cielo, dejó a un lado Su manto real, se sacó Su corona real, y vistió Su divinidad con humanidad... Él se humilló a Sí mismo para que Él pudiese alcanzar a los hombres caídos donde estos estaban...".[230]

"El Hijo de Dios… forjó una vida perfecta en la naturaleza humana, la misma naturaleza débil que nos es común a todos nosotros".[231]

"(Citando a Meade MacGuire) La encantadora condescendencia de Cristo en unir Su divinidad con nuestra pobre humanidad caída, es difícil de entender".[232]

"(Citando Ellen White) Jesús fue en todas las cosas hecho como Sus hermanos. Él se hizo carne así como nosotros lo somos".[233]

1951: "09 de Abril de 1951

El Editor

Signs of the Times

Estimado Señor,

Su artículo en la edición de Marzo de Signs of the Times titulado "Nuevo Dogma papal" me ha interesado. Estoy muy preocupado con el Dogma de la Inmaculada Concepción.

Le he preguntado a muchos Protestantes para que me expliquen esto, pero parece que nadie está dispuesto a hacerlo. Por eso le estaría agradecido si usted puede encontrar un pequeño espacio en su edición de "Mayo" para explicar esto, tal vez en su columna "La Palabra se Mueve"".

Interesado

(Lamentamos que la edición de Mayo ya haya sido impresa cuando recibimos esto, y la copia para el número de Junio también ya estaba lista. Esta es la primera oportunidad que hemos tenido de responder. (ED).

"La Enciclopedia Católica, Volumen 7, páginas 674-675, tiene esto a decir en relación al Dogma de la Inmaculada Concepción: "En la Constitución, "Inefabilis Deus" del 8 de Diciembre de 1854, el Papa Pío IX pronunció y definió que la bendita Virgen María en el primer instante de su concepción, a través de un privilegio singular y gracia garantizada por Dios, en vista de los méritos de Jesús Cristo, el Salvador de la raza humana, fue preservada exenta de toda mancha de pecado original".

El objetivo de esta enseñanza es el de destruir la fe basada en las Escrituras de que Jesús nació en la familia humana heredando las mismas dificultades físicas y espirituales como cualquier otro hombre, y que Su victoria sobre el pecado y sobre la tentación fue conseguida a pesar de esta desventaja mortal. La Iglesia Católica Romana cree y enseña que Jesús, Él mismo, fue concebido sin pecado original. "Nuestro Señor, siendo concebido por el Espíritu Santo, fue, a través de la virtud de Su concepción milagrosa, ipsofacto, libre de la mancha del pecado original".[234]

Para hacerlo aún más concreto de que Él no podría haber heredado el pecado original a través de Su madre, fue proclamado este dogma. Ella, se dice, también fue concebida libre de la mancha de la herencia del pecado, y por eso Jesús fue removido de toda una generación de Sus antepasados de naturaleza pecaminosa. María, se declara, fue concebida de tal manera que "la esencia formal y activa del pecado original no fue removida de su alma...; nunca estuvo en su alma. Simultáneamente con la exclusión del pecado, el estado de santidad original, inocencia, y justicia, opuestos al pecado original, le fueron conferidos a ella, por cuyo don, cada mancha y falta, toda emoción depravada, pasiones, y debilidades, esencialmente pertenecientes al pecado original, fueron excluidas".[235]

Así, este dogma afirma categóricamente que María fue un ser sin pecado y por eso no compartió la naturaleza normal de los humanos, la cual es inherentemente pecaminosa. Como Jesús fue concebido por ella por el Espíritu Santo, Él es doblemente inmune a toda mancha o corrupción de las debilidades de la naturaleza humana. Si esto es verdad, entonces Él no fue un hombre en el sentido en el cual nosotros hemos sido enseñados a mirarlo, sino un superhombre para quien fue fácil vencer la tentación a pecar, ya que había en Él solamente un odio divino a lo malo pero ningún deseo humano a pecar. Pero está directamente opuesto a las claras declaraciones de las Santas Escrituras, y por eso no deben ser aceptadas por ningún cristiano.

Esto es lo que la Palabra de Dios declara: "Porque así como los hijos participan de carne y sangre, Él también participó de lo mismo... Porque realmente Él no tomó sobre Sí la naturaleza de los ángeles; sino que Él tomó sobre Sí la simiente de Abrahán. Porque en todas las cosas debía ser hecho como Sus hermanos, para que Él pudiese ser un misericordioso y fiel Sumo Sacerdote en las cosas pertenecientes a Dios, para hacer reconciliación por los pecados del pueblo. Por lo que Él mismo ha sufrido siendo tentado, está apto a socorrer a aquellos que son tentados". (Heb. 2:14-18).

La impecabilidad de Jesús fue obtenida a expensas de angustia de alma y fuerte llanto y lágrimas a Dios. Fue una victoria ganada en el terreno árido de la batalla, y no solamente dando un salto desde una naturaleza natural a una naturaleza naturalmente sin pecado. "Porque no tenemos un Sumo Sacerdote que no pueda ser tocado con los sentimientos de nuestras enfermedades: sino que fue en todos los puntos tentado así como lo somos nosotros, pero sin pecado". (Heb. 4:15). "El cual en los días de su carne, cuando había ofrecido oraciones y súplicas con fuerte llanto y lágrimas delante del que estaba apto para salvarlo de la muerte, y fue oído en lo que temió; aun cuando Él fuese un Hijo, sin embargo aprendió obediencia a través de las cosas que sufrió; y habiendo sido perfeccionado, se hizo el autor de eterna salvación para todos aquellos que le obedecen".

(Heb. 5:7-9).

Jesús tuvo que soportar cada tentación natural a la humanidad, y sintió el fuerte impulso a la indulgencia, el cual ha nacido en cada uno de nosotros. Pero por la gracia de Dios, la habitación del Santo Espíritu, y Su propia determinación indomable para obedecer a Dios, Él estuvo apto a vencer cada tentación y ganar para Sí mismo, y para toda la humanidad, una victoria gloriosa. A través de Su muerte en el Calvario Él pagó el precio del pecado original, y liberó a toda la humanidad de su culpa. Pero Él también expió los pecados originales de los hombres, de tal manera que todos los que aceptan Su sacrificio han sido librados de su propia culpa como también de la ruina del pecado original.

Para rescatar a la humanidad de su desesperada condición pecaminosa, Jesús tuvo que compartir nuestra humanidad. Para obtener la redención y la victoria para la humanidad, Él tuvo que entrar en el conflicto llevando la misma naturaleza de aquellos a quien Él vino a redimir. Él tuvo que heredar la naturaleza naturalmente pecaminosa de todos los hijos de Adán para que Su victoria sobre la tentación pudiese ser de valor y significado para la humanidad. Si Él hubiese nacido, como se enseña en el dogma de la Inmaculada Concepción, con una naturaleza que estaba aislada de toda mancha de pecado original, Él no habría sido hecho en todos los puntos como Sus hermanos, y Su ejemplo nosotros no lo podemos seguir, o aun tratar de emular.

Este dogma destruiría la ligación esencial de Cristo con la humanidad y también Lo remueve a Él de Su posición como un Mediador solidario entre el hombre y Dios. No habiendo nacido con los espasmos de la tentación bajo el peso de una naturaleza pecaminosa por nacimiento, Él no podría entender nuestra entrada en nuestras experiencias. Así, habiendo destruido la base para Su mediación, pero reconociendo la necesidad de una ligación entre la humanidad y Dios, la Iglesia Católica Romana ha exaltado a Su madre, María, para que sea la mediatriz de la humanidad entre la humanidad y Su divino Hijo.

Fue justamente contra estas "herejías infames" (2 Pedro 2:1) que el apóstol Juan alertó a la iglesia. Él le dio una prueba para encontrar la verdad: "En esto conoced el Espíritu de Dios: cada espíritu que confiese que Jesús Cristo ha venido en la carne es de Dios; y cada espíritu que no confiese que Jesús Cristo ha venido en la carne no es de Dios; y este es el espíritu del anticristo, el cual vosotros habéis oído que vendría; y que aun ahora ya está en el mundo". (1 Juan 4:2-3)".[236]

"Él (Jesús) tuvo que heredar la naturaleza naturalmente pecaminosa de todos los hijos de Adán que Su victoria sobre la tentación pudiese ser de valor y significado para la humanidad. Si Él hubiese nacido, tal como se enseña en el dogma de la Inmaculada Concepción, con una naturaleza que estaba aislada de toda mancha de pecado original, Él no habría sido hecho en todos los puntos como Sus hermanos, y nosotros no podríamos seguir Su ejemplo, o aun tratar de emular. Este dogma destruiría la ligación esencial de Cristo con la humanidad y también Lo removería a Él de Su posición de Mediador solidario entre el hombre y Dios. No habiendo nacido con los espasmos de la tentación bajo el peso de una naturaleza pecaminosa por nacimiento, Él no podría entender o entrar en nuestras experiencias".[237]

(La Biblia y Nuestros Tiempos, publicado en Inglaterra, estaba disponible para nosotros solamente en los años 1950, 1951 y 1952).

1952: "El nacimiento de Jesús fue la más completa demostración del amor de "Dios enviando a Su propio Hijo en semejanza de carne pecaminosa".[238]

"Él es "tocado" con nuestros sentimientos y enfermedades porque Él comparte nuestra naturaleza".[239]

"Solamente como un hombre con las mismas ventajas y limitaciones de otros hombres, podía Jesús ser un ejemplo perfecto para otros hombres. Fue necesario que no hubiese una diferencia natural entre Él mismo y los hombres que Él vino a salvar...".[240]

"La controversia de las eras estaba en andamiento. Su resultado sería determinado en Su persona que Se hizo participante de la misma carne y sangre con la humanidad caída".[241]

"El Hijo de Dios también se hizo el Hijo del hombre y Él fue hombre en cada consideración, excepto que Él no cometió pecado. Y porque Él se hizo hombre y fue dado a los hombres, Él nos pertenece".[242]

1954: "Cada día de Su humillación en carne pecaminosa era un día de sufrimiento".[243]

1957: "Jesús en Su infinito sacrificio tomó la humanidad caída, incluyendo la suya y la mía, y la llevó a la cruz".[244]

"Él se hizo carne y sangre tal como nosotros lo somos, y heredó de Su madre la naturaleza humana que nosotros heredamos, pero Él no pecó".[245]

1958: "Cristo llevó los pecados y las enfermedades de la raza tal como ellos existían cuando Él vino a la tierra a ayudar al hombre... con las debilidades del hombre caído sobre Él... Desde la caída la raza había estado decreciendo en tamaño y en fuerza física, y descendiendo cada vez más abajo en la escala de los valores morales... para elevar al hombre caído, Cristo tuvo que alcanzarla donde esta estaba. Él tomó la naturaleza humana, y llevó las enfermedades y degeneración de la raza". Ellen White (reimpresión), Mensajes Selectos, 1958, Volumen 1, pág. 267-268 (todo este capítulo debiera ser estudiado).

"La humanidad de Cristo alcanzó las mismas profundidades de las miserias humanas, y se identificó a sí mismo con las debilidades y necesidades del hombre caído...".[246]

Notas:

1. N. J. Waldorf, The Watchman, Abril 1916, pág. 39, col. 2.

2. C. P. Bollman, Presidente Conferencia, Editor Asistente de la Review and Herald; Review and Herald, 31-01-1918, pág. 9, col. 1.

3. Editorial, The Watchman, Abril 1919, pág. 26, col. 2.

4. W. W. Pres-cott, The Doctrine of Christ, pág. 53.

5. J. L. Schuler, Evangelista, secretario ministerial, presidente de conferencia; The Watchman, Julio 1920, pág. 18, col. 2.

6. G. B. Thompson, Review and Herald, 24-02-1921, pág. 10, col. 1.

7. Percy Brokner, Review and Herald, 17-03-1921, pág. 12, col. 1.

8. Folleto de la Escuela Sabática, Primer Trimestre, 1921, pág. 16.

9. Folleto de la Escuela Sabática, Segundo Trimestre, 1921, pág. 13-14.

10. G. B. Thompson, Review and Herald, 01-09-1921, pág. 8, col. 2.

11. E. Hiliard, Review and Herald, 15-09-1921, pág. 18, col. 1.

12. Millard Fillmore Thorn, Review and Herald, 22-12-1921, pág. 4, col. 1.

13. C. P. Bollman, Review and Herald, 05-10-1922, pág. 5, col. 2.

14. Ellen White, Testimonios para Ministros, 1923, pág. 177.

15. Ellen White, Fundamentos de la Educación, 1923, pág. 400.

16. Ellen White, Fundamentos de la Educación, 1923, pág. 408.

17. Calvin P. Bollman, Editor, Australian Signs of the Times, 26-02-1923, pág. 6, col. 2.

18. A. L. King, Editor Asociado; Australian Signs of the Times, 05-03-1923, pág. 4, col. 2.

19. F. D. Nichol, Editor Asistente de Signs of the Times; Review and Herald, 01-03-1923, pág. 7, col. 2.

20. Asa T. Robinson, Presidente de Conferencia, misionero pionero; Review and Herald, 20-12-1923, pág. 4, col. 1.

21. W. W. Prescott, Australian Signs of the Times, 07-01-1924, pág. 12, col. 2.

22. R. S. Owen, Profesor de Colegio, Presidente de Colegio; Review and Herald, 20-03-1924, pág. 10, col. 1.

23. W. W. Prescott, Review and Herald, 01-05-1924, pág. 10, col.1.

24. John A. Rippey, Australian Signs of the Times, 05-05-1924, pág. 13.

25. Meade MacGuire, Secretario de Departamento de la Conferencia General para la Juventud y Secretario Asociado del

Departamento Ministerial; La Vida de Victoria, 1924, pág. 18.

26. Mead MacGuire, La Vida de Victoria, 1924, pág. 43.

27. Respuestas a Preguntas, The Watchman, Septiembre 1924, pág. 32, col. 3.

28. Carlyle B. Haynes, Evangelista, Autor, Administrador; The Watchman, Noviembre 1924, pág. 14, col.2.

29. B. H. Shaw, Review and Herald, 01-01-1925, pág. 11, col. 2.

30. Edwin K. Slade, Administrador de Conferencia, Australian Signs of the Times, 09-02-1925, pág. 15, col.2.

31. Milton C. Wilcox, Review and Herald, 19-02-1925, pág. 5, col. 1.

32. Milton C. Wilcox, Review and Herald, 30-04-1925, pág. 11, col. 1.

33. P. C. Poley, Australian Signs of the Times, 18-05-1925, pág. 2, col. 1.

34. M. B. Van Kirk, Australian Signs of the Times, 28-09-1925, pág. 12, col. 1.

35. Stemple White, Signs of the Times, 05-01-1926, pág. 10, col. 2.

36. Stemple White, Signs of the Times, 19-04-1926, pág. 8, col. 1.

37. Stemple White, Signs of the Times, 19-04-1926, pág. 9, col. 2-3.

38. Allen Walker, The Watchman, Abril 1926, pág. 29, col. 3.

39. Editorial (Asa Oscar Tait, Alonzo L. Baker, Francis D. Nichol), Signs of the Times, 20-04-1926, pág. 7, col. 2.

40. Editorial (Asa Oscar Tait, Profesor de Colegio, Editor de Signs of the Times, Se-cretario de Departamento de la Conferencia General; Signs of the Times, 27-04-1926, pág. 10, col. 1.

41. L. A. Hansen, Editor de Life and Health; Signs of the Times, 08-06-1926, pág. 14, col. 2.

42. R. D. Quinn, Review and Herald, 11-06-1926, pág. 14, col. 2.

43. George W. Wells, The Watchman, Julio 1926, pág. 25, col. 1.

44. L. A. Hansen, Signs of the Times, 17-08-1926, pág. 14, col.2.

45. W. Howard James, Australian Signs of the Times, 13-09-1926, pág. 11, col. 3.

46. R. A. Salton, Australian Signs of the Times, 15-11-1926, pág. 13, col. 1.

47. I. H. Evans, Signs of the Times, 18-01-1927, pág. 5, col. 1.

48. M. B. Van Kirk, Signs of the Times, 12-04-1927, pág. 12, col. 3.

49. W. J. Gilson, Australian Signs of the Times, 23-05-1927, pág. 12. Col. 2.

50. Deseado de Todas las Gentes:92.

51. L. A. Wilcox, Signs of the Times, 22-03-1927, pág. 5, col. 3-4.

52. W. Howard James, Review and Herald, 26-05-1927, pág. 5, col. 1.

53. C. P. Bollman, Review and Herald, 16-06-1927, pág. 8, col. 2.

54. F. C. Gilbert, Secretario General de la Conferencia General; Signs of the Times, 04-10-1927, pág. 13, col. 1.

55. C. P. Bollman, Review and Herald, 01-12-1927, pág. 7, col. 2.

56. Meade MacGuire, Su Cruz y la Mía, 1927, pág. 17.

57. Meade MacGuire, Su Cruz y la Mía, 1927, pág. 77.

58. Meade MacGuire, Su Cruz y la Mía, 1927, pág. 79.

59. Meade MacGuire, Su Cruz y la Mía, 1927, pág. 97.

60. Ellen White, Australian Signs of the Times, 15-10-1928, pág. 7, col. 3.

61. I. A. Crane, Review and Herald, 12-01-1928, pág. 8, col. 1.

62. Editorial, Australian Signs of the Times, 06-02-1928, pág. 12, col. 2-3.

63. H. E. Giddings, Profesor de Colegio, Presidente de Colegio; Review and Herald, 22-11-1928, pág. 6, col. 1.

64. Reimpreso sin cambio el 21 de Agosto de 1928, pág. 6, col. 2-3; William Wirth, Signs of the Times, 06-03-1928, pág. 6, col. 1.

65. Leonard R. Harvey, Australian Signs of the Times, 04-06-1928, pág. 9, col. 1.

66. M. H. Whittaker, Australian Signs of the Times, 23-07-1928, pág. 11, col. 2.

67. C. M. Snow, Editor; Australian Signs of the Times, 06-08-1928, pág. 7, col. 2.

68. F. G. Rampton, Australian Signs of the Times, 06-08-1928, pág. 9, col. 3 y pág. 10, col. 1.

69. Louis F. Werw, Australian Signs of the Times, 06-08-1928, pág. 13, col. 1.

70. L. A. Wil-cox, Signs of the Times, 18-12-1928, pág. 9, col. 1-2.

71. L. A. Reed, Signs of the Times, 18-12-1928, pág. 9, col. 2.

72. Folleto de la Escuela Sabática, Primer Trimestre, 1928, pág. 15.

73. Ellen White, Australian Signs of the Times, 22-07-1929, pág. 1, Box.

74. W. W. Prescott, Signs of the Times, 15-01-1929, pág. 13, col. 2.

75. Reimpreso con algunos cambios en la edición del 12-02-1929, pág. 13, col. 1; W. W. Prescott, Signs of the Times, 22-0-1929, pág. 13, col. 1.

76. R. A. Salton, Australian Signs of the Times, 11-02-1929, pág. 7, col. 3.

77. C. M. Snow, Editor; Australian Signs of the Times, 04-03-1929, pág. 7, col. 2.

78. Joseph E. Steed, Review and Herald, 20-06-1929, pág. 13, col. 3.

79. W. J. Gilson, Australian Signs of the Times, 24-06-1929, pág. 8, col. 1-2-3.

80. F. L. Sharp, Australian Signs of the Times, 24-06-1929, pág. 11, col. 1.

81. E. F. Hackman, Presidente de Conferencia, Presidente de Unión, Presidente de División, Review and Herald, 04-07-1929, pág. 24, col. 1.

82. Meade MacGuire, Signs of the Times, 09-07-1929, pág. 10, col. 2.

83. W. J. Gilson, Australian Signs of the Times, 15-07-1929, pág. 11, col. 1.

84. A. R. Bell, Signs of the Times, 16-07-1929, pág. 10, col. 2.

85. W. W. Prescott, Review and Herald, 18-07-1929, pág. 8, col. 2.

86. W. W. Prescott, Review and Herald, 22-08-1929, pág. 5, col. 2.

87. A. R. Bell, Review and Herald, 05-09-1929, pág. 5, col. 2-3.

88. John R. Jones, Signs of the Times, 08-10-1929, pág. 11, col. 1.

89. F. L. Sharp, Australian Signs of the Times, 28-10-1929, pág. 2, col. 1-2.

90. A. G. Daniells, Presidente Conferencia, Presidente de Unión, Presidente de la Conferencia

Gene-ral; Review and Herald, 07-11-1929, pág. 5, col. 3.

91. G. A. Roberts, Review and Herald, 28-11-1929, pág. 7, col. 2.

92. Joseph E. Steed, Australian Signs of the Times, 27-01-1930, pág. 5, col. 2-3.

93. Alfonso N. Anderson, Misionero, Administrador, Profesor, Editor; The Watchman, Febrero 1930, pág. 34, col. 2.

94. Oscar Tait (Editorial), Signs of the Times, 08-04-1930, pág. 7, col. 1.

95. William Wirth, Signs of the Times, 22-04-1930, pág. 6, col. 3.

96. M. H. Whittaker, Australian Signs of the Times, 19-05-1930, pág. 1, col. 1.

97. Joseph E. Steed, Review and Herald, 29-05-1930, pág. 8, col. 2.

98. R. A. Salton, Australian Signs of the Times, 30-06-1930, pág. 14, col. 3.

99. Lionel Turner, Australian Signs of the Times, 04-08-1930, pág. 2, col. 3.

100. J. M. Hopkins, Review and Herald, 18-09-1930, pág. 7, col. 1.

101. James E. Cormack, Australian Signs of the Times, 06-10-1930, pág. 13, col. 2.

102. Raymond Reye, Australian Signs of the Times, 20-10-1930, pág. 2, col. 2.

103. W. W. Prescott, Review and Herald, 06-11-1930, pág. 4, col. 2.

104. A. R. Bell, Signs of the Times, 11-11-1930, pág. 3, col. 1.

105. Allen Walker, Signs of the Times, 25-11-1930, pág. 11, col. 2.

106. Ellen White (reimpresión), Signs of the Times, 22-12-1931, pág. 10, col. 3.

107. R. A. Salton, Review and Herald, 08-01-1931, pág. 4, col. 2.

108. A. T. Robinson, Review and Herald, 21-05-1931, pág. 11, col. 2.

109. Llewellyn A. Wilcox, Signs of the Times, 01-12-1931, pág. 2, col. 3.

110. Walter E. Hancock, Signs of the Times, 16-02-1932, pág. 5, col. 2.

111. R. A. Salton, Australian Signs of the Times, 25-04-1932, pág. 10, col. 3.

112. L. Ervin Wright, The Watchman, Mayo 1932, pág. 17, col. 1-2.

113. Elva Zachrison, Signs of the Times, 07-06-1932, pág. 3, col. 1.

114. William H. Branson, The Watchman, Julio 1932, pág. 17, col. 3.

115. William H. Branson, The Watchman, Julio 1932, pág. 35, col. 2.

116. Nels P. Nielsen, Signs of the Times, 19-07-1932, pág. 12, col. 2.

117. Marion R. McLennan, Australian Signs of the Times, 13-08-1932, pág. 9, col. 1.

118. Joseph E. Steed, Aus-tralian Signs of the Times, 31-10-1932, pág. 9, col. 3.

119. Amelia L. Jones, Australian Signs of the Times, 07-11-1932, pág. 9, col. 2.

120. Joseph E. Steed, Australian Signs of the Times, 28-11-1932, pág. 8, col. 3 y pág. 9, col. 1.

121. Ellen White, Australian Signs of the Times, 25-09-1933, pág. 3, col. 1.

122. Llewellyn Wilcox, Signs of the Times, 03-01-1933, pág. 13, col. 2.

123. Merlin L. Neff, Educador, Autor, Editor; Signs of the Times, 24-01-1933, pág. 5, col. 1.

124. I. H. Evans, Administrador,

VicePresidente de Conferencia General, Autor; Review and Herald, 06-04-1933, pág. 7, col. 2.

125. William H. Branson, The Watchman, Agosto 1933, pág. 12, col. 1-3.

126. C. M. Snow, Editor, Australian Signs of the Times, 18-09-1933, pág. 8, col. 3.

127. W. H. Branson, Evangelista, Autor, Administrador de Conferencia, Presidente de Conferencia General; Australian Signs of the Times, 30-10-1933, pág. 11, col. 2.

128. I. H. Evans, Administrador, Vicepresidente de Conferencia General, Autor; Australian Signs of the Times, 01-01-1934, pág. 9, col. 1.

129. T. H. Jeyes, Review and Herald, 01-03-1934, pág. 7, col. 2.

130. I. H. Evans, Review and Herald, 05-04-1934, pág. 6, col. 2.

131. Allen Walker, Review and Herald, 26-04-1934, pág. 10, col. 1.

132. W. W. Prescott, Educador, Administrador; Signs of the Times, 12-06-1934, pág. 14, col. 1.

133. W. E. Howell, Presidente de Colegio, Secretario Departamental de Conferencia General; Review and Herald, 02-08-1934, pág. 16, col. 2.

134. Elva Zachrison, Signs of the Times, 30-10-1934, pág. 3, col. 2.

135. Alfred S. Jorgensen, Australian Signs of the Times, 17-12-1934, pág. 11, col. 1.

136. C. H. Watson, Presidente de Conferencia, Presidente de Unión, Presidente de Conferencia General; La Obra Expiatoria de Cristo: 1934, pág. 59, 64.

137. C. P. Bollman, Review and Herald, 07-02-1935, pág. 9, col. 1.

138. C. H. Watson, Review and Herald, 14-02-1935, pág. 3, col. 1.

139. W. G. Turner, Presidente de Conferencia, Presidente de División, Secretario Departamental de Confe-rencia General; Review and Herald, 07-11-1935, pág. 4, col. 3.

140. C. P. Bollman, Review and Herald, 21-11-1935, pág. 12, col. 2.

141. Leonard S. Barnes, Australian Signs of the Times, 13-01-1936, pág. 5, col. 1.

142. Estudio Bíblico, W. R. Carswell, Australian Signs of the Times, 17-02-1936, pág. 13, col. 3.

143. Carlyle B. Haynes, Autor de 45 libros, Presidente de Conferencia, Presidente de División, Secretario Departamental de Conferencia General; Review and Herald, 20-02-1936, pág. 4, col. 2.

144. W. W. Prescott, Review and Herald, 27-02-1936, pág. 7, box.

145. A. L. King, Editor; Australian Signs of the Times, 02-03-1936, pág. 4, col. 3 y pág. 5, col. 1.

146. Marian M. Hay, Editor Asociado, Australian Signs of the Times, 02-03-1936, pág. 6, col. 2-3.

147. W. W. Prescott, Educador, Administrador; Australian Signs of the Times, 04-05-1936, pág. 7, col. 2.

148. Marian M. Hay, Australian Signs of the Times, 06-07-1936, pág. 6, col. 3 y pág. 7, col. 2.

149. G. T. Smisor, Signs of the Times, 21-07-1936, pág. 11, col. 3.

150. W. H. Branson, Presidente de Unión, Presidente de División, Presidente de Conferencia General; Signs of the Times, 11-08-1936, pág. 11, col. 1-2.

151. W. W. Prescott, Australian Signs of the Times, 24-08-1936, pág. 12, col. 3.

152. F. D. Nichol, Review and Herald, 03-09-1936, pág. 4, col. 2.

153. Merlin L. Neff; Australian Signs of the Times, 14-09-1936, pág. 11-12.

154. W. W. Carswell (Estudio Bíblico), Australian Signs of the Times, 19-10-1936, pág. 13, col. 2.

155. Marian M. Hay, Australian Signs of the Times, 23-11-1936, pág. 6, col. 3.

156. Ellen White, Australian Signs of the Times, 25-01-1937, pág. 7, col. 2.

157. N. P. Nielsen, Tesorero de Misión, Review and Herald, 07-01-1937, pág. 1, box.

158. W. W. Prescott, Review and Herald, 07-01-1937, pág. 18, col. 1.

159. Marian M. Hay, Australian Signs of the Times, 11-01-1937, pág. 6, col. 3.

160. Gwynne Dalrymple, Educador, Autor; Australian Signs of the Times, 29-03-1937, pág. 2, col. 1.

161. N. P. Nielsen, Review and Herald, 08-04-1937, pág. 7, col. 1.

162. W. W. Prescott, Review and Herald, 15-04-1937, pág. 1, box.

163. 163.T. M. French, Profesor de Colegio; Review and Herald, 03-06-1937, pág. 8, col. 1.

164. T. M. French, Review and Herald, 10-06-1937, pág. 9, col. 1.

165. T. M. French, Review and Herald, 08-07-1937, pág. 8, col. 2.

166. T. M. French, Review and Herald, 15-07-1937, pág. 5, col.1.

167. Ida M. Raines, Review and Herald, 29-07-1937, pág. 8, col. 1.

168. F. M. Wilcox, Editor de la Review and Herald; Review and Herald, 30-09-1937, pág. 2, col. 1.

169. W. H. Branson, Australian Signs of the Times, 01-11-1937, pág. 8, col. 2.

170. (8T: 256); J. L. McElhany, Presidente de Conferencia, Presidente de Unión, Presidente de División, Presidente de Conferencia General; Review and Herald, 04-11-1937, pág. 21, col. 1.

171. N. P. Nielsen, Australian Signs of the Times, 22-11-1937, pág. 11, col. 3.

172. C. P. Bollman, Australian Signs of the Times, 03-01-1938, pág. 6, col. 2.

173. C. Lester Bond, Presidente de Conferencia, Secretario Departamental de la Conferencia General; Review and Herald, 24-02-1938, pág. 8, col. 1.

174. E. K. Slade, Presidente de Confe-rencia, Presidente de Unión; Review and Herald, 21-04-1938, pág. 3, col. 2.

175. E. K. Slade, Review and Herald, 28-04-1938, pág. 8, col. 2.

176. C. P. Bollman, Review and Herald, 09-06-1938, pág. 10, col. 1.

177. J. E. Fulton, Misionero, Administrador; Australian Signs of the Times, 05-09-1938, pág. 1, col. 2-3 y pág. 2, col. 1.

178. J. W. Harvey, Australian Signs of the Times, 05-12-1938, pág. 10, col. 3.

179. C. P. Bollman, Australian Signs of the Times, 09-01-1939, pág. 6, col. 3.

180. A. R. Bell, Review and Herald, 12-01-1939, pág. 5, col. 1.

181. Dr. D. H. Kress, Físico; Australian Signs of the Times, 24-07-1939, pág. 7, col. 1.

182. W. Howard James, Australian Signs of the Times, 07-08-1939, pág. 10, col. 3.

183. Frederick Lee, Misionero,; Review and

Herald, 02-11-1939, pág. 8, col. 1.

184. Robert Hare, Evangelista, Escritor, Editor; Australian Signs of the Times, 20-11-1939, pág. 8, col. 2.

185. D. A. R. Aufranc, Australian Signs of the Times, 18-12-1939, pág. 2, col. 1.

186. Ellen White (reimpresión), Signs of the Times 30-04-1940, pág. 10, c. 2 y pág. 11, c. 1.

187. M. L. Andreasen, Presidente de Conferencia, Presidente de Colegio, Profesor de Seminario; Review and Herald, 10-10-1940, pág. 5, col. 2.

188. N. P. Nielsen, Signs of the Times, 27-05-1941, pág. 8, col. 1.

189. J. C. Stevens, Signs of the Times, 05-08-1941, pág. 11, col. 1.

190. J. E. Fulton, Misionero, Presidente de Conferencia, Presidente de Unión, Presidente de División; Review and Herald, 06-11-1941, pág. 13, col. 2.

191. W. G. Turner, The Watchman, Febrero 1942, pág. 2, c. 2.

192. L. H. Wood, Australian Signs of the Times, 15-06-1942, pág. 2, col. 2.

193. A. V. Olson, Presidente de Conferencia, Presidente de Unión, Presidente de División, VicePresidente General; Review and Herald, 06-08-1942, pág. 4, col. 1 y pág. 5, col. 1.

194. Howard G. Davis, Australian Signs of the Times, 17-08-1942, pág. 11, col. 1.

195. J. K. Jones, Australian Signs of the Times, 14-09-1942, pág. 9, col. 1.

196. R. F. Cotrell, Misionero, Autor; Signs of the Times, 13-10-1942, pág. 10, col. 2.

197. Christian Edwardson, Autor; Hechos de la Fe, 1942, pág. 204-205.

198. J. C. Stevens, Signs of the Times, 19-01-1943, pág. 14, col. 1.

199. A. R. Bell, Review and Herald, 11-02-1943, pág. 3, col. 2.

200. J. C. Stevens, Signs of the Times, 02-03-1943, pág. 6, col. 2.

201. F. M. Wilcox, Review and Herald, 15-04-1943, pág. 2, col. 1.

202. Estudio Bíblico N°24, Australian Signs of the Times, 26-04-1943, pág. 5, col. 3.

203. J. B. Cooks, Signs of the Times (Africa del Sur), 1943, pág. 4, col. 1.

204. E. K. Slade, Review and Herald, 04-11-1943, pág. 5, col. 1.

205. S. George Hyde, Australian Signs of the Times, 27-03-1944, pág. 1, col. 1.

206. A. W. Truman, Profesor de Colegio; Review and Herald, 08-06-1944, pág. 8, col. 2-3.

207. A. Wellington Clarke, Signs of the Times (Africa del Sur), Abril de 1945, pág. 5, col. 1.

208. F. G. Clifford, Signs of the Times (Africa del Sur), Junio de 1945, pág. 6, col. 2.

209. J. A. Charlton, Australian Signs of the Times, 03-09-1945, pág. 4, col. 2.

210. Varner Johns, Review and Herald, 01-11-1945, pág. 11, col. 2.

211. A. R. Bell, The Watchman, Diciembre de 1945, pág. 14, col. 1.

212. Leonard C. Lee, Ministro, Autor, Locutor de Radio; Australian Signs of the Times, 24-06-1946, pág. 8, col. 3.

213. A. R. Bell, Australian Signs of the Times, 23-12-1946, pág. 8, col. 2-3.

214. Ellen White, Historia de la Redención, 1947, pág. 44.

215. A. G. Stewart, Misionero, Administrador, Autor; Review and Herald, 09-01-1947, pág. 8, col. 1.

216. Raymond Bullas, Australian Signs of the Times, 06-10-1947, pág. 5, col. 1.

217. Llewellyn Jones, Australian Signs of the Times, 10-11-1947, pág. 5, col. 3.

218. R. A. Grie-ve, Signs of the Times (Africa del Sur), Diciembre de 1947, pág. 10, col. 1.

219. R. A. Salton, Australian Signs of the Times, 15-12-1947, pág. 4, col. 3.

220. J. B. Conley, Australian Signs of the Times, 10-05-1948, pág. 5, col. 2.

221. J. B. Conley, Australian Signs of the Times, 24-05-1948, pág. 4-6.

222. W. G. Turner, Review and Herald, 15-07-1948, pág. 8, col. 1.

223. Dallas Youngs, Review and Herald, 26-08-1948, pág. 9, col. 2.

224. R. A. Salton, Australian Signs of the Times, 22-11-1948, pág. 11, col. 3.

225. L. H. Christian, Presidente de Conferencia, Presidente de Unión, Presidente de División, VicePresidente de Conferencia General; Review and Herald, 20-01-1949, pág. 10, col. 2.

226. Berthold H. Swartzkopf, Australian Signs of the Times, 21-03-1949, pág. 7, col. 1.

227. Robert Hare, Australian Signs of the Times, 20-06-1949, pág. 7, col. 2.

228. Mary Walsh, Instructora Bíblica; Australian Signs of the Times, 24-10-1949, pág. 11, col. 1.

229. Fenton Edwin Froom, Nuestros Tiempos, Diciembre de 1949, pág. 4, col. 2.

230. Ellen White (reimpresión), Review and Herald, 18-05-1950, pág. 7, col. 1.

231. Marian M. Hay, Australian Signs of the Times, 21-08-1950, pág. 5, col. 3.

232. Mary Miles, Nuestros Tiempos, Noviembre de 1950, pág. 21, col. 1.

233. W. E. Read, General Conference Bulletin, 1950, pág. 154, col. 3.

234. Ídem, pág. 676.

235. Ídem.

236. Editorial, Signs of the Times (Africa del Sur), Julio de 1951, pág. 2-3.

237. G. Ste-venson, Editor, Signs of the Times (Africa del Sur), Julio de 1951, Volumen 28, N°7, pág. 2, 10.

238. J. A. McMillan, La Biblia y Nuestros Tiempos (Inglaterra), 11-12-1952, pág. 7, col. 2.

239. J. A. McMillan, La Biblia y Nuestros Tiempos (Inglaterra), 11-12-1952, pág. 13, col. 1.

240. G. Stevenson, Editor; Signs of the Times (Africa del Sur) Volumen 20, N°2, pág. 3.

241. Benjamin P. Hoffman, Misionero, Profesor de Colegio, Profesor de Seminario; Review and Herald, 09-04-1953, pág. 4, col. 1.

242. G. J. E. Coetzee, Signs of the Times (Africa del Sur), Diciembre de 1953, pág. 4, col.. 1.

243. H. L. Rudy, Presidente de Conferencia, VicePresidente de Conferencia General; Review and Herald, 14-10-1954, pág. 3, col. 2.

244. Meade MacGuire (reimpresión), Review and Herald, 14-02-1957, pág. 4, col. 2.

245. Meade MacGuire (reimpresión), Review and Herald, 21-02-1957, pág. 6, col. 1.

246. Ellen White, Mensajes Selec-tos, 1958, Volumen 1, pág. 272-273.

## Capítulo 14 – Reflexión-¿De Cuántas Maneras Podría Ella haberlo Dicho?

Los escritores que frecuentemente vuelven a un tema que es central en sus pensamientos, tienen la tendencia de expresarlo de diferentes maneras. Es interesante notar las diversas expresiones de sus puntos de vista en relación a la naturaleza de Cristo que ocurren en los escritos de Ellen White.

"Él debía tomar la naturaleza caída del hombre".[1]

"Tomar la forma y naturaleza del hombre caído".[2]

"Una piedra de apoyo para el hombre caído".[3]

"Entre el hombre caído y Dios".[4]

"La semejanza de carne pecaminosa".[5]

"Unió Sus intereses con los hijos e hijas caídos de Adán".[6]

"Tomando el lugar del Adán caído".[7]

"Se humilló a Sí mismo hasta la humanidad caída".[8]

"Las debilidades del hombre caído sobre Él".[9]

"Llevó las enfermedades y degeneración de la raza".[10]

"Se identificó a Sí mismo con las debilidades y miserias del hombre caído".[11]

"Alcanzó al hombre donde este está".[12]

"Se ligó a Sí mismo con la debilidad de la humanidad".[13]

"La forma de la humanidad con todas sus enfermedades inherentes".[14]

"No apartado de la degradada y pecaminosa humanidad".[15]

"Al nivel de las débiles facultades del hombre".[16]

"Para unir a la raza caída con Sí mismo".[17]

"Una experiencia en todo aquello que pertenece a la vida humana".[18]

"Para levantar a la raza caída".[19]

"Él exaltó la raza caída".[20]

"Unió al mundo caído con el cielo".[21]

"Para alcanzar a los hombres caídos donde estos estaban".[22]

"El "Juez" entre un Dios santo y nuestra humanidad pecaminosa".[23]

"Uno con la raza caída".[24]

"Todas las fuerzas de las pasiones de la humanidad".[25]

"Naturaleza... idéntica a la nuestra".[26]

"conectó al hombre pecaminoso con Su propia naturaleza divina".[27]

"Llevando la humanidad que nosotros llevamos".[28]

"Unió al hombre caído con el infinito Dios".[29]

"Tomó sobre Sí nuestra naturaleza pecaminosa".[30]

"Pasó sobre el terreno que el hombre tiene que pasar".[31]

"Totalmente humano".[32]

"Tomando... la naturaleza del hombre en su condición caída".[33]

"Como cada hijo de Adán, Él aceptó los resultados de la obra de la gran ley de la herencia".[34]

"A la cabeza de la humanidad caída".[35]

"No violaré un único principio de la naturaleza humana".[36]

"Abrazó a la humanidad caída".[37]

"En realidad unió la naturaleza ofensiva del hombre con Su propia naturaleza sin pecado".[38]

"Tomó sobre Sí mismo, la naturaleza humana caída y sufridora, degradada y contaminada por el pecado".[39]

"Tomando la naturaleza pero no la pecaminosidad del hombre".[40]

"El hijo de una raza caída".[41]

"Descendió al nivel de la humanidad caída".[42]

"Hermano en nuestras enfermedades".[43]

"Descendió al nivel de aquellos que Él quería salvar".[44]

"Hueso de nuestro hueso y carne de nuestra carne".[45]

"Tomó sobre Sí las enfermedades de la humanidad degenerada".[46]

"Permaneció entre los hombres como uno de ellos".[47]

"Permanecer al lado de la raza caída".[48]

"Como un hombre entre los hombres".[49]

"Se hizo carne aun como lo somos nosotros".[50]

"De la simiente de David, de acuerdo a la descendencia humana".[51]

"No solamente se hizo carne, sino que se hizo en la semejanza de carne pecaminosa".[52]

"Misteriosamente se unió a Sí mismo con los seres humanos caídos".[53]

"... un representante de la raza caída...".[54]

"Él asumió la naturaleza humana, y sus enfermedades, sus debilidades, sus tentaciones".[55]

"Él fue en todas las cosas como nosotros".[56]

"... tomó la naturaleza humana sobre Sí... para permanecer a la cabeza de la raza caída".[57]

"Cristo asumió nuestra naturaleza caída...".[58]

"... Cristo vino a ser uno con la humanidad...".[59]

"... Así Cristo vino en "el cuerpo de nuestra humillación"".[60]

"Él asumió las debilidades de la naturaleza humana...".[61]

"... Él se identificó a Sí mismo con las debilidades del hombre...".[62]

"... para vivir una vida como aquella que vive cualquier ser humano...".[63]

"... la ligación entre el hombre caído y el Padre".[64]

"... Él se identificó a Sí mismo con la raza caída".[65]

"(Dios) lo dio a Él a la raza caída".[66]

Y la expresión más significativa de todas:

"La naturaleza de Dios, cuya ley había sido transgredida, y la naturaleza de Adán, el transgresor, se encontraron en Jesús, el Hijo de Dios y el Hijo del hombre".[67]

Notas:

1.  1 Dones Espirituales: 25.
2.  4 Dones espirituales: 115.
3.  Review and Herald, 31-05-1870.
4.  Review and Herald, 31-05-1870.
5.  Review and Herald, 24-12-1872.
6.  Review and Herald, 21-01-1873.
7.  Review and Herald, 24-02-1874.
8.  Review and Herald, 24-02-1874.
9.  Review and Herald, 28-07-1874.
10. Review and Herald, 28-07-1874.
11. Review and Herald, 04-08-1874.
12. Review and Herald, 18-08-1874.
13. Review and Herald, 01-04-1875.
14. Signs of the Times, 04-01-1877.
15. 5T:346.
16. Review and Herald, 11-12-1888.
17. Signs of the Times, 23-09-1889.
18. Review and Herald, 24-12-1889.
19. Review and Herald, 10-06-1890.
20. Review and Herald, 28-07-1890.
21. Review and Herald, 10-07-1891.
22. Review and Herald, 21-07-1891.
23. Signs of the Times, 24-08-1891.
24. Signs of the Times, 25-04-1892.
25. Signs of the Times, 21-11-1892.
26. Mensaje 94, 1893.
27. Review and Herald, 16-10-1894.
28. Mensaje 21, 1895.
29. Signs of the Times, 10-12-1896.
30. Review and Herald, 15-12-1896.
31. Signs of the Times, 27-05-1897.
32. Signs of the Times, 17-06-1897.
33. Signs of the Times, 09-06-1896.
34. DTG: 49.

35. Signs of the Times, 20-12-1899.
36. Mensaje 65, 1899.
37. 6T:147.
38. Review and Herald, 17-07-1900.
39. Youth Instructor, 20-12-1900.
40. Signs of the Times, 29-05-1901.
41. Carta 19, 1901.
42. General Conference Bulletin, 25-04-1901.
43. Signs of the Times, 18-06-1902.
44. Signs of the Times, 30-07-1902.
45. Signs of the Times, 24-09-1902.
46. Signs of the Times, 03-12-1902.
47. Signs of the Times, 29-04-1903.
48. Signs of the Times, 03-06-1903.
49. Signs of the Times, 09-12-1903.
50. MC:422.
51. Review and Herald, 05-04-1906.
52. Carta W-6, 1896.
53. CPP:259.
54. Mensaje 126, 1901.
55. Mensaje 141, 1901.
56. Mensaje 141, 1901.
57. Mensaje 11, 1902.
58. Mensaje 80, 1903.
59. Mensaje 124, 1903.
60. Mensaje 151, 1903.
61. Mensaje 22, 1905.
62. Mensaje 49,, 1907.
63. Mensaje 49, 1909.
64. Mensaje 103, 1909.
65. Australian Record, 23-06-1913.
66. Australian Signs of the Times, 22-07-1929.
67. Mensaje 141, 1901.

# Capítulo 15 – 10 de Julio y 17 de Julio de 1952; Un Editorial en la Review and Herald

A medida que hemos estudiado las expresiones de profunda convicción por parte de los administradores, editores y otros escritores de nuestra iglesia, como también por parte de los inspiradores mensajes a la iglesia remanente, que Cristo vino a esta tierra en la naturaleza caída del hombre, hemos visto que ellos estaban convencidos de que si Cristo no hubiese en la naturaleza humana del hombre caído

1.- Él no podría habernos entendido realmente,

2.- Él no podría haber sido nuestro ejemplo,

3.- Él no podría haber sido nuestro substituto,

4.- Él no podría haber sido nuestro sacerdote,

5.- Él no podría haber sido nuestro Salvador.

(Estos puntos serán examinados más detalladamente en el capítulo 21).

Yo no he encontrado ninguna voz disidente en esos puntos de vista. El consenso de opiniones parece ser completo. (La experiencia bizarra del movimiento de la Carne Santa en Indiana, cuyos líderes enseñaron resumidamente que Cristo tomó la naturaleza no caída de Adán, no fue en ningún sentido la voz de la iglesia).

Aun cuando exista la necesidad de que los que encuentren este trabajo, sea verificado por estudiosos competentes, yo creo que los resultados totales de mi búsqueda hasta este punto son impresionantes e impulsión adoras.

Expresado en términos de cantidad, hemos visto aproximadamente 400 citas de Ellen White, y no menos de 800 citas de otros escritores diciendo que Cristo vino a la tierra en la naturaleza humana del hombre caído. Entre estas hay por lo menos 200 citas que rechazan firmemente la idea de que Cristo vino en la naturaleza humana no caída de Adán. El gran total excede claramente las 1.200 declaraciones.

Expresado en términos de calidad, parece ser que la materia ha sido expuesta de una forma tan clara y en un número tan grande de diferentes expresiones, que una mal interpretación del propósito y del intento de los escritores no sería posible.

Es por estas razones que he informado con inmenso asombro la sorprendente declaración no histórica que viene a continuación, que hizo con que época de la claridad llegase a su ocaso e inaugurase la época de la confusión.

"... los Adventistas creen que Cristo, el "último Adán", poseyó, en Su parte humana, una naturaleza como aquella del "Primer Hombre Adán"...".[1]

(El primer Adán es necesariamente el Adán no caído).

Esta declaración del editor de la Review and Herald es perplejo (aturdidor) por dos razones. Primero, parece no tomar en cuenta, de modo alguno, nuestra historia. Segundo, su contexto es difícil de ser entendido. El hermano Nichol escribió un editorial hecho en dos partes, que fue publicado en las ediciones del 10 de Julio y del 17 de Julio de 1952, en respuesta a críticas en contra de los Adventistas con error diciendo que Cristo vino en la naturaleza pecaminosa del hombre y que era posible que Cristo pecase. En contra de esto ellos dijeron que Cristo vino con una naturaleza no pecaminosa y que era imposible que Él pecase.

La mayor parte de la defensa del hermano Nichol de nuestros puntos, está centrada en la pregunta si Cristo podía pecar. Él argumenta convincentemente de que Sus tentaciones, tal como se describen en las Escrituras, no serían reales si no fuese posible que Él pudiese pecar.

Pero cuando él vuelve su atención a la pregunta de la naturaleza humana de Cristo, entonces encontramos dificultades. La primera parte de su sentencia, mostrada anteriormente, afirma en términos incuestionables que Cristo tomó la naturaleza del primer Adán (no caída). Pero la última mitad de la misma sentencia parece retractarse de esta posición:

"... los Adventistas creen que Cristo, el "último Adán", poseyó, en Su parte humana, una naturaleza como el "primer hombre Adán", una naturaleza libre de cualquier mancha contaminadora de pecado, pero capaz de responder al pecado, y que esa naturaleza estaba en desventaja por los debilitantes efectos de cuatro mil años de incursiones pecaminosas en el cuerpo humano y en el sistema nervioso y ambiental".

Esta declaración desconcertante parece afirmar que Cristo tenía ambas naturalezas, tanto la naturaleza no caída del primer Adán, como la naturaleza debilitada por cuatro mil años de pecado. Esto crea preguntas en nuestra mentes.

Reconocemos que la humanidad puede tener una experiencia tan larga, comenzando con la naturaleza no caída de Adán y deteriorarse lentamente a través de cuatro mil años de pecado, hasta el tiempo de la encarnación. ¿Pero cómo puede un individuo tener una experiencia tan mitigante (atenuante)? ¿No tiene que entrar cada individuo, incluyendo

Cristo, en la raza humana en un punto específico de tiempo, y, con excepción de algunas intervenciones milagrosas, acepta la naturaleza humana tal como la encuentra en aquel momento de la historia? ¿Cómo puede un individuo tener la naturaleza del Adán no caído, y que esa naturaleza pueda estar deteriorada por cuatro mil años de pecado?

¿Estamos encontrando aquí una sugestión de que Cristo pudiese tener realmente tres naturalezas en vez de las dos que normalmente Se le atribuyen, la humana y la Divina? ¿Debemos entender que Cristo tuvo en Su encarnación, (1) la naturaleza de Dios, (2) la naturaleza no caída de Adán, y (3) la naturaleza caída del hombre?

No estamos siendo grandemente ayudados al alargar el contexto incluyendo todo el editorial. El hermano Nichol cita correctamente las palabras de Pablo, de que Dios envió a "Su propio Hijo en semejanza de carne pecaminosa" (Rom. 8:3), y que Cristo "tomó sobre Sí la simiente de Abrahán" (Heb. 2:14).

Podemos concluir de esto que él está concordando con la posición histórica de la Iglesia en aplicar estas escrituras para probar que Cristo vino en la naturaleza caída del hombre. Pero entonces, en otras dos declaraciones él parece afirmar que Cristo por lo menos comenzó con la naturaleza no caída del primer Adán (El estudiante encontrará nuevamente esta extraña dialéctica).

Cualquiera que sea la marca a la que nos sintamos inclinados a darle a este editorial para lucidez y convicción, no podemos fallar en reconocer su significado histórico. Tan lejos como yo pueda haber descubierto, es el primer disentimiento del testimonio de nuestros ancestrales espirituales en relación a la naturaleza de Cristo. Pero no fue el último. A partir de este punto, la época de la claridad, cuando la iglesia habló con una única voz en relación a esta materia, será reemplazada por la época de la confusión, cuando la iglesia habla con dos voces.

Una sugestión más sobria en el editorial de Nichol, vista a la luz de los eventos subsecuentes, es esta:

"Como conclusión, una palabra de consejo para algunos de nuestros escritores y predicadores Adventistas puede ser la siguiente... Cuando hablamos de la mancha del pecado, los gérmenes del pecado, tenemos que recordar que estamos usando un lenguaje metafórico. Los críticos, especialmente aquellos que ven las Escrituras a través de ojos Calvinistas, leen en el término "carne pecaminosa" algo que la teología adventista no requiere. Así, si usamos el término "carne pecaminosa" en relación a la naturaleza humana de Cristo, como lo han hecho algunos de nuestros escritores, entonces estamos abiertos a las interpretaciones erróneas". (Ciertamente "mancha del pecado" y "gérmenes del pecado" pueden ser llamados de lenguaje metafórico. ¿Pero es "carne pecaminosa" solamente una metáfora, o es una severa realidad?).

Las implicaciones de este consejo deberían ser mantenidas en mente a medida que el estudiante considere los últimos intentos hechos por algunos Adventistas para presentar la Doctrina Adventista del Séptimo Día de Cristo de tal manera que fuese aceptable a los teólogos Calvinistas.

Nos gustaría que todos hayan recordado que el escritor Adventista que usó por primera vez el término "carne pecaminosa" a la naturaleza humana de Cristo fue Ellen White. Y también podemos querer que nos acordemos de este consejo de la mensajera inspirada del Señor a la Iglesia remanente:

"No debe haber ningún compromiso con aquellos que anulan la Ley de Dios. No es seguro apoyarse en ellos como consejeros. Nuestro testimonio no debe ser menos decidido ahora que anteriormente; nuestra real posición no es la de ser manto para agradar a los grandes hombres del mundo... No tenemos que mirar al mundo para aprender lo que tenemos que escribir y publicar o lo que tenemos que decir".[2]

El editorial de Nichol de Julio de 1952, fue, metafóricamente hablando, el Alfa. El Omega no se demoraría mucho en seguirlo.

Tenemos que mencionar aquí, sin embargo, que Kenneth Wood, que era Editor Asociado de la Review and Herald con Nichol, y lo sucedió como Editor, informa que en conversaciones y discusiones Nichol siempre apoyó firmemente el punto de vista de que Cristo vino a la tierra en la naturaleza humana del hombre caído (correspondencia privada). Esto pareciera indicar que él pudo el mayor énfasis en la última parte de su declaración, mientras que algunos de sus lectores pusieron el mayor énfasis en la primera parte.

Esto también puede explicar por qué Walter Martin declara que después de un cierto punto en su discusión con el grupo Adventista en Washington, Nichol no se le permitió más que participase en los procedimientos.[3]

Notas:

1. Francis D. Nichol, Editor; Review and Herald, 10-07-1952, pág. 15, col. 2.
2. 2MS:371. Del Boletín de la Conferencia General, 13 de Abril de 1891.
3. Corrientes Adventistas, Julio de 1983, página 18.

# Capítulo 16 — Septiembre de 1956 y Abril de 1957; Artículos en la Revista Ministry

En la edición de Abril de 1957 de la revista Ministry, el estudiante encontrará un editorial anunciando un "nuevo hito" en la historia de nuestra iglesia. "Los hermanos Evangélicos en Cristo" (los Calvinistas) han aceptado nuestra posición en relación a la naturaleza humana de Cristo y han concordado en no clasificarlos más como "secta".

En la misma edición el estudiante encontrará dos artículos sobre la naturaleza de Cristo. Ambos le dan un gran énfasis al misterioso carácter de la encarnación de Cristo (la encarnación de Cristo es un misterio; declaraciones humanas no muy claras al respecto, también lo son. Estos dos misterios no deben ser confundidos, uno con el otro). Ambos afirman fuertemente la divinidad de Cristo. Ambos afirman fuertemente la humanidad de Cristo. Pero la voz clara del Adventismo en relación a Cristo tomando la naturaleza caída del hombre no se escucha más en ninguno de los dos, y uno afirma fuertemente que,

"Cuando el Dios encarnado entró en la historia humana y se hizo uno con la raza, es nuestro entender que Él poseyó la naturaleza no pecaminosa con la cual Adán fue creado en el Edén".[1]

Así el nuevo hito en la historia de la Iglesia Adventista resulta ser un rechazo directo de lo que ha sido el claro y consistente testimonio de la iglesia desde 1852 hasta 1952, cien años completos, en relación a la humanidad de Jesús.

Uno de los artículos nos insta a buscar atrás en el Espíritu de Profecía ocho páginas de declaraciones acerca de la naturaleza de Cristo, que debieran estar en la edición de Septiembre de 1956 de la revista Ministry. Siguiendo pacientemente todas estas instrucciones, buscamos esa edición, y encontramos, para nuestro asombro, un cabezal de párrafo que dice:

"III.- Tomó la naturaleza no pecaminosa de Adán antes de la caída".

Las citas de apoyo serán analizadas en detalle en las páginas que siguen. En este punto observaremos la metodología usada en estas tres presentaciones:

1.- Citas de sus escritos han sido cuidadosamente arregladas, y enfatizadas, para hacer parecer que Ellen White creía que Cristo tomó la naturaleza no caída de Adán, aun cuando ninguna de ellas diga exactamente eso.

2.- Las citas de sus escritos que se refieren a la "naturaleza caída" y a la "naturaleza pecaminosa" que están incluidas, están interpretadas como si quisiesen significar solamente Su naturaleza física, y nada más. El estudiante que ha leído el material de la Sección Tres, está preparado para decidir por sí mismo si éste fue el propósito aparente y el intento del escritor. Compare: "Él no solamente fue hecho carne, sino que Él fue hecho en semejanza de carne pecaminosa".[2]

3.- Se hace una explicación posterior diciendo que Ellen White quiso decir que Cristo tomó nuestra naturaleza caída vicariamente, pero no realmente.

Esta proposición tiene que ser considerada cuidadosamente. Que lo que uno hace por otro lo hace vicariamente. Los puntos importantes a ser recordados son que cuando algo se ha hecho por usted vicariamente, eso significa que usted no necesita hacerlo por usted mismo, ya que ha sido efectivamente hecho, sin pretexto (fingimiento).

Si yo le pago una multa a usted, vicariamente, usted no tiene que pagarla. Si yo acepto una obligación de cualquier tipo por usted, vicariamente, usted no tiene que aceptarla. Si Jesús paga el precio de sus pecados, vicariamente, usted no tiene que pagar el precio de sus propios pecados. En todos estos ejemplos vemos el uso correcto de la palabra vicario. Aquello que otro hace por usted, vicariamente, usted no necesita hacerlo por sí mismo. Esta es la manera correcta de usar la palabra. En ningún caso puede ser usada la palabra vicario para describir un desempeño pretendido en vez de un desempeño real.

Considere, entonces, la proposición de que Jesús ha tomado nuestra naturaleza caída, vicariamente. Entonces, usted debiera regocijarse en su libertad de tomar aquella naturaleza humana por sí mismo. Usted debiera regocijarse de que es su privilegio el andar por la vida con una naturaleza no caída, como aquella de Adán antes del pecado. ¿Pero es esto posible? ¿Tiene usted una naturaleza no caída? ¿O cree usted que su naturaleza caída aún está con usted, a pesar de la clara seguridad del significado de que Jesús la ha tomado por usted, vicariamente?

Hacer la pregunta es contestarla. ¿Quién de nosotros puede reivindicar una naturaleza no caída? ¿Cuán seriamente, entonces, podemos tomar esta seguridad de que Cristo ha tomado nuestra naturaleza caída, no realmente, sino vicariamente? Y recordemos, también, de que cuando es adecuadamente declarado de que algo se ha hecho por nosotros vicariamente, la cosa (o el asunto) tiene que ser realmente hecho, sin pretensiones (fingimientos) (Compare: "Cristo en realidad unió la ofensiva naturaleza del hombre con Su propia naturaleza sin pecado...". Ellen White, Review and Herald, 17-07-1900). ¿Y si Ellen White quiso decir que Cristo tomó nuestra naturaleza caída vicariamente, por qué, en sus diversas citas, nunca se acordó de decirlo?

En esta misma edición de Ministry (Septiembre de 1956), encontramos un largo editorial titulado: Humano – No Carnal. Es una declaración fuertemente apoyada diciendo que Cristo tomó la naturaleza no pecaminosa de Adán, antes de la caída. El estudiante debiera, si eso es posible, estudiar todo el artículo. Aquí podremos comentar tan solo algunos fragmentos. Después de enfatizar el misterioso carácter de la encarnación, el escritor se refiere al error, tal como él lo ve, de que unos pocos de nuestros hermanos han cometido un error en relación a la naturaleza de Cristo. Él propone que ellos han creído erró-neamente que Cristo asumió la naturaleza caída del hombre, debido a una lectura precipitada de dos o tres declaraciones de Ellen White:

"Una lectura precipitada de dos o tres declaraciones del Deseado de Todas las Gentes, sin las repetidas declaraciones que puedan contrabalancear el estudio, encontradas en muchos otros lugares, han llevado a algunos a concluir que Cristo, durante Su encarnación, participó de nuestra naturaleza corrupta y carnal, y que por eso no era diferente de ningún otro ser humano" (Editorial).

Nosotros observamos:

a) El estudiante que examina el material de la Sección Tres encontrará que es mucho más extenso que lo que aquí se afirma. No hemos encontrado declaraciones "contrabalanceadoras" a lo largo de todo nuestro exhaustivo estudio de los escritos de Ellen White.

b) El estudiante observará que Ellen White y sus compañeros usaron las palabras pecaminoso y naturaleza caída, en vez de carnal o naturaleza corrupta, cuando hablaban de la humanidad de Cristo.

c) El estudiante observará que Ellen White y sus compañeros creyeron que la humanidad de Cristo era como la nuestra en todas las cosas, excepto nuestros pecados. El artículo continua:

"De hecho, unos pocos han declarado que ese sería el caso para que Él fuese "tentado en todos los puntos así como lo somos nosotros", que hubiese tenido que compartir nuestra naturaleza corrupta y pecaminosa, para poder entender nuestras necesidades y simpatizar con la humanidad perdida. Superficialmente tal razonamiento suena de alguna manera plausible...".[3]

Nosotros observamos:

a) El estudiante notará el uso continuo de la palabra corrupta, siendo que Ellen White no la usó.

b) El estudiante encontrará en la Sección Tres abundantes evidencias de que el razonamiento "superficial" al cual él se refiere, es una fuerte característica de Ellen White.

"Si Él hubiese nacido con una naturaleza carnal, con todas sus debilidades hacia el mal, como es el caso con cualquier hijo e hija natural de Adán, entonces Él mismo habría necesitado un Salvador, y bajo ninguna circunstancia podría Él haber sido nuestro Redentor... en Él no había pecado, ya sea heredado o cultivado, como es común a todos los descendientes naturales de Adán".[4]

Nosotros observamos nuevamente que:

a) Los escritores Adventistas no aplican la palabra carnal a Jesús.

b) Lo esencial en el problema de los escritores se ve ahora que es la doctrina del pecado original definido como culpa heredada más debilidad heredada. Los Protestantes han estado divididos en este punto durante siglos. Aquellos que son Calvinistas insisten que todos los seres humanos heredan la culpa de Adán, juntamente con la debilidad. Aquellos que son Arminianos-Wesleyanos rechazan la doctrina de la culpa heredada y aceptan solamente la doctrina de la debilidad heredada. (Para comentarios en relación a la doctrina del pecado original, vea el Apéndice C al final de este Volumen). Los Adventistas del Séptimo Día nunca han creído en la doctrina de la culpa heredada (ver Eze. 18:20).

Por eso, los Adventistas del Séptimo Día nunca han creído que Cristo haya adquirido la culpa simplemente por haber nacido en la raza humana, como creen los Calvinistas. Y así los Adventistas del Séptimo Día no han necesitado, como lo han tenido que hacer los Calvinistas, idear una doctrina a través de la cual Cristo pudiese tomar la naturaleza no caída de Adán para poder escapar a esa culpa heredada.

"Cuando Él tomó sobre Sí la naturaleza humana no pecaminosa...".[5]

Nosotros observamos:

La firme y osada contradicción de las declaraciones de Ellen White de que Él tomó sobre Sí la naturaleza pecaminosa es moderada.

"Muchos años atrás apareció una declaración en el "Bible Readings for the Home Circle" (Lecturas Bíblicas para el Círculo del Hogar)(edición de 1915), la cual decía que Cristo vino "en carne pecaminosa". No sabemos cómo una declaración de este tipo pudo deslizarse dentro del libro".[6]

Nosotros observamos:

a) Es mucho más que una expresión; es un largo y muy razonado párrafo.[7] Sería realmente difícil imaginar bajo qué circunstancias podría haber se "deslizado" dentro del libro.

b) El párrafo está en total armonía con las declaraciones publicadas por la iglesia, tal como se muestra en la Sección Tres.

"Pero cuando el libro fue revisado en 1946, esta expresión fue eliminada, ya que se reconoció que estaba fuera de armonía con nuestra verdadera posición".[8]

Nosotros observamos:

Habría sido bonito saber por quién fue definida nuestra "verdadera posición", y qué evidencia fue usada como base para esa definición. Aparentemente Ellen White y sus escritores amigos habían estado fuera de armonía con nuestra "verdadera posición" a través de toda la historia de la iglesia.

"No queremos tomar una expresión aislada y construir una doctrina sobre ella".[9]

Nosotros observamos:

Con esta declaración nosotros queremos concordar con todo nuestro corazón. El estudiante querrá recordar esta declaración a medida que observa el incesante uso de interpretaciones de algunos trechos de una carta privada a un pastor en Tasmania, la "Carta Baker", como siendo la autoridad absoluta a la cual cualquiera y todos las declaraciones de Ellen White están subordinadas, tanto en el editorial que estamos analizando, y en la otra literatura que promueve el punto de vista de que Cristo vino a la tierra en la naturaleza no caída de Adán. (Para un análisis de la Carta Baker, vea el Apéndice B al final de este Volumen). Consideraremos ahora el material que fue presentado en dos libros que fueron publicados en 1957).

Notas:

1. Ministry, Abril de 1957, pág. 34.

2. Carta 106, 1896. Et. Al.

3. Editorial.

4. Editorial.

5. Editorial.

6. Editorial.

7. Ver página 73.

8. Esta fecha, 1946, sugeriría que algunos cambios ocultos fueron intentados en la Cristología Adventistas del Séptimo Día, anteriores a la declaración pública de Nichol en 1952.

9. Editorial.

# Capítulo 17 – 1957-Preguntas Sobre Doctrinas y el Comentario Bíblico Adventista del Séptimo Día

En 1957, como acompañamiento de los artículos anteriormente mencionados en la revista Ministry y de una página completa de propaganda en la Review and Herald, fue presentado el libro "Preguntas y Respuestas Sobre Doctrinas Adventistas del Séptimo Día" a la iglesia y al mundo. Las ocho páginas de citas de Ellen White que habían aparecido en Ministry, en Septiembre de 1956, fueron copiadas en este libro, en un Apéndice que tenía que ver con la naturaleza y obra de Cristo. Los encabezados que habían introducido las citas individuales en Ministry fueron borrados, y fueron hechos algunos cambios menores en los cabezales de las secciones que fueron mantenidas. "Tomó la Naturaleza Sin Pecado de Adán Antes de la Caída" fue reducido a "Tomó la Naturaleza Humana Sin Pecado". En el mismo año el material tal como fue presentado en "Preguntas Sobre Doctrinas" fue fotocopiado en el Volumen 7-A del Comentario Bíblico Adventista del Séptimo Día.

La autoría del libro "Preguntas Sobre Doctrinas" nunca ha sido informada por los líderes de la iglesia Adventista. Aun cuando el Dr. Froom declara que el manuscrito fue leído y aprobado por 225 líderes pensantes Adventistas, sus nombres tampoco han sido revelados.[1]

Nosotros podemos ser perdonados por desear preguntar: ¿Por qué tanto secreto? ¿Fueron los líderes pensantes Adventistas escogidos al azar, como lo requiere una metodología cuidadosa? ¿O fueron escogidos a causa de sus opiniones previamente conocidas?

¿Todos ellos vivían lo suficientemente cerca de la librería del White Estate en Washington, D.C. de tal manera que pudiesen examinar la fuente pertinente de materiales, o fueron ellos escogidos alrededor del mundo, como parece ser el caso? Si ellos estaban en sus lejanos puestos de trabajo, podemos asumir con seguridad que tenían Biblias con ellos, y que podían comparar fácilmente las declaraciones teológicas del libro "Preguntas Sobre Doctrinas" como también las citas de apoyo escriturísticas, con su propio entendimiento de dichas escrituras.

Pero la declaración de "Preguntas Sobre Doctrinas" que se refiere a la naturaleza humana de Jesús no contenía ninguna referencia a las Escrituras. Fue construida completamente de trechos de artículos de revistas escritos por Ellen White antes del año

1905, y de una carta privada escrita por Ellen White a W. L. H. Baker en 1895. Los líderes Adventistas distribuidos no habían tenido acceso a estos artículos y probablemente no habían sido alertados acerca de la existencia de esta carta particular. Su "aprobación", entonces, no pudo haberse basado en un examen de evidencias. ¿Cuál sería entonces su valor?

Y nuevamente, ¿por qué tanto secreto? Si el material cristológico en "Preguntas Sobre Doctrinas" era, tal como se esperaba que fuese, un informe histórico de los puntos de vista de todos los Adventistas del Séptimo Día, excepto una "minoría poco informada", acerca de la humanidad de Jesús, ¿por qué se creyó que sería necesaria una precaución de ese tipo? ¿Eran los miembros de la minoría equivocada por acaso personas de gran influencia en la comunidad Adventista? Si así fuese, ¿por qué fueron ignoradas sus opiniones en la valoración histórica? O si eran personas de poca influencia en la comunidad Adventista, ¿por qué tendría que ser temida su reacción?

De cualquier modo, el estricto secreto en relación a los nombres de aquellos que escribieron y de aquellos que aprobaron el libro, ha sido y seguirá siendo usado. ¿Por qué?

Aun cuando el libro "Preguntas Sobre Doctrinas" ha tenido una gran circulación y es considerado por muchos como siendo incuestionablemente autoritario en sus pronunciamientos.

La importancia de sus declaraciones cristológicas no deben ser subestimadas. Su influencia ha sido incalculable, primero fuera de la Iglesia Adventista del Séptimo Día, y después dentro de la iglesia. Fue en base a esta declaración y las garantías que la acompañan, que Walter Martin y sus colegas concluyeron que el pueblo Adventista del Séptimo Día, fuera de una minoría pobremente informada, nunca creyeron o enseñaron que Cristo vino a esta tierra en la naturaleza caída del hombre, y publicaron esas conclusiones para el mundo. Es en base a esta declaración que virtualmente cada departamento bíblico en los Colegios Adventistas del Séptimo Día se enseña ahora que Cristo vino a la tierra en la naturaleza no caída de Adán, y que ésta era la posición mantenida por Ellen White.

Esta declaración es ampliamente considerada en los círculos Adventistas del Séptimo Día hoy, como siendo la verdad absoluta y final en relación al punto de vista de la iglesia acerca de la naturaleza humana de Cristo, un pronunciamiento autoritario del cual no es posible que exista un apelo razonable o disidente. Se acepta ampliamente que cualquiera que pretenda cuestionarlo está así demostrando ya sea su falta de educación o su falta de inteligencia, o tal vez ambas.

En 1971 Leroy Edwin Froom publicó "Movimiento de Destino", en el cual él informa con satisfacción la aceptación de "muchos miles de estudiosos, de muchas fes y de muchos países", del libro "Preguntas Sobre Doctrinas", e indica que su declaración cristológica es la porción del libro que lleva el mayor peso entre estos estudiosos.[2]

Froom entonces continua presentando una sinopsis de aquella parte de la declaración que aparece en la sección con el encabezamiento "Tomó la Naturaleza Sin Pecado de Adán Antes de la Caída". Esta consiste en pequeños trechos, correspondiendo aproximadamente a las porciones enfatizadas, de las mismas citas publicadas en Ministry, Preguntas Sobre Doctrinas, y el Volumen 7-A del Comentario Bíblico Adventista del Séptimo Día. En el próximo capítulo esto será presentado palabra por palabra, para el beneficio de los estudiantes que pueden no haber tenido acceso a dichas publicaciones.

Notas:

1. Froom, Movimiento de Destino, pág. 481, nota al pie de la página.
2. Froom, "Movimiento de Destino", pág. 492.

# Capítulo 18 – El Nuevo Pronunciamiento Cristológico; Un Examen de las Fuentes

En vista del significado generalmente reconocido de la declaración cristológica que fue presentada en diversas publicaciones, será necesario para el propósito de este trabajo, que lo examinemos cuidadosamente. Nuestro primer paso será colocar delante del estudiante copias palabra por palabra de (1) la declaración original en Ministry de Septiembre de 1956; (2) la declaración tal como apareció en Preguntas Sobre Doctrinas; (3) la sinopsis condensada tal como apareció en el libro "Movimiento de Destino" de Leroy Edwin Froom. Como el material tal como apareció en el Volumen 7-A del Comentario Bíblico Adventista del Séptimo Día es una fotocopia, idéntica a Preguntas Sobre Doctrinas, no será necesario duplicarlo aquí.

Centralizaremos nuestra atención en la sección de la declaración cristológica que tiene que ver con la naturaleza humana de Jesús. Las otras secciones presentan verdades acerca de la naturaleza y obra de Cristo en relación a las cuales los Adventistas del Séptimo Día generalmente concuerdan, y no nos detendremos en eso.

**La Declaración Original Tal Como Apareció en la Revista Ministry de Septiembre de 1956**

III.- Tomó La Naturaleza Sin Pecado de Adán Antes de la Caída.-

1.- Cristo tomó la humanidad tal como Dios la creó. "Cristo vino a la tierra, tomando la humanidad y permaneciendo como el representante del hombre, para mostrar en el conflicto con Satanás, que el hombre, tal como lo creó Dios, ligado con el Padre y el Hijo puede obedecer cada requerimiento divino".[1]

2.- Comenzó donde el primer Adán comenzó. "Cristo es llamado el segundo Adán. En pureza y santidad, ligado a Dios y amado por Dios, Él comenzó donde el primer Adán comenzó. Él pasó deseoso sobre el terreno donde Adán cayó, y redimió la falla de Adán".[2]

3.- Tomó la forma humana pero no la naturaleza pecaminosa corrompida. "En la plenitud del tiempo Él tuvo que ser revelado en forma humana. Él tuvo que tomar Su posición a la cabeza de la humanidad tomando la naturaleza pero no la pecaminosidad del hombre. En el cielo se escuchó la voz, "el Redentor vendrá a Sión, y sobre aquellos que se alejan de las transgresiones en Jacob, dice el Señor".[3]

4.- Tomó la naturaleza humana sin pecado de Adán. "Cuando Cristo inclinó Su cabeza y murió, Él llevó los pilares del reino de Satanás con Él a la tierra. Él derrotó a Satanás en la misma naturaleza sobre la cual Satanás en el Edén obtuvo la victoria. El enemigo estaba vencido por Cristo en Su naturaleza humana. El poder de la divinidad del Salvador estaba oculto. Él venció en la naturaleza humana, descansando en Dios para obtener poder".[4]

5.- Perfecta impecabilidad en Su naturaleza humana. "Al tomar sobre Sí mismo la naturaleza del hombre en su condición caída, Cristo no participó en lo más mínimo en su pecado. Él estaba sujeto a las enfermedades y debilidades a través de las cuales el hombre está cercado, "para que pudiese cumplirse lo que fue dicho por Isaías el profeta, diciendo, Él tomó sobre Sí mismo nuestras enfermedades, y llevó nuestras dolencias". Él fue tocado con los sentimientos de nuestras enfermedades, y fue tentado en todos los puntos así como lo somos nosotros. Y sin embargo Él no conoció pecado. Él era el cordero "sin mancha y sin mácula". Si Satanás lo hubiese podido tentar en lo más mínimo a pecar, él habría contundido la cabeza del Salvador. Así como fue, él pudo solamente tocar Su calcañar. Si la cabeza de Cristo hubiese sido tocada, la esperanza de la raza humana habría perecido. La ira divina habría caído sobre Cristo así como cayó sobre Adán... No habríamos tenido dudas en relación a la perfecta impecabilidad de la naturaleza humana de Cristo".[5]

6.- No heredó propensiones malignas de Adán. "Sea cuidadoso, extremamente cuidadoso en la manera como usted se expresa sobre la naturaleza humana de Cristo. No lo represente delante de las personas como un hombre con propensiones a pecar. Él es el segundo Adán. El primer Adán fue creado puro, un ser sin pecado, sin una mancha de pecado sobre él; él estaba en la imagen de Dios. Podía caer, y cayó a través de la transgresión. A causa del pecado su posteridad nació con propensiones inherentes a desobedecer. Pero Jesús Cristo era el unigénito Hijo de Dios. Él tomó sobre Sí mismo la naturaleza humana, y fue tentado en todos los puntos así como es tentada la naturaleza humana. Él podría haber pecado; Él podría haber caído, pero en ningún momento hubo en Él una propensión maligna. Él fue asaltado con tentaciones en el desierto, así como Adán fue asaltado con tentaciones en el Edén".[6]

7.- Venció a Satanás como el segundo Adán. "El Hijo de Dios se humilló a Sí mismo y tomó la naturaleza humana después que la raza hubo vagado por cuatro mil años desde el Edén, y de su estado original de pureza y de honradez. El pecado ha estado dejando sus terribles marcas sobre la raza durante eras; y la degeneración física, mental y moral ha prevalecido a través de la familia humana. Cuando Adán fue asaltado por el tentador en el Edén él estaba sin la mancha del pecado... Cristo, en la tentación del desierto, permaneció en el lugar de Adán para proseguir la prueba que él había fallado en soportar".[7]

8.- Cuidado con hacer a Cristo totalmente humano. "Evite cualquier pregunta en relación a la humanidad de Cristo que pueda ser mal entendida. La verdad anda cerca del camino de la presunción. Al tratar sobre la humanidad de Cristo, tenemos que ser extremadamente cuidadosos con cada aseveración, para que nuestras palabras no sean utilizadas para decir más que lo que ellas implican, y así perdamos o oscurezcamos las claras percepciones de Su humanidad combinada con la divinidad. Su nacimiento fue un milagro de Dios... "Aquella cosa santa que nacerá de ti (María) será llamada el Hijo de Dios"... Nunca, de ninguna manera, deje la menor impresión en las mentes humanas de que hubo alguna mancha o inclinación hacia la corrupción sobre Cristo, o de que Él de alguna manera cedió a la corrupción. Él fue tentado en todos los puntos así como el hombre es tentado, y sin embargo Él es llamado "aquella cosa santa". Es un misterio que es dejado sin explicación a los mortales, que Cristo pudo ser tentado en todos los puntos así como lo somos nosotros, y sin embargo ser sin pecado. La encarnación de Cristo siempre ha sido, y permanecerá siendo, un misterio. Aquello que es revelado, es para nosotros y para nuestros hijos, pero que cada ser humano sea alertado del terreno de hacer a Cristo totalmente humano, tal como uno de nosotros; porque no puede ser".[8]

9.- Se hizo cabeza de la raza caída. "¡Qué contrastes están revelados en la persona de Cristo! ¡El poderoso Dios, y sin embargo un niño indefenso! ¡El Creador de todo el mundo, y sin embargo, en un mundo de Su creación, a menudo hambriento y fatigado, y sin un lugar donde recostar Su cabeza! ¡El Hijo del hombre, y sin embargo infinitamente superior a los ángeles! ¡Igual al Padre, y sin embargo vistió Su divinidad con humanidad, permaneciendo a la cabeza de la raza caída, para que los seres humanos pudiesen ser colocados en terreno ventajoso! ¡Poseyendo eternas riquezas, y sin embargo viviendo la vida de un pobre hombre! ¡Uno con el Padre en dignidad y poder, y sin embargo en Su humanidad fue tentado en todos los puntos así como nosotros somos tentados! En el mismo momento de Su agonía mortal en la cruz, un Vencedor, respondiendo al requerimiento del pecador arrepentido a ser recordado por Él cuando Él venga en Su reino".[9]

La Declaración Tal Como Apareció en Preguntas Sobre Doctrinas con el Encabezamiento de la Sección Acortado y los Encabezamientos de Párrafos Borrados

III.- Tomó la Naturaleza Humana Sin Pecado.

Cristo vino a la tierra, tomando la humanidad y permaneciendo como representante del hombre, para mostrar en el conflicto con Satanás que el hombre, tal como lo creó Dios, ligado con el Padre y con el Hijo, puede obedecer cada requerimiento divino".[10]

Cristo es llamado el segundo Adán. En pureza y santidad, ligado con Dios y amado por Dios, Él comenzó donde el primer Adán comenzó. Él pasó deseoso sobre el terreno donde Adán cayó, y redimió la falla de Adán".[11]

En la plenitud el tiempo Él fue revelado en forma humana. Él tomó Su posición a la cabeza de la humanidad tomando la naturaleza pero no la pecaminosidad del hombre. En el cielo se escuchó la voz, "el Redentor vendrá a Sión, y sobre aquellos que se alejan de la transgresión en Jacob, dice el Señor".[12]

Cuando Cristo inclinó Su cabeza y murió, Él llevó los pilares del reino de Satanás con Él a la tierra. Él derrotó a Satanás en la misma naturaleza sobre la cual en el Edén Satanás obtuvo la victoria. El enemigo fue vencido por Cristo en Su naturaleza humana. El poder de la divinidad del Salvador estaba oculto. Él venció en la naturaleza humana, descansando en el poder de Dios".[13]

Al tomar sobre Sí mismo la naturaleza humana en su condición caída, Cristo no participó en lo más mínimo en su pecado. Él estaba sujeto a las enfermedades y debilidades a través de las cuales el hombre está rodeado, "para que se cumpliese lo que fue dicho por el profeta Isaías, diciendo, Él mismo tomó nuestras enfermedades, y llevó nuestras debilidades". Él fue tocado con los sentimientos de nuestras enfermedades, y fue tentado en todos los puntos así como lo somos nosotros. Y sin embargo Él "no conoció pecado". Él fue el Cordero "sin mancha y sin mácula". Si Satanás hubiese de alguna manera tentado a Cristo a pecar, él habría contundido la cabeza del Salvador. Así como fue, él pudo solamente tocar Su calcañar. Si la cabeza de Cristo hubiese sido tocada, la esperanza de la raza humana habría perecido. La ira divina habría caído sobre Cristo así como cayó sobre Adán... No habríamos tenido dudas en relación a la perfecta impecabilidad de la naturaleza humana de Cristo".[14]

Sea cuidadoso, extremamente cuidadoso en la manera como usted se expresa sobre la naturaleza humana de Cristo. No lo represente delante de las personas como un hombre con propensiones a pecar. Él es el segundo Adán. El primer Adán fue creado puro, un ser sin pecado, sin una mancha de pecado sobre él; él estaba en la imagen de Dios. Podía caer, y cayó a través de la transgresión. A causa del pecado su posteridad nació con propensiones inherentes a desobedecer. Pero Jesús Cristo era el unigénito Hijo de Dios. Él tomó sobre Sí mismo la naturaleza humana, y fue tentado en todos los puntos así como es tentada la naturaleza humana. Él podría haber pecado; Él podría haber caído, pero en ningún momento hubo en Él una propensión maligna. Él fue asaltado con tentaciones en el desierto, así como Adán fue asaltado con tentaciones en el Edén".[15]

El Hijo de Dios se humilló a Sí mismo y tomó la naturaleza humana después que la raza hubo vagado por cuatro mil años desde el Edén, y de su estado original de pureza y de honradez. El pecado ha estado dejando sus terribles marcas sobre la raza durante eras; y la degeneración física, mental y moral ha prevalecido a través de la familia humana. Cuando Adán fue asaltado por el tentador en el Edén él estaba sin la mancha del pecado... Cristo, en la tentación del desierto, permaneció en el lugar de Adán para proseguir la prueba que él había fallado en soportar".[16]

Evite cualquier pregunta en relación a la humanidad de Cristo que pueda ser mal entendida. La verdad anda cerca del camino de la presunción. Al tratar sobre la humanidad de Cristo, tenemos que ser extremadamente cuidadosos con cada aseveración, para que nuestras palabras no sean utilizadas para decir más que lo que ellas implican, y así perdamos o oscurezcamos las claras percepciones de Su humanidad combinada con la divinidad. Su nacimiento fue un milagro de Dios... Nunca, de ninguna manera, deje la menor impresión en las mentes humanas de que hubo alguna mancha o inclinación hacia la corrupción sobre Cristo, o de que Él de alguna manera cedió a la corrupción. Él fue tentado en todos los puntos así como el hombre es tentado, y sin embargo Él es llamado "aquella cosa santa". Es un misterio que es dejado sin explicación a los mortales, que Cristo pudo ser tentado en todos los puntos así como lo somos nosotros, y sin embargo ser sin pecado. La encarnación de Cristo siempre ha sido, y permanecerá siendo, un misterio. Aquello que es revelado, es para nosotros y para nuestros hijos, pero que cada ser humano sea alertado del terreno de hacer a Cristo totalmente humano, tal como uno de nosotros; porque no puede ser".[17]

¡Qué contrastes están revelados en la persona de Cristo! ¡El poderoso Dios, y sin embargo un niño indefenso! ¡El Creador de todo el mundo, y sin embargo, en un mundo de Su creación, a menudo hambriento y fatigado, y sin un lugar donde recostar Su cabeza! ¡El Hijo del hombre, y sin embargo infinitamente superior a los ángeles! ¡Igual al Padre, y sin embargo vistió Su divinidad con humanidad, permaneciendo a la cabeza de la raza caída, para que los seres humanos pudiesen ser colocados en terreno ventajoso! ¡Poseyendo eternas riquezas, y sin embargo viviendo la vida de un pobre hombre! ¡Uno con el Padre en dignidad y poder, y sin embargo en Su humanidad fue tentado en todos los puntos así como nosotros somos tentados! En el mismo momento de Su agonía mortal en la cruz, un Vencedor, respondiendo al requerimiento del pecador arrepentido a ser recordado por Él cuando Él venga en Su reino".[18]

**La Declaración Abreviada Tal Como Apareció en Movimiento de Destino**

5.- Tomó la Naturaleza No Pecaminosa de Adán Antes de la Caída.- Durante Su encarnación Él permaneció como "representante del hombre", tal "como Dios lo creó", esto es, refiriéndose a Adán. Como "segundo Adán", Él "comenzó donde el primer Adán comenzó". Él "pasó sobre el terreno donde Adán cayó, y (Él, Cristo) redimió la falla de Adán". Él tomó "la naturaleza pero no la pecaminosidad del hombre". Él "derrotó a Satanás en la misma naturaleza sobre la cual en el Edén Satanás obtuvo la victoria". Él "no participó en lo más mínimo en su pecado". Él estaba "sujeto a las enfermedades y debilidades" a través de las cuales el hombre está rodeado. Pero no tenemos que tener dudas en relación a la "perfecta impecabilidad de la naturaleza humana de Cristo". Él no tuvo las "propensiones del pecado" (estas son las declaraciones fundamentales).

Cristo fue como Adán antes de la caída, "un ser puro y sin pecado, sin una mancha de pecado sobre Él. Él "podía caer". (Eso era posible, de otra manera la tentación no habría sido real, sino apenas una farsa). Él "tomó... la naturaleza humana, y fue tentado en todos los puntos" así como la naturaleza humana es tentada. Pero "ni por un momento hubo en Él una propensión maligna". Cuando "Adán fue asaltado por el tentador en el Edén él estaba sin mancha de pecado". Cristo fue "asaltado con tentaciones en el desierto, así como Adán fue asaltado con tentaciones en el Edén". Así "Cristo, en la tentación del desierto, permaneció en el lugar de Adán para continuar la prueba que él (Adán) falló en soportar".

Sin embargo, Cristo "tomó la naturaleza del hombre después que la raza había vagado durante cuatro mil años desde el Edén, y de su estado original de pureza y de honradez". Pero "nunca, de ninguna manera, deje la más mínima impresión" que "una mancha o inclinación a la corrupción hubo sobre Cristo". Entonces viene la amonestación más fuerte, "que cada ser humano sea alertado del terreno de hacer a Cristo totalmente humano, tal como uno de nosotros; porque no puede ser".[19]

Al considerar estos documentos, nuestra primera observación es que ellos son puramente históricos en su naturaleza, sin contener referencias a las Escrituras y sin argumentos directos.

Mirando más detalladamente, vemos que la evidencia histórica presentada está limitada a fragmentos de los escritos de Ellen White. Ni la Biblia ni ningún escritor Adventista diferente a Ellen White es citado. Podemos esperar, por eso, que el documento podría revelar un despertamiento de los materiales históricos en relación a los puntos de vista de Ellen White que han sido presentados en la Sección Tres de este trabajo. Pero no aparece ese tal despertamiento (o comentario). Consideremos a seguir la sección encabezamientos:

**Tomó la naturaleza Sin Pecado de Adán Antes de la Caída.**

Y refleja que no nos acordamos de haber visto ese pensamiento expresado en ninguna parte en los escritos de Ellen White. Mirando las citas que aparecen en el encabezamiento de esta sección, descubrimos que ninguna de ellas lo dice, sino que esas palabras escritas por Ellen White dicen otras cosas y son interpretadas como si dijesen aquello. Especialmente en Ministry, se le da una asistencia muy generosa a Ellen White, para ayudarla a decir lo que aparentemente ella no supo cómo decirlo, en el encabezamiento de la sección, seguido de los dos párrafos siguientes:

Tomó la Naturaleza Sin Pecado de Adán Antes de la Caída...

Tomó la Forma Humana Pero No la Naturaleza Corrupta...

Tomó la Naturaleza Humana Sin Pecado de Adán.

La deficiencia en los escritos de Ellen White, tal como es vista por sus intérpretes, parece ser su falla en aplicar la palabra impecabilidad a la naturaleza humana asumida por Cristo. Hemos visto que los diccionarios definen el sufijo "dad" (en inglés el sufijo "less") como "sin algo" o "incapaz de". Ya que Ellen White creía que Cristo era capaz de pecar, ella usa el término impecabilidad para describir Su naturaleza humana sin pecado, pero no usa el término sin pecado. Así ella trató de no ser mal interpretada. Sus intérpretes, aparentemente inconscientes de estos peligros, y totalmente convencidos que ellos sabían lo que ella quiso decir pero que no supo cómo decirlo, no dudaron en decirlo por ella. Donde ella escribió impecabilidad ellos firme y resueltamente colocaron sin pecado, aun cuando las definiciones del diccionario y las propias preferencias de Ellen White no concordasen con eso.

Tratando de entender el raciocinio de sus intérpretes, observamos que como ellos lo vieron, cuando Ellen White escribió que Cristo soportó las mismas tentaciones que soportó Adán, ella realmente quiso decir que Cristo tenía la misma naturaleza no caída que la que tenía Adán. Nuevamente ellos son muy generosos en asistirla a decir lo que ella no dijo. El principio interpretativo siendo aplicado parece ser que las personas tienen dos naturalezas diferentes, la no caída y la caída, lo que no puede ser correctamente descrito como siendo tentadas en forma similar. Así, cuando Ellen White escribe que Jesús fue tentado así como Adán fue tentado, ellos creyeron que ella está diciendo que la naturaleza humana de Cristo era la misma que la naturaleza no caída de Adán.

Pero aquí encontramos dificultades. Este argumento es un cuchillo que corta por ambos lados. ¿Qué sucede cuando este principio interpretativo es aplicado a versículos de la Biblia, como también a citas de Ellen White, que Cristo fue tentado en todos los puntos así como nosotros somos tentados? Consistentemente en aplicar el principio interpretativo requeriría que estas citas sean vistas como afirmaciones de la similitud entre la naturaleza de Cristo y nuestras naturalezas caídas. Esto nos llevaría a la conclusión que Cristo asumió una naturaleza humana caída, una conclusión que sus intérpretes desearían obviar.

A través del mismo principio interpretativo, que dos personas tienen que tener la misma naturaleza para que puedan ser tentados en forma similar, llegaremos a conclusiones opuestas:

**Tomó la Naturaleza Sin Pecado de Adán Antes de la Caída**

"(Cristo) fue asaltado con tentaciones en el desierto, así como Adán fue asaltado con tentaciones en El Edén". "Él pasó sobre el terreno donde Adán Cayó, y redimió la falla de Adán".[20]

Conclusión: Cristo vino en la naturaleza no caída De Adán.

### Tomo la Naturaleza Pecaminosa del Hombre Después de la Caída

"Por eso Jesús fue "tentado en todos los puntos así como lo somos nosotros" (Heb.4:15)

"Él soporto cada prueba a la cual nosotros estamos estamos Sujetos".[21]

"Pasando sobre el terreno que el hombre tiene que atravesar... Cristo preparo el camino para que nosotros ganemos la victoria".[22]

Conclusión: Cristo vino en la naturaleza caída del hombre.

De tal manera que el mismo principio, aplicado de la misma manera, trae exactamente resultados opuestos.

Un principio interpretativo así probablemente no puede ser defendido como válido, ni tampoco pueden las conclusiones ser tomadas seriamente.

Desviando nuestra intención del encabezado de la sección hacia el contenido de la declaración tal como aparece en Ministry y en Preguntas Sobre Doctrinas, vemos que consiste en nueve citas de los escritos de Ellen White, tomadas de siete fuentes diferentes. Seis de las fuentes son artículos de revistas con fechas entre 1874 y 1905. La séptima fuente con las citas más largas (31 líneas de un total de 92 líneas en Preguntas Sobre Doctrinas) son del Comentario Bíblico Adventista del Séptimo Día. Recordando que Ellen White murió mucho antes que este comentario fuese escrito, continuamos investigamos y vimos que esta gran pieza de evidencia es de una carta particular escrita por Ellen White al Pr. W. L. H. Baker, que estaba en Tasmania, en 1895. Y las porciones enfatizadas de esta carta, envolviendo el uso de la palabra propensiones, lleva el peso del argumento del intérprete que Ellen White creía que Cristo tomó la naturaleza humana de Adán antes de la caída.

El argumento será examinado más tarde. Hasta aquí estamos preocupados – muy preocupados – acerca del uso de fuentes. Examinaremos los trechos en relación a sus fuentes tal como fueron usadas en Movimiento de Destino, ya que este caso revela más claramente los propósitos a los cuales los trechos fueron aplicados en la construcción del argumento, Tomó la Naturaleza Sin Pecado de Adán Antes de la Caída. Nueve de los veinte y dos trechos usados por Froom son de la carta Baker.

Nuestra primera pregunta es, ¿por qué la mayor parte del argumento está basada sobre interpretaciones de palabras encontradas en una carta particular no publicada? ¿Qué tipo de hermenéutica le da más peso como evidencia a una carta privada, escrita a un individuo cuyas preguntas y/o problemas no nos son conocidos, en vez de muchos artículos y libros publicados por el mismo autor? ¿Y qué pasa con el propio apelo de Ellen White en 5T:696?

"Si usted desea saber qué es lo que Señor ha revelado a través (de Ellen White), lea sus obras publicadas" (énfasis mío).

Aun cuando Ellen White vivió, escribió y publicó asiduamente durante 20 años después de haber escrito la carta Baker en 1895, ella nunca quiso publicarla.

(El estudiante no debe pensar que el principio hermenéutico que requiere que nosotros le demos más peso a artículos o libros publicados, en vez de a cartas privadas, sea arbitrario. Es simplemente un reconocimiento de la realidad de que en muchos casos no es posible que tengamos un conocimiento preciso de las preocupaciones de un individuo al cual se le está dirigiendo una carta privada).

Tenemos que mirar el Deseado de Todas las Gentes como la obra cristológica más consciente y deliberadamente preparada y publicada, y que fue hecha con la intención de informar a todo el mundo en relación a lo que ella creía a respecto de la naturaleza y de la obra de nuestro Señor Jesús Cristo. Subordinar esto a interpretaciones de palabras encontradas en una carta privada simplemente no es permitido por ninguna norma de estudiosos. El que quiera encontrar una disculpa y crea que ese tipo de procedimientos es necesario, está admitiendo con ello tácitamente la debilidad de su caso.[23]

Y recordemos que si son usadas cartas personales, tienen que ser usadas integralmente, y no a través de alguna selección hecha por algún individuo. No vemos ninguna indicación de que los autores del documento que estamos examinando, hayan navegado a través de toda la masa de correspondencia que produjo Ellen White. Más bien, parece que, ellos seleccionaron una carta individual que parecía ser conveniente para sus propósitos, y no tomaron conocimiento de otras cartas escritas en la misma época, 1895 – 1896, que contenían declaraciones como estas:

"Qué símbolo más extraño de Cristo era aquel de aquella serpiente que los mordía. Este símbolo fue levantado en una estaca, y ellos tenían que mirarlo y ser sanados. Así Jesús fue hecho en semejanza de carne pecaminosa".[24]

"No fue una humanidad irreal (como si apenas pareciese) que Cristo tomó sobre Sí mismo. Él tomó la naturaleza humana y vivió en la naturaleza humana... Él estaba rodeado de enfermedades... Justamente aquello que usted puede ser, Él lo fue en la naturaleza humana. Él tomó nuestras enfermedades. Él no solamente fue hecho carne, sino que Él fue hecho en semejanza de carne pecaminosa".[25]

Sin embargo, aun cuando decidamos dejar a un lado nuestros principios hermenéuticos y admitamos la carta Baker como una evidencia, encontraríamos que no es suficiente para alcanzar las necesidades evidénciales del documento. En ninguna parte declarara que Cristo vino a la tierra en la naturaleza no caída de Adán, pero algunas otras expresiones son interpretadas como queriendo decir eso, y estas interpretaciones están en sí mismas abiertas a preguntas.

Nuevamente, vemos que ciertas palabras en cada cita de Ellen White son italizadas para darles énfasis. Cuando vemos el arreglo que hizo Froom en Movimiento de Destino, observamos que é usa estas porciones italizadas, o fragmentos de ellas, rodeadas de sus propias palabras, para así construir su argumento. Su argumento consiste de 19 sentencias que contienen 22 fragmentos, algunos tan pequeños que usan apenas dos o tres palabras.

Nuevamente tenemos muchas preguntas. ¿Está Ellen White hablándonos a nosotros, o es realmente la voz del Dr. Froom? Y en vista de sus extensos escritos acerca de la humanidad de Jesús, ¿por qué estamos siendo limitados a una muestra tan pequeña?

Hemos visto que las otras fuentes principales de las cuales varias citas fueron extraídas, fue un artículo de Ellen White que comenzó en la Review and Herald, en la edición del 28-07-1874 (tres citas), y un artículo que apareció en Signs of the Times, en la edición del 09-06-1898 (cuatro citas). Los artículos de la Review and Herald serán reconocidos como material que posteriormente fueron expandidos y reimpresos en el Deseado de Todas las Gentes en 1898. A medida que leemos estos artículos, somos confrontados por una sorprendente violación de contexto. Ambos contienen declaraciones directas y específicas de que Cristo vino a la tierra en la naturaleza humana caída del hombre.

Sería útil, a medida que avanzamos, mantener en mente la diferencia entre declaración e interpretación. Las sentencias o cláusulas que expresan el pensamiento que Cristo vino a la tierra en la naturaleza humana caída del hombre son declaraciones que realmente dicen eso. Los fragmentos de estos mismos artículos que están siendo usados para apoyar el punto de vista de que Cristo vino a la tierra en la naturaleza humana no caída de Adán, no dice eso, pero es interpretada como si lo dijese.

En las porciones de su artículo acerca de Las Tentaciones de Jesús que apareció en la Review and Herald, en la edición del 28-07-1874 y 04-08-1874, Ellen White había escrito:

Las declaraciones:

"El Hijo de Dios se humilló a Sí mismo y tomó la naturaleza del hombre después que la raza había vagado por cuatro mil años desde el Edén...".

"Cristo llevó los pecados y las enfermedades de la raza tal cual existían cuando Él vino a esta tierra a ayudar al hombre".

"A favor de la raza, con las debilidades del hombre caído sobre Sí...".

"... para elevar al hombre caído, Cristo tenía que alcanzarlo donde éste estaba. Él tomó la naturaleza humana, y llevó las enfermedades y la degeneración de la raza".

"La humanidad de Cristo alcanzó las mayores profundidades de las miserias humanas, y se identificó a Sí mismo con las debilidades y miserias del hombre caído".

Los fragmentos interpretados son[26] :

"(Cuando) Adán fue asaltado por el tentador en el Edén, él estaba sin una mancha de pecado...

"Cristo, en el desierto de la tentación, permaneció en el lugar de Adán para continuar la prueba que él (Adán) había fallado en soportar...".

"(Cristo) tomó la naturaleza del hombre después que la raza había vagado cuatro mil años desde el Edén, y de su estado original de pureza y honradez...". (es la misma fuente de las otras declaraciones).

Nuestra primera observación sería a respecto de las declaraciones número cinco y el fragmento interpretado número tres. Aquí la escala de la evidencia fue inclinada a favor de las declaraciones, especialmente en vista del hecho de que a una interpretación no se le puede dar el mismo peso que una declaración en una valoración de evidencia.

Nuestra próxima observación sería que otras interpretaciones podrían ser colocadas sobre estos fragmentos. Aquellos usados en el documento que está delante de nosotros, no son, por ningún motivo, obligatorios.

En seguida tenemos que reconocer que las interpretaciones colocadas sobre estos tres fragmentos, que Cristo vino a la tierra en la naturaleza humana no caída de Adán, los coloca en una posición de fuerte contradicción con las otras cinco declaraciones existentes en el mismo artículo. Esto constituye una violación inaceptables de contexto.

Finalmente, a medida que consideramos los fragmentos individuales, vemos que el primero no tiene importancia en relación a la proposición de que Cristo vino a la tierra en la naturaleza no caída de Adán. Él dice algo acerca de Adán, pero nada acerca de Cristo. El segundo fragmento compara las tentaciones de Adán con las tentaciones de Cristo, pero no dice nada acerca de la naturaleza tanto de Adán como de Cristo. El tercero es el más sorprendente. ¿Qué lugar tiene este fragmento en el argumento de que Cristo tomó la naturaleza sin pecado de Adán antes de la caída, ya que afirma precisamente lo contrario? Mirando hacia atrás, vemos que fue uno de esos que fue introducido por la palabra sin embargo, en la construcción que fue usada para explicar declaraciones de Ellen White con las cuales los intérpretes no estaban de acuerdo, una manera a través de la cual Ellen White fue colocada (mal colocada) como creyendo que Cristo tenía ambas naturalezas humanas, la caída y la no caída.

Entonces, ¿qué peso de evidencia podemos darle a estos tres fragmentos interpretados?

Infelizmente, ninguno. Interpretaciones colocadas sobre citas usadas en violación de contexto, contrario a la intención aparente del escritor, no pueden ser admitidas como evidencias.

Un problema similar aparece cuando comparamos las declaraciones actuales acerca de la naturaleza de Cristo encontradas en Signs of the Times del 09-06-1898 con los cuatro fragmentos interpretados. Observe:

"… (Cristo) tomó nuestra naturaleza en su condición deteriorada…".

"Al tomar sobre Sí mismo la naturaleza del hombre en su condición caída…".

Los fragmentos interpretados:

"… representante del hombre…".

"No participó en lo más mínimo en su pecado…".

"Sujeto a las enfermedades y debilidades…".

"La perfecta impecabilidad de la naturaleza humana de Cristo…".

Reconocemos que los dos primeros fragmentos interpretados no tienen importancia en relación al argumento que está siendo presentado, ya que pueden ser usados sin problemas por personas que estén a cualquier lado del asunto que está siendo analizado, acerca de la humanidad de Jesús. El tercero pareciera darle un apoyo al punto de vista de que Cristo vino en la naturaleza caída del hombre, ya que no creemos que el Adán no caído haya tenido enfermedades y debilidades. El cuarto no sirve como evidencia para apoyar el punto de vista de que Cristo vino en la naturaleza humana no caída de Adán por dos motivos: Primero, como hemos visto, Ellen White usa el sufijo "dad" de acuerdo con las definiciones del diccionario. Así, ella no aplica el término sin pecado a la naturaleza humana de Cristo, sino el término impecabilidad (un estado del ser), y ella no confunde ni iguala estos términos. Ella a menudo describe a Cristo como siendo sin pecado, queriendo decir con esto que Él nunca pecó; pero ella nunca describe Su naturaleza humana como sin pecado, lo cual indicaría que estaba libre de las debilidades y tendencias de nuestras naturalezas caídas. Segundo, este fragmento aparece en su contexto original en una declaración que comenzó con estas palabras:

"Al tomar la naturaleza humana en su condición caída, Cristo no participó en lo más mínimo en su pecado" (énfasis mío).

Así nuestro intento de valorar el peso de la evidencia representado por estos cuatro fragmentos interpretados, de un único artículo, nos lleva a la conclusión que la "línea inferior" nuevamente es cero. Están muy distantes en ser lo suficientemente fuertes como para apartarnos de las declaraciones claras y firmes acerca de la naturaleza humana de Cristo que Ellen White había escrito en el mismo artículo.

Y aun aparece un fenómeno más sorprendente cuando esta sentencia es comparada cuidadosamente con el documento que estamos examinando. En el Signs of the Times del 09-06-1898 Ellen White había escrito la sentencia así:

"Tomando sobre Sí mismo la naturaleza del hombre en su condición caída, Cristo no participó en lo más mínimo en su pecado".

En el documento que estamos examinando, la primera mitad de su sentencia, "tomando sobre Sí mismo la naturaleza del hombre en su condición caída", fue dejada a un lado, y la última mitad de su sentencia, "Cristo no participó en lo más mínimo de su pecado", fue presentada como si hiciese parte de esta construcción:

Tomó la Naturaleza Sin Pecado de Adán Antes de la Caída... Él no participó en lo más mínimo en su pecado.

Miramos esto con desconfianza. El pensamiento de un autor, expresado en una única sentencia, ha sido totalmente invertido. El escritor es representado como habiendo dicho exactamente lo opuesto de aquello que ella realmente dijo. Esta es la peor violación de contexto. Es difícil imaginar una ofensa mayor en el manejo de la evidencia.

Y con este arreglo se crea una incongruencia sin esperanza en el uso del pronombre su. En la construcción mutilada que está colocada delante de nosotros, el pronombre su está colocado para modificar Naturaleza Sin Pecado de Adán Antes de la Caída.

De esta manera Ellen White es representada como si hubiera hecho la declaración sin sentido de que Cristo no participó en lo más mínimo en el pecado de la naturaleza sin pecado de Adán antes de la caída. Esto es un insulto gratuito a su inteligencia.

Dejemos que los estudiantes se pregunten a sí mismos si ellos tomarían la defensa de estos arreglos de materiales delante de un comité de disertación a nivel doctoral o de maestría.

Cualquier estudiante graduado que haya completado los requerimientos del curso de Procedimientos de Búsqueda, ciertamente reconocerá que una tentativa en ese sentido, traería catastróficos resultados, y podría acarrearle la pérdida de su título.

De tal manera que el examen de nuestras múltiples fuentes es extremamente inquietante. Ellas colocan delante de nosotros una violación del contexto inmediato con las cuales estamos tremendamente desconfortables.

Los otros seis fragmentos, que han sido tomados de artículos de revistas individuales, no presentan esta violación de contexto inmediato. En aquellos artículos en particular, Ellen White no quiso expresar su convicción de que Cristo vino a la tierra en la naturaleza humana caída del hombre. Pero esos tienen que ser vistos en contraste con el contenido de fondo de sus otros escritos, en los cuales hemos encontrado aproximadamente 400 citas diciendo que Cristo vino a la tierra en la naturaleza humana caída del hombre. Estas declaraciones constituyen el contexto general con las cuales los fragmentos interpretados tienen que ser comparados, y a través de esta norma ellos también no pueden ser admitidos como una evidencia que apoye la proposición de que Cristo "Tomó la Naturaleza Sin Pecado de Adán Antes de la Caída". Como investigadores, no se nos permite usar una evidencia en violación, ya sea de su contexto inmediato o general.

Dejemos que el estudiante tenga en mente que si el trabajo del investigador llega a descubrir en los escritos de Ellen White, 400 declaraciones donde dice que Cristo vino a la tierra en la naturaleza humana caída del hombre, y 15 o 20 declaraciones diciendo que Él vino a la tierra en la naturaleza humana no caída de Adán (lo que realmente no es el caso), las reglas de la evidencia requerirían que él informase que las primeras son la mejor valoración de la opinión del escritor. Aquí el peso de la evidencia sería el principio controlador. Pero en el caso que tenemos delante de nosotros, no estamos comparando declaraciones con declaraciones, sino que más bien, declaraciones están siendo comparadas con interpretaciones. En este caso el peso de la evidencia está claramente al lado de las declaraciones.

El único factor que puede alterar las conclusiones anteriores, sería la cronología. Si el investigador encuentra 15 o 20 declaraciones (en este caso míticas) posteriores en el tiempo a las 400 declaraciones, él puede entonces justificarse, colocándolas por sobre las anteriores, diciendo que ellas son los escritos más maduros del escritor, o que son su convicción final. Pero en la materia que tenemos delante de nosotros, observamos que todas las fuentes usadas fueron escritas antes del término del año 1905, mientras que entre ese año y su muerte en 1915, Ellen White publicó diversas declaraciones a respecto de su creencia de que Cristo vino a la tierra en la naturaleza humana caída del hombre. De tal manera que tenemos que reconocerlos como siendo su convicción madura y final a este respecto.

Así nuestro examen de las fuentes usadas por los escritores de las declaraciones que estamos estudiando, nos llevan a conclusiones fuertemente negativas. Hemos visto un uso inadmisible de fragmentos interpretados de una carta privada, y un uso de fragmentos interpretados de artículos de revistas, todos los cuales están en violación del contexto general de los escritos de Ellen White, y algunos de ellos están en violación del contexto inmediato de los propios artículos específicos. Conspicuamente y curiosamente ausente, es la evidencia de sus libros publicados, especialmente su conocidísimo libro Deseado de Todas las Gentes, el cual fue claramente escrito con el expreso propósito de informar al mundo entero a respecto de sus puntos de vista en relación a la naturaleza y a la obra de nuestro Señor Jesús Cristo.

Paremos para reflexionar por un momento acerca de un arreglo de materiales que mejor conformarían los principios que están siendo enseñados en las clases de los que se gradúan en procedimientos de investigación. De acuerdo a estos principios, nosotros buscaríamos una evidencia como esta, en un orden descendiente de importancia:

La primera y más significativa sería un libro o libros publicados por el autor con el propósito de lidiar con el sujeto bajo consideración. Así le daríamos a "Servidumbre de la Voluntad" de Martín Lutero el mayor peso de la evidencia en una investigación de sus puntos de vista en relación a la predestinación, ya que fue escrito por Lutero con el expreso propósito de colocar sus puntos de vista a ese respecto. En el caso que tenemos por delante, el Deseado de Todas las Gentes de Ellen White sería apropiadamente el de mayor peso de evidencia en una investigación de sus puntos de vista cristológicos, ya que fue escrito con el expreso propósito de tratar ese asunto.

Sin embargo, hemos encontrado que este volumen fue ignorado en la preparación de esta declaración que estamos estudiando, en relación a la naturaleza humana de Cristo, y que en el material de apoyo con el cual la declaración fue publicada en la revista Ministry de Septiembre de 1956, el Deseado de Todas las Gentes fue considerado como si fuese engañoso o "contrabalanceador" de otras declaraciones de Ellen White que se encuentran en "muchos otros lugares" (Ministry, Septiembre de 1956, pág. 12). En nuestra investigación no hemos encontrado esas declaraciones contrabalanceadoras, sino más bien una variedad de interpretaciones que por ellas mismas no representan bien lo que estamos investigando.

El segundo lugar más elevado en la lista de materiales usados como evidencia serían los libros publicados con el propósito de lidiar con otros asuntos, pero que pueden contener referencias casuales o incidentales al asunto bajo consideración. Los autores del documento que estamos examinando no hicieron ningún uso de esos libros de Ellen White.

El tercer lugar en orden decreciente de importancia serían los artículos en revistas. A estos les es asignado un peso menor que a los libros en la escala de evidencia en la suposición de que un escritor invertiría más tiempo y cuidado en la producción de un libro que en la escritura de un artículo para revista, reconociendo que los libros normalmente se mantienen por más tiempo que las revistas y tienen una influencia más duradera.

Los artículos de revistas, desde luego, son colocados cronológicamente, en un orden decreciente de importancia, desde el último escrito hasta el más reciente. Esto es un reconocimiento del hecho de que los escritores pueden, en un periodo de tiempo, expandir, revisar, o aun invertir sus primeras opiniones expresadas. La última expresión será entonces vista como la que mejor refleja el juicio maduro o final del autor. Mientras mayor sea el periodo de tiempo en el cual escribió el escritor, mayor será el énfasis colocado sobre este punto.

Pero, como vemos, los autores del documento que estamos examinando invirtieron este procedimiento, pasando por diversas declaraciones de Ellen White publicados en artículos de revistas durante los años 1906-1915, y focalizaron su atención en artículos publicados antes de ese tiempo, algunos tan temprano como el año 1874.

Por último en el orden descendiente de importancia, y en una categoría bien claramente separada, sería la de cartas privadas y personales escritas por el autor y cuyos puntos de vista están siendo examinados. Como estas no fueron escritas con la intención de colocar las ideas del autor ante el mundo, y como es difícil, si no imposible, saber qué preguntas o preocupaciones están siendo tratados, su valor tienen que ser principalmente corroborativa. Ellos pueden ser usados con cautela y con calificación. Si pareciesen estar en desacuerdo con el punto de vista anterior del autor en algún libro, el peso de la evidencia recaería evidentemente sobre el libro. El subordinar un libro publicado a una carta personal en un arreglo de videncia en un determinado punto de vista, sería impensable. Sin embargo, esto fue lo que se hizo por los autores del documento que estamos examinando. Los puntos de vista cristológicos de Ellen White, su famoso libro Deseado de Todas las Gentes, fueron dejados a un lado como siendo potencialmente y peligrosamente engañosos, y las interpretaciones colocadas sobre nueve fragmentos seleccionados arbitrariamente de una carta privada a un pastor en Tasmania, les fue dado el mayor peso en el arreglo de la evidencia.

**Una Monstruosidad Metodológica.**

Para resumir nuestro examen de fuentes: los autores del documento que estamos examinando acerca de la naturaleza humana de Cristo eliminaron y rechazaron el Deseado de Todas las Gentes de Ellen White, ignoraron sus otros libros, usaron sus artículos en revistas en un orden cronológico inverso al correcto, y usaron interpretaciones colocadas sobre nueve fragmentos seleccionados arbitrariamente de un única carta privada, como siendo la mayor evidencia sobre la cual fueron basadas sus conclusiones. Cuando a esta lista de procedimientos dolorosos (graves) e irregulares se le agregan las evidentes violaciones, tanto del contexto inmediato como el general, en el uso de citas, somos obligados a llegar a la siguiente penosa conclusión: la declaración que está delante de nosotros, en lo que se refiere a su uso de fuentes, tiene que ser mirada como una monstruosidad metodológica. Podría ser colocada razonablemente, por un profesor de procedimientos de investigación, como una declaración clásica de métodos de manejo de fuentes que NO deben ser usados.

Como último paso en nuestro análisis de este documento cristológico, tenemos que empeñarnos en calcular el valor de cada una de sus 19 declaraciones individuales, con sus cortos fragmentos de los escritos de Ellen White, con la tesis colocada por el documento, de que Cristo.

Tomó la Naturaleza Sin Pecado de Adán Antes de la Caída.

Ahora iremos a un análisis de la evidencia.

Notas:

1. Signs of the Times, 09-06-1898.

2. Youth Instructor, 02-06-1898.

3. Signs of the Times, 29-05-1901.

4. Youth Instructor, 25-04-1901.

5. Comentario Bíblico Adventista del Séptimo Día, Volumen 5, pág. 1131.

6. Ídem, pág. 1128.

7. Review and Herald, 28-07-1874.

8. Comentario Bíblico Adventista del Séptimo Día, Volumen 5, pág. 1128-1129.

9. Signs of the Times, 26-04-1905.

10. Signs of the Times, 09-06-1898.

11. Youth Instructor, 02-06-1898.

12. Signs of the Times, 29-05-1901.

13. Youth Instructor, 25-04-1901.

14. Comentario Bíblico Adventista del Séptimo Día, Volumen 5, pág. 1131.

15. Ídem, pág. 1128.

16. Review and Herald, 28-07-1874.

17. Comentario Bíblico Adventista del Séptimo Día, Volumen 5, pág. 1128-1129.

18. Signs of the Times, 26-04-1905.

19. L. E. Froom.

20. Ellen White tal como aparece en Preguntas sobre Doctrina, pág. 650-652.

21. Ellen White en DTG:24

22. Ellen White en Sings of the Times, 27-05-1897

23. Para los puntos de vista cristológicos relevantes expresados en el Deseado de Todas las Gentes, ver páginas 56-57 de este trabajo.

24. Ellen White, Carta 55, 1895.

25. Ellen White, Carta 106, 1896.

26. Ver páginas 112-113.

# Capítulo 19 – El Nuevo Pronunciamiento Cristológico; Un Análisis de la Evidencia

La última de las tres declaraciones presentadas literalmente en las páginas 109-113 será usada para nuestro análisis de evidencia, ya que revela de una manera más clara el uso para el cual las citas fueron puestas, y nos da la mejor perspectiva en relación a lo que el Dr. Froom y sus compañeros le habrían dicho al Dr. Martin acerca de estas citas en las reuniones que mantuvieron juntos.[1]

Tomó la naturaleza Sin Pecado de Adán Antes de la Caída –

(1) Durante Su encarnación Él permaneció como "representante del hombre", tal "como Dios lo creó" – esto es, refiriéndose a Adán.

(2) Como el "segundo Adán", Él "comenzó donde comenzó el primer Adán".

(3) Él pasó sobre el terreno donde Adán cayó, y (Él, Cristo) redimió la falla de Adán".

(4) Él tomó "la naturaleza pero no la pecaminosidad del hombre".

(5) Él "derrotó a Satanás en la misma naturaleza sobre la cual Satanás en el Edén obtuvo la victoria".

(6) Él "no participó en lo más mínimo en su pecado".

(7) Él estaba "sujeto a las enfermedades y debilidades" a través de las cuales el hombre está rodeado.

(8) Pero nosotros no tenemos que tener dudas en relación a la "perfecta impecabilidad de la naturaleza humana de Cristo".

(9) Él no tuvo las "propensiones del pecado".

(Estas son declaraciones fundamentales).

(10) Cristo era como Adán antes de la Caída – "un ser puro, sin pecado, sin una mancha de pecado sobre Él".

(11) Él "pudo caer". (eso era posible – de otra manera la tentación no habría sido real, sino que solamente una farsa).

(12) Él "tomó... la naturaleza humana, y fue tentado en todos los puntos así como es tentada la naturaleza humana.

(13) Pero "ni por un momento hubo en Él una propensión hacia el mal".

(14) Cuando "Adán fue asaltado por el tentador en el Edén él estaba sin una mancha de pecado".

(15) Cristo fue "asaltado con tentaciones en el desierto, así como Adán fue asaltado con tentaciones en el Edén".

(16) Así "Cristo, en el desierto de la tentación permaneció en el lugar de Adán para soportar la prueba que él (Adán) falló en soportar".

No obstante, Cristo:

(17) "tomó la naturaleza del hombre después que la raza había vagado durante cuatro mil años desde el Edén, y de su estado original de pureza y honradez".

(18) Pero "nunca, de ninguna manera, deje la menor impresión" de que "una mancha de, o una inclinación a la corrupción hubo sobre Cristo".

(19) Entonces viene la mayor amonestación, "que cada ser humano sea alertado del terreno de hacer a Cristo totalmente humano, así como uno de nosotros; porque no puede ser". (numeración mía).

Estos párrafos contienen 19 declaraciones de apoyo a la conclusión de que Cristo tomó la naturaleza de Adán antes de la caída. Dentro de cada declaración existe una pequeña cita (o citas) de Ellen White. Descubriremos que cuando Ellen White hizo estas declaraciones, ninguna dice que Cristo tomó la naturaleza de Adán antes de la caída, y algunas dicen precisamente lo opuesto. Consideraremos cada una de las declaraciones en forma separada:

1.- Durante Su encarnación Él permaneció como "representante del hombre" justo "como Dios Lo creó", esto es, en relación a Adán.[2]

Nosotros observamos:

a) Cuando Ellen White escribió la declaración, no hizo ninguna referencia a Adán.

b) Cuando ella escribió la declaración, está precedida por las palabras:

"Cristo... tomó nuestra naturaleza en su condición deteriorada...".[3]

Y continuaba con estas palabras:

"Tomando sobre Sí mismo la naturaleza de hombre en su condición caída...".

c) La referencia de Ellen White en relación a que Cristo permanece como el representante del hombre en Su encarnación, tiene que ser comparada con pasajes como estos:

"El Comandante de todo el cielo, se humilló a Sí mismo para permanecer a la cabeza de la humanidad caída...".[4]

"Él dejó a un lado Su corona real y Su manto real, y descendió de Su alto comando para tomar Su lugar a la cabeza de la raza caída".[5]

"El Hijo de Dios tomó la naturaleza humana sobre Sí, y vino a esta tierra a la cabeza de la raza caída".[6]

"Él tomó Su lugar a la cabeza de la raza caída...".[7]

"Aquí (en el bautismo de Cristo) estaba la seguridad del Hijo de Dios de que Su padre aceptaba a la raza caída a través de su representante... el Hijo de Dios fue entonces el representante de nuestra raza".[8]

2.- Como el "segundo Adán" Él comenzó donde comenzó el primer Adán".[9]

Ellen White escribió:

"Cristo es llamado el segundo Adán. En pureza y santidad, conectado con Dios y amado por Dios, Él comenzó donde comenzó el primer Adán. Él pasó deseoso sobre el terreno donde Adán cayó, y redimió la falla de Adán".[10]

Esta declaración indica que Cristo enfrentó las mismas tentaciones que enfrentó Adán. No dice que siendo el segundo Adán signifique que Él tomó la naturaleza no caída de Adán. Esto es una interpretación, pero la interpretación tiene que ser comparada con esto:

"La gran obra de la redención pudo ser llevada a cabo solamente por el Redentor tomando el lugar del caído Adán... Él tomó la naturaleza caída del hombre".[11]

No debemos forzar a Ellen White de modo que se contradiga a sí misma colocando una interpretación de algo que ella no dijo, en sus palabras, "el segundo Adán". Tenemos que seguir el principio hermenéutico de que sus palabras tienen que ser explicadas a través de sus propios escritos, y no a través de conclusiones de otros.

3.- Él "pasó sobre el terreno donde Adán cayó, y (Él, Cristo) redimió la falla de Adán".[12]

Esto es del mismo pasaje que el ejemplo anterior, y los mismos principios se aplican a este. El propósito de Ellen White era el declarar que Cristo enfrentó las mismas tentaciones que Adán enfrentó. La expresión "pasó sobre el terreno" tendría que ser comparada con esta:

"... pasando sobre el terreno que el hombre tiene que atravesar... Cristo preparó el camino para que nosotros ganásemos la victoria".[13]

Si las líneas usadas por Froom significan que Cristo tomó la naturaleza no caída de Adán, entonces la segunda referencia tendría que significar que Él tomó la naturaleza caída del hombre. Dificultades de este tipo pueden ser evitadas aceptando ambas expresiones como refiriéndose a las tentaciones de Cristo en vez de a Su naturaleza.

4.- Él tomó "la naturaleza pero no la pecaminosidad del hombre".[14]

Ellen White escribió:

"En la plenitud del tiempo Él fue revelado en la forma humana. Él tuvo que tomar Su posición a la cabeza de la humanidad tomando la naturaleza pero no la pecaminosidad del hombre".[15]

Hemos visto que el término pecaminosidad tal como fue usado por Ellen White quiere decir la presencia del pecado.[16] Ella también escribió:

"Tomando sobre Sí mismo la naturaleza del hombre en su condición caída, Cristo no participó en lo más mínimo de su pecado".[17]

La referencia a Su posición a la cabeza de la humanidad debiera ser comparada con expresiones similares que identifican esta humanidad como caída.[18]

5.- Él "derrotó a Satanás en la misma naturaleza sobre la cual en el Edén Satanás obtuvo la victoria".[19]

Ellen White escribió:

"Cuando Cristo inclinó Su cabeza y murió, Él llevó los pilares del reino de Satanás con Él a la tierra. Él derrotó a Satanás en la misma naturaleza sobre la cual en el Edén Satanás obtuvo la victoria. El enemigo fue vencido por Cristo en la naturaleza humana. El poder del Salvador divino estaba oculto. Él venció en la naturaleza humana, descansando en Dios para obtener poder. Este es el privilegio de todos. En proporción a nuestra fe será nuestra victoria".[20]

Es evidente que Ellen White está aquí contrastando la naturaleza humana con la naturaleza divina, antes que contrastando dos aspectos diferentes de la naturaleza humana. Y sería sin sentido argüir que para vencer en la naturaleza no caída de Adán, sea el privilegio de todos.

Ya que las citas en las próximas tres sentencias son todas de la misma fuente, serán consideradas en conjunto:

6.- Él "no participó en lo más mínimo en su pecado".

7.- Él estaba "sujeto a las enfermedades y debilidades" a través de las cuales el hombre está rodeado.

8.- Pero no tenemos que tener dudas en relación a la "perfecta impecabilidad de la naturaleza humana de Cristo".[21]

Las citas de Ellen White,

"... no participó en lo más mínimo de su pecado".

"... sujeto a las enfermedades y debilidades...".

"...perfecta impecabilidad de la naturaleza humana de Cristo".

fueron todas tomadas del mismo pasaje, de un artículo escrito por Ellen White en Signs of the Times, del 09-06-1898. Puede ser visto en su totalidad en 1MS:252-256. Si es posible, el estudiante debiera leer todo el artículo. Es rico en afirmar que Cristo se identificó a Sí mismo totalmente con el hombre caído.

Nos encontraremos con líneas como ésta:

"¡Qué vista era ésta para que el cielo la observase! Cristo, que no conoció la más mínima mancha de pecado o contaminación, tomó nuestra naturaleza en su condición deteriorada".

Y el pasaje del cual fueron extraídas las tres citas comienza con las palabras:

"Tomando sobre Sí mismo la naturaleza del hombre en su condición caída...".

El estudiante tiene que decidir por sí mismo cuál es la cita que debiera seguir a esas palabras como un párrafo de una sentencia de tópico, puede ser apropiadamente colocada bajo un tópico de sentencia que dice precisamente lo opuesto:

Tomó la naturaleza sin pecado de Adán antes de la caída.

Al final de estas tres declaraciones encontramos un ejemplo de cómo podemos continuar adelante si no seguimos cuidadosamente los principios hermenéuticos que las palabras y/o expresiones de un autor tienen que ser explicadas por las palabras de uso propio del autor, si esto fuese posible. Ellen White escribió:

"No debemos tener dudas en relación a la perfecta impecabilidad de la naturaleza humana de Cristo".

Compare:

"No debiera existir la más mínima duda en relación a la perfecta libertad de pecaminosidad en la naturaleza humana de Cristo".[22]

Es evidente que ambas expresiones usadas al describir la naturaleza humana de Cristo,

Perfecta impecabilidad, (y)

Perfecta libertad de pecaminosidad, significaban la misma cosa para el escritor, que introdujo el asunto diciendo que Cristo tomó la naturaleza caída del hombre y que no participó en su pecado. La distinción del escritor entre impecabilidad y naturaleza pecaminosa aparece nuevamente en este pasaje:

"Cada uno que a través de la fe obedece los mandamientos de Dios alcanzará la condición de impecabilidad en la cual Adán vivió antes de su transgresión".[23]

Es evidente que estas personas no habrán perdido sus naturalezas caídas, pecaminosas. Así, de acuerdo con el uso que Ellen White le da a los términos, la impecabilidad de la naturaleza pecaminosa es una posibilidad práctica, porque su palabra impecabilidad se refiere a la ausencia de pecado.[24] Esta condición puede ser combinada con naturalezas caídas y pecaminosas, tal como ella lo vio.

"En Él no hubo astucia (o maldad) o pecaminosidad; Él fue siempre puro e incontaminado, sin embargo tomó sobre Sí nuestra naturaleza pecaminosa".[25]

Hemos visto un uso similar de términos de Ellen White en su declaración:

"Él tomó Su posición a la cabeza de la humanidad al tomar la naturaleza pero no la pecaminosidad del hombre".[26]

Aquí nuevamente es evidente que para Ellen White pecaminosidad significaba la presencia de pecado, así como impecabilidad significaba la ausencia de pecado. Con estos hechos en mente, reconocemos que Ellen White podría haber escrito, si lo hubiese querido:

No debemos tener dudas en relación a la perfecta impecabilidad de la naturaleza humana pecaminosa de Cristo.

Así como ella usa las palabras, la declaración sería apropiada. Podría parecernos singular para nosotros, pero es nuestro deber, como obreros investigadores, dejar que ella nos hable en su manera propia, y no forzar nuestros significados sobre sus palabras. Así evitaremos transgredir el principio hermeneutico adicional de que no debemos forzar un escritor a contradecirse consigo mismo. Tenemos que recordar que el pasaje en cuestión comienza con estas palabras:

"Tomando sobre Sí mismo la naturaleza humana en su condición caída, Cristo no participó en lo más mínimo en su pecado".

Solamente algunos momentos más tarde, la misma mano y pluma continuaron:

"No debemos tener dudas en relación a la perfecta impecabilidad de la naturaleza humana de Cristo".

De tal manera que está claro que Ellen White creía en la perfecta impecabilidad de la naturaleza humana pecaminosa asumida por Cristo en Su encarnación, una naturaleza pecaminosa en la cual nunca hubo un pecado. El estudiante no debe subestimar el hecho de que Ellen White usó el sufijo "dad" en estricta conformidad con las definiciones del diccionario. De acuerdo con el diccionario "Webster Handy Collegiate", el sufijo "dad" significa "una tendencia hacia" o un "estado de ser". Ellen White consistentemente aplica pecaminosa a la naturaleza de Cristo, pero no pecaminosidad.

9.- Él no tuvo las "propensiones de pecado".[27]

Nosotros observamos:

a) este fragmento es de la carta Baker, la cual es analizada en otra parte de este libro.

b) La palabra "de" es un término derivativo, que denota origen o fuente; tal como tintura de mertiolato, espíritu de amonia, Claudio de Turín, Ambrosio de Milán, etc. "Propensiones de pecado" querría entonces significar pecado como la fuente de las propensiones. Un hombre puede pecar emborrachándose, y será como si él tuviese una propensión de pecado, un fuerte deseo de hacer la misma cosa nuevamente. Cristo nunca pecó, de tal manera que no tuvo propensiones de pecado. Esto es totalmente diferente a decir que Cristo no tenía propensiones a pecar, las cuales Él podría haberlas heredado, a causa de los pecados de Sus ancestrales. Aun cuando las palabras de y a sean palabras pequeñas, están llenas de significado. Cambiar una por la otra en una expresión como "propensiones de pecado" traería enormes cambios en el significado.

c) Un nuevo examen del estudio del uso de palabras por parte de Ellen White, del uso de los términos pasiones y propensiones será de utilidad en este punto.[28]

10.- Cristo fue como Adán antes de la caída. "Un ser puro sin pecado, sin una mancha de pecado sobre Él".[29]

Nosotros observamos:

a) Cuando Ellen White escribió la sentencia, el sujeto es Adán y no Cristo.

b) El diccionario Webster´s Super New School and Office define mancha como sigue: Mancha:

(1) corrupción; desgracia.

(2) Infección.

(3) (Obsoleta): una mancha o mácula.

1.- Imbuir o impregnar con algo nocivo o dañino; infectar.

2.- Corromper. Quedar corrompido o quedar infectado.

Recordando que la palabra de denota origen o fuente, estamos listos para concordar rápidamente de que no había ninguna mancha de pecado tanto en el Adán antes de su caída como en Cristo en cualquier tiempo. Esto dice algo acerca de pecado, pero no dice nada acerca de la naturaleza, ya sea de Adán o de Cristo. Y las intenciones de Ellen White al usar la palabra "mancha" está claramente revelada en este pasaje:

"(Cristo) se humilló a Sí mismo, tomando la naturaleza del hombre en su condición caída, pero Él no tomó la mancha de pecado".[30]

11.- Él "podía caer".[31]

Nosotros observamos:

a) Estas dos palabras son de la carta Baker.

b) Como todos los Adventistas concuerdan en que Cristo podía caer, esto no debería detenernos.

c) Esto no le otorga ningún apoyo a la proposición de que Cristo tomó la naturaleza sin pecado de Adán antes de la caída.

12.- Él "tomó... la naturaleza humana, y fue tentado en todos los puntos" así como es tentada la naturaleza humana.[32]

Nosotros observamos:

a) Este fragmento es de la carta Baker.

b) No sugiere que la naturaleza humana que Cristo asumió fuese sin pecado.

c) Es por lo menos argumentable que una naturaleza humana sin pecado no puede ser tentada en todos los puntos así como es tentada la naturaleza humana (ahora).

13.- Pero "ni por un momento hubo en Él una propensión maligna" (o hacia el mal).[33]

a) Este es el fragmento más famoso de la carta Baker, el cual es visto por los intérpretes de Ellen White como el absoluto, al cual todas las demás declaraciones cristológicas tienen que estar subordinadas.

b) Hemos visto en el estudio de las palabras pasiones y propensiones en los escritos de Ellen White, que ella no igualó propensiones naturales con propensiones malignas, como lo hacen sus intérpretes.

c) El uso de esta sentencia por sus intérpretes para probar que ella no creía que Cristo vino a la tierra en la naturaleza humana caída del hombre solamente es posible si

1.- La palabra maligna se lee como natural; y

2.- Sus aproximadamente 400 declaraciones de que Cristo vino a la tierra en la naturaleza caída del hombre, o fuesen ignoradas o sujetas a violentas y extremamente artificiales interpretaciones.

14.- Cuando "Adán fue asaltado por el tentador en el Edén él estaba sin la mancha de pecado".[34]

Nosotros observamos:

a) Esto no es discutido por nadie.

b) No le da ningún apoyo a la proposición de que Cristo tomó la naturaleza humana sin pecado de Adán antes de la caída.

c) Cuando fue escrito por Ellen White, el contexto fue como éste: Cristo no estuvo en una condición tan favorable en la desolación del desierto para soportar las tentaciones de Satanás como lo estuvo Adán cuando él fue tentado en el Edén. El Hijo de Dios se humilló a Sí mismo y tomó la naturaleza del hombre después que la raza había vagado durante cuatro mil años desde el Edén, y de su estado original de pureza y honradez. El pecado había dejado sus terribles marcas sobre la raza por eras; y la degeneración física, mental y moral prevaleció a través de la familia humana.

Cuando Adán fue asaltado por el tentador en el Edén él estaba sin ninguna mancha de pecado. Él permaneció en la fuerza de su perfección delante de Dios. Todos los órganos y las facultades de su ser estaban igualmente desarrolladas, y armoniosamente balanceadas.

Cristo, en el desierto de la tentación, permaneció en el lugar de Adán para continuar la prueba que él falló en soportar. Aquí Cristo venció a favor de los pecadores, cuatro mil años después que Adán le dio las espaldas a la luz de su hogar. Separado de la presencia de Dios, la familia humana ha estado apartándose, en cada generación sucesiva, más lejos de la pureza original, de la sabiduría y del conocimiento que Adán poseía en el Edén. Cristo llevó los pecados y las enfermedades de la raza tal cual ellos existían cuando Él vino a la tierra para ayudar al hombre, a favor de la raza, con las debilidades del hombre caído sobre Él, tuvo que enfrentar las tentaciones de Satanás en todos los puntos en los cuales el hombre sería asaltado.

Adán estaba rodeado con todas las cosas que su corazón pudiese desear. Cada deseo era suplido. No había pecado, y ningún signo de decadencia en el glorioso Edén. Los ángeles de Dios conversaban libre y amorosamente con la santa pareja. Los alegres cantantes entonaban sus libres y alegres cantos de alabanza a Su Creador. Las apacibles bestias en alegre inocencia jugaban alrededor de Adán y Eva, obedientes a su palabra. Adán estaba en la perfección de la humanidad, la obra más noble del Creador. Él era en la imagen de Dios, pero un poco menor que los ángeles.

**Cristo Como el Segundo Adán.**

¡En qué contraste está el segundo Adán cuando Él entra en el tenebroso desierto para pelear con Satanás sin ayuda de nadie! Desde la caída la raza había venido decreciendo en tamaño y en fuerza física, y descendiendo más bajo en la escala del valor moral, hasta el tiempo del advento de Cristo a la tierra. Y para elevar al hombre caído, Cristo tiene que alcanzarlo donde éste estaba. Él tomó la naturaleza humana, y llevó las enfermedades y la degeneración de la raza. Él que no conoció ningún pecado, se hizo pecado por nosotros. Él se humilló a Sí mismo hasta las profundidades más bajas del dolor humano, para que Él pudiese ser calificado para alcanzar al hombre, y levantarlo de la degeneración en la cual el pecado lo había sumergido.

"Porque convenía a aquel, para quien son todas las cosas, y por medio de quien son todas las cosas, llevando muchos hijos a la gloria, para hacer al capitán de su salvación perfecto a través de sufrimientos". (Heb. 2:10). Se cita (Heb. 5:9; 2:17-18).

"Porque no tenemos un Sumo Sacerdote que no pueda ser tocado con los sentimientos de nuestras enfermedades; sino que fue tentado en todos los puntos así como lo somos nosotros, pero sin pecado". (Heb. 4:15).

El uso de una línea de este pasaje para apoyar la proposición de que Cristo tomó la naturaleza sin pecado de Adán antes de la caída es chocante (espantoso, horripilante).

15.- Cristo fue "asaltado con tentaciones en el desierto, así como Adán fue asaltado con tentaciones en el Edén".[35]

Nosotros observamos:

a) Este fragmento es de la carta Baker.

b) No dice nada acerca de la naturaleza ni de Adán ni de Cristo.

16.- Así Cristo, en el desierto de la tentación, permaneció en el lugar de Adán para aguantar la prueba que él (Adán) falló en soportar".[36]

Nosotros observamos:

a) Este es del mismo pasaje que el número 14. El uso que se hace de él, es igualmente chocante.

17.- No obstante, Cristo "tomó la naturaleza del hombre después que la raza había vagado durante cuatro mil años desde el Edén, y de su estado original de pureza y honradez".[37]

Nosotros observamos:

a) Este fragmento es del mismo pasaje que los números 14 y 16. El uso que se hace de él es igualmente chocante.

b) Una nueva sutileza es introducida en este punto a través del uso de la palabra no obstante. Por el contexto y los diversos análisis, se le ofrecen al lector tres opciones de lo que se alega que Ellen White quiso decir, pero que no lo dijo:

1.- Estas palabras se refieren únicamente a la naturaleza física de Jesús. (o)

2.- Cristo aceptó las enfermedades del hombre caído vicariamente, pero no realmente. (o)

3.- Cristo realmente tenía tres naturalezas: la naturaleza de Dios, la naturaleza no caída de Adán, y la naturaleza caída del hombre.

No hemos encontrado ningún consejo en los escritos de Ellen White de que ella quiso decir ninguna de estas cosas, ni que tales pensamientos le hayan pasado alguna vez por su mente. Esto representa un esfuerzo grotesco por parte de los intérpretes de Ellen White para tratar de explicar las múltiples declaraciones de Ellen White que no están en armonía con sus interpretaciones.

18.- Pero "nunca, de ninguna manera, deje la más mínima impresión" que "hubo una mancha de, o, una inclinación hacia la corrupción sobre Cristo".[38]

Nosotros observamos:

a) Estos dos fragmentos son de la carta Baker.

b) Ellos están en un contexto en el cual Ellen White formalmente objeta con Baker de que Cristo nunca pecó. En su única carta a él ella afirma que Cristo nunca pecó un total de diez veces. Si un consejo se da donde se necesita un consejo, esto indicaría fuertemente de que Baker se había envuelto en el error del adopcionismo, un punto de vista que dice que Cristo podría haber pecado en Su vida primitiva, antes que Él fuese adoptado para que sea el Hijo de Dios.[39]

19.- Entonces viene la amonestación más fuerte, "que cada ser humano esté alertado (advertido) del terreno de hacer a Cristo totalmente humano, como uno de nosotros; porque no puede ser".[40]

Nosotros observamos:

a) Esto, nuevamente, es de la carta Baker.

b) Las palabras "totalmente humano, como uno de nosotros", son casi literalmente las palabras usadas por algunos adopcionistas para describir la naturaleza de Cristo antes que Él fuese adoptado para que sea el Hijo de Dios (Ver Apéndice B). No hay lugar para una naturaleza divina en un Cristo que es totalmente humano, tal como uno de nosotros. Ellen White a menudo se refiere a Cristo como el Salvador Divino-Humano, pero nunca como totalmente humano.

De tal manera que nuestra conclusión acerca del valor evidencial de cada una de estas citas para apoyar la proposición de que Cristo tomó la naturaleza sin pecado de Adán antes de su caída es que ellas son insuficientes como para obtener lo que se habían propuesto. De las 19 sentencias, todas las declaraciones muestran hechos que se aceptan sin preguntas por personas de ambos lados de la discusión acerca de la naturaleza humana asumida por Cristo en Su encarnación. Así el peso del argumento debe ser llevado por las interpretaciones, ninguna de las cuales puede soportar la luz de la investigación, y muchas de las cuales han sido sacadas de la carta Baker. Así toda la estructura se derrumba al menor toque de la mano del investigador.

Ahora tenemos que considerar un esfuerzo semejante para persuadir a Ellet J. Waggoner para que diga que Cristo vino en la naturaleza humana no caída de Adán. El problema era que Waggoner, al igual que Ellen White, había dicho precisamente lo contrario.

En 1901, en la Sesión de la Conferencia General, el movimiento de la Carne Santa de Indiana estaba tratando de eso, y Waggoner, en una sesión en la tarde, respondió la siguiente pregunta:

¿Fue esa cosa Santa nacida de la Virgen María nacida en carne pecaminosa, y tuvo esa carne las mismas tendencias malignas con las cuales nosotros tenemos que contender?

Waggoner respondió con un resonante si a ambas preguntas, y desafió a sus oyentes a asegurarse de que estuviesen realmente fuera de la iglesia de Roma.

¿Es que no ven que la idea de que la carne de Jesús no era como la nuestra (porque sabemos que la nuestra es pecaminosa) necesariamente envuelve la idea de la inmaculada concepción de la Virgen María?... Dios en Cristo, 4.000 años a este lado de la creación, vivió una perfecta vida sin mancha en carne pecaminosa.[41]

En 1890 Waggoner había publicado un libro llamado "Cristo y Su Justicia", en el cual encontramos estas declaraciones:

Un pequeño pensamiento será suficiente para mostrarle a todos de que si Cristo tomó sobre Sí mismo la semejanza del hombre, para que Él pudiese redimir al hombre, tuvo que ser hecho a semejanza de hombre pecaminoso, porque es el hombre pecaminoso que Él vino a redimir...

Más aun, el hecho que Cristo tomó sobre Sí mismo la carne, no de un ser sin pecado, sino del hombre pecaminoso, esto es, que la carne que Él asumió tenía todas las debilidades y tendencias pecaminosas a las cuales la naturaleza caída del hombre está sujeta, está demostrado por la declaración de que Él "fue hecho de la simiente de David de acuerdo con la carne...".

Nuestro bendito Salvador... descendió Él mismo, voluntariamente, al nivel del hombre pecaminoso.[42]

En 1897 Waggoner había dicho:

La Palabra fue hecha carne perfecta en Adán, pero en Cristo la Palabra fue hecha carne caída. Cristo descendió hasta el fondo, y ahí la Palabra es carne, carne pecaminosa.[43]

Pareciera un desafío formidable hacer con que este hombre testifique diciendo que Cristo vino en la naturaleza humana no caída de Adán, pero esto fue hecho, usando métodos similares a aquellos usados con el testimonio de Ellen White.

Los resultados pueden ser vistos en Movimiento de Destino, página 197. Son dados pequeños fragmentos de las declaraciones de Waggoner, y son ligados con la palabra vicariamente, una palabra que Waggoner no usó, y que no podía ser adecuadamente aplicada, en ningún caso, a este mensaje. (Ver página 106). A través de la cláusula "No obstante", el escritor nuevamente cae en la desconcertante afirmación de que Cristo tenía ambas naturalezas, una no caída y una deteriorada, para así poder desvirtuar algunas declaraciones de Waggoner. A través de este procedimiento, Waggoner, al igual que Ellen White, aparece como si fuese un apoyador de la doctrina de que Cristo vino a la tierra en la naturaleza no caída de Adán, una doctrina que ambos habían de hecho rechazado firmemente. El estudiante haría bien en comparar cuidadosamente el propio mensaje de Waggoner con la presentación hecha en la páginas finales de este capítulo.[44]

En el mismo volumen, en la página 428, el Dr. Froom destruye la creencia de que Cristo tomó la naturaleza caída del hombre llamándola de "una posición errada de una minoría", y continúa diciendo que Ellen White apoya la "verdadera posición" de que Cristo tomó la naturaleza de Adán antes de la caída. El estudiante tal vez quiera comparar estas razones con el material provisto en la Sección Tres de este trabajo (Capítulos 9 hasta el 14).

Así, la iglesia habla ahora con dos voces, desde que fue inaugurada la época de la confusión. Los mismos materiales que fueron usados en Ministry para apoyar la idea de que bien informados Adventistas, (la mayoría), nunca habían creído que Cristo tomó la naturaleza humana caída del hombre, fueron, como lo hemos visto, reimpresos en Preguntas Sobre Doctrinas, Movimiento de Destino, y el Volumen 7-A del Comentario Bíblico Adventista del Séptimo Día. Toda una generación de obreros de iglesias Adventistas han crecido creyendo que esta es toda la verdad en relación a esta materia. Quiero suponer honestamente que este trabajo incitará a tales obreros, a darle una mirada más detenida a esta situación.

Se supone que el estudiante no querrá continuar, antes de examinar los materiales mencionados en los libros anteriormente citados. Como estas son obras normales que están disponibles en cualquier biblioteca de un Colegio Adventista del Séptimo Día, me gustaría que el estudiante evaluara por sí mismo la oportunidad de estudiarlos cuidadosamente. Sus características más importantes son:

1.- Ellos le dan poca importancia a los registros históricos en relación al consenso de las creencias cristológicas de los Adventistas del Séptimo Día. Aun cuando es verdad que son hechas tentativas para arreglar las declaraciones de Ellen White y de Ellet J. Waggoner dentro de la estructura de las creencias cristológicas Calvinistas, el testimonio de una hueste de otros testigos, que incluyen Presidentes, Vice-Presidentes y Secretarios de la Conferencia General, Presidentes de Unión, Editores de la Review and Herald, Editores de la Signs of the Times, y muchos otros, es simplemente ignorado.

2.- La violencia con la cual los testimonios de Ellen White y Waggoner son arrancados de sus contextos y de la expresa intención de los escritores, y cómo son forzados a entrar dentro de una estructura cristológica Calvinista, inspira temor. Pareciera que no hubiese hecho ninguna diferencia lo que dijeron los escritores. Es difícil imaginar qué tipo de declaración cristológica hubiese sido necesaria para que pudiese permanecer ante la presión de tales métodos enérgicos. Considere, por ejemplo, la declaración de Ellen White en la página 49 del Deseado de Todas las Gentes:

"Habría sido casi una infinita humillación para el Hijo de Dios tomar la naturaleza del hombre, aun cuando Adán permaneció en su inocencia en el Edén. Pero Jesús aceptó la humanidad cuando la raza había sido debilitada por cuatro mil años de pecado. Como cada hijo de Adán Él aceptó los resultados de la obra de la gran ley de la herencia".

Si estas palabras pueden significar que Cristo vino en la naturaleza no caída de Adán, entonces nosotros podemos también dejar a un lado todas las intenciones de expresar fe en las palabras, porque cualesquiera palabras pueden significar cualquier cosa, lo que nos al siguiente problema:

3.- El curioso y frecuentemente usado recurso dialéctico (¿es posterior a Schliermacher?) a través del cual se propone que los Adventistas del Séptimo Día creen que el Cristo encarnado tenía una naturaleza que era tanto caída como no caída. El estudiante observará que el padrón fue establecido por F. D. Nichol en la Review and Herald del 10 de Julio de 1952:

"... los Adventistas creen que Cristo, el "último Adán", poseía, en Su lado humano, una naturaleza como aquella del "primer hombre Adán",... y que esa naturaleza estaba en desventaja por los efectos debilitantes de cuatro mil años de incursiones pecaminosas en el cuerpo del hombre y en su sistema nervioso...".

Siguiendo este padrón, Froom típicamente colocó una serie de declaraciones con las cuales intentó probar que Cristo vino en la naturaleza no caída de Adán, y entonces introduce las palabras "No obstante", y continúa con algunas declaraciones hechas por Ellen White o Ellet J. Waggoner, de que Cristo vino en la naturaleza caída del hombre.[45] La cristología Adventistas del Séptimo Día es así representada como si poseyese una imposibilidad incongruente e ilógica, de que una naturaleza humana puede ser al mismo tiempo caída y no caída.

Si fuese posible quedarnos con ambas declaraciones, aun cuando son proposiciones mutuamente exclusivas, al mismo tiempo, entonces es posible que aceptemos muchas otras posibilidades en el uso de palabras:

El sol es caliente (y, no obstante) también es frío.

La tierra es redonda (y, no obstante) también es plana.

El acusado es culpable (y, no obstante) también es inocente.

La mente puede quedar intrigada por las ventajas prácticas inherentes en algunas de estas proposiciones. Si una cuenta puede ser adecuadamente descrita como siendo al mismo tiempo tanto paga como impaga, o un hombre casado y soltero, algunos pueden inclinarse a ver ventajas prácticas en este tipo de arreglos. Pero es evidente que un significado tan extenso en el uso de palabras haría con que la realidad fuese imposible de ser descubierta, y la verdad imposible de ser expresada o definida en palabras. Habría que descubrir otros medios de poder expresar la verdad.

Tenemos que recordarnos a nosotros mismos en este punto, que las declaraciones de Ellen White y de Waggoner, tomadas en sí mismas, no contienen tales enigmas. Ellas consistente y claramente expresan la convicción de sus autores de que nuestro Salvador vino a la tierra en la naturaleza caída del hombre, porque esto era requerido por las circunstancias de Su misión.

Recordemos también que la muy utilizada carta Baker, la cual es analizada en otro lugar en este trabajo, no dice que Cristo vino en la naturaleza no caída de Adán, sino que es interpretada para que pareciera decir eso. El resultado de esta interpretación ha sido el de causar, tanto interior como exteriormente de nuestra iglesia, la conclusión de que Ellen White se contradice a sí misma, una conclusión que por ningún motivo es requerida por las evidencias. Las contradicciones son la obra de los intérpretes, no la obra de Ellen White.

Entre tanto, sin embargo, el desafío de revisar nuestra historia para poder dejarla de acuerdo con la nueva cristología, fue proseguida con vigor. El pasaje en "Lecturas de la Biblia" (Bible Readings) fue revisado para que armonizara con las nuevas opiniones. El libro "Drama de las Edades" (Drama of the Ages) de W. H. Branson, el cual en la edición de 1950 decía que Cristo tomó la "naturaleza pecaminosa del hombre", fue cambiado en la edición de 1953 donde ahora se lee "naturaleza actual del hombre". (compare las páginas 89 en ambas ediciones). En 1952 F. D. Nichol produjo un libro, "Respuestas a Objeciones" (Answer to Objections), en el cual él tomó la misma posición que aparecía en la editorial que acabamos de analizar, que es la opuesta a la tomada en un libro anterior por otro Editor (Asociado).[46]

M. L. Andreasen, en sus Cartas a las Iglesias, alega que los oficiales del White Estate (Fideicomisarios del patrimonio de Ellen White) estaban ahora más cercanos a la sugestión de que algunas notas al pie de página fuesen adicionadas a los libros de Ellen White para que así los lectores pudiesen estar seguros de que los estaban entendiendo "correctamente".[47]

Andreasen perdió sus credenciales ministeriales debido a esas cartas, aun cuando yo creo que posteriormente le fueron restauradas. Otros que protestaron antes contra estos nuevos puntos de vista, y que fueron disciplinados, fueron William Grotheer, Donald Short y Robert Wieland.

Dentro de los años recientes, dos folletos de la Escuela Sabática han tomado puntos de vista opuestos en relación a la humanidad de Cristo. El pueblo Adventista alrededor del mundo ha sido incluido en la discusión, quiéranlo o no. Los obreros Adventistas están por lo tanto enfrentando la necesidad de tomar conocimiento del problema. Con la publicación de los volúmenes empastados con los artículos de Ellen White en la Review and Herald y en la Signs of the Times, la evidencia primaria más importante está al alcance de los miembros de cualquier Iglesia Adventista. Existe aún una pequeña esperanza de que esto continúe adelante, porque tiene muchas implicaciones. Consideraremos esto en el Capítulo 21.

Mensaje de Ellet J. Waggoner en Minneapolis – Nº 1, Fotocopia.-

"… de la encarnación" y la "resurrección", Waggoner dice que nosotros aceptamos esto "como verdad" por la fe, porque "Dios les ha revelado", y "nosotros nos regocijamos en el infinito poder y gloria con las cuales las Escrituras declaran que pertenece a Cristo". Waggoner repite nuevamente el énfasis, en relación al testimonio de Cristo con el Padre, que "siendo por naturaleza de la misma substancia que Dios, y teniendo vida en Sí mismo, Él es adecuadamente llamado Jehová, el que es auto-existente".[48]

Él es "así mostrado" en (Jeremías 23:56), donde Él es "conocido por el nombre de Jehová-tsidekena – EL SEÑOR JUSTICIA NUESTRA". No le debemos rendir "menos honor" que el que le dio el Padre. Waggoner ahora se vuelve hacia la "humillación" de Cristo durante la encarnación.

12.- SE HIZO CARNE PARA LLEVAR NUESTROS PECADOS Y REDIMIRNOS. El próximo paso lógico está colocado en la sección 5 ("Dios Manifestado en la Carne"). Waggoner cita (Juan 1:14) afirmando que en la encarnación "Cristo era tanto Dios como hombre. Originalmente solamente Divino,

Él tomó sobre Sí mismo la naturaleza humana".[49] Él vivió en la tierra como un hombre "mortal" – capaz de morir – habiendo tomado la forma de un siervo, pero teniendo siempre "todos los atributos de Dios, siendo el Gobernador del universo, y Aquel a quien todo el cielo se regocija en honrarlo".

Despojándose a Sí mismo de estos poderes, Él "tomó sobre Sí mismo la naturaleza del hombre, para que Él pudiese redimirlo".[50] Para conseguir esto Él se hizo obediente "aun hasta la muerte en la cruz". La trascendencia de todo esto es una verdad insondable, más allá del "entendimiento humano" de "mentes finitas".[51]

En relación a Su humanidad, Cristo vino en "semejanza de carne humana" (Rom. 8:3-4). Dios "colocó sobre Él la iniquidad de todos nosotros". Él "tomó" todas las "debilidades" del hombre, y "sufrió todas las enfermedades" del hombre.[52] Más que eso, él fue realmente "hecho" – vicariamente – "pecado por nosotros", para que nosotros "pudiésemos ser hecho justicia de Dios en Él". (2 Cor. 5:21). Sobre esto, Waggoner comenta:

"Aquí está el mismo misterio que aquel que el Hijo de Dios debiera morir. El Cordero sin mancha de Dios, que no conoció pecado, fue hecho pecado. Sin pecado, y sin embargo no solamente contado como pecador, sino que tomando sobre Sí mismo la naturaleza pecaminosa. Él fue hecho pecado para que nosotros pudiésemos ser hecho justos".[53] Ese fue el intercambio – nuestros pecados por Su justicia.

13.- MANTUVO UNA IMPECABILIDAD SIN MANCHA SOBRE LA TIERRA. Citando (Heb. 2:18 y 4:15-16) Waggoner declara que, aun cuando Cristo no conoció pecado, Él no obstante voluntariamente descendió al "nivel del hombre pecaminoso" de manera que...".[54]

"... en la Biblia concerniente a la naturaleza de Cristo, recordemos que sería imposible expresarlo en términos que las mentes finitas puedan entenderlo completamente. Así como el injertar de los gentiles en el tronco de Israel es contrario a la naturaleza, así la economía Divina es una paradoja para el entendimiento humano.

Otras escrituras que citaremos nos traen más cerca de la humanidad de Cristo, y lo que significa para nosotros. Hemos leído que "la Palabra se hizo carne", y ahora leeremos lo que Pablo dice en relación a la naturaleza de esa carne: "Porque lo que la ley no pudo hacer, en lo que era débil por carne, Dios enviando a Su propio Hijo en semejanza de carne pecaminosa, y por el pecado, condenó el pecado en la carne; para que la justicia de la ley pudiese ser cumplida en nosotros, que no andamos conforme a la carne, sino conforme al Espíritu". (Rom. 8:3-4)

Un pequeño pensamiento será suficiente para mostrarle a todos de que si Cristo tomó sobre Sí mismo la semejanza del hombre, para que Él pudiese redimir al hombre, tiene que haber sido hecho hombre pecaminoso, porque es al hombre pecaminoso que Él vino a redimir. La muerte no tendría poder sobre un hombre sin pecado, como era Adán en el Edén; y no habría tenido ningún poder sobre Cristo, si el Señor no hubiese cargado sobre Él la iniquidad de todos nosotros. Más aun, el hecho de que Cristo tomó sobre Sí mismo la carne, no la de un ser sin pecado, sino la del hombre pecaminoso, esto es, que la carne que Él asumió tenía todas las debilidades y tendencias pecaminosas a las cuales la naturaleza humana caída está sujeta, está mostrado por la declaración de que Él "fue hecho de la simiente de David de acuerdo con la carne". David tuvo todas las pasiones de la naturaleza humana. Él dice de sí mismo: "En iniquidad he sido formado; y en pecado me concibió mi madre". (Salmo 51:5).

La siguiente declaración del libro de Hebreos es muy clara en este punto: "Porque ciertamente Él no tomó sobre Sí la simiente de Abrahán (Porque ciertamente no tomó la naturaleza de los ángeles, sino que Él tomó la simiente de Abrahán)". Revised Version. "Por lo que en todas las cosas debía ser hecho como Sus hermanos, para que Él pudiese ser un Sumo Sacerdote misericordioso y fiel en las cosas pertenecientes a Dios, para hacer reconciliación por los pecados del pueblo. Por lo que donde Él mismo sufrió siendo tentado, Él está apto a socorrer aquellos que son tentados". (Heb. 2:16-18)

Si Él fue hecho en todas las cosas como Sus hermanos, entonces Él debe haber sufrido todas las enfermedades, y debe haber estado sujeto a todas las tentaciones, de Sus hermanos. Dos textos más que colocan esta materia muy enérgicamente serán suficiente evidencia en este punto. Primero citaremos (2 Cor. 5:21) = "Porque Él (Dios) Lo hizo (a Cristo) pecado por nosotros, a quien no conoció pecado; para que nosotros pudiésemos ser hecho justicia de Dios en Él".

Esta es mucho más fuerte que aquella declaración que dice que Él fue hecho "en semejanza de carne pecaminosa". Él fue hecho para ser pecado. Aquí está el mismo misterio que aquel de que el Hijo de Dios debía morir. El Cordero de Dios sin mancha, que no conoció pecado, fue hecho para ser pecado. Sin pecado, y sin embargo no solamente contado como pecador, sino que realmente tomando sobre Sí mismo la naturaleza pecaminosa. Él fue hecho para ser pecado, para que nosotros pudiésemos ser hecho justos. Así Pablo le dice a los Gálatas que "Dios envió a Su Hijo, nacido (hecho) de una mujer, nacido (hecho) bajo la ley, para redimir aquellos que estaban bajo la ley, para que pudiésemos recibir la adopción de hijos". (Gal. 4:4-5).

"En lo que Él mismo sufrió siendo tentado, Él es apto para socorrer aquellos que son tentados". "Porque no tenemos Sumo Sacerdote que no puede ser tocado con los sentimientos de nuestras enfermedades; sino que fue tentado en todos los puntos así como lo somos nosotros, pero sin pecado. Acerquémonos pues confiadamente al trono de la gracia, para que obtengamos misericordia, y gracia final para ayudar en tiempos de necesidad". (Heb. 2:18; 4:15-16)

Un punto más, y entonces podemos estudiar toda la lección que tenemos que estudiar del hecho de que "la Palabra fue hecho carne, y habitó entre nosotros". ¿Cómo fue que Cristo pudo ser "rodeado de enfermedades" (Heb. 5:2), y aun no conocer pecado?

Algunos pueden haber pensado, al leer hasta aquí, de que hemos estado depreciando el carácter de Jesús, haciéndolo descender hasta el nivel del hombre pecaminoso. Al contrario, estamos simplemente exaltando el "poder Divino" de nuestro bendito Salvador, quien voluntariamente descendió al nivel del hombre pecaminoso, para que Él pudiese exaltar al hombre a Su propia pureza sin mancha, la cual Él retuvo bajo las más adversas circunstancias. Su humanidad veló solamente Su naturaleza Divina, por la cual Él estaba inseparablemente ligado con el Dios invisible, y que era más que apto para resistir exitosamente las debilidades de la carne. Durante toda Su vida tuvo que batallar. La carne, movida por el enemigo de toda justicia, tendía a pecar, pero Su naturaleza Divina, ni por un momento abrigó un deseo maligno, ni Su poder Divino vaciló por un momento. Habiendo sufrido en la carne todo lo que los hombres pueden posiblemente sufrir, Él volvió al trono del padre tan inmaculado como cuando Él dejó las cortes de gloria. Cuando Él estuvo en la tumba, bajo el poder de la muerte, "era imposible que fuese retenido por ella", porque Él "no conoció pecado".

Pero alguien dirá, "No veo ningún conforto en esto para mí. Para estar seguro, yo tengo un ejemplo, pero no puedo seguirlo, porque no tengo el poder que Cristo tuvo. Él era Dios aun cuando estuvo aquí en la tierra; yo soy apenas un hombre". Sí, pero puedes tener el mismo poder que Él tuvo si es que lo quieres. Él fue "rodeado con enfermedad", pero Él "no pecó", porque el poder Divino estaba habitando constantemente dentro de Él. Ahora escuche las palabras inspiradas del apóstol Pablo, y aprenda cuál es nuestro privilegio:

"Por esta causa doblo mis rodillas delante del Padre de nuestro Señor Jesús Cristo, de quien toda la familia en el cielo y en la tierra es llamada, de que Él os garantiza, de acuerdo a las riquezas de Su gloria, de ser fortalecidos con poder por Su Espíritu en el hombre interior; para que Cristo habite en vuestros corazones por la fe; para que, arraigados y cimentados en amor, puedan estar aptos para comprender con todos los santos cuál es la anchura, y la longitud, y la profundidad, y la altura; y para conocer el amor de Cristo, que ultrapasa todo conocimiento, para que podáis ser llenados con toda la plenitud de Dios". (Efe. 3:14-19)

¿Quién podría pedir más? Cristo, en quien...".[55]

Notas:

1. "Movimiento de Destino", Dr. Froom, página 497.

2. Froom.

3. Signs of the Times, 09-06-1898 y también 1MS:252-256.

4. Signs of the Times, 20-12-1899.

5. Signs of the Times, 06-11-1901.

6. Signs of the Times, 09-12-1903.

7. Review and Herald, 15-06-1905.

8. Signs of the Times, 07-08-1779.

9. Froom.

10. Youth Instructor, 02-06-1898.

11. Review and Herald, 24-02-1874.

12. Froom.

13. Signs of the Times, 27-05-1897, pág. 325, col. 3.

14. Froom.

15. Signs of the Times, 29-05-1901.

16. Ver páginas 7-8.

17. Signs of the Times, 09-06-1898.

18. Ver páginas 120-121.

19. Froom.

20. Youth Instructor, 25-04-1901.

21. Froom.

22. Mensaje 143, 1897.

23. Signs of the Times, 23-07-1902.

24. Ver también HAp:562.

25. Bible Echo, 05-04-1897.

26. Signs of the Times, 29-05-1901, pág. 339, col. 2, BV182.

27. Froom.

28. Ver páginas 11-15.

29. Froom.

30. Mensaje 1, 1893, pág. 3.

31. Eso era posible, de otra manera la tentación no habría sido real, sino que solamente una farsa; Froom.

32. Froom.

33. Froom.

34. Froom.

35. Froom.

36. Froom.

37. Froom.

38. Froom.

39. Ver Apéndice B.

40. Froom.

41. General Conference Bulletin, 1901, pág. 403; Para citas más extensas del sermón de Waggoner, vea las páginas 61-63; Para testimonios anteriores de Waggoner, ver página 22.

42. Páginas 26-29.

43. General Conference Bulle-tin, Nº5, pág. 27.

44. Ver traducción al final de este capítulo.

45. Ver Movimiento de Destino, pág. 197 y 497.

46. Ver página 71; Nichol, Answers to Objections, páginas 393 y siguientes.

47. Publicado por Leaves of Autumn Books, Payson, Arizona, 1982; nota del traductor: yo tengo traducidas esas "Cartas a las Iglesias" de M. L. An-dreasen, bajo el ítem 151 en mi página web: www.fortunecity.com/victorian/twain/1024/; son 31 páginas. Hasta ahora ese informe no ha sido confirmado por los oficiales del White Estate, y, desde que yo sepa, tampoco ha sido negado.

48. Pág. 23.

49. Pág. 24.

50. Pág. 25.

51. Pág. 26.

52. Pág. 26-27.

53. Pág. 27-28.

54. Leroy Edwin Froom, Movi-miento de Destino, página 197.

55. Ellet J. Waggoner, Cristo Nuestra Justicia.

# Capítulo 20 – Conclusión – Una Metodología Defectuosa Ha Producido Interpretaciones No Válidas

**Una Oferta de Recompensa**

Hemos visto de que ha habido aproximadamente 1.200 declaraciones diciendo que Cristo vino a la tierra en la naturaleza humana caída del hombre, que fueron encontradas en los libros, artículos de revistas, y manuscritos no publicados escritos por Ellen White y por otros autores Adventistas del Séptimo Día, durante los años 1852-1952. También hemos observado que estos autores hacían parte del liderazgo de primera línea del Adventismo. Están incluidos los Presidentes de la Conferencia General White, Daniells, Spicer, Watson, McElhany y Branson. Están seis de los siete Editores de la Review and Herald que sirvieron durante esos años, y cinco de los seis Editores de la Signs of the Times.

Están incluidos todos los Editores del Bible Echo durante los años 1886-1904 y muchos escritores que contribuyeron con el Australian Signs of the Times. Está incluida una galaxia de Vicepresidentes de la Conferencia General, Presidentes de División, y jefes departamentales; Presidentes de Uniones, Presidentes de Conferencias, Presidentes de Colegios, Profesores de Biblia de Colegios, y misioneros pioneros.

Contra este fondo de información completamente documentada tenemos que evaluar las afirmaciones hechas por los intérpretes de la historia Adventistas del Séptimo Día en general y de los escritos de Ellen White en particular, y lo publicado en la revista Ministry, Preguntas Sobre Doctrinas, Movimiento de Destino, etc., que dicen:

Afirmación N° 1.- Solamente una minoría mal informada de Adventistas del Séptimo Día habían creído que Cristo vino a la tierra en la naturaleza humana caída del hombre, y la mayoría bien informada siempre creyó que Cristo vino a la tierra en la naturaleza humana no caída de Adán.

Nosotros observamos:

a) Es asombroso escuchar que el liderazgo adventista de primera línea, sea una minoría pobremente informada. Creemos que ellos habrán protestado contra esta clasificación.

b) No hemos sido informados quienes eran los miembros de la mayoría bien informada, y cómo han sido averiguados sus puntos de vista. Hemos buscado en vano en las páginas de las publicaciones Adventistas del Séptimo Día por algún trazo, ya sea de sus nombres o de sus puntos de vista. ¿Dónde tenemos que ir para aprender más acerca de estas personas y de su relacionamiento con la Iglesia? ¿Dónde podemos encontrar el registro de sus vidas, sus obras, y sus puntos de vista cristológicos? ¿Por qué han desaparecido tan misteriosamente de las páginas de esa historia, en la cual ellos alegan que han jugado el papel dominante? Aún estamos esperando las respuestas a estas preguntas. No nos ha sido ofrecida ninguna documentación.

Afirmación N° 2.- Los escritos de Ellen White, convenientemente leídos y entendidos, enseñan claramente que Cristo había venido a la tierra en la naturaleza humana no caída de Adán.

Nosotros observamos:

a) De acuerdo con esta definición, el registro no revela que los escritos de Ellen White fueron apropiadamente leídos y entendidos por nadie, ya sea dentro de la iglesia Adventista o fuera de la iglesia en el periodo de 100 años que hemos estado estudiando. Sin una única excepción, hasta donde hemos tenido la oportunidad de descubrir, tanto sus amigos como sus críticos entendieron que sus escritos enseñan que Cristo vino a la tierra en la naturaleza humana caída del hombre. (A menos que tomemos en serio las opiniones del extraño movimiento de la Carne Santa de Indiana, lo cual yo no estoy dispuesto a hacer).

b) El registro también no dice nada en relación a cualquier intento por parte de Ellen White para aclarar un mal entendido tan grave, aun cuando ella enseñó y escribió al respecto durante 57 años, desde 1858 hasta su muerte en 1915. Si todos sus lectores la han continua y consistentemente mal entendido, ¿no habría ella tratado de hacer algo acerca de eso, en vez de continuar publicando las mismas expresiones que habían creado el mal entendido original?

Afirmación N° 3.- Las referencias que hizo Ellen White en relación a la venida de Cristo a la tierra en la naturaleza humana caída del hombre (a) fueron pocas en número, y (b) fueron "contrabalanceadas" por declaraciones de que Cristo había venido a la tierra en la naturaleza humana no caída de Adán, lo cual se encontraría "en muchos lugares".[1]

a) Nosotros hemos sido alertados con aproximadamente 400 declaraciones de Ellen White en relación a que Cristo vino a la tierra en la naturaleza humana caída del hombre. Esto es realmente más que un poco.

b) Aun tenemos que encontrar nuestra primera declaración "contrabalanceadora" afirmando lo contrario. Sin ninguna excepción, se ha probado que las declaraciones "contrabalanceadoras" han sido interpretaciones, y no declaraciones, donde las palabras de Ellen White que dicen algo más han sido interpretadas para que pareciesen decir que

Cristo vino a la tierra en la naturaleza humana no caída de Adán. Así el producto falla en cumplir lo que dice la propaganda.

Afirmación N° 4.- Estas pocas y "contrabalanceadoras" declaraciones debieran ser entendidas como queriendo decir, (a) Cristo tomó las debilidades y enfermedades del hombre caído, no realmente, sino vicariamente; y (b) que Él tomó la naturaleza humana caída solamente en el sentido "físico", y no en el sentido "teológico".[2] Así Ellen White quiso decir que solamente la naturaleza física caída del hombre fue asumida por Cristo.

Nosotros observamos:

a) Nos preguntamos qué otra naturaleza de Cristo fue así exenta de las influencias que afectaban Su naturaleza física. Nunca fue definida o descrita. ¿Era Su alma distinta de Su cuerpo? Un dualismo cuerpo-alma fue firmemente rechazado por Ellen White y otros escritores adventistas en sus análisis de la naturaleza del hombre.

¿Era Su naturaleza espiritual distinta de Su naturaleza física? Si así fuese, ¿cómo fue Él tentado en todas las cosas así como lo somos nosotros? ¿Experimentó Él tentaciones de la carne, pero no del espíritu, tales como envidia, ira, orgullo, etc.?

O, ¿tenía realmente tres naturalezas: (1) la naturaleza de Dios; (2) la naturaleza no caída de Adán; (3) la naturaleza caída del hombre? Esto nunca ha sido claramente explicado.

b) Nos preguntamos qué es lo que Ellen White quiso decir cuando ella escribió (todos los énfasis son míos):

"Como cada hijo de Adán, Él aceptó los resultados de la obra de la gran ley de la herencia".[3]

"(Cristo) vino diciendo, no violaré ningún principio de la naturaleza humana".[4]

"Estaba en la orden de Dios que Cristo tomase sobre Sí mismo la forma y la naturaleza caída del hombre...".[5]

"Él no solo fue hecho carne, sino que fue hecho en semejanza de carne pecaminosa".[6]

"Él fue hecho como Sus hermanos, con las mismas susceptibilidades, mental y física".[7]

"Su naturaleza humana era... idéntica a la nuestra".[8]

Tenemos que reflexionar acerca del uso frecuente que ella hace de la palabra "todos" al describir la naturaleza humana que Cristo asumió:

"Todas nuestras enfermedades".[9]

"Todas las dificultades".[10]

"Todas nuestras experiencias".[11]

"Todas sus posibilidades".[12]

"Todas las tentaciones".[13]

"Todos los puntos excepto pecar".[14]

"Todas sus enfermedades concomitantes".[15]

"Todo lo que pertenece a la vida humana".[16]

"En todas las cosas como Sus hermanos".[17]

"En todos los puntos como Sus hermanos".[18]

Y una de las declaraciones más provocativas en términos de pensamiento:

"Justamente aquello que usted puede ser, Él lo fue en naturaleza humana".[19]

En cuanto al mal uso de la palabra vicario para describir algo que es hecho simuladamente, pero no de hecho.[20]

En 1983 yo conduje unos servicios vespertinos para las clases públicas y diurnas, para ministros, en un gran auditorio en Jacarta, Indonesia. El trayecto del Bus desde donde yo estaba hospedado hasta el lugar de la reunión, era hecho cada mañana en la compañía de algunos estudiantes de los Estados Unidos que estaban enseñando inglés en el mismo edificio.

Una mañana una señorita se sentó a mi lado y me preguntó si podía hacerme una pregunta de algo que la estaba preocupando. Ella me había escuchado decir, en un servicio vespertino, que nuestro Salvador había venido a la tierra en la naturaleza caída del hombre, mientras que su colega profesor de Biblia le había enseñado que Cristo había venido a la tierra en la naturaleza humana no caída de Adán.

Yo le sugerí que posiblemente su profesor había tomado alguno de los mismos seminarios que yo había tomado, y le expliqué que era una investigación mía, después de haber dejado el seminario, el que había servido de base de mi declaración. Felizmente yo tenía un manuscrito parcialmente terminado conmigo, de tal manera que yo le sugerí que lo estudiara y que sacara sus propias conclusiones.

Algún tiempo después, ella se sentó nuevamente junto a mí, y me pidió para que yo mirara una carta que ella había recibido de su madre. Ella le había escrito a su madre acerca de las citas que había visto en mi manuscrito, y su madre, después de haber leído "Preguntas Sobre Doctrinas", había respondido:

Tenemos que reconocer que Ellen White se contradijo a sí misma.

Esto es una muestra de la trágica pérdida de confianza en el mensaje traído al pueblo Adventista por Ellen White que ha resultado de la obra de sus intérpretes. Ellos han colocado a Ellen White contra Ellen White, insistiendo firmemente que ella quiso decir algo que ella nunca escribió, y no dudan en colocar sus palabras en sus propias palabras para poder reforzar sus afirmaciones. Así los escritos de Ellen White aparecen un poco diferente del simple, claro y consistente testimonio que ellos proclamaban, y son colocados juntos de una manera tal, que forman un atolladero de declaraciones confusas y contradictorias, que pueden aparentemente ser entendidas solamente por aquellos con una inteligencia suficientemente superior y con una percepción teológica adecuada para apreciar sus misteriosas características y poder así descifrar sus escondidos significados.

Algunos, como Walter Martin, concluyeron que ella se contradijo a sí misma, pero aceptaron la representación de sus intérpretes de que ella realmente creía que Cristo había venido a la tierra en la naturaleza humana no caída de Adán. Otros, como Norman Douty[21], concluyeron que ella se contradijo a sí misma y rechazaron las representaciones de sus intérpretes. Aparentemente nadie examinó con cuidado las fuentes primarias para descubrir lo que realmente ella escribió.

Aun otros han concluido que haciendo elecciones cuidadosas uno puede probar cualquier cosa que uno quiera en relación a la naturaleza humana de Cristo, usando los escritos de Ellen White. Este fue aparentemente el punto de vista del teólogo adventista que examinó una porción de este manuscrito, y entonces me escribió diciéndome que yo había sido muy "selectivo" en mi elección de citas. Esto pareciera implicar que siendo igualmente selectivo el escoger otras citas, uno puede probar conclusiones diferentes a la mía (esta es una implicación que yo rechazo firmemente. Yo no creo que tenga alguna base en ningún hecho). De tal manera que la confianza en su mensaje ha dado lugar a duda e incertidumbre.

Muy pocas veces en la historia de la fe cristiana ha sufrido tanto un escritor religioso en las manos de sus intérpretes. Por su obra un testimonio que estaba inconfundiblemente claro, consistente, e indesviable, sobre un periodo de 57 años siendo vueltos a declarar y vueltos a ser publicados, fueron hechos que apareciesen como si fuesen pensamientos errantes y torcidos de algún teólogo moderno, incierto en su significado y abierto a muchas interpretaciones diferentes.

Nos acordamos de una situación anterior, cuando algunos líderes adventistas se ofrecieron para ser intérpretes de sus escritos. Ellen White declinó sus servicios dándoles las gracias.

"Existen algunos que piensan que están capacitados para medir el carácter y para estimar la importancia de la obra que el Señor me ha dado para hacer. Sus propias mentes y juicios son su norma a través de la cual ellos irían a pesar los testimonios.

Mi Instructor me dijo, dígales a estos hombres que Dios no les ha confiado la obra de medir, clasificar, y definir el carácter de los testimonios. Aquellos que tratan de hacer esto seguramente errarán en sus conclusiones. Al Señor le gustaría tener hombres adheridos a Su señalada obra. Si ellos guardasen el camino del Señor, ellos estarán aptos para discernir claramente que la obra que Él me ha señalado para que yo haga, no es una obra discurrida (ideada) por hombres".[22]

Quiero declarar aquí, con énfasis, que en toda mi investigación en este tópico de los escritos de Ellen White he encontrado:

1.- Ni la más mínima desviación de su clara y cristalina convicción de que Cristo vino a la tierra en la naturaleza humana caída del hombre.

2.- Ni el más mínimo grado de contradicción consigo misma o confusión en su testimonio a esa verdad bíblica.

3.- Ni la menor insinuación de que ella hubiese creído que Cristo vino a la tierra en la naturaleza no caída de Adán.

4.- Ni la más mínima indicación de que ella quisiese decir que Cristo tomó nuestras debilidades y enfermedades vicariamente, en la misma manera en que Él llevó nuestros pecados.

5.- Ni las mínima sugestión de que ella quisiese decir que solamente la naturaleza física de Cristo era como aquella del hombre caído.

Mi conclusión es que las confusiones y contradicciones son enteramente la obra de sus enfermizos intérpretes y nunca la obra de Ellen White. Una interpretación ajena fue forzada sobre sus escritos, produciendo así confusión y contradicción.

¿Pero cómo puedo extender los beneficios de mi investigación a otros?

Existe un método honrado por el tiempo, santificado por el no uso de números, y aun relevantemente exitoso. Por más años de los que yo he vivido, cuando los evangelistas Adventistas del Séptimo Día han encontrado buscadores de la verdad, que justamente no pueden creer que exista algún error en relación a la guarda del domingo, proveniente de los líderes de sus iglesias, y tienen confianza en que en algún lugar tiene que existir algún texto en la Biblia que autorice el cambio de día escogido por la divinidad, han ofrecido una recompensa en dinero efectivo de US$ 1.000 por ese texto. Este método ha aclarado preguntas y ha resuelto dudas con una eficiencia inigualable.

La situación que tenemos delante de nosotros es singularmente similar. Muchas veces los Adventistas del Séptimo Día no pueden creer que fue cometido un error por los autores de "Preguntas Sobre Doctrina", y ellos confían que en algún lugar tiene que haber una declaración de Ellen White diciendo que Cristo vino a la tierra en la naturaleza humana no caída de Adán. Muy bien.

Ofrezco aquí una recompensa de US$ 1.000 a la primera persona que encuentre esa cita y me la envíe.

Esta oferta está sujeta a las siguientes condiciones:

1.- La cita tiene que ser una declaración y no una interpretación.

2.- Tiene que referirse claramente a la naturaleza humana asumida por Cristo en Su encarnación, y no en Su naturaleza divina.

3.- tiene que ser tan directa, simple, y clara como las muchas declaraciones de Ellen White de que Cristo, en Su encarnación, tomó sobre Sí mismo la naturaleza caída del hombre.

4.- Tiene que ser de sus escritos denominacionalmente publicados, y en los registros de las bibliotecas del White Estate, para así eliminar la posibilidad de falsificación.

5.- esta oferta permanecerá abierta por un periodo de un año a partir de la fecha que aparece junto a mi firma.

Espero que a través de este medio consiga eliminar para siempre la sospecha de que Ellen White se contradijo a sí misma en este punto de vista, y colocar la responsabilidad de nuestro problema actual sobre los hombros de sus intérpretes enfermizos, donde realmente pertenecen.

Ralph Larson

(Firma)

01 de Mayo de 1986

Notas:

1. Ministry, Septiembre de 1956, pág. 12.

2. Ministry, Abril de 1957, pág. 33.

3. DTG:49.

4. Mensaje 65, 1899.

5. 4SG:115.

6. Carta 106, 1896.

7. Review and Herald, 10-02-1895.

8. Mensaje 94, 1893.

9. Review and Herald, 01-10-1889.

10. Review and Herald, 28-04-1891.

11. Signs of the Times, 24-11-1887.

12. Signs of the Times, 03-12-1902.

13. Review and Herald, 09-03-1905.

14. Review and Herald, 07-01-1904.

15. Signs of the Times, 04-01-1877.

16. Review and Herald, 24-12-1889.

17. Review and Herald, 01-05-1892.

18. Signs of the Times, 16-05-1895.

19. Carta 106, 1896.

20. Ver comentarios en la página 106.

21. Douty, "Otro Vistazo sobre el Adventismo del Séptimo Día, pág. 48-64.

22. 1MS:49.

# Capítulo 21 – La Ligación Inevitable Entre la Naturaleza de Cristo y la Obra Salvadora de Cristo

¿Qué diferencia hace si Cristo tomó la naturaleza caída del hombre o la naturaleza no caída de Adán?

Esta pregunta fue respondida con mucha perspicacia por Gregorio Nacianceno en el cuarto siglo. Él estaba buscando una respuesta para otra pregunta acerca de la naturaleza de Cristo, diferente a la nuestra, pero al responderla, dejó un principio que se aplica a ambas preguntas:

Aquello que Él no asumió, Él no ha sanado.[1]

Desde aquella época hasta ahora ha habido testigos de la creencia de que Cristo vino en la naturaleza caída del hombre, y la mayoría de ellos la han visto en la misma perspectiva que lo hizo Gregorio.[2]

El estudiante encontrará una conveniente presentación histórica de estos testigos en "La Humanidad del Salvador" de Harry Johnson, Londres, The Epworth Press, 1962. Hacemos una pausa aquí solamente para hacer notar que la lista incluye algunos teólogos de los tiempos modernos, tales como: Karl Barth, J. A. T. Robinson, T. F. Torrance, Nels F. S. Ferre, C. E. B. Cranfield, Harold Roberts, Leslie Newbegin, Rudolf Bultmann, Oscar Cullman y Anders Nygren. No debemos, entonces, concluir que nuestros ancestrales espirituales apoyaron el punto de vista de que Cristo tomó la naturaleza caída del hombre, porque no eran muy brillantes. Muchos de los hombres en la lista anterior son tenidos hoy en día como gigantes intelectuales.

Tampoco podemos descartarlos como un grupo minoritario. Los nombres presentados en la Sección Tres incluyen Presidentes de la Conferencia General, Vicepresidentes, Secretarios, Presidentes de Unión, Editores de la Review and Herald, incluyendo a Uriah Smith, Lewellyn Wilcox, y, si, Francis Ni-chol, y editores de la Signs of the Times. Ellos eran líderes Adventistas de primera línea. Y ellos creían de la misma manera que lo hizo Gregorio.

Aquello que Él no asumió, Él no ha sanado.

Así como ellos lo vieron, si Cristo no hubiese venido en la naturaleza caída del hombre:

1.- Él no podría habernos entendido completamente.

"(Él) tomó nuestra naturaleza para que Él pudiese entender cómo simpatizar con nuestra fragilidad".[3]

"Él tomó nuestra naturaleza sobre Sí para que Él pudiese conocer nuestras pruebas y nuestras penas, y, conociendo todas nuestras experiencias, Él permanece como Mediador e Intercesor delante del Padre".[4]

"Un ángel no habría sabido cómo simpatizar con el hombre caído, pero... Jesús puede ser tocado con nuestras enfermedades".[5]

"Jesús vistió Su divinidad con humanidad para que Él pudiese tener una experiencia en todo aquello que pertenece a la vida humana".[6]

Es evidente que nadie que viva en la naturaleza no caída de Adán puede experimentar realmente lo que nosotros experimentamos. Así se creyó que era necesario que Cristo viniese en nuestra naturaleza caída para que Él pudiese realmente entendernos.

2.- Él no podría haber sido nuestro ejemplo en vivir una vida cristiana victoriosa.

"Jesús tomó sobre Sí mismo la naturaleza del hombre, para que Él pudiese dejar un padrón para la humanidad... nuestra naturaleza caída tiene que ser purificada...".[7]

"Él demostró el poder de la justicia sobre el pecado, en carne pecaminosa.[8]

"Y así como Jesús era en carne humana así Dios quiere que sean Sus seguidores".[9]

"Él vino en semejanza de carne pecaminosa para demostrar ante todas las partes en controversia que era posible que los hombres en la carne pudiesen guardar la ley".[10]

"Así como (el hombre) se aferra a la verdad de que Uno vivió en esta tierra y que poseía la misma naturaleza de él, que "fue tentado en todos los puntos así como lo somos nosotros, pero sin pecado", él entiende que existe una posibilidad para él".[11]

"En semejanza de carne pecaminosa Él condenó el pecado en la carne".[12]

3.- Él no podría haber sido nuestro sacrificio substitutivo.

"Cristo se hizo pecado por la raza caída...".[13]

"Cristo se humilló a Sí mismo hasta la humanidad, y tomó sobre Sí mismo nuestra naturaleza, para que... Él pudiese ser una piedra de apoyo para los hombres caídos".[14]

"El más alto regalo que el cielo podía otorgar fue dado para rescatar a la humanidad caída".[15]

"El divino Hijo de Dios, que había... venido del cielo y había asumido su naturaleza caída... para unir la raza caída con Él mismo".[16]

"... Él consintió en hacerse el substituto y la garantía del hombre caído...".[17]

"Si Él no hubiese sido completamente humano, Cristo no habría podido ser nuestro substituto".[18]

4.- Él no podría ser nuestro Sacerdote - Mediador.

"Él tomó nuestra naturaleza sobre Sí... y conociendo todas nuestras experiencias, Él permaneció como Mediador e Intercesor delante del Padre".[19]

"(Jesús) como "Juez" entre un Dios santo y nuestra humanidad pecaminosa, uno que "puede colocar Su mano sobre todos nosotros".[20]

"El Hijo de Dios fue hecho en semejanza de los hombres pecaminosos, para que Él pudiese ser un misericordioso Sumo Sacerdote".[21]

"... con Su brazo humano Cristo abraza la raza caída, y con Su brazo divino Él se aferra del trono del Infinito...".[22]

"Así Cristo desde la eternidad fue hecho el punto de ligación entre el cielo y la raza caída".[23]

"Él... vistió Su divinidad con humanidad... para que la divinidad pudiese aferrarse del poder de Dios a favor de la raza caída".[24]

"Jesús era Dios actuando en carne pecaminosa a favor del pecador".[25]

"Al asumir la carne pecaminosa... Jesús... hizo posible que Él ministrase a la carne pecaminosa...".[26]

"Nadie a no ser un ser humano – hecho en semejanza de carne pecaminosa – podría servir como Mediador a favor de los hombres pecaminosos".[27]

"Él no podría haber sido un Sacerdote hasta que Él viniese en semejanza de carne pecaminosa".[28]

5.- Él no podría haber sido nuestro Salvador – Redentor.

"... de la propia raza caída tiene que surgir el Libertador... el Hijo de Dios... permaneció, no donde Adán permaneció antes de la caída, sino donde el hombre está hoy...".[29]

"Cristo tomó sobre Sí las enfermedades de la humanidad degenerada. Solamente así podría Él rescatar al hombre de las más bajas profundidades de la degradación".[30]

"A través de Su humillación y pobreza, Cristo se identificaría a Sí mismo con las debilidades de la raza caída... La gran obra de la redención pudo ser llevada a cabo solamente si el Redentor tomase el lugar del Adán caído... El Rey de gloria se propuso humillarse a Sí mismo hasta la humanidad caída".[31]

"Este fue el único medio en el cual los hombres caídos podían ser exaltados... Fue en la orden de Dios que Cristo tomase sobre Sí mismo la forma y la naturaleza caída del hombre...".[32]

"... Cualquiera que salvase al hombre tiene que colocarse en el lugar del hombre. Él tiene que estar sujeto a la misma tendencia... a pecar... como hombre".[33]

"Pero para ser el Redentor del hombre, el Creador tiene que ser hombre. Él tiene que venir en "semejanza de carne pecaminosa". (Rom. 8:3)".[34]

"... Para poder elevar al hombre caído, Cristo tiene que alcanzarlo donde éste estaba".[35]

Es abundantemente claro, entonces, que nuestros ancestrales espirituales concordaron de todo corazón con Gregorio, el cual dijo:

Aquello que Él no asumió, Él no lo ha sanado".

La cristología, la naturaleza de Cristo, y la soteriología, la obra salvadora de Cristo, son inseparables y están íntimamente unidas. Cuando hablamos de una, inevitablemente hablamos de la otra. Cuando cambiamos una, invariablemente cambiamos la otra. Así los cristianos Arminianos y Wesleyanos, incluyendo los Adventistas del Séptimo Día, han creído que Cristo obedeció la ley de Dios en la carne (y naturaleza) del hombre caído para mostrar que nosotros, ejerciendo la misma fe y la misma dependencia de Dios que Él ejercitó, puede hacer exactamente la misma cosa.

Los cristianos Calvinistas, por otro lado, han creído que desde Cristo vino en la naturaleza no caída de Adán, Su obediencia a la ley de Dios no indica que nosotros podemos, aun a través de la fe en la dependencia de Dios, hacer exactamente la misma cosa. Ellos afirman resueltamente que el hombre no puede nunca, por ningún medio, dejar de pecar mientras dure esta vida. Tal como ellos lo ven, Dios hará alguna especie de milagro con ellos, de manera que dejarán de pecar, en el momento en que Él los lleve al Reino. Este es un concepto contra el cual Ellen White dejó fuertes advertencias:

"Los caracteres formados en esta vida determinarán el destino futuro. Cuando Cristo venga, Él no cambiará el carácter de ningún individuo".[36]

"(Satanás) está constantemente buscando engañar a los seguidores de Cristo con su fatal sofisma de que es imposible que ellos puedan vencer".[37]

"Que nadie diga, no puedo remediar mis defectos de carácter. Si usted llega a esta decisión, ciertamente fallará en obtener la vida eterna".[38]

No debiera ser una gran sorpresa para nosotros, entonces, cuando observamos que dentro de muy poco tiempo, así como van las tendencias teológicas, el aparecimiento entre los Adventistas del Séptimo Día de la idea Calvinística de que Cristo tomó la naturaleza no caída de Adán fue seguida por el aparecimiento entre nosotros de la idea Calvinística de que es imposible que el hombre deje de pecar. Causa y efecto son inexorables en la teología, como en cualquier otro campo.

Encerremos entonces esta sección con un apelo para que alguien escriba una disertación doctoral sobre las inter-relaciones de la Cristología y la Soteriología en los escritos de Ellen White. Hay mucho más material disponible. Su declaración clásica, que aparece en tantos lugares que he desistido de contarlos, dice más o menos así:

La majestad (Rey, Príncipe, Comandante) del Cielo dejó (descendió de) Su trono real, y dejando a un lado (despojándose a Sí mismo o, removiendo, etc.) Su manto real, vistió (se colocó, veló, cubrió, etc.) Su divinidad con humanidad (a menudo humanidad caída) y obedeció perfectamente a la santa ley de Dios, para mostrar (demostrar, probar, etc.) que el hombre caído, usando los mismos métodos que Él usó (fe, confianza, dependencia de Dios) pueden hacer exactamente la misma cosa.

Entonces, ¿qué diferencia hace si Cristo vino en la naturaleza no caída de Adán o en la naturaleza caída del hombre? Hace toda la diferencia, mi querido hermano.

Aquello que Él no asumió, Él no lo ha sanado.

La inevitable unión entre la naturaleza de Cristo y la obra salvadora de Cristo es admitida por personas virtualmente de todos los lados en este presente análisis. Testifique la siguiente predicción, que fue escrita en el año 1964, por – ¿está usted preparado para esto? – Robert Brinsmead:

"Aquellos que enseñan que Cristo tomó una naturaleza humana superior llegan a la conclusión lógica de que es imposible para el resto de la humanidad obedecer perfectamente la ley de Jehová en sus vidas... Aquellos que aceptan este "nuevo punto de vista" de la Encarnación, lógicamente se colocan al lado de Satanás en el gran conflicto sobre la ley, afirmando que Dios no ha hecho provisión para que nosotros le obedezcamos. Si el pueblo de Dios acepta este engaño, entonces no habrá un mensaje del tercer ángel, no habrá sellamiento de los santos, no habrá un término del misterio de Dios, no habrá una purificación del santuario, no habrá una comunidad de los santos preparada para vivir sin un Mediador, no habrá frutos de la cosecha, y no habrá un pueblo listo para la traslación, por lo menos tanto cuanto ellos están preocupados (envueltos).

Ellen White vio que Dios tenía tres pasos en la plataforma de la verdad (PE:258). Satanás ha retirado tres pasos de la plataforma. El primer paso es la enseñanza de que Cristo tomó la naturaleza humana del hombre tal como ésta era antes de la caída. Esto lleva al segundo paso – a la enseñanza de que el hombre no puede encontrar gracia para obedecer perfectamente la ley de Dios en su vida. Esto llevará inevitablemente al tercer paso – abandonar el Sábado. Este último paso tiene que seguir lógicamente la premisa original, porque será concedido que no podemos obedecer toda la ley todo el tiempo, entonces no hay punto en el Sábado que sea una prueba.[39]

No debiéramos dejar este tópico sin dirigir la atención de los estudiantes nuevamente al testimonio de Jones y Waggoner, los líderes del énfasis sobre la Justificación por la Fe en la Conferencia General de 1888. Ellos, con Prescott, sobrepasaron a muchos de sus contemporáneos en la profundidad y en la claridad de sus convicciones acerca de la salvación a través de la justicia de Cristo.

Ellos no fueron menos enfáticos y elocuentes en su enseñanza de que nuestro Señor vino a esta tierra en la naturaleza humana caída del hombre. La íntima conexión entre la naturaleza de Cristo y la obra salvadora de Cristo, fue claramente percibida y enérgicamente enseñada por estos tres líderes leales a la historia del Adventismo.

Lo mismo parece ser verdad en virtualmente todos aquellos que escribieron para nuestros diarios. Mientras deben haber habido hombres en el campo que pueden haber sido caracterizados por el lamento de Ellen White:

"Ha predicado la ley sin Cristo hasta que nuestros espíritus están tan secos como los montes de Gilboa", no hemos encontrado ninguna evidencia de que estas personas hayan escrito algún trabajo para nuestros diarios.

Algunos han aplicado esta declaración en lamentables generalizaciones que parecen atribuir esta deficiencia a toda nuestra iglesia. Yo recomendaría urgentemente que todas estas personas gasten algunas horas en los archivos, donde nosotros hemos pasado muchos días. Yo creo que emergerían con un entendimiento aumentado de la fe de nuestros padres, y una apreciación y un respeto más profundo por sus realizaciones (conclusiones).

La brillante luz del evangelio de la justificación por la fe en Cristo brilla desde esas páginas con un brillo que no se puede ocultar, y en toda nuestra investigación no encontramos un único artículo donde los "Montes de Gilboa" de Ellen White pudiesen ser aplicados.

Nuestra conclusión es que aquellos que describen muy a la rápida nuestra iglesia primitiva como "legalista" no han tenido el privilegio de examinar la evidencia publicada.

Notas:

1. Johnson, pág. 129.

2. Nota del traductor: Gregorio vivió entre 329-390; Padre de la iglesia, teólogo de Capadocia; fue el mejor orador sagrado de su época; son célebres sus sermones, modelos de oratoria.

3. Ellen White, Review and Herald, 19-04-1870.

4. Ellen White, Signs of the Times, 24-11-1887.

5. Ellen White, Review and Herald, 01-10-1889.

6. Ellen White, Signs of the Times, 30-09-1890.

7. Ellen White, Signs of the Times, 11-01-1883.

8. Alonzo T. Jones, Signs of the Times, 29-10-1896.

9. Ellen White, Signs of the Times, 01-04-1897.

10. Uriah Smith, Looking Unto Jesus, pág. 23.

11. F. D. Nichol, Review and Herald, 01-03-1923.

12. Ellen White, Review and Herald, 06-05-1875.

13. Ellen White, Review and Herald, 06-05-1875.

14. Ellen White, Review and Herald, 25-05-1886.

15. Ellen White, Review and Herald, 11-12-1888.

16. Ellen White, Signs of the Times, 23-09-1889.

17. Ellen White, Review and Herald, 15-06-1891.

18. Ellen White, Signs of the Times, 17-06-1897.

19. Ellen White, Signs of the Times, 24-11-1887.

20. Ellen White, Signs of the Times, 24-08-1891.

21. T. M. French, Review and Herald, 15-07-1937.

22. Ellen White, Signs of the Times, 18-04-1892.

23. Stephen Haskell, Signs of the Times, 28-05-1896.

24. Ellen White, Signs of the Times, 13-10-1898.

25. Folleto de la Escuela Sabática, Segundo Trimestre, 1909, pág. 8.

26. Folleto de la Escuela Sabática, Primer Trimestre, 1913, pág. 14.

27. Asa T. Robinson, Review and Herald, 20-12-1923.

28. J. E. Evans, Review and Herald, 24-03-1896.

29. C. P. Bollman, Review and Herald, 31-01-

1918.

30. Ellen White, Signs of the Times, 03-12-1902.

31. Ellen White, Review and Herald, 24-02-1874.

32. Ellen White, Review and Herald, 31-12-1872.

33. A. R. Bell, Signs of the Times, 11-11-1930.

34. J. C. Stevens, Signs of the Times, 05-08-1941.

35. Ellen White, 1MS:268.

36. 4T:429.

37. CS:489.

38. PVGM:331.

39. "La Encarnación de Cristo", La Naturaleza Humana de Adán versus la Naturaleza Humana Caída, pág. 7-8; Este libro me fue otorgado por Robert Wieland.

# Capítulo 22 – La Tensión En Aumento Tiene Que Producir Algo

En los 70 la Iglesia Adventista del Séptimo Día se encontró a sí misma enfrentando un desafío teológico, creado por la insistente y agresiva enseñanza de algunos profesores de Biblia y ministros de que no es posible para los cristianos, por ellos mismos o con la asistencia divina, de dejar de pecar. Lo que se siguió, tal como ellos lo veían, era que la justificación, o el perdón, era la esperanza de la salvación, ya que el pecado continuaría en la vida del cristiano hasta que sea milagrosamente retirado por el poder divino en el momento de entrar en el reino celestial. La justificación era vista como un acto de Dios para el beneficio del hombre, en el cual el propio hombre no tenía participación.

Esta enseñanza Calvinística fue aceptada por algunos y rechazada por otros. La tensión creció hasta que, al celebrarse la conferencia de Glacier View en Colorado en 1979, los líderes de la iglesia rechazaron tal enseñanza, de acuerdo a algunos informes; o más o menos la evitaron mientras defendían la doctrina del santuario, de acuerdo con otros informes.

De cualquier manera, hay una cantidad significativa de ministros Adventistas del Séptimo Día hoy en día que están preocupados, y que se sienten inquietos con esta situación.

Están sufriendo con la tensión de ser solicitados a aceptar dos proposiciones que son mutuamente exclusivas.

1.- Cristo vino a la tierra en la naturaleza humana no caída de Adán. Por lo tanto Él estaba exento de todas aquellas debilidades, tendencias, desventajas hereditarias, etc., con las cuales nosotros tenemos que contender para poder vivir sin pecar.

2.- No obstante Él fue tentado en todas las cosas así como lo somos nosotros, y nos ha dado ejemplo para que lo imitemos viviendo sin pecar así como Él lo hizo.

La evidente contradicción en estas dos proposiciones incompatibles puede ser vista en una forma mejor, examinando la descripción de las desventajas que nosotros tenemos, de acuerdo con este punto de vista, y que Cristo no tuvo.

La descripción del hombre: Este estado de pecado en el cual todo hombre ha nacido es... una disposición hereditaria a pecar... (el acto de pecar nace de esta disposición)... El pecado actual por parte del hombre es la expresión natural de esta alienación... Nosotros venimos al mundo como una especie depravada... En relación a todos los demás hombres (excepto Cristo), ellos nacen sin Dios... La condición específica a la cual Adán trajo a todo el mundo, es el pecado original... Nuestra naturaleza es una naturaleza caída. Esta naturaleza caída envuelve todos nuestros deseos y susceptibilidades.

La descripción de Cristo: La conexión de todos los demás hombres con Adán ha producido en ellos una naturaleza humana caída con tendencias a pecar. Cristo es la única excepción... Sus deseos, inclinaciones, y respuestas eran espontánea e instantáneamente positivas hacia la justicia y automáticamente negativas hacia el pecado. No había nada en Él que respondiese al pecado... (Heppenstall, El Hombre Que Es Dios, pág. 107 y siguientes).

VII. Ninguno de los dos usos antes mencionados de la ley contrarían la gracia del evangelio, sino que dulcemente concuerdan con él; el Espíritu de Cristo sometiendo y habilitando la voluntad del hombre para hacer libre y alegremente lo que la voluntad de Dios, revelada en la ley, requiere ser hecho. (Schaff, Credos de la Cristiandad, pág. 643. Note, sin embargo, que esto fue rápidamente contradicho por el Catecismo de Shorter).

Sin embargo, algunas modificaciones a estos puntos de vista aparecieron luego en los años de la postre forma, y dieron ocasión a muchos desentendimientos entre los Protestantes. Arminio de Holanda estaba entre los primeros oponentes de la teología de "solamente la justificación", del Calvinismo modificado, de donde el término "Teología Arminiana" que es usado por los estudiosos para describir la escuela de pensamiento que se opuso a la "teología Calvinista".

Para analizar adecuadamente las diferentes opiniones de las escuelas teológicas requeriría otro volumen por lo menos tan grande como este, pero tal vez una pequeña ayuda podría servir de ayuda.

La escuela Calvinista de pensamiento mira hacia atrás a Agustín para encontrar algunas de sus mayores presuposiciones, y a Calvino y a Lutero en los tiempos de la Reforma. (Tenemos que recordar que Lutero era un firme defensor de la doctrina de la predestinación de Calvino, aun cuando el nombre de Calvino esté más asociado con esa doctrina en nuestro tiempo). La Escuela Calvinista ha estado representada desde los tiempos de la Reforma (hablando en forma general) por las iglesias Anglicanas, Reformadoras, Presbiterianas, algunas Congregacionalistas, y algunas iglesias Bautistas. En nuestro tiempo probablemente la mayoría de esos cristianos que se llaman a sí mismo evangélicos preferirían ser llamados Calvinistas en su teología, antes que Arminianos.

La Escuela Arminiana mira hacia atrás a los Ana-Bautistas para muchas de sus presuposiciones, y a Erasmo, Zwinglio, y Arminio en los tiempos de la Reforma. Desde entonces han estado representados por las iglesias Metodistas, algunas Congregacionales, y algunas Bautistas, y por la iglesia Adventista del Séptimo Día.

El resumen que viene a continuación está obviamente simplificado, debido a la brevedad, y no describe los matices de las diferencias dentro de esas escuelas de pensamiento, tales como los diferentes conceptos de predestinación entre los Calvinistas, o de la santificación entre los Arminianos, sino que es una clasificación aproximada y general.

Características Generales de la Teología Calvinista:

1. Predestinación absoluta

2. El pecado es definido como culpa heredada y debilidad

3. El hombre no tiene una voluntad libre

4. Cristo vino en la naturaleza no caída de Adán

5. Énfasis en Cristo como nuestro sustituto

6. El hombre no puede parar de pecar por ningún Medio

7. La "justificación sola." salva al hombre. La santificación como fruto de la justificación, es bonita, pero no es necesaria para la salvación.

8. La santificación instantánea ocurre cuando cristo viene

Características Generales de la Teología Arminiana:

1. Predestinación condicional

2. El pecado original es definido como debilidad heredada solamente

3. El hombre tiene una voluntad libre

4. Cristo vino en la naturaleza caída del hombre

5. Énfasis en Cristo como nuestro ejemplo y Substituto.

6. El hombre puede parar de pecar a través del poder de Cristo.

7. La "Justificación sola" no salva al hombre. La Santificación como fruto de la justificación es necesaria para la salvación.

8. La santificación instantánea no ocurre nunca.

Cada uno de estos dos sistemas teológicos tiene que ser reconocido con una consistencia lógica interna, lo que equivale a decir que las proposiciones internas de cada sistema son lógicamente compatibles con las presuposiciones básicas del mismo sistema. Pero sería tremendamente difícil alcanzar en cualquiera de los dos sistemas extraer una doctrina aislada y hacerla encajar dentro del otro sistema. Hacer eso implicaría en cualquier cantidad de problemas de inconsistencia lógica y contradicciones.

Sin embargo, es esto exactamente lo que algunos Adventistas del Séptimo Día están tratando de hacer en este tiempo actual.

Atraídos por la agradable posibilidad de poder ganar una mejor aceptación por parte de las iglesias evangélicas, o por el seductor concepto de salvación en el pecado, han tratado de tomar la proposición número 4, de que Cristo vino a la tierra en la naturaleza no caída de Adán, y la han querido sacar del sistema Calvinista y colocarla dentro del sistema Adventista del Séptimo Día (Arminiano). Los resultados han ido desde confusión hasta caos.

En el limitado espacio que le podemos dar aquí a este asunto, comparemos las dos últimas líneas:

8.- La santificación instantánea ocurre cuando Cristo viene.

8.- La santificación instantánea no ocurre en ningún instante.

Es evidente que el método por el cual la santificación instantánea puede ocurrir tendría que ser una manipulación, esto es, algo mecánico o físico, sobrepasando las debilidades humanas y la voluntad humana. Si un hombre ha estado pecando hasta un determinado punto durante algún tiempo, y si en ese punto Dios hace algo en él que haga con que inmediatamente él deje de pecar para siempre, eso no podría ser llamado ni justificación ni santificación. El término apropiado sería manipulación, un proceso, diríamos, en el cual Dios toma su destornillador celestial de Su caja celestial de herramientas, lo introduce en el oído del creyente, y ejecuta un ajuste, diciendo,

¡Así, mi amado, tu nunca más pecarás!

Esta "salvación del destornillador" puede no ser ofensiva para los Calvinistas, que creen que el hombre no posee libre albedrío de ninguna especie (una voluntad libre), de tal manera que todas sus experiencias en salvación están predeterminadas por la voluntad de Dios, el cual simplemente pasa a llevar la voluntad del hombre, y podría ser clasificada como manipulación. ¿Pero cómo podría esta "salvación del destornillador" ser combinada con el principio de la voluntad libre (libre albedrío) de la teología Arminiana-Adventista? De acuerdo con Ellen White, una combinación tal de ideas es imposible.

"Cuando Cristo venga, Él no cambiará el carácter de ningún individuo".[1]

"Cuando Él venga no nos limpiará de nuestros pecados, para remover de nosotros los defectos de nuestros caracteres, o para curarnos de las enfermedades de nuestro temperamento y disposiciones. Si es hecho de alguna forma, esa obra será obtenida antes de ese tiempo. Cuando el Señor venga, aquellos que son santos, continuarán siendo santos. Aquellos que han preservados sus cuerpos y sus espíritus en santidad, en santificación y honor, recibirán entonces el toque final de la inmortalidad. Pero aquellos que son injustos, no santificados e inmundo, permanecerá así para siempre. Ninguna obra se hará entonces por ellos para remover sus defectos y darles caracteres santos. El refinador no se sentará entonces para dedicarse a efectuar Su proceso refinador y remover sus pecados y su corrupción. Todo eso tiene que ser hecho en estas horas de prueba. Es ahora que esta obra tiene que ser realizada por nosotros".[2]

Ellen White consistente y claramente identifica la idea de que Dios nos ha dado una ley que Sus criaturas no pueden obedecer, aun a través de Su gracia, como siendo la primera y la más grande mentira dicha por Satanás acerca de Dios.[3] Es sorprendente y descorazonador escuchar a los teólogos Adventistas del Séptimo Día, como yo lo he hecho, asegurar a las congregaciones Adventistas del Séptimo Día que:

1.- La firme creencia que los escritos de Ellen White son inspirados por Dios; y

2.- La firme creencia de que es imposible que el hombre deje de pecar, aun a través del poder de Dios.[4]

Sin embargo esta es la condición en que nos encontramos en este momento.[5] Es mi convicción que éste es el fruto natural del árbol que fue plantado por la publicación de las declaraciones cristológicas inexactas de Preguntas Sobre Doctrinas, en 1957.

Sospecho fuertemente que Ellen White, que, después de todo, tenía un salvador sentido del humor, pudiese haber sobrellevado todos estos esfuerzos de sus intérpretes, y reflexionar así:

Con amigos como estos, ¿quién necesita enemigos?

Notas:

1. 4T:429.

2. 2T:355.

3. Tal como aparece en PP:69,77-78; DTG:24,29,117,309,761; CS:489; Signs of the Times, 16-01-1896; Signs of the Times, 17-03-1895; Signs of the Times, 07-04-1893; Signs of the Times, 27-04-1893; etc.

4. Uno de ellos va aun tan lejos como sugerir de que es la voluntad de Dios que Su pueblo continúe pecando, de tal manera que Él pueda continuar graciosamente perdonándolos) (Edward Heppenstall, Perfección, un silabario usado en una clase para ministros de la Conferencia de California del Sur, Diciembre de 1961, pág. 2.

5. Nota del traductor: este libro fue impreso

en 1986.

# Capítulo 23 – ¿Cómo Podríamos Entenderlo?

¿Cómo podemos entender lo que sucedió en la década del 50? Los elementos de la experiencia han sido informados por tantos participantes que podemos sentirnos relativamente seguros al reconstruir una línea de eventos como la siguiente:

1.- Donald Grey Barnhouse, Editor de Eternity, una revista para ministros protestantes evangélicos, coopera con un joven estudioso, Walter Martin, el cual está estudiando las "sectas" Americanas. Algunos de los descubrimientos de Martin fueron impresos en Eternity.

2.- El Dr. Barnhouse presenta un sermón por la radio, el cual es escuchado por un ministro Adventista del Séptimo Día, T. E. Unruh. Unruh le escribió una carta a Barnhouse con sus apreciaciones.

3.- Acordándose de la existencia de los Adventistas del Séptimo Día a través de la carta, Barnhouse le sugiere a Martin que este grupo podría ser el próximo asunto de su investigación.

4.- Martin se aproxima a los líderes de la Iglesia Adventista del Séptimo Día en Washington, D.C., y les solicita su cooperación. Después de algunas indecisiones, la solicitación es aceptada.

5.- Una extensa serie de conversaciones y comparaciones de puntos de vista entre Martin y un pequeño grupo de Adventistas finalmente dan como resultado que él concluye que los Adventistas del Séptimo Día no son una "secta".

6.- Una de las mayores influencias que lo llevó a esta conclusión es la seguridad que le dio el grupo Adventista de que la Iglesia Adventista del Séptimo Día, fuera de una minoría pobremente informada, siempre han creído, así como lo creen Martin y sus colegas evangélicos, que el Señor Jesús Cristo había venido a esta tierra en la naturaleza no caída de Adán. La evidencia suplida a Martin está en el documento que nosotros hemos examinado en la Sección Cuatro y que encontramos grandemente errado. ¿Cómo pudo suceder esto?

Preguntémonos resueltamente a nosotros mismos y consideremos sin acobardarnos, todas las posibilidades:

1.- El grupo Adventista y Walter Martin fueron igualmente personas deshonestas, las cuales colaboraron deliberadamente para engañar al mundo.

Esto sería contrario a todo lo que conocemos de ellos. La hoja de servicio de Walter Martin ciertamente no apoya ninguna de estas acusaciones. Y aquellos de nosotros que estamos familiarizados con la devoción de las vidas de los Adventistas a la causa de Dios, encontramos esta conclusión totalmente inaceptable. Podemos citar en este punto (aun cuando algunos, queriendo confabular, pudiesen rechazar esta evidencia) que hasta hoy Martin ha permanecido convencido de la sinceridad e integridad de los Adventistas, así como ellos han permanecidos convencidos de la de él.

2.- Si los Adventistas eran deshonestos y Martin fue honesto; o si Martin fue deshonesto y los Adventistas fueron honestos.

Aquí tenemos que reconocer que estamos andando sobre un campo minado. Los sofocantes resentimientos de las décadas pasadas están queriendo estallar en nuevas explosiones, a medida que personas a ambos lados deciden el asunto en armonía con sus conceptos previos o sus conceptos errados.

Somos compelidos a reconocer que tanto la comunidad de los Adventistas del Séptimo Día y la comunidad de los evangélicos Protestantes se han mirado durante largo tiempo con ojos sospechosos, y sería mejor describir eso como la declaración incompleta más destacada de este libro. ¿Somos capaces de enfrentar los hechos sin acobardarnos? Muchos evangélicos Protestantes han mirado a los Adventistas del Séptimo Día como deshonestos, por razones que voy a dejar que ellos coloquen (pero que no les concedo validez). Y por otro lado, muchos Adventistas del Séptimo Día han mirado a los evangélicos Protestantes como deshonestos, por razones que yo estoy plenamente apto a colocar. Tengo un cajón lleno de papeles, panfletos, y libros que han sido escritos y han circulado, acerca de los Adventistas, efectuados por Evangélicos, los cuales están literalmente llenos de grandes declaraciones erradas encuanto a los hechos, sin exceptuar la falsa alegación de que nosotros, Adventistas del Séptimo Día, creemos que Satanás es nuestro Salvador.

Es dudoso que una investigación razonable acerca de la naturaleza del problema que tenemos por delante, sería posible si permitimos que estas antiguos mal entendidos y prejuicios sean revividos. ¿Y no tenemos que conceder que preguntas relacionadas con la sinceridad e integridad de los corazones humanos están mucho más allá de los juicios humanos? ¿No sería mejor que nos preocupásemos con la obra de las manos de los hombres, y dejásemos el juicio de los corazones humanos con el Señor? Podemos considerar en este punto el consejo del escritor adventista, F. D. Nichol, quien nos pidió que recordásemos que los hombres pueden actuar con sinceridad ante proposiciones absurdas; y el consejo de Ellen White, que nos urge a que nosotros siempre asumamos que aquellos que no concuerdan con nosotros son sinceros en sus creencias. La tercera posibilidad sería este:

3.- Los miembros del grupo Adventista no estaban tan bien informados acerca de la historia de su propia iglesia como debieran haberlo estado, y Walter Martin no era tan cuidadoso en relación al examen primario de fuentes, como debiera haber sido.

Esta parece ser la más aceptable y defendible explicación de lo que sucedió. Cuando consideramos el papel que desempeñó el grupo Adventista, descubrimos que el término plural es extremamente adecuado.

Está quedando cada vez más claro que el arreglo de evidencia fue hecho más bien por una persona, el Dr. L. E. Froom, y que las otras simplemente publicaron sus descubrimientos y se los dieron a Martin y al mundo. Su explicación puede ser que debido a las grandes responsabilidades que ellos estaban soportando, no tuvieron tiempo para actividades extensivas de investigación. De cualquier manera, verificaciones efectivas y contra investigaciones en relación al descubrimiento, selección, y arreglo de materiales estaba obviamente faltando.

El Dr. Froom, es igualmente evidente, no eran tan experto en historia de la teología de la Iglesia Adventista del Séptimo Día como de historia de la teología Europea. Nuevamente, podemos alegar que la investigación masiva que él estaba efectuando en historia teológica Europea, lo cual resultó en su monumental obra, La Fe Profética de Nuestros Padres, y La Fe Condicional de Nuestros Padres, no le dejó tiempo suficiente como para que hiciese un examen detallado de los registros históricos de los Adventistas del Séptimo Día.

Así, unos pocos ítems que salieron a la luz fueron rápidamente transformados en una declaración que no reflejó una advertencia de la existencia total de la evidencia.

En relación al Dr. Martin, no parece ser que él haya efectuado una investigación personal suficientemente cuidadosa del material de la fuente primaria pertinente, o que la actitud crítica apropiada que un estudioso cuidadoso tiene que asumir en relación a todos los arreglos de evidencia que estaban presentes en este caso. Recordemos que la declaración colocada por Froom y sus compañeros fue completamente histórica en su naturaleza, y consistió enteramente de interpretaciones de declaraciones de Ellen White. Pareciera ser que si el Dr. Martin hubiese examinado sistemáticamente estas declaraciones en su contexto original, seguramente él habría tenido dudas en relación a irregularidades de procedimientos, y si él hubiera investigado completamente todas las declaraciones que Ellen White había publicado en libros y artículos en revistas acerca de la humanidad de Jesús, él no habría podido escapar a la conclusión a la cual ella había llegado, con gran convicción, de que Jesús Cristo vino a esta tierra en la naturaleza humana caída del hombre, y enfáticamente no en la naturaleza no caída de Adán.

Al llegar a esta conclusión, tenemos que no ser críticos de ninguno de los motivos. Si los Adventistas estaban motivados por un deseo de mejorar las relaciones entre la iglesia Adventista del Séptimo Día y otras iglesias, no podemos culparlos por eso. Y si Walter Martin estaba motivado por un deseo de mover a la iglesia Adventista del Séptimo Día a una posición teológica que él creía que era la correcta, no podemos culparlo por eso. Pero es irrazonable y anticristiano en insistir en que no hubo compromisos de precisión histórica en la búsqueda de estos objetivos. Es en el punto de la precisión histórica, a mi juicio, que tanto los Adventistas como Walter Martin debieran haber sido más cuidadosos.

Esto nos lleva a la pregunta: ¿Cómo pudieron estas conclusiones erradas, de este pequeño grupo, encontrar aceptación entre los Adventistas?

Pareciera que la respuesta puede ser dada en una única palabra, autoridad. Habían diversas dinámicas en juego en esta situación.

La anti-autoridad, las actitudes anti-establecimientos de la década del 60 aún no habían aparecido en la vida Americana en la década del 50. El respeto por la autoridad en todas las áreas era mucho más común en aquella época que ahora.

La mayoría de los ministros Adventistas del Séptimo Día de aquella época no habían recibido ningún seminario o algún entrenamiento en alguna escuela donde hubieran podido graduarse, sino que entraban en el ministerio inmediatamente después de haberse graduado del colegio con una mención en religión.

Los materiales de fuentes requeridos para un análisis histórico de la iglesia Adventista y de los puntos de vista cristológicos de Ellen White, estaban disponibles solamente en las Oficinas Generales en Washington, D.C. Ellos no habían sido distribuidos entre las bibliotecas alrededor del mundo (microfilmados) como es hecho hoy día.

Aquellos que tenían preguntas, como algunos las hacían, se encontraron a sí mismos mirando hacia dos barriles que tenían una doble artillería de autoridad. ¿Con qué derecho podrían no estar de acuerdo con los líderes estudiosos de su propia iglesia? ¿Y con qué derecho irían a estar en desacuerdo con el Dr. Walter Martin, cuyas calificaciones escolares fueron presentadas como siendo impecables?

De tal manera que cuando el libro Preguntas Sobre Doctrinas fue publicado por una casa editora Adventista en 1957, apoyado por un fuerte programa de propaganda en los diarios Adventistas, aprobado propositalmente por muchos líderes pensantes Adventistas del Séptimo Día, y llevando el sello de aprobación de los oficiales de la Conferencia General, ¿qué ministro Adventista o profesor iría a presumir en levantar alguna objeción?

(Habían muy pocas personas con conocimiento, incluyendo un competente y extraordinario estudioso Adventista llamado M. L. Andreasen, el cual realmente colocó algunas objeciones. Ellos fueron tratados firmemente, y tal vez rudamente, como si fuesen creadores de problemas que estaban violando los principios de orden de la iglesia. Otros sin duda encontraron que su experiencia fue una instructiva y objetiva lección).

Y cuando el libro del Dr. Martin, La Verdad Acerca de los Adventistas del Séptimo Día, fue publicado por Zondervan (1960) y fue apoyado por sus impresionantes credenciales escolares, ¿quién habría supuesto que un documento tan violentamente inexacto, como el que hemos examinado, pudiera haber sobrevivido a su escrutinio profesional?

El propio Dr. Martin informa que cuando los editores de Zondervan expresaron algunas dudas en relación a su manuscrito, él calmó sus temores afirmando su autoridad escolar antes que colocando alguna evidencia.[1] Desde nuestra distancia pareciera que hubiese sido mejor para la iglesia y para el mundo, si los editores de Zondervan hubiesen insistido inflexiblemente en examinar la evidencia.

Nota:

1. Adventist Currents, Julio de 1983, pág. 19.

# Capítulo 24 – ¿Qué Podemos Hacer Ahora?

Parece que hay culpa suficiente para cada uno. ¿Qué le diremos ahora al mundo? Es poco probable que los líderes mundiales Adventistas del Séptimo Día puedan lidiar razonablemente con un problema de esta magnitud, efectuando la tradicional declaración erudita de que no "estamos confortables" con las inclusiones hechas por el Dr. Froom. La seriedad y el alcance del mal entendido que ha sido creado, pareciera requerir un anuncio de que mientras reconocemos que el Dr. Froom y sus compañeros colocaron delante del mundo una declaración que ellos creían que estaba correcta, no obstante al continuar investigando y buscando han encontrado que sus conclusiones son insostenibles.

¿Qué le dirá el Dr. Martin al mundo? No presumiremos en hablar por él, pero parece ser algún tipo de declaración correctiva sería lo indicado. ¿Volvería entonces él a catalogar a los Adventistas del Séptimo Día como una secta? Esa pregunta tiene que ser resuelta en su propia conciencia. De mi parte, debo confesar que mis poderes de comprensión no son iguales al desafío de entender el pensamiento de un teólogo que leerá los siguientes versículos de la Biblia y entonces denunciará a los miembros de un grupo cristiano que desean aceptarlos tal cual como ellos están escritos, sin enmiendas, como una secta. (todos los énfasis en las declaraciones son míos).

"En relación a Su Hijo Jesús Cristo nuestro Señor, el cual fue hecho de la simiente de David de acuerdo con la carne". (Rom. 1:3)

"... Dios, enviando Su propio Hijo en semejanza de carne pecaminosa...". (Rom. 8:3)

"Porque tanto el que santifica como los que son santificados son todos de uno; por cuya causa Él no se avergüenza de llamarlos hermanos". (Heb. 2:11)

"Porque así como los hijos son participantes de carne y sangre, Él también semejantemente tomó parte de lo mismo...". (Heb. 2:14)"

... Él tomó sobre Sí la simiente de Abrahán". (Heb. 2:16)

"Por lo cual en todas las cosas debía ser hecho como Sus hermanos...". (Heb. 2:17)

"Porque no tenemos un Sumo Sacerdote que no pueda ser tocado con el sentimiento de nuestras enfermedades, sino que en todos los puntos fue tentado, así como lo somos nosotros...". (Heb. 4:15)

"... fue hecho semejante a los hombres". (Fil. 2:7)

Aquellos que cuestionan si lo que Pablo está diciendo en (Rom. 8:3), en semejanza de carne pecaminosa, puede significar solamente una semejanza aparente y no una semejanza real, debieran ponderar cuidadosamente los resultados de aplicar consistentemente ese principio interpretativo a (Fil. 2:7). La batalla de la iglesia con esta pregunta en las controversias cristológicas de los primeros siglos de la era cristiana y con los últimos, rechaza firmemente la idea de una semejanza aparente y no real, y la cataloga como una cristología faltosa, resultante de un entendimiento errado de la palabra "semejante" que Pablo usa, y que no es compatible con la genuina fe cristiana. ¿Debiéramos aceptar agradecidos el principio interpretativo, de que la palabra griega "homóioma" significa una semejanza real y no solamente aparente, tal como lo vemos en (Fil. 2:7), y después rechazar el mismo principio, tal como lo vemos en (Rom. 8:3)?

La conclusión de que estos versos pudieran ser adecuadamente entendidos como queriendo significar que Cristo vino a la tierra en la naturaleza del hombre caído, en vez de hacerlo en la naturaleza no caída de Adán, no me parece ser una conclusión irrazonable, sino más bien una conclusión sectaria. Pero yo debo vivir con mi conciencia y dejar a otros que vivan con la suya.

¿Y qué debiera decirle la actual generación de Adventistas del Séptimo Día al mundo? Podemos evitar el dirigir una responsabilidad primaria declarando que nosotros no hicimos parte de las discusiones originales ni de sus conclusiones. ¿Pero cuál es nuestra responsabilidad ahora?

Corriendo el riesgo de ofender a los lectores no adventistas de este libro, me gustaría colocar una ilustración que yo creo que tendrá un significado para mis lectores Adventistas. Cuando nosotros Adventistas analizamos nuestra forma de entender el Sábado con los no adventistas, una de las preguntas que más comúnmente aparece es esta:

¿Y qué sucede con mi abuelo (o abuela, o padre, o madre, etc.)? Él (ella) fue un cristiano sincero, pero no guardó el Sábado. ¿Qué sucederá con él (ella)?

Muchas veces, hemos respondido la pregunta con una ilustración que es muy antigua, pero que aún es efectiva. Es más o menos así: Supongamos que su abuelo posee un negocio, y que en un lugar apropiado tiene un metro marcado sobre el mostrador, para vender sus géneros. Él ha vendido géneros de acuerdo con ese metro, durante los últimos veinte años. Entonces usted mismo entra a trabajar con él y vende géneros por otros diez años. Pero un día una cliente vuelve al negocio y se queja diciendo que el metro de género que ella le compró a usted, tiene solamente 95 centímetros y no un metro, como debiera tener.

Usted se indigna. Usted argumenta, con sentimiento, que su abuelo ha vendido géneros de acuerdo con ese metro durante 20 años, y que usted mismo lo ha hecho por otros 10 años, y que nunca, nadie, ha hecho tal reclamación antes. La cliente responde que ella no está impugnando la integridad moral ni de su abuelo ni la suya, sino que ella apreciaría que usted verificara si la marca que está sobre el mostrador es realmente un metro.

Entonces usted trae un metro desde otro lugar del negocio, lo pone sobre la marca del mostrador, y se lleva una tremenda sorpresa. Es verdad. ¡La marca sobre el mostrador tiene solamente 95 centímetros! El carpintero que colocó esa marca aparentemente cometió un grave error. Y ahora nosotros preguntamos:

¿Fue su abuelo culpable? No. Él nunca lo supo.

¿Es usted culpable? No. Usted no sabía.

Pero ahora, ¿cuál es su responsabilidad? ¿Cuántos centímetros más puede usted vender sin ser culpable?

La respuesta evidente salta inmediatamente. Ningún centímetro. Ni un único centímetro.

Tal como yo lo veo, las responsabilidades actuales de la comunidad de eruditos Adventistas del Séptimo Día son estas:

1.- Verificación de los descubrimientos de este trabajo. Las conclusiones de una persona no debieran ser aceptadas sin hacer preguntas, aun cuando estas sean mis conclusiones, a menos que corramos el riesgo de repetir la misma experiencia deplorable con la cual nos confrontamos ahora. Para facilitar este trabajo, he sido cuidadoso en incluir los números de las columnas de las revistas en mi documentación. Creo que el proceso de verificación puede así ser hecho en un tiempo relativamente corto.

2.- Cuando estos descubrimientos hayan sido verificados, debiera ser presentada una adecuada declaración correctiva al mundo.

3.- Debiera ser llevado a cabo un extenso proceso de re-educación dentro de la iglesia Adventista, sin demora. Las dimensiones de este problema están indicadas por el hecho de que la declaración errada fue primeramente preparada y publicada por profesores de seminario, y que ellos y sus sucesores la presentaron a los estudiantes, los cuales ahora la están enseñando en los Adventistas del Séptimo Día y la están predicando en las Iglesias Adventistas del Séptimo Día. De esta manera la confusión se ha complicado aún más. Pero yo creo que una adecuada corrección pudiera ser hecha dentro de un tiempo relativamente corto. Han transcurrido casi treinta años, hasta que hemos llegado al actual estado de tensión. Yo dudo que sean necesarios más de uno o dos años para dejar todo en orden nuevamente. Nuestros miembros de iglesias, hablando en forma general, no han sido cogidos por este mal entendido en comparación con lo que lo han sido nuestras comunidades en seminarios y colegios.

Pero será necesario que nosotros nos enfrentemos a una pregunta respetable: ¿Somos nosotros capaces de admitir de que se ha cometido un error? La naturaleza humana retrocede ante una responsabilidad semejante.

Consideremos, mientras luchamos con esta pregunta, el ejemplo de algunos de los líderes judíos del tiempo de Cristo. De acuerdo con un análisis de Ellen White, ellos primero rechazaron la historia del pastor relacionada con el nacimiento de Jesús, de sus convicciones, creyendo que no era verdad. Pero eventos posteriores los convencieron que tenía que ser verdad. Sin embargo, en vez de aceptar la humillación de admitir de que habían cometido un error, ellos escogieron crucificar a Cristo. Los seres humanos pueden llegar hasta eso, tratando de proteger sus reputaciones.

¿Somos capaces de admitir un error?

Piénselo, hermano catedrático, hermano profesor, hermano predicador. Piénselo.

Comentarios Especiales Para Miembros de Iglesia.-

Si ustedes que son miembros de la Iglesia Adventista del Séptimo Día están convencidos, como lo estoy yo, que la situación que tenemos por delante necesita ser corregida, por favor reflexione conmigo en relación a la manera en la cual la corrección pudiera ser llevada a cabo.

¿Podemos esperar que nuestros administradores tomen la delantera? Realmente no. Ellos son como los jinetes que llegan al círculo del circo colocando sus pies sobre las ancas de dos caballos diferentes. Naturalmente, su mayor preocupación es que ambos caballos permanezcan unidos. Iniciar una acción que ellos puedan identificar como peligrosa para la unidad de la iglesia, sería muy difícil para ellos.

¿Y nuestros pastores de iglesias? Ellos están entre una roca y un lugar duro. Aun cuando ellos puedan estar convencidos por las evidencias de que es necesaria una corrección, ellos también saben que si ellos tratan de iniciar un cambio sin un apoyo administrativo, ellos serán marcados como "problemáticos" y "divisivos", y esto puede ser un suicidio profesional.

¿Y nuestros educadores? De todos nuestros obreros, estos son los que están más envueltos en el problema. El error les fue transmitido a través de canales académicos, aparentemente con la aprobación administrativa. Ellos lo han traspasado a sus estudiantes. Los administradores y pastores tal vez puedan estar a un lado del problema, pero los educadores no pueden estarlo. Sus estudiantes colocan preguntas que ellos tienen que responder, y así ellos han hecho declaraciones públicas y por escrito, defendiendo Preguntas Sobre Doctrinas. Sería profundamente embarazoso para ellos retractarse ahora de esa posición.

Bien, ¿y quién más queda?

Usted.

Usted tiene libertad de acción. Usted no está impedido por las restricciones organizacionales que limitan las libertades de nuestros obreros contratados. Mi esperanza está en usted. Nuestra organización es democrática, y todos debiéramos movernos en forma unida.

A medida que voy escribiendo estas palabras (Marzo de 1986), el pueblo de Filipinas le ha mostrado al mundo un impresionante ejemplo de lo que se puede obtener a través de la opinión pública. No me entienda mal. No estoy sugiriendo que alguien vaya a la calle y comience a gritar por un cambio en el liderazgo, ya que esto no produciría ningún efecto. Pocos, si es que aparecen algunos, administradores estarían dispuestos a mover sus posiciones muy lejos de sus personas en un asunto de esta naturaleza.

¿Y qué podemos hacer entonces?

Educar, educar, educar (5T:590). La evidencia habla por sí sola. No es necesario un argumento. Ningún catedrático se atrevería a defender el procedimiento irregular en las declaraciones de Preguntas Sobre Doctrinas acerca de la humanidad de Jesús, y los registros de la historia no pueden ser negados. Nuestro problema es simplemente que no hemos sabido estas cosas. Hemos centralizado nuestra atención en los pensamientos de Calvino y Lutero y hemos negado nuestra propia historia teológica.

Y por favor, mi querido hermano, no entretenga sospechas de que el problema que tenemos por delante es una falta de integridad o de sinceridad. En el verano de 1985, un ministro Adventista de Australia habló en un seminario de la iglesia de Filipinas, donde yo estaba enseñando. Un estudiante le preguntó qué era lo que los ministros en Australia estaban enseñando en relación a la naturaleza de Cristo. A medida que escuchaba su respuesta, entendí que si la misma pregunta me hubiese sido hecha a mí diez años antes, yo habría dado exactamente la misma respuesta que él estaba dando. En efecto, él dijo:

Si usted quiere saber lo que estamos enseñando acerca de la naturaleza de Cristo, vea Preguntas Sobre Doctrinas.

Diez años antes, yo habría dado exactamente la misma respuesta. El punto que yo estoy tratando de establecer es este: hasta donde yo soy capaz de juzgar, yo no estaba siendo menos honrado ni menos sincero hace diez años atrás, de lo que lo soy hoy en día. Mi problema no era falta de sinceridad. Fue falta de información. Yo no me había dado ninguna oportunidad para examinar la evidencia. Yo creo que lo mismo es verdad en la mayoría de mis queridos obreros en la iglesia Adventista. No sospechemos, ni mucho menos nos acusemos, de no ser sinceros entre nosotros. Habiendo completado 40 años de servicio a la iglesia Adventista, quiero declarar aquí con convicción de que yo veo a los "obreros" de la Iglesia Adventista del Séptimo Día como siendo los individuos más sinceros y más dedicados que puedan ser encontrados en el mundo hoy en día. He contado como un privilegio vivir y trabajar entre ellos.

Entonces eduquemos, eduquemos, eduquemos. Dejemos que la evidencia hable por sí misma. Trate de evitar la argumentación. Cuando haya leído este libro, compártalo con alguien más. Empréstaselo a su pastor, y hágale saber cuántos queridos miembros están tan preocupados como usted lo está en relación a la pureza de nuestra fe. Deje que la evidencia trabaje como una levadura a través de toda nuestra iglesia. Cuando suficientes personas hayan visto la evidencia, podemos estar seguros que las cosas correctas serán hechas. No necesitamos entretejer dudas acerca de eso.

Yo estoy optimista acerca de esto. Yo creo que nuestra iglesia irá a corregir su curso y se encaminará para cumplir el destino que Dios le ha ordenado. He tenido la temeridad de predecir de que habrán por lo menos 100 millones de Adventistas del Séptimo Día esperando a nuestro Señor cuando Él venga. Pero ese es otro asunto. ¡Tengamos coraje en el Señor!

# Epílogo

## Ha Habido Una Voz Entre Nosotros

Hemos visto que existió un relacionamiento casi simbiótico entre los escritos de Ellen White y los escritos de nuestros líderes, a través de la mayor parte de la historia de nuestra iglesia. Lo que ella escribió ellos lo creían. Ellos lo internalizaban, se apropiaban de ello, y lo expresaban de nuevo en sus propios escritos. Hubo una voz entre ellos que era más que humana, y ellos estaban convencidos de eso. Transmitía mensajes enviados a ellos en infinita misericordia provenientes del Dios vivo y amante. Ellos se regocijaban que esa voz estuviese entre ellos. Ellos volvían a contar alegremente las pruebas de la iglesia en las cuales la voz los había guiado a ultrapasar con seguridad. Ellos se consideraron a sí mismos como los más privilegiados de todos los grupos religiosos, porque la voz estaba entre ellos.

Ellos no mal interpretaron las advertencias acerca del uso de los dones espirituales. Ellos reconocieron que los consejos del Espíritu de Profecía serían de ningún significado para aquellos que no entendiesen la doctrina bíblica de los dones espirituales, pero ellos usaron los consejos libremente como una ayuda para entender su propia teología.

Cuando terminaba la preparación de este manuscrito para su publicación, he vuelto nuevamente a los Estados Unidos, de un término de servicio en ultramar, y he sido privilegiado al ver un vídeo de un análisis antiguo entre el Dr. Walter Martin y el Dr. William Johnson, en el programa Ankerberg. Dos impresiones diferentes han permanecido en mí: primera, se me ha recordado nuevamente el principio de que los debates se ganan usando trampas, y no por la evidencia. Espero encontrar tiempo para escribir más a respecto de eso. Segunda, me puse muy triste por el espectáculo que el teólogo hizo con la pregunta:

¿Usted cree que Ellen White es infalible?

Pidiendo repetidamente una respuesta.

¿Sería posible que no haya habido ningún teólogo en esta tierra que no sepa que la palabra infalible puede ser correctamente aplicado solamente a Dios? Ningún ser humano que haya vivido sobre esta tierra ha sido infalible. Ningún ser humano será nunca infalible. Si algún mensajero inspirado ya sea del Antiguo Testamento o del Nuevo Testamento fuese desafiado con la pregunta: ¿Es usted infalible?, él habría respondido simplemente: "No". Y basar la aceptación o rechazo de sus mensajes en su respuesta a esa pregunta, sería establecer un nuevo nivel de lo absurdo.

La pregunta importante y relevante es si los profetas de la Biblia y/o Ellen White dijeron la verdad cuando informaron que Dios les había dado información para ser compartida con nosotros. Yo creo que hay abundante abundancia para probar que tanto los profetas de la Biblia y Ellen White dijeron la verdad. Dejemos que otros los desafíen con la pregunta: ¿Es usted infalible? Si acaso así lo desean. Yo preferiría no tener ninguna participación en tales absurdos.

Cuando yo era un muchacho en crecimiento, mi padre a veces me enviaba mensajes los cuales eran entregados por mi hermana mayor. En algunas ocasiones yo respondí un poco descuidadamente, haciéndole la pregunta desafiante a mi hermana: ¿Eres tú el jefe?

Ella me miraba pensativamente y decía: "Ya veremos acerca de eso". De esta manera yo aprendí algunas cosas: (1) A mi padre no le gustó la sugestión de que si él tenía algo que decirme, él mismo tendría que entregarme el mensaje personalmente. Parecía que él sentía que estaba dentro de los límites de sus prerrogativas el hacer uso de un mensajero si a él se le ocurría que así podía ser. (2) Mi padre fue aún menos simpático con mi desafiante pregunta hecha al mensajero: ¿Eres tú el jefe? Él tenía unas palabras para esto. Él las llamaba una pregunta "experta tipo Alec". Él desalentaba fuertemente el uso de esas preguntas. Yo estimo conveniente prestar atención a su consejo.

También estimo conveniente prestar atención a lo que Dios escogió para decirme a través de un mensajero escogido. Yo no voy a cuestionar Su derecho de usar un mensajero, ni tampoco voy a tratar de restringirlo en relación a la materia contenida en el mensaje. Estas son Sus prerrogativas, no mías. Y yo ciertamente no voy a desafiar al mensajero con una pregunta "experta tipo Alec" diciéndole: "¿Es usted infalible?".

Existen preguntas válidas para hacérselas a los mensajeros. Es conveniente esperar que todos los mensajeros, que tienen mensajes importantes, tengan credenciales, con las cuales puedan "certificar" que sus mensajes provienen de Dios. Esto incluiría: (1) La no contradicción con otros mensajes de mensajeros credenciados anteriormente; (2) Pureza ética y moral; (3) Evidencia de influencias sobrenaturales; (4) Consistencia; (5) Precisión de la predicción, etc.

La lista podría aumentar, pero ya ha quedado suficientemente limitada. Pocos, si es que existen algunos, de los mensajeros autoproclamados de nuestra era podrían siquiera alcanzar estas calificaciones.

Ellen White podía y lo hizo. Los primeros Adventistas se preocuparon primero con sus credenciales, su certificación como mensajera de Dios. Cuando estuvieron satisfechos de que ella era una mensajera auténtica, ellos aceptaron con gratitud la información que ella les traspasó, viéndola como una luz de un mundo mejor.

Ellos no trataron, como algunos lo hacen hoy, de escribir una línea entre materias de fe y materias de procedimiento. Ni tampoco presumieron en decirle a Dios en qué materias Él debía enviarles información y en qué materias Él no debía hacerlo. Ellos dejaron eso a Su discreción.

Ellos tampoco inventaron doctrinas inverosímiles en relación a los grados de inspiración o de inspiración parcial, lo cual desafía todos los intentos de definición. ¿Cómo deberíamos leer un mensaje inspirado parcialmente? ¿Deberíamos relacionar párrafos alternados como inspirados y no inspirados? ¿O sentencias alternadas, o palabras alternadas? ¿Son acaso todas las palabras impares de una sentencia inspiradas, y todas las pares no inspiradas? ¿O viceversa? ¿Debiéramos dividir cada palabra con una línea horizontal y dejar la parte superior como siendo inspirada y la parte inferior como no inspirada? ¿O son aquellas partes del mensaje que concuerdan con mi manera de pensar inspiradas, y las otras partes no son inspiradas?

Aún no he encontrado una persona que estuviese preparada para darme una definición adecuada de lo que es inspiración parcial. ¿Usted ya la ha encontrado?

Ellen White apropiadamente desaconsejó todas esas tentativas inútiles. "Esta obra es de Dios o no lo es", dijo ella. "Los Testimonios son del Espíritu de Dios o entonces lo son del diablo".[1] Así ella reguló firmemente la posibilidad de que ellos pudiesen haber sido de su propia mente.

Yo puedo entender cómo personas inspiradas pueden dar diferentes cometidos. Isaías no fue enviado a Nínive. A Jeremías no le fue dado el objetivo de construir un arca. Ellen White, juntamente con los profetas Gad e Ido y la hija de Felipe el evangelista (y otros) no les fue asignado el objetivo de adicionar porciones a la Biblia. Pero cada uno tuvo su propia tarea, y cada uno en el cumplimiento de esa tarea compartieron igualmente el don de la inspiración. Esto yo lo puedo entender. La inspiración parcial no la puedo ni definir ni entender.

Los primeros Adventistas aceptaron la información que Dios les enviaba a través de Sus mensajeros escogidos y fueron tremendamente beneficiados a través de su uso. Así podemos ser nosotros. Tal vez no sea una coincidencia que las áreas del mundo donde nuestra iglesia es más débil hoy día, sean también las áreas donde los mensajes de Ellen White son menos apreciados. Los primeros Adventistas mantuvieron los escritos de Ellen White en gran estima.

Pero en nuestro tiempo continuas demandas por una educación más avanzada han traído cambios. Más y más uso se hace del pensamiento de los teólogos, menos y menos de los inspirados consejos de los mensajeros escogidos por Dios para la iglesia remanente.

No es inusual hoy en día, en los corredores de nuestras instituciones escolares, escuchar las siguientes protestas:

¡Ellen White no era una teóloga!

La validez de esta declaración tal vez dependa de una definición de lo que es un teólogo. ¿Decimos que ella no fue un teólogo porque ella no concurrió a ningún seminario teológico? Tampoco lo hizo Jesús, ni los apóstoles, ni los profetas.

¿Porque ella no obtuvo ningún grado teológico? Tampoco lo hizo Jesús, ni los apóstoles, ni los profetas.

¿Porque ella no analizó religión en términos estudiados, abstractos o filosóficos? Tampoco lo hizo Jesús, ni los apóstoles, ni los profetas. (De los doce apóstoles originales, yo exceptúo al apóstol Pablo, el cual era altamente educado).

¿Porque ella no fue aceptada como una teóloga por los teólogos de su tiempo? Tampoco lo hizo Jesús, ni los apóstoles, ni los profetas.

¿Cuántos, podemos suponer, de los hombres que escribieron las Escrituras serían admitidos como miembros de sus selectas fraternidades por los teólogos de los tiempos modernos?

¿Moisés, Isaías y Pablo? Probablemente. ¿Daniel y Juan? Posiblemente. Ciertamente Marcos no estaría entre los escogidos. Probablemente tampoco Mateo ni Lucas. ¿Pedro? Bien, tal vez si, tal vez no. ¿Amos, Oseas, Joel? Usted debe estar jugando.

Pero dijeron la verdad acerca de Dios. Y así lo hizo Ellen White. Su entendimiento de la voluntad de Dios y el propósito para Su pueblo fue insuperable. Su conocimiento de la escritura era profundo.

En lo que a mí respecta, Ellen White es la mejor teóloga que el mundo ha visto después del apóstol Pablo, por la simple razón de que ella es la primera teóloga inspirada que el mundo ha visto después del apóstol Pablo. Calvino, Lutero, Wesley, etc., hicieron sus grandes contribuciones y también cometieron grandes errores. Ella de alguna manera evitó sus errores y dio un testimonio solamente en la pureza de la verdad.

La fragilidad de una compilación, como esta, es su brevedad. El estudiante que tome el tiempo para estudiar las citas aquí presentadas, en su contexto, las encontrará apoyadas por un grande e introspectivo uso de las Escrituras. Los puntos de vista cristológicos de Ellen White no eran extra bíblicos. Ellos eran enfáticamente guiados y basados en las Escrituras.

Ella misma fue advertida, y pasó la advertencia para nosotros, de que "El último gran engaño de Satanás, será el de hacer con que los testimonios del espíritu de Dios no tengan ningún efecto".[2]

Yo invito al estudiante, a comparar el uso hecho de sus escritos por aquellos que están promoviendo doctrinas Calvinistas entre nosotros, con la declaración anterior, y entonces saque sus propias conclusiones.

Ha habido una voz entre nosotros, y esa voz aún puede ser escuchada, tal vez no tan claramente como una vez lo fue. Pero si queremos escuchar, aquella suave y persistente voz, ella nos sacará del desierto de la confusión, en el cual nos encontramos en estos momentos.

"La naturaleza de Dios, cuya ley ha sido transgredida, y la naturaleza de Adán, el transgresor, se juntaron en Jesús, el Hijo de Dios, y el Hijo del hombre".[3]

Notas:

1. 4T:230.

2. 1MS:48.

3. Mensaje 141, 1901.

# Apéndice A – El Texto Total de la Carta Baker

El estudiante que ha examinado los materiales presentados en este trabajo, ya habrá sido alertado del asombroso efecto sobre la historia de la Iglesia Adventista del Séptimo Día, de una única carta escrita en 1895, por Ellen White, que estaba en Australia, al pastor W. L. H. Baker, que estaba en Tasmania. Interpretaciones hechas sobre algunas líneas de esta carta, y en particular sobre una única línea.

Ni por un momento hubo en Él una propensión maligna han sido usadas como palanca a través de la cual la Iglesia Adventista del Séptimo Día ha sido llevada a abandonar una firme posición cristológica ya establecida, y cambiarse hacia otra, totalmente diferente, posición cristológica. Para cambiar la figura, un enorme negocio ha sido conducido sobre un capital tremendamente pequeño.

Nos gustaría animar al estudiante a examinar cuidadosamente la carta en sí misma (Apéndice A), y la interpretación alternativa sugerida (Apéndice B), en el contexto del material histórico presentado en la Sección Tres de este trabajo, para que él pueda decidir por sí mismo si la carta ha sido usada en armonía con el propósito y con la intención de su autora.

El pastor W. L. H. Baker, como lo hemos visto, estaba asociado con la obra de publicaciones en la Pacific Press en California, desde 1882 hasta 1887, cuando él aceptó un llamado para ir a la recién fundada casa publicadora en Australia. Después de haber cumplido su servicio en la casa editora, y cuyo periodo no ha sido claramente establecido él entró en la obra pastoral evangelística en Tasmania.

Aparentemente él encontró que la transición de las actividades más académicas de escribir y publicar y la predicación pública y la enseñanza de casa en casa, era mucho más difícil, y al término del año 1895 (o al comienzo del año 1896) Ellen White le escribió una carta dándole consejos y ánimo.

La carta, tal como fue liberada por el White Estate (los paréntesis son de ellos), está copiada en este Apéndice. De sus 13 páginas, 10 y apenas una fracción de la 11, son consejos profesionales prácticos, material rico, que debiera ser estudiado con provecho por cualquier ministro del evangelio.

Dos páginas y un poquito más, están dedicadas a lo que podemos llamar un consejo cristológico. Los comentarios a esta parte de la carta precederán inmediatamente aquellas páginas (4-6 de los manuscritos).

Manuscrito Liberado - 414

Querido hermano y hermana Baker:

El otro día al atardecer estuve conversando con usted. Yo tenía un mensaje para usted, y estuve presentándole ese mensaje. Usted estaba deprimido y estaba desanimado. Yo le dije, el Señor me ha ordenado que les hable a ustedes dos. Ustedes están considerando vuestro trabajo casi como fallido, pero si una alma se aferra a la verdad, y soporta hasta el fin, vuestro trabajo no debiera ser catalogado como fallido. Si una madre se ha arrepentido de su deslealtad a obedecer, usted tiene que regocijarse. La madre que busca conocer al Señor enseñará a sus hijos para que sigan sus pisadas. La promesa es para el padre, la madre y para sus hijos (Hechos 2:39). Estos queridos hijos recibieron de Adán una herencia a la desobediencia, de culpa y de muerte. El Señor ha dado a Jesús Cristo al mundo, y Su trabajo fue el de restaurar al mundo la imagen moral de Dios en el hombre, y el de reformar el carácter.

La verdad tiene que ser proclamada en todos los lugares, y los agentes humanos tienen que ser colaboradores con Cristo, construyendo una muralla de seguridad alrededor de los hijos, y cortando tanto cuanto sea posible las fuertes corrientes del mal. Los padres que están totalmente convertidos buscarán la salvación de sus hijos, entrenándolos para que sean hijos e hijas de Dios. Al hacer este trabajo con sabiduría ellos son colaboradores con Dios...

Mi hermano, mi hermana, ustedes pueden ayudar a los padres a educar y a entrenar a sus familias. A través de vuestros sinceros apelos, muéstrenles que ellos pueden mostrarle al mundo el poder y la influencia de una familia bien constituida y bien disciplinada. A través de la influencia cristiana en el hogar se demostrará al mundo que la mayor cantidad de bien puede ser hecho a través de un ejemplo santificado de los padres, y a través de un entrenamiento religioso.

El Señor no lo juzgará a usted por la cantidad de éxito manifestado en sus esfuerzos. Se me ordenó que le dijera que su fe tiene que ser mantenida viva y firme, y en constante crecimiento. Cuando usted vea que aquellos que tienen oídos no quieren escuchar, y que aquellos que son inteligentes no quieren entender, después que usted ha hecho todo lo posible, vaya a las regiones contiguas, y deje los resultados con Dios. Pero no deje que su fe desmaye.

Pueden hacerse algunos mejoramientos en su distribución. Cultive la sinceridad y el positivismo al tratar las personas. El asunto primordial puede ser excelente, y puede ser justamente los que las personas necesitan, pero usted haría bien en mezclar un positivismo con las súplicas persuasivas...

Existe la necesidad de un esfuerzo personal decidido para alcanzar a la persona en sus hogares. Presente un claro "Así dice el Señor" con autoridad y exalte la sabiduría de Dios en la palabra escrita. Traiga a las personas a una decisión; mantenga la voz de la Biblia siempre delante de ellos. Dígales que usted les está diciendo aquello que usted conoce, y testifique diciéndoles que es verdad porque Dios lo ha dicho. Que su predicación sea corta y derecho al asunto, y entonces, en el momento oportuno, haga un apelo para que tomen una decisión. No presente la verdad en una manera formal, sino que deje que el corazón sea vitalizado por el Espíritu de Dios, y deje que sus palabras sean dichas con tanta certeza que aquellos que las escuchen sepan que la verdad es una realidad para usted. Sus modales tienen que ser educados, y sus palabras tiene que ser de un carácter tal que ellos estén escuchando las palabras de Pedro: "Porque no hemos seguido fábulas ingeniosamente inventadas, cuando les hicimos conocer el poder y la venida de nuestro Señor Jesús Cristo, sino que fuimos testigos oculares de su majestad". Con tanta seguridad como esa, usted puede declarar el mensaje de la verdad de Dios. Aquellos que creen en la santa y eterna verdad, pondrán toda su alma en sus esfuerzos. Tenemos que ser conmovidos hasta el mismo corazón a medida que contemplamos el cumplimiento de la profecía en las escenas finales de esta historia terrestre. A medida que nuestra visión se extiende aún más allá en las glorias de la eternidad, la venida de Cristo con poder y gran gloria, y las escenas del gran día del juicio, no debiéramos permanecer sin hacer nada o inmóviles. "Yo vi la muerte", dice Juan, "permaneciendo delante de Dios; y los libros fueron abiertos: y otro libro fue abierto, el cual es el libro de la vida: y la muerte fue juzgada a través de esas cosas que están escritas en los libros, de acuerdo con sus obras".

Después de un corto discurso, manténgase fresco, para que pueda dar un estudio bíblico de los puntos que estuvo hablando. Llegue directamente al corazón de sus oyentes, urgiéndolos para que os presenten sus dificultades, para que usted les pueda explicar las Escrituras que ellos no están entendiendo. Abandone todo indicio de apatía, y deje que las personas piensen que estas preguntas son de vida o muerte, si es que ellos las aceptan o las rechazan. A medida que usted va presentando la verdad, haga preguntas, quién está queriendo, a medida que ellos han ido escuchando las palabras de Dios, mostrándoles sus deberes, consagrar sus corazones y mentes, con todas sus afecciones a Cristo Jesús. "Aquel que no es conmigo, es contra Mí". A medida que el Señor coloca delante de nosotros las emocionantes escenas que ocurrirán en el último gran conflicto, ¿podríamos nosotros contemplarlas sin un cautivante entusiasmo, ardor, y celo, sabiendo que los ángeles celestiales están de nuestro lado?

Acérquese a las personas; entre en las familias cuando pueda; no espere que las personas anden detrás del pastor. Lleve usted la confianza y la seguridad de la fe que evidencia que usted no está creyendo en novelas ociosas, sino en un claro "Así dice el Señor".

El Consejo Cristológico.-

Las próximas dos páginas y algo más, contienen el consejo cristológico que Ellen White le dio al pastor Baker. Ella expresa las siguientes preocupaciones:

1.- El peligro de darles a entender a las personas que Cristo podría haber pecado. Esto es claramente su mayor preocupación. Ella sostiene firmemente que Cristo nunca pecó en diez expresiones independientes. Ella emplea su elocuencia para dejar bien claro que nunca hubo una posibilidad de que Cristo cometiese un único pecado:

> Ni por un momento hubo en Él una propensión hacia el mal.
>
> Nunca, de ninguna manera...Deje la más mínima impresión...
>
> De que Él alguna vez cedió...
>
> No vaciló en ningún momento...
>
> "No tiene nada en mí"...
>
> Nada para responder a la tentación...
>
> En ninguna ocasión se le ha dado una respuesta
>
> Nunca se puso Cristo en el terreno de Satanás...
>
> Satanás no encontró nada en Él...

Nunca; nada; ningún; ninguna, más mínima. ¿Por qué? ¿Por qué habría de trabajar la consejera inspirada tan diligentemente para convencer al pastor Baker en este punto? Es razonable asumir que el consejo inspirado se da allí donde es necesario?

2.- El peligro inminente de hacer a Cristo "totalmente humano, tal como uno de nosotros". (énfasis mío). Contra esto ella coloca dos grandes contrastes entre Cristo y nosotros:

a) Su nacimiento milagroso como Hijo de Dios.

b) Su vida inmaculada, sin pecado.

Ella no contrasta Su naturaleza con la nuestra, sino que compara:

"Él tomó sobre Sí mismo la naturaleza humana, y fue tentado en todos los puntos así como es tentada la naturaleza humana".

"Él se humilló a Sí mismo cuando se vio que estaba en figura de hombre, para que pudiese entender la fuerza de todas las tentaciones con las cuales el hombre es acosado".

Ella no contrasta Sus tentaciones con las nuestras, sino que compara:

"Él fue tentado en todos los puntos así como el hombre es tentado".

"Tentado en todos los puntos así como lo somos nosotros".

Así, si permitimos que Ellen White hable por ella misma en este consejo cristológico, ella apunta dos grandes diferencias entre Cristo y nosotros, Su nacimiento milagroso y Su vida sin pecado. Ella también apunta dos grandes semejanzas entre Cristo y nosotros, Sus tentaciones y Su naturaleza humana. Ella entonces afirma característicamente su conclusión lógica, que el secreto de Su éxito también puede ser el secreto de nuestro éxito:

"Está escrito" era Su arma para resistir, y ella es la espada del Espíritu que cada ser humano puede usar.

Y recordemos de que no hay lugar para una naturaleza divina en un Cristo que es totalmente humano, tal como uno de nosotros.

(Los números entre paréntesis y los énfasis son míos).

"Sea cuidadoso, extremamente cuidadoso en relación a la humanidad de Cristo. (1) No lo coloque delante de las personas como un hombre con propensiones a pecar. Él es el segundo Adán. El primer Adán fue creado puro, un ser sin pecado, sin una mancha de pecado sobre sí; él era en la imagen de Dios. Él podía fallar, y cayó a través de la transgresión. A causa del pecado, su posteridad nació con propensiones inherentes a la desobediencia. Pero Jesús Cristo fue el unigénito Hijo de Dios. Él tomó sobre Sí mismo la naturaleza humana, y fue tentado en todos los puntos así como la naturaleza humana es tentada. (2) Él podía haber pecado; él podía haber caído, pero en ningún momento hubo en Él una propensión hacia el mal. Él fue asaltado con tentaciones en el desierto, así como Adán fue asaltado con tentaciones en el Edén.

Hermano Baker, evite toda pregunta en relación a la humanidad de Cristo que pueda ser mal entendida. La verdad anda cerca de la presunción. Al tratar sobre la humanidad de Cristo, usted necesita cuidar grandemente cada afirmación, para que sus palabras no sean tomadas significando más de los que ellas implican, y así usted pierda o debilite las claras percepciones de Su humanidad combinada con la divinidad. Su nacimiento fue un milagro de Dios; porque, dijo el ángel, "y ahora concebirás en tu vientre, y darás a luz un hijo, y llamarás su nombre Jesús. Él será grande y será llamado el hijo del Altísimo; y el Señor Dios le dará el trono de su Padre David: y él reinará sobre la casa de Jacob para siempre; y su reino no tendrá fin. Entonces le dijo María al ángel, ¿cómo será esto, ya que yo no conozco un hombre? Y el ángel respondió y le dijo, el Espíritu Santo vendrá sobre ti, y el poder del Altísimo te cubrirá; por eso también esa cosa santa que nacerá de ti será llamado el Hijo de Dios".

Estas palabras no son dirigidas a ningún ser humano, excepto al Hijo del Dios Infinito. (3) Nunca, de ninguna manera, deje la más mínima impresión sobre las mentes humanas que una mancha de, o una inclinación a la corrupción hubo sobre Cristo, o de que Él de alguna manera cedió a la corrupción. (4) Él fue tentado en todos los puntos así como el hombre es tentado, pero Él es llamado esa cosa santa. (5) Es un misterio que es dejado sin explicación para los mortales de que Cristo pudo ser tentado en todos los puntos así como lo somos nosotros, y sin embargo ser sin pecado. La encarnación de Cristo siempre ha sido, y permanecerá para siempre un misterio. Aquello que es revelado, es para nosotros y para nuestros hijos, pero que cada ser humano sea alertado de hacer a Cristo totalmente humano, tal como uno de nosotros: porque no puede ser. El tiempo exacto en que la humanidad se unión con la divinidad, no es necesario que nosotros lo conozcamos. Debemos mantener nuestros pies sobre la roca, Cristo Jesús, como Dios revelado en humanidad.

Percibo que hay peligro en aproximar asuntos que habitan en la humanidad del Hijo del Dios infinito. Él se humilló a Sí mismo cuando se vio en la forma de hombre, para que Él pudiese entender la fuerza de todas las tentaciones con las cuales el hombre es acosado.

(6) El primer Adán cayó: el segundo Adán se aferró a Dios y a Su palabra bajo las circunstancias más difíciles, y Su fe en la bondad, misericordia y amor de Su Padre, no vaciló en ningún momento. (7) "Está escrito" fue su arma para resistir, y ella es la espada del Espíritu que cada ser humano puede usar. (8) "Ya no hablaré mucho más con vosotros: porque ha venido el príncipe de este mundo, pero no tiene nada en mí", nada que pueda responder a la tentación. (9) No se le ha dado ninguna ocasión como respuesta a sus múltiples tentaciones. Nunca se puso Cristo en el terreno de Satanás, para darle alguna ventaja. Satanás no encontró nada en Él que lo animara en sus avances.

(10) Como profesores necesitamos entender que el objetivo y la enseñanza de nuestro Señor era el de simplificar en todas Sus instrucciones, la naturaleza y la necesidad de la excelencia moral del carácter con que Dios a través de Su Hijo ha hecho toda provisión que los agentes humanos pueden obtener, para que puedan ser colaboradores con Jesús Cristo. Esto es lo que Dios requiere, y en ese sentido deben trabajar los ministros del evangelio, tanto en su educación del pueblo, como en su ministerio al mundo.

Hay muchas preguntas que no son necesarias para la perfección de la fe. No tenemos tiempo para estudiar eso. Muchas cosas están por sobre nuestra comprensión. La verdad no tiene que ser recibida dentro del alcance de nuestra razón, y no es para que nosotros la expliquemos. La revelación (el Apocalipsis) nos las presenta como siendo implícitamente recibidas como las palabras de un Dios infinito. Mientras todo ingenioso inquiridor tiene que buscar la verdad tal como esta es en Jesús, hay cosas que no están simplificadas, declaraciones que las mentes humanas no pueden entender ni razonar con ellas, sin quedar expuesto a hacer conjeturas y explicaciones humanas, lo cual no probará ser un olor de vida para vida.

Pero cada verdad que es esencial para que nosotros la coloquemos en nuestra vida práctica, y que tienen relación con la salvación del alma, es dejada bien clara y positiva. La pregunta que le hizo el abogado (doctor) a Cristo le fue devuelta a él mismo para que la respondiera; porque Cristo sabía que él entendía la ley. "Él le dijo, ¿qué está escrito en la ley? ¿Cómo lees?". A las claras declaraciones bíblicas del abogado, Cristo le dijo, "has respondido bien: haz eso, y vivirás". A su pregunta, "¿quién es mi prójimo?", Cristo respondió con la parábola del buen Samaritano.

Cristo les reveló a Sus oyentes sus deficiencias en el cumplimiento de la ley de Dios. En ellos el amor a sí mismos era supremo. Estos mismos principios se los dio Cristo a Moisés desde la nube: "Y amarás al Señor tu Dios con todo tu corazón, y con toda tu alma y con toda tu fuerza. Guardaréis diligentemente los mandamientos del Señor tu Dios, y sus testimonios y sus estatutos, que él os ha mandado. Y ellos serán nuestra justicia, si observamos todos estos mandamientos delante del Señor nuestro Dios, tal como él nos lo ha mandado".

Esto corresponde con la instrucción dada a la multitud como respuesta a la pregunta del abogado, "¿Qué haré para heredar la vida eterna?". La misma respuesta le fue dada al joven rico, quien le hizo la misma pregunta, "Maestro bueno, ¿qué haré para heredar la vida eterna?". Y Él le dijo, "si quieres entrar en la vida, guarda los mandamientos". Citando los preceptos de Jehová Él mostró que se estaba refiriendo a los diez santos preceptos.

El joven afirmó haberlos guardado, y preguntó, "¿qué más me falta?". Jesús entonces le apuntó obligaciones que él no había cumplido, los cuales la ley de Dios especificaban claramente: amar a Dios supremamente, y a su prójimo como a sí mismo. "Jesús le dijo, si quieres ser perfecto, anda y vende lo que tienes, y dáselo a los pobres, y tendrás un tesoro en el cielo; y ven, y sígueme. Pero cuando el joven rico escuchó eso, se alejó triste; porque tenía grandes posesiones". Este hombre amaba más sus posesiones que a Dios y Su servicio y más que las almas de sus prójimos. Las riquezas eran sus ídolos.

Entonces que nadie diga que no hay condiciones para la salvación. Hay condiciones decididas, y cada uno es puesto al enérgico desafió de inquirir diligentemente y de buscar la verdad de la Palabra de Dios. Con el peligro de nuestras almas debemos saber las condiciones prescritas dadas por Él, quien ha dado Su propia vida para salvarnos de la ruina. Ciertamente nos perderemos si flotamos junto con la corriente del mundo, recibiendo las palabras de los hombres. Por nuestro amor egoísta a hacer lo más fácil y por nuestra indolencia, colocamos en peligro nuestras almas y las almas de los demás. Tenemos que buscar saber honestamente lo que el Señor ha dicho.

Las afirmaciones humanas, aun cuando sean de sacerdotes y gobernantes, no resolverán mi caso. Yo debo saber cuáles son las condiciones que me han sido impuestas a mí, de tal manera que pueda colaborar con Dios en la salvación de mi propia alma. Yo no puedo satisfacer las exigencias que Dios ha colocado sobre mí como Su agente humano, aunque sea aceptando las ideas y opiniones de profesores de doctrinas, a menos que ellas estén de acuerdo con la voz de Dios. "¿Qué dice la ley? ¿Cómo lees tú?" es la pregunta del más grande de todos los profesores.

La opinión popular de lo que dice el Padre no me ayudará en mi caso. Mi obra me ha sido dada por Dios para que sepa y entienda Su voluntad por mí misma. A través de un estudio profundo y con oración, debo tratar de saber por mí misma el verdadero significado de las Escrituras. Debemos agradecerle a Dios cada día porque no somos dejados con las tradiciones humanas ni con las afirmaciones hechas por los hombres. No podemos estar seguros confiando en cualquier otra palabra que no sea un

"está escrito". No podemos flotar con la corriente; no podemos edificar nuestra fe en ninguna teoría humana, a menos que queramos caer en condenación, tal como lo hicieron los Judíos. "Ustedes enseñan como doctrina mandamientos de hombres", les dijo Cristo. Y esta declaración está suficientemente clara para nosotros en estos últimos días.

En la observancia del domingo los mandamientos de los hombres se han vuelto supremos. La autoridad humana y la pretensión de la iglesia son colocadas como si fuesen la palabra de Dios, a la cual todos tienen que inclinarse. Si hiciéramos eso, estaríamos trabajando juntamente con el hombre de pecado, que pensó en cambiar los tiempos y las leyes, y que se exaltó a sí mismo sobre Dios y de todo lo que está escrito en la Palabra de Dios.

Todos aquellos que quieren tener el celo del Dios viviente, tienen que ser colaboradores juntamente con Dios para cerrar la brecha que se ha hecho en la ley de Dios por el hombre de pecado, y para colocar las bases de muchas generaciones. "Ustedes son colaboradores juntamente con Dios". Ellos alejarán sus pies para no pisotear la ley de Dios, y por precepto y ejemplo harán con los pies de muchos otros se alejen del camino de la desobediencia. Ellos guardarán el Sábado sin pulirlo; llamarán al Sábado una delicia, el santo día del Señor, honorable, y Lo honrarán, no haciendo sus propias cosas, no siguiendo sus propios deseos (placeres), no hablando sus propias palabras. "Entonces te regocijarás a ti mismo en el Señor, y yo haré con que tu cabalgues sobre los más altos lugares de la tierra, y te alimentaré con la herencia de Jacob tu padre; porque la boca del Señor lo ha dicho".

Estamos viviendo en tiempos peligrosos, y necesitamos esa gracia que nos hará valientes en la lucha, echando a volar las armas de los extraños. Querido hermano, usted necesita más fe, más audacia y decisión en sus trabajos. Usted necesita más acción y menos timidez. Usted enfrentará siempre desilusiones a menos que se mueva hacia delante con determinación. Usted no debe fallar ni desanimarse. Usted necesita en cada lugar estudiar la situación. Lea menos, y haga más servicio activo. Muévase, y practique la verdad que usted conoce. Nuestra actividad bélica es agresiva. Sus esfuerzos son muy tímidos; usted necesita poner más fuerza en sus trabajos, o entonces será desilusionado en sus resultados. Hay tiempos en que usted tiene que atacar al enemigo. Usted tiene que estudiar métodos y caminos con los cuales alcanzar a las personas. Vaya directamente donde ellas y hábleles. Estudie cuidadosamente cómo poder alcanzarlas: y determine consigo mismo que no fallará ni será desanimado.

Que Dios lo ayude a hacer depender su alma cada día en Jesús Cristo. Diga la verdad sin dudar ni titubear; sino que dígala con osadía y con seguridad y con el espíritu del Espíritu Santo descansando en usted. Que las personas entiendan que usted tiene un mensaje que significa vida, vida eterna para ellos si es que ellos la aceptan. Si algún asunto entusiasma el alma, es la proclamación del último mensaje de misericordia a un mundo que muere. Pero si ellos rechazan este mensaje, será para ellos un olor de muerte para muerte. Por eso es necesario trabajar diligentemente, o entonces su trabajo será en vano. Oh, ojalá usted entienda esto, y que usted haga urgir la verdad sobre la conciencia con el poder de Dios. Dele fuerza a sus palabras, y haga con que la verdad aparezca como siendo esencial para sus mentes educadas. Por favor, haga de su trabajo un asunto de fervorosa oración, que pueda ser aprobado por Dios, y que usted pueda ser un obrero de éxito en Su viña.

Sus ideas son muy estrechas, muy limitadas; usted tiene que ampliarlas y ensancharlas. No eduque a su mente a mirar muy lejos, dejando así los asuntos en los cuales usted está metido, como si no tuviesen muchas consecuencias como para prestarles inmediata atención. Lleve a sus oyentes con usted. Usted puede cambiar su manera de trabajar; usted puede colocar energía y profundo interés en sus asuntos. Usted puede permitir que el Espíritu Santo trabaje en el hombre. Usted puede llevar responsabilidades, las cuales usted está inclinado a rechazar...

Cuando un obrero es colocado en algún lugar de la viña del Señor, su trabajo le es dado como si fuese un trabajador fiel juntamente con Dios en la obra de esa viña. No debe esperar que en cada punto le sea dicho por alguna mente humana, lo que debe hacer, sino que planificar su trabajo para trabajar donde sea que él pueda ser necesario. Dios le ha dado a usted un poder cerebral para que usted lo use. El deseo de los creyentes y las necesidades de los no creyentes tienen que ser cuidadosamente estudiadas y su trabajo es satisfacer esas necesidades. Usted tiene que inquirir de Dios y no de algún ser humano lo que usted tiene que hacer. Usted es un siervo del Dios viviente, y no un siervo de algún hombre. Usted no puede hacer la obra de Dios inteligentemente y ser la sombra de los pensamientos y direcciones de otro hombre. Usted está bajo Dios…

Cuando el pastor tiene que ir tras la oveja perdida, él no tiene que tener apenas un interés casual, sino un serio afán por las almas. Esto exige una búsqueda más seria en nuestros corazones, por una búsqueda más seria de Dios en oración, para que podamos conocerlo a Él y conocer el poder de Su gracia. "Para que en las eras venideras Él pueda mostrar las grandes riquezas de Su gracia en su bondad hacia nosotros, a través de Cristo Jesús".

Nuestra historia religiosa no debiera ser inocua ni algo común, sino que una experiencia marcada por la gracia y un trabajo decidido del poder de Dios juntamente con nuestros esfuerzos. Por favor, lea Efe. (3:7-21). Léalo cuidadosamente y con mucha oración; porque eso es para usted, y para mí, y para cada ministro en cada Conferencia, no importa si ha sido o no ha sido formalmente ordenado en la obra.

Acuérdese que ningún hombre puede especificar exactamente el trabajo, o limitar la obra de un hombre que está al servicio de Dios. Nadie puede prescribir los días, las semanas que uno debiera permanecer en una localidad determinada, antes de enviarlo a otro lugar. Las circunstancias tienen que conformar el trabajo de los ministros de Dios, y si él busca a Dios, él entenderá que su obra abarca cada parte de la viña del Señor, tanto la que está cerca como la que está lejos. El obrero no tiene que limitar su obra a una medida especificada. Él no tiene que tener límites circunscritos, sino que tiene que extender su trabajo donde quiera que lo exijan las necesidades. Dios es su colaborador; él tiene que buscar sabiduría y consejo de Él a cada paso, y no depender de un consejo humano.

La obra ha sido grandemente obstaculizada en muchos campos porque los obreros piden consejos de aquellos que no están trabajando en los campos, y que no ven ni sienten las necesidades, y por eso no pueden entender la situación tan bien como aquel que está en el terreno.

Sus trabajos, hermano Baker, tienen que ser mejorados para que puedan ser exitosos…

Existe peligro, mucho peligro con que todos los hombres se auto engañen. Hay algunas circunstancias cuando Satanás trabajará astutamente y con talentos arteros, para impedir la causa de Dios. Alguna influencia que no proceda del trono de Dios se introducirá. Tendencias heredadas o cultivadas son ayudas donde Satanás encuentra una oportunidad para perturbar y para consolidarse. Si no son discernidas por el que las posee, esto llevará a un aumento de la debilidad. Cuando un hombre no está siguiendo constantemente la Luz de la Vida, él no sabrá cuándo va a tropezar.

Los hombres tienen que mantener sus propias almas en el amor de Dios, o de otra manera fallarán en enseñarles a otros estas preciosas lecciones, y demostrarán su inutilidad y su falta de poder para formar un carácter a semejanza del carácter divino. Grandes estudios y talentos no harán con que un hombre sea suficiente para una posición de responsabilidad, la cual lo hará un obrero sabio, a menos que él esté proporcionalmente balanceado con un carácter simétrico, y haciendo de Jesús su guía celestial, no confiando en su supuesta habilidad o en sus talentos. Los hombres nunca debieran cambiar el Guía celestial por un guía terrestre, el cual es él mismo apenas una parte de la gran red de la humanidad, y que también son así como él lo es, finitos y falibles.

A menudo encontramos en los caracteres humanos fuertes contrastes de luz y de tiniebla. Lo único seguro para los hombres y para las mujeres a quienes Dios les ha dado razón, es someter una ambición que tenga raíces terrenas, y que ellos mismos sientan la necesidad al igual que María, de escoger la mejor parte, la cual nunca les será quitada; sentándose a los pies de Jesús y aprendiendo de Su docilidad y de Su modestia de corazón; muriendo al yo, para que sus vidas puedan ser escondidas con Cristo en Dios.

Todos necesitamos y tenemos que tener una religión pura, sin pedirle prestado a otro, sino de Cristo Jesús, la fuente de toda gracia celestial. Entonces honraremos a Dios mirando a Dios, confiando en Dios, y guardando la verdad en un corazón puro e incontaminado, teniendo aquella fe que opera por amor y purifica el alma. La verdad, cuando es practicada, es un guía. Cristo es la verdad. Tenemos que someternos a Él que solamente es la verdad, y que solamente Él puede darle al corazón afligido la seguridad y la paz. A cada uno de la familia humana, confiado en sí mismo, jactancioso, o desalentado, Dios el indagador de los corazones declara, "Yo conozco tus obras". Dios dice, "Conózcanlo a Él". Puede haber hipocresía por un lado o engaño por otro lado. Dios ve y sabe.

Mi querido hermano y hermana Baker, a quienes amo en el Señor, el Señor os guiará si tan solo queréis confiar en Él. Carta 8, 1895 (a W. L. H. Baker y esposa).

Liberado

Washington D.C.

12 de Febrero de 1975

# Apéndice B – Un Análisis de la Carta Baker

¿Cuáles eran los problemas en la experiencia del pastor W. L. H. Baker que hizo necesaria la carta con consejos por parte de Ellen White?

En relación a los consejos profesionales prácticos que ocupan la mayor parte de la carta, no necesitamos especular, porque ella le dijo a Baker:

Usted estaba deprimido y sintiéndose desanimado... Usted está considerando su trabajo casi como una falla...

Pero los intérpretes de Ellen White aparentemente sintieron que sus dos y pocas páginas de consejos cristológicos a Baker, no incluyeron una adecuada declaración del problema, de tal manera que se aventuraron a suplirle uno a ella. En esencia sería así:

Usted ha estado errando creyendo que Cristo vino a la tierra en la naturaleza humana caída del hombre.

Yo estoy sugiriendo que este esfuerzo, aun cuando sea bien intencionado, era totalmente desnecesario. Yo creo que la misma declaración de Ellen White sobre el problema es abundantemente clara y satisfactoria. Ella escribió:

Que cada ser humano esté alertado del terreno de hacer a Cristo totalmente humano, tal como uno de nosotros.

Tratemos de internalizar completamente esta declaración tomando cuidado que ninguna exégesis (colocando nuestro significado en el texto) sea mezclada con nuestra exégesis (obtener el significado del escritor del texto). Los siguientes puntos parecen estar fuera de cuestionamiento:

a) El mensaje es entendido como una advertencia.

b) La advertencia, aun cuando primariamente sea dirigida a Baker, es amplia como para incluir "cada ser humano".

c) El asunto principal de la advertencia es cristología, la doctrina de Cristo.

d) La advertencia no está limitada en su redacción ni a la naturaleza humana de Cristo ni a la naturaleza divina de Cristo. La escritora está hablando de Cristo en Su totalidad, el Cristo completo, el Cristo entero, el Salvador divino humano que es tanto Dios como hombre. Esto queda claro en la redacción de la sentencia misma, y por el contexto, en el cual se aconseja tener cuidado a menos que nosotros

... perdamos o oscurezcamos las claras percepciones de Su humanidad así como fueron combinadas con Su divinidad. (énfasis mío).

e) El contenido específico de la advertencia es que seamos cuidadosos para no presentar a Cristo a las personas como

1.- Totalmente humano

2.- Como uno de nosotros mismos.

Esta advertencia sigue muy de cerca las declaraciones de que el nacimiento de Cristo fue un milagro de Dios, y que la descripción de la Biblia de Cristo como Hijo de Dios no puede ser aplicada a ningún ser humano, a no ser a Cristo.

¿Necesitamos destacar que no existe espacio para una naturaleza divina en un Cristo que es totalmente humano?

¿Necesitamos destacar que no existe espacio para una naturaleza divina en un Cristo que en Su totalidad es como uno de nosotros mismos?

¿Por qué tenemos dificultades en reconocer que la advertencia de Ellen White a Baker era la de tomar cuidado en su fuerte énfasis en la humanidad de Cristo, lo cual hacía con que sus oyentes perdiesen de vista de la igualmente importante divinidad de Cristo, y de llegar a la conclusión de que pudiera haber pecado en la vida de Cristo?[1]

¿Es nuestra indecisión en aceptar el significado obvio en relación a la advertencia de la escritora debido a que no conseguimos concebir de cualquier creyente cristiano de que pudo haber pecado en la vida de Cristo?

Realmente han habido muchos grandes cristianos que han creído de que pudo haber pecado en la vida de Cristo. Generalmente han sido clasificados en dos grupos:

A.- Los así llamados Modernistas en la última parte del siglo 19 y en los comienzos del siglo 20. (Este término ha caído grandemente en desuso y ha sido reemplazado por el término más general Liberal). Ellos enseñaban que descubrimientos científicos habían hecho con que el registro bíblico del milagroso nacimiento de Cristo algo insostenible, y veían a Cristo simplemente como un buen y gran hombre, pero no como el Hijo de Dios. Ellos no dudarían en conceder la posibilidad de pecado en la vida de Cristo (a menos que también nieguen la realidad del pecado, como algunos lo han hecho). Estas personas fueron vigorosamente enfrentadas por los líderes Adventistas de la época y también por otros cristianos conservadores. Ellos eran vistos como siendo los mayores enemigos de

Cristo y del evangelio. Sería difícil concebir que Baker haya continuado en el ministerio Adventista si él hubiese abrazado las doctrinas de los Modernistas.

B.- Los Adopcionistas de la historia antigua de la iglesia. Estos eran un cuerpo significativo de cristianos que creían que Cristo comenzó Su vida terrestre como un ser totalmente humano, tal como uno de nosotros, pero que fue eventualmente adoptado para que sea el Hijo de Dios. Ellos no habrían estado pre-ocupados acerca del pecado en la vida de Cristo durante el periodo anterior a Su adopción. Sus opiniones se encuentran en los escritos de los Padres de la iglesia, en relación a lo cual Ellen White alertó a Baker.

Mi análisis de la carta Baker, presentado en las próximas páginas, me ha llevado a la conclusión que el Adopcionismo fue el error contra el cual Ellen White estaba alertando a Baker. Me parece que la construcción colocada sobre esta carta por los intérpretes de Ellen White es completamente artificial y extraña, una construcción que puede solamente ser hecha ignorando las propias claras declaraciones del problema.

Es de conocimiento común que los pioneros de la iglesia Adventista vinieron de una gran variedad de antecedentes religiosos y teológicos, y que después de la gran desilusión de 1844, ellos dedicaron mucho tiempo y estudio en el desarrollo de una plataforma de la verdad de la Biblia, sobre la cual ellos pudieran unirse. En sus primeras conferencias bíblicas, ellos llegaron a un entendimiento común en relación a la naturaleza de Dios, la naturaleza del hombre, el Sábado, la justificación por la fe, etc. Pero no llegaron, sin embargo, a resolver con éxito todas sus formas diferentes de entender la naturaleza de Cristo.

**Arrianismo.**

Aun en el cambio de siglo habían algunas voces entre nosotros que eran partidarios, de diversas maneras, en limitar la divinidad de Cristo (LeRoy Edwin Froom, Movimiento de Destino, 1971, pág. 148-166). Estos puntos de vista, generalmente hablando, caen dentro de la categoría de lo que los teólogos han llamado Arrianismo, seguidores de un cierto Ario quien era un fuerte partidario de opiniones similares en las grandes controversias cristológicas del cuarto siglo.[2]

De acuerdo con Ario, y de aquellos que apoyan su pensamiento, Cristo no tuvo una coexistencia con el Padre en algún punto en el tiempo, antes de la historia de este mundo. Cristo era visto como el mayor y el más supremo de los seres creados por Dios. De tal manera que Él no era "realmente Dios del Dios verdadero", sino que una forma inferior y menor de deidad.

Ellen White no usó el término técnico Arrianismo, pero ella testificó de la eterna deidad de Cristo en su gran obra El Deseado de Todas las Gentes de tal manera que los errores cristológicos específicos del Arrianismo fueron indudablemente rechazados. Así:

Desde los días de la eternidad el Señor Jesús Cristo era uno con el Padre...[3]

El nombre de Dios, dado a Moisés para expresar la idea de la presencia eterna, había sido afirmado como Suyo por el Rabino de Galilea. Él se había anunciado a Sí mismo como aquel auto-existente...[4]

En Cristo hay vida, original, no emprestada, no derivada.[5]

A la luz de estos claros testimonios, los errores cristológicos Arrianos se desvanecieron gradualmente, y dudo que exista algún estudiante Adventista del Séptimo Día que aun crea que Cristo fue un ser creado.

**Adopcionismo.**

De la misma manera, sin identificar el error cristológico por su nombre técnico específico, Ellen White encontró la oportunidad para refutar los principios del Adopcionismo. Este era un punto de vista que creía que Cristo no era el Hijo de Dios al nacer, ni durante la primera fase de Su vida terrestre, sino que se hizo el Hijo de Dios por adopción. Esta idea fue enseñada en Roma durante los años 189-199 por un mercader de cueros de Bizancio llamado Teódoto.[6] Fue desarrollada y amplificada por Pablo de Samosata quien sirvió como Obispo de Antioquía desde el 260 hasta el 269. Debido a la fuerte influencia de Pablo, la opinión se hizo popular en las iglesias orientales y en las iglesias de Armenia, donde se mantuvo durante siglos.[7] En el siglo octavo fue sostenida por las iglesias occidentales por Elipando de España.[8]

Aun cuando habían matices de diferencias en los puntos de vista individuales entre los Adopcionistas, habían tres opiniones básicas que eran generalmente compartidas. La respuesta de Ellen White para una refutación de estas opiniones se encuentran no solamente en el Deseado de Todas las Gentes, sino que en un testimonio personal a W. L. H. Baker, un pastor que estuvo trabajando en el Distrito de Tasmania mientras Ellen White estaba viviendo en Australia y trabajando en el manuscrito del Deseado de Todas las Gentes.[9]

En esta interesante carta encontramos (1) una advertencia al pastor Baker acerca de gastar mucho tiempo leyendo, (2) una advertencia contra aceptar las tradiciones de los Padres (un término que cuando está escrito con mayúscula, como es el caso de la Carta, se refiere a los Padres de la iglesia) y (3) una advertencia acerca de enseñar teorías especulativas que no serían de beneficio para los miembros de la iglesia. Ella también presenta una refutación específica punto por punto de los errores del Adopcionismo.

I.- Punto de vista Adopcionista: Jesús no era el Hijo de Dios al nacer. Él nació de una mujer tal como lo hacen todos los hombres. Aun cuando Él pueda haber nacido de una virgen, este hecho no habría tenido ningún significado teológico. Él nació como hijo del hombre, no como el Hijo de Dios.

**Ellen White le escribió a Baker:**

Pero Jesús Cristo fue el unigénito Hijo de Dios... Su nacimiento fue un milagro de Dios; porque, dijo el ángel, "tú concebirás en tu vientre, y darás a luz un hijo, y llamarás Su nombre Jesús. Él será grande, y será llamado el Hijo del Altísimo: y el Señor Dios le dará el trono de su padre David; y él reinará sobre la casa de Jacob para siempre; y su reino no tendrá fin. Entonces le dijo María al ángel, ¿cómo podrá ser esto, si yo no he conocido un hombre? Y el ángel respondió y le dijo, el Espíritu Santo vendrá sobre ti, y el poder del Altísimo te cubrirá: por ello aquella cosa santa que nacerá de ti será llamado el Hijo de Dios".

Estas palabras no se refieren a ningún ser humano, excepto el Hijo del Dios Infinito. Carta 8, 1895. (énfasis mío).

II.- Punto de vista Adopcionista: Jesús no era el Hijo de Dios durante la primera fase de Su existencia terrestre. Él fue un ser humano normal con exaltados conceptos de pureza y santidad, contra los cuales Él luchó heroicamente, pero Él no fue en ningún sentido divino. Durante esta fase de Su existencia, ya que Él era totalmente y exclusivamente humano, Él habría tenido las mismas propensiones a pecar, y manchas de corrupción, como la tienen todos los humanos. Él podría incluso haber sido vencido por la tentación y haber realmente pecado. Ninguna de estas cosas, en vista de Su heroica y continua lucha para alcanzar santidad, lo habrían descalificado en ser adoptado como Hijo de Dios en el clímax de Su progreso espiritual. Pablo de Samosata lo expresó así:

María no tuvo a la Palabra, porque María no existía antes de las edades. Sino que ella trajo un hombre a un nivel con nosotros mismos.[10]

Ellen White le escribió a Baker:

... que cada ser humano sea alertado del terreno de hacer a Cristo totalmente humano, tal como uno de nosotros mismos; porque no puede ser.

Nunca, de ninguna manera, deje la más mínima impresión sobre las mentes humanas de que una mancha de, o una inclinación a, corrupción hubo sobre Cristo, o de que Él de alguna manera cedió a la corrupción.

No Lo coloque delante de las personas como un hombre con propensiones a pecar.

Él pudo haber pecado, Él pudo haber caído, pero ni por un momento hubo en Él una propensión maligna.[11]

Esta expresión interesante, "ni por un momento" pareciera indicar que Ellen White estaba retrocediendo horrorizada debido al punto de vista anterior del Adopcionismo. Tal vez ellos pudiesen contemplar con ecuanimidad la posibilidad de propensiones malignas, corrupción, o aun pecado en la primera parte de la vida de Cristo, pero ella no podía hacerlo. Esto parece ser su preocupación principal en la carta al pastor Baker. En ella afirma varias veces que Cristo no pecó, mencionándolo en un total de diez veces, y condujo cuidadosamente la posibilidad aun de una única vez de ceder a la tentación por Su parte.

En ninguna ocasión hubo una respuesta a sus (de Satanás) múltiples tentaciones.[12]

III.- Punto de vista Adopcionista: Como un resultado de Su heroica lucha para alcanzar santidad, Jesús fue eventualmente adoptado para ser el Hijo de Dios. Habían diferentes opiniones en relación a cuándo sucedió esto. Algunos lo vieron como un proceso gradual, otros sienten que sucedió en el bautismo de Jesús, y aun otros en Su resurrección. Después de Su adopción, la humanidad se unió con la divinidad.

Ellen White le escribió a Baker:

El tiempo exacto cuando la humanidad se unió con la divinidad, no es necesario que nosotros lo conozcamos.[13]

Fuera de esta preciso y específico rechazo de los errores del Adopcionismo en su carta al pastor Baker, Ellen White se expandió en los temas de la divinidad y de la preexistencia de Cristo y de Su completa impecabilidad a través de toda Su vida en el Deseado de Todas las Gentes.

Algunos han estudiado la carta de Ellen White al pastor Baker, y, tal vez debido a una falta de familiaridad con los errores cristológicos del Adopcionismo que ella estaba rechazando tan fuertemente, han tenido dificultad con la expresión

... ni por un momento hubo en Él una propensión maligna.

Algunos han visto en esta evidencia que ella creía que Cristo asumió en Su encarnación la naturaleza de Adán antes de su caída. Otros, comparándola con sus comentarios al respecto en el Deseado de Todas las Gentes, han llegado a la infeliz conclusión de que ella hizo comentarios a ambos lados de ese caso en particular. Ninguna de las conclusiones es requerida por la evidencia. Una vez que se reconoce que la carta Baker es una refutación punto por punto del Adopcionismo, en el cual el pastor Baker aparentemente estaba envuelto a través de sus lecturas en la iglesia de los Padres, su línea de razonamiento en esa carta se hace cristalinamente claro. Y ciertamente no se nos requiere que usemos un fragmento de una carta personal a un pastor en Tasmania para compensar sus declaraciones en relación a la naturaleza humana de Cristo tal como se encuentran en el

Deseado de Todas las Gentes, la cual claramente es su posición cristológica más clara y consciente enviada a todo el mundo. Hacer eso sería una hermenéutica cuestionable, para decir lo menos.

En relación a la naturaleza humana de Cristo, Ellen White, apartándose conscientemente de la cristología de la Reforma, tomó la misma posición que el teólogo suizo Karl Barth, y por la misma razón. Compare:

Karl Barth:

Carne (lo cual se hizo la Palabra) es la forma concreta de la naturaleza humana señalada (marcada) por la caída de Adán...

Pero no debe haber ningún debilitamiento ni oscurecimiento de la verdad salvadora de que la naturaleza que Dios asumió en Cristo es idéntica a nuestra naturaleza tal como la vemos a la luz de la caída. Si fuese de otra manera, ¿cómo podría Cristo ser realmente como nosotros? ¿Qué relación tendríamos con Él?

... Jesús no huyó del estado y de la situación del hombre caído, sino que la tomó sobre Sí mismo, la vivió y la llevó Él mismo como el eterno Hijo de Dios.[14]

Ellen White:

Habría sido casi una infinita humillación para el Hijo de Dios tomar la naturaleza humana, aun cuando Adán permaneció en su inocencia en el Edén. Pero Jesús aceptó la humanidad cuando la raza había sido debilitada por cuatro mil años de pecado.[15]

Y para elevar al hombre caído, Cristo tiene que alcanzarlo donde éste estaba. Él tomó la naturaleza humana, y llevó las enfermedades y la degeneración de la raza.[16]

Al tomar sobre Sí mismo la naturaleza del hombre en su condición caída, Cristo no participó en lo más mínimo en su pecado.[17]

Es la conclusión de este escritor que un uso cuidadoso de los principios hermenéuticos correctos harían imposible usar la carta Baker para compensar el libro el Deseado de Todas las Gentes. Una comparación de la naturaleza humana de Cristo con la naturaleza de Adán antes de la caída tan distinta de la naturaleza del hombre después de la caída, simplemente no fue el propósito de la escritora. Ella estaba aparentemente respondiendo a las necesidades de un problema completamente diferente, los infelices envolvimientos del pastor Baker con los errores cristológicos del Adopcionismo.

Y la evidencia ciertamente no requiere que acusemos a Ellen White de hablar a ambos lados del asunto en relación a la naturaleza humana de Cristo. Cuando los principios hermenéuticos apropiados son aplicados, sus escritos en ese particular son claros, consistentes, e inequívocos. Cualquiera y todas las tentativas para trazar una línea demarcatoria entre la naturaleza humana de Cristo y nuestra naturaleza humana puede ser destrozada a través de esta simple pero profunda declaración:

Justamente aquello que usted puede ser, Él lo fue en naturaleza humana.[18]

Notas:

1. No nos olvidemos que esta advertencia está acompañada con por lo menos diez fuertes afirmaciones diciendo que Cristo nunca pecó, ni siquiera una única vez. Ver capítulo previo.

2. Phillip Schaff, Historia de la Iglesia Cristiana, 1953, Volumen VIII, pág. 618-621.

3. Página 19.

4. Página 469.

5. Página 530.

6. Phillip Carrington, La Iglesia Cristiana Primitiva, 1957, Volumen II, pág. 415.

7. Albert Henry Newman, Un Manual de la Historia de la Iglesia, 1933, Volumen II, pág. 379-380.

8. H. R. Macintosh, La Persona de Jesús Cristo, 1962, pág. 223 y siguientes.

9. Ellen White, Carta 8, 1895, no publicada. Sala del Patrimonio de la Librería de la Universidad de Loma Linda, California. Una parte aparece en el Comentario Bíblico Adventista del Séptimo Día, Washington, D. C., 1953, Volumen V, pág. 1128-1129.

10. Newman, op. cit., Volumen K, pág. 199.

11. Ídem.

12. Ídem.

13. Ídem.

14. Karl Barth, Dogmatismos de la Iglesia, 1963, pág. 151-158.

15. White, op. cit. , Pág. 49.

16. White, Review and Herald, 28 de Julio de 1874.

17. White, Comentario Bíblico Adventista del Séptimo Día, Volumen V, pág. 1131.

18. Carta 106, 1896.

# Apéndice C – ¿Debiera Ser Adicionada la Doctrina del Pecado Original a la Teología ASD?

Ya que es de conocimiento común que la doctrina del pecado original de Agustín está siendo recomendada para ser adicionada a la teología de la iglesia Adventista del Séptimo Día, pareciera que un examen minucioso de esa doctrina debiera ser realizado por todos aquellos que comparten la preocupación por la pureza de la fe Adventista. Se requerirían muchos cambios en nuestra teología para poder adicionar la teología del pecado original, ya que la naturaleza de Dios, la naturaleza encarnada de Cristo, la naturaleza del hombre y la propia naturaleza de la salvación están envueltas en la doctrina Agustiniana.

Se requerirían cambios significativos en la querida doctrina de la justificación por la fe. El estudiante puede fácilmente verificar la cercana relación entre los conceptos del pecado original y la doctrina de la justificación de la fe al preguntar a los abogados de la así llamada "nueva teología" estas dos preguntas:

1.- ¿Porqué cree usted que es imposible para los cristianos parar de pecar, aun a través del poder de Cristo?

2.- ¿Porque cree usted que en la encarnación Cristo tuvo que tomar la naturaleza de Adán antes de la caída, en vez de haber tomado una naturaleza como la nuestra?

La misma respuesta será dada para ambas preguntas: debido al pecado original. Como la corrupción del pecado original permanece en todos los creyentes hasta su muerte, es imposible para ellos parar de pecar, aun a través del poder de Cristo. Y como la culpa heredada del pecado original hubiera descalificado a Cristo para que pudiera ser el Salvador del mundo, El tenía que ser protegido del pecado original asumiendo la naturaleza del Adán no caído.

El asunto principal en la actual discusión no es la doctrina de la justificación por la fe; es la doctrina del pecado original. Antes de tomar una decisión en el sentido de adicionar la doctrina del pecado original a la teología de la iglesia Adventista del Séptimo Día, los estudiantes cuidadosos del asunto, tendrán que examinar esa doctrina en su contexto histórico. Algunos resúmenes abreviados de los diversos debates sobre esta doctrina pueden encontrarse en libros standards de teología sistemática, como aquellos preparados por Berkhof, Shed, Strong y otros.[1] Para una búsqueda más completa yo les sugeriría los siguientes:

La Doctrina del Pecado, R. S. Moxon; George H. Doran Co., New York, 1922. , son desagradables para Dios. La opinión de los principales oponentes en la discusión, desde los tiempos de Agustín hasta nuestros tiempos, están aquí simple y claramente establecidos.

Las Ideas de la Caída y el Pecado Original, N. P. Williams, Longman´s, New York, 1927. Parecido al anterior, pero con más detalles en relación a las diversas opiniones.

Pecado Original; Henri Rondet, Alba House, New York, 1972. El mismo material visto desde la perspectiva de un escritor Católico Romano.

Una Guía para los Pensamientos de San Agustín, Eugene Portalie, Henry Regnery Co., Chicago, 1960. Un trabajo altamente interpretativo escrito por un Jesuita.

Cambiando Conceptos del Pecado Original, H. Shelton Smith, Scribners, New York, 1960. Una discusión detallada de los debates sobre el pecado original entre teólogos del continente Americano.

Estos libros son adecuados para darle al estudiante una comprensión general acerca de la naturaleza del debate y las posiciones de los diferentes teólogos Católicos y Protestantes, los cuales han combatido con la doctrina Agustiniana a través de los siglos.

Aurelio Agustín (354-450) nación en Tagaste, Africa del Norte, tuvo un padre pagano y una madre cristiana. Fue un estudiante brillante, y era excelente en filosofía y retórica, y sirvió eventualmente como profesor de retórica en Tagaste, Cartago, Roma y Milán. Bajo la influencia de Ambrosio de Milán, se hizo cristiano y después sacerdote, y finalmente obispo de Hippo en el norte de Africa. Sus habilidades en filosofía y en retórica hicieron de él un gigante en dialéctica en la iglesia de los padres de la iglesia.[2]

El tenía una naturaleza altamente pasional, y como estudiante en Cartago se dio entusiastamente a los vicios paganos que allí abundaban. "Estaba avergonzado de ser desvergonzado", escribió él en relación a esos años.[3] Tomó una concubina, la cual le dio dos hijos, y vivió con ella durante 15 años, abandonándola cuando comenzó a acercarse a la iglesia.[4] Era incapaz de controlar sus sentimientos, y sin embargo, tomó una segunda concubina y vivió con ella durante los dos años en que él estuvo escuchando las predicaciones de Ambrosio en Milán.[5] Finalmente al convencerse que era su deber como cristiano, abandonó esta segunda concubina y se entregó a las tensiones de la vida y a las frustraciones de un sacerdocio en celibato.

Dadas estas condiciones, no debiera sorprendernos el hecho de que él anunciara rápidamente al mundo un descubrimiento teológico muy profundo, de que existe en el hombre un mal inextirpable el cual hacía absolutamente imposible que él viviera sin pecar, aun a través del poder de Cristo, y que este mal inextirpable es, -¿ya lo adivinaron?-

la concupiscencia, el deseo sexual. Posteriormente él extendió el término para incluir muchos de los otros problemas espirituales humanos, pero la concupiscencia siempre estaba en el corazón de ellas.

"... Agustín parecía obsesionado con las devastaciones que la sexualidad desenfrenada produce en el ser humano..."[6]

"La peor característica del Agustinianismo es la continua y excesiva atención que él le dio a la esfera del sexo".[7]

El se convenció que todos los deseos sexuales eran pecaminosos, aun dentro del matrimonio, y que el ideal tanto para los solteros como para los casados era la abstinencia total de la expresión sexual. El propio acto de la procreación de un hijo era necesariamente pecaminoso, decía él.

Como ahora él creía que la esperanza (o la fe) de salvación del hombre debe de alguna manera vencer la desventaja de un carácter que no podía verse libre de pecar, encontró necesario establecer alguna base para la esperanza (o fe). Finalmente descubrió que lo que estaba buscando se encontraba en la predestinación, los "decretos soberanos" de Dios. Si Dios, a través de Su irresistible decreto, había ordenado anticipadamente nuestra salvación, antes de que el mundo hubiese comenzado, entonces no tenemos que preocuparnos con las deficiencias de nuestros caracteres. Seremos salvos de cualquier manera, a través de la gracia de la justificación, simplemente porque Dios nos ha predestinado para que estemos entre Sus escogidos. Nada de lo que uno pueda o no pueda hacer, tendría algún efecto en el resultado final, nuestra salvación está asegurada, independientemente de mi vida y de mi carácter. En esta teología altamente artificial, Agustín encontró descanso para su atormentado espíritu.

Debiéramos sorprendernos en este punto, a respecto de lo que el mundo pudiera haber ganado en términos de un debate teológico conclusivo, si este altamente pasional y desesperadamente frustrado hombre, hubiese entendido que era la voluntad de Dios de que él tuviera una esposa, un hogar, una familia, de manera que sus sentimientos naturales pudiesen ser correctamente expresados. Pero infelizmente para el mundo, Agustín concibió que era la voluntad de Dios para él que fuera un sacerdote en celibato, y la consecuencia de esa obligación para una vida para la cual él no estaba obviamente calificado, a través del don de la continencia, quedaría escrito en forma desmedida en las páginas de la historia de la iglesia, ya que él era sin lugar a duda, el mayor dialéctico de sus tiempos.[8]

Ninguna de las dos doctrinas, predestinación y pecado original, fueron totalmente originarias de Agustín. Algunos escritores Católicos creen ver algún "germen" de estas ideas en los escritos de los primeros padres de la iglesia, más que lo que los Protestantes lo hacen, pero generalmente se concuerda de que él fue el primero que desarrolló estas doctrinas y sus implicaciones en un sistema[9], el cual incluye los siguientes puntos:

1.- Dios imputa la culpa del pecado de Adán a cada ser humano nacido en esta tierra, fuera de su debilidad moral heredada.

2.- La culpa del pecado original termina con el bautismo, pero la debilidad moral continua durante toda la vida.

3.- Debido a esta continua debilidad moral del pecado original, no es posible para los cristianos dejar de pecar, aun a través del poder de Cristo.

4.- Como Dios imputa la culpa del pecado de Adán a todos los niños, y esta culpa solo puede terminar con el bautismo, se concluye que todos los niños que mueran antes de ser bautizados están perdidos y condenados a las torturas perpetuas del fuego del infierno. Este horrible dogma era un problema, aun para su propio autor. Agustín trató de suavizar por algún tiempo el tremendo impacto, proponiendo que el castigo de los niños podía ser menos severo que aquel de los adultos. Apeló en forma desesperada por ayuda en relación con este problema a Jerónimo, pero sin resultados. Pero al final volvió con fanática determinación a las consecuencias lógicas de sus suposiciones teológicas, de que los niños no bautizados sufrirían totalmente las llamas torturantes del infierno a través de toda la eternidad.[10]

5.- Ya que la culpa del pecado original solamente termina con el bautismo, se concluye que todos los paganos no bautizados están perdidos y condenados a las llamas eternas.

6.- En una obvia contradicción consigo mismo, Agustín mantuvo la idea de que la soberanía de Dios que se expresase en Sus decretos de predestinación sería totalmente irresistible a la voluntad humana, aun cuando la voluntad humana permanezca totalmente libre. Tal como lo ha comentado Williams, en esta enseñanza Agustín estaba claramente tratando de huir con la liebre y al mismo tiempo estaba cazando con los perros.[11]

Agustín fue luego desafiado por Pelagio, un monje Inglés que se había trasladado a Roma, y que temperamentalmente era lo opuesto de Agustín. Para él la vida cristiana era aparentemente fácil, y estaba desconcertado por la apremiante necesidad de acomodación de Agustín en relación con el pecado, cuya acomodación él no veía ni necesaria ni bíblica. Infelizmente él reaccionó más allá de lo prudente y se fue al extremo de negar que ni la culpa o la debilidad provienen de Adán hacia sus descendientes.[12] Tal como él lo veía, cada niño nacido sobre la tierra tenía el mismo comienzo que Adán tuvo.

(El estudiante debiera acordarse, sin embargo, que tenemos muy poco material de la pluma del propio Pelagio. Mucho de nuestro entendimiento en relación a su manera de pensar ha sido obtenido estudiando los desafíos a esos puntos de vista escritos por sus oponentes, lo que siempre es un procedimiento un tanto precario).

Así fueron lanzadas las líneas básicas, y en eras sucesivas existiría la tendencia a identificar todos los puntos de vista en relación a este tema, en términos de su relación a los primeros puntos de vista de Agustín por un lado, o de Pelagio por el otro, llamándolos entonces Agustinianos, Pelagianos, Semi-Agustinianos o Semi-Pelagianos.

Para propósitos de clasificación, los historiadores se han generalmente referido a la posición de las iglesias del Este como Pelagianas, la posición de las iglesias medievales del Oeste como Semi-Pelagianas (o Semi-Agustinianas), y las iglesias Reformadoras de Calvino y Lutero como verdaderamente Agustinianas.

Ha habido un gradual retroceso de los puntos de vista extremos de Agustín en la iglesia del Oeste a medida que fueron siendo modificadas en varios aspectos por Juan Casiano de Gaul (360-395), Pedro Abelardo (1079-1142), Tomás de Aquino (1224-1274), Duns Scotas (1266-1308), y finalmente por el todo importante Concilio de Trento (1545-1563).

"Los puntos de vista Semi-Pelagianos fueron así definitivamente adoptados y permanecieron en la misma forma bajo el Concilio de Trento, y permanecieron con todo su poder persuasivo hasta la Reforma, cuando los Protestantes revivieron la antropología Agustiniana en las iglesias del oeste".[13]

Estos puntos de vista "Semi-Pelagianos" consistían en cambios como colocando más énfasis en la libertad de la voluntad humana, una modificación de las torturas de los niños, y una tendencia para definir el pecado original más en términos de debilidad que en términos de culpa.

Normalmente se concuerda en que Calvino y Lutero elevaron las doctrinas de Agustín a una altura muy superior a la que tenían en la iglesia católica en los tiempos de la Reforma.

"Calvino era esencialmente Agustiniano ..."[14]

"Hablando en general, los Reformadores estaban de acuerdo con Agustín.[15]

"Los Reformadores cayeron de vuelta en las teorías de Agustín".[16]

"... en la sección Reformada (influencia de Agustín) corría abruptamente y sorpresivamente hacia arriba, como los bordes de la silueta Matterhorn ..."[17]

Pero el implacable énfasis de los Reformadores sobre los extremos puntos de vista de Agustín originó una reacción entre los Protestantes, tal como había sucedido antes con los

Católicos. Zwinglio de Suiza (1484-1531) se rehusó a aprobar la doctrina de la predestinación de Agustín, y definió la doctrina del pecado original más en términos de debilidad que en términos de culpa. Arminio de Holanda (1560-1609) siguió el ejemplo de Zwinglio, así como también lo hizo el gran Juan Wesley de Inglaterra (1703-1769). Hasta aproximadamente 1750 los rígidos Puritanos de Nueva Inglaterra mantuvieron los puntos de vista Calvinistas (Agustinianos) en relación a la culpa heredada del pecado original, pero reacciones contra estos puntos de vista iniciaron una prolongada controversia que permanecieron por más de cien años en las congregaciones Calvinas, Reformadas y Presbiterianas de América.[18]

Así a través de los siglos, desde que Agustín lanzó su doctrina, un vasto depósito de literatura ha sido acumulado, mostrando los diferentes puntos de vista de sus defensores por un lado, y sus oponentes por el otro. Ha sido, sin lugar a dudas, uno de los debates más intensos de la historia del Cristianismo. El estudiante encontrará instructivo pasar algunas horas examinando este material.

Algunas observaciones generales son necesarias. Primero, debido a la insuficiencia de evidencia bíblica en relación al pecado original, los argumentos tienen la tendencia a ser filosóficos y no bíblicos, consistiendo de páginas y más páginas de un raciocinio desesperadamente humano, lo cual hace casi tedioso su lectura. Segundo, la existencia de enormes problemas impregna esta literatura, la mayor parte de la cual está dedicada a elaborar explicaciones tendientes a defender el carácter de Dios contra las implicaciones de la injusticia y de la crueldad. Es evidente que estas explicaciones han impuesto la ingenuidad de sus autores hasta el máximo.

Tercero, la insatisfacción de cada grupo de teóricos, con argumentos suministrados por otros seguidores de Agustín, es semejante a recordar las diferencias que existen entre los Adventistas del Séptimo Día y los seguidores del domingo. Algunos de los argumentos expuestos son simplemente increíbles y hablan elocuentemente de la desesperada adversidad de sus autores.

Los problemas que enfrentan aquellos que apoyan a Agustín son en verdad enormes. ¿Cómo pueden los hombres envolverse en las cosas erradas de un hombre que murió miles de años antes de que ellos hayan nacido? ¿Cómo puede un Dios justo imputar la culpa de un adulto sobre una inocente criatura? ¿Cómo puede un Dios justo consignar que los niños agonicen bajo las llamas de un fuego que nunca cesa de quemar? ¿Y si los hombres adquiere la culpa simplemente por el hecho de nacer en la raza humana, qué sucede cuando esa culpa descansa sobre Jesús en Su nacimiento?

Recordando nuestro envolvimiento en el pecado de Adán, los pros han argumentado que todos nosotros estamos presentes en el cuerpo de Adán cuando él pecó, contra lo cual los contra han replicado que si esto fuese verdadero, nosotros tendríamos que heredar los pecados de todos nuestros antecesores, y no solamente el de Adán, ya que nosotros estábamos igualmente presentes en todos sus cuerpos.

Los pros han argumentado que Adán tenía un pacto con Dios el cual nos envuelve a nosotros, y que él lo quebró, implicándonos de esa manera a nosotros. Los contras han respondido que las Escrituras no dicen nada a respecto de tal pacto, y que no puede haber pacto sin un acuerdo, en el cual nosotros nunca entramos y ni autorizamos a Adán para que lo negociara.

Los pros han argumentado que Adán nos representaba como nuestra cabeza o gobernante. Los contra han respondido que los súbditos de un gobernante no son responsables de sus crímenes persona-les, y que en ningún caso Adán cesó de ser gobernante mucho antes de que nosotros naciéramos.

Los pros, incluyendo algunos de nuestra propia iglesia, están argumentando que el hombre nace en un estado o condición (aun indefinido) que hace con que ellos reciban algo que es equivalente a la culpa pero sin heredarlo. Una declaración sistemática de este argumento sería:

A causa del pecado de Adán, todos los hombres nacen en (pero no lo heredan) un estado o condición (indefinida) la cual hace con que ellos caigan bajo los juicios y la condenación de Dios (pero no es culpa).

Para esta disposición maravillosa puedo solamente responder que el deseo de correr con la liebre mientras que al mismo tiempo cazamos con los perros, no murió junto con Agustín. Nacer en algo es heredarlo, y que en esos casos el hombre es considerado culpable bajo el juicio y la condenación de Dios, los juegos de palabras no tienen ningún valor.

En respuesta a las innumerables y horrorizadas protestas, que la doctrina del pecado original es una acusación blasfémica del carácter de Dios, la respuesta patética más común ha sido que lo que es injusto para los hombres puede ser justo para Dios, de manera que no tenemos que esperar que Dios tolere principios de justicia tal cual la entienden los seres humanos. ¿Pero acaso no nos ha invitado Dios a que evaluemos Su justicia?

Calvino y Lutero, ambos solicitaron refugio en la apelación de que no es apropiado para los seres creados hacer alguna pregunta acerca de justicia a nuestro Creador.[19]

Y para mantener a Cristo, el hijo de María, de ser contaminado por el pecado original, dos esquemas muy ingeniosos fueron inventados. Los teólogos Católicos proclamaron la doctrina de la inmaculada concepción, la cual dice que hubo un milagro especial que mantuvo a María libre del pecado original, de tal manera que ella no se lo transmitió a Cristo. Los Protestantes, para no quedar en desventaja, inventaron una doctrina un poquito diferente a la de la inmaculada concepción la cual dice que hubo un milagro especial que hizo posible que Cristo naciera como el hijo de María, pero que no heredó su naturaleza humana, sino que adoptó la naturaleza humana de Adán antes de la caída.

Los formales han dicho que ambos esquemas no son bíblicos, ya que las Escrituras no dicen nada a respecto de estos milagros, y que la humanidad de Cristo, la esperanza de nuestra salvación, es efectivamente destruida por ambas teorías. Fue básicamente por esta razón que nuestros pioneros rechazaron firmemente la doctrina que Cristo vino a esta tierra en la naturaleza no caída de Adán. Ellos nos ahorraron un envolvimiento en esta enorme controversia, siguiendo a Wesley, Arminio y Zwinglio, antes que a Calvino, Lutero y Agustín.

Ellos observaron que las Escrituras no apoyaban la doctrina del pecado original y que esta no soportaba una investigación profunda. La prueba A ha sido (Romanos 5:12)

"Por tanto, como el pecado entró en el mundo por un hombre y por el pecado la muerte, así la muerte pasó a todos los hombre ..."

Observemos que hasta este punto tenemos una declaración de un hecho sin ninguna explicación. La explicación viene en la próxima cláusula:

"... por cuanto todos pecaron".

"Por cuanto" significa "a causa de". El versículo no dice que a causa de que todos han heredado la culpa de Adán. El dice que a causa de que todos han pecado. Es por eso que son culpables por ellos mismos y no necesitan pedirle prestado algo a Adán. Considere también 1 Corintios 15:22=

"Así como en Adán todos mueren, también en Cristo todos serán vivificados".

Los proponentes de la doctrina del pecado original tienen que separar el paralelismo natural entre "en Adán" y "en Cristo", y darle a estas dos frases un significado diferente. "En Adán" es tomado como queriendo decir un relacionamiento orgánico de la naturaleza, el cual el hombre necesita y sobre el cual él no tiene ninguna elección. Pero la frase "en Cristo", en vez de describir un significado similar, como el que requeriría un paralelismo natural, se le da un significado totalmente diferente. Todos sabemos que no estamos "en Cristo" a través de un relacionamiento natural u orgánico, sin ninguna capacidad de decisión por nuestra parte. Estamos "en Cristo", porque hemos escogido deliberadamente seguirlo, y de hacerlo nuestro Líder, Modelo y Guía. Esta es la única cosa que "en Cristo" puede significar.

Ciertamente es una lucha perdida tomar dos frases de las Escrituras que fueron colocadas por el escritor en una construcción paralela, y darles un significado totalmente diferente. El propósito del escritor es mejor preservado cuando ambas frases son leídas de la misma manera. "En Cristo" significa seguir e imitar a Cristo. "En Adán" significa seguir e imitar a Adán. No existe ninguna razón para decir que "en Adán" significa un relacionamiento natural no escogido, y que "en Cristo" significa lo contrario. Y finalmente, considere el (Salmo 51:5)

"En maldad he sido formado y en pecado me concibió mi madre".

Agustín entendió que aquí había una evidencia que el propio acto de la procreación de un hijo era pecaminoso, pero Pablo escribe en (Hebreos 13:4)

"Honroso sea en todos el matrimonio y el lecho sin mancilla". (RV-1995)

"El matrimonio es honorable en todo, y el lecho sin mácula". (KJV) (nota del traductor)

Y si tomamos el (Salmo 51:5) como una declaración del pecado original, eso contradice las palabras de David en el (Salmo 71:5-6)

"Porque tú, Señor Jehová, eres mi esperanza, seguridad mía desde mi juventud. En Ti he sido sustentado desde el vientre. Del vientre de mi madre Tú fuiste el que me sacó; para Ti será siempre mi alabanza".

Y en cualquier caso, como ha sido colocado, si David estaba hablando de un pecado personal, era el de su madre, no el de él. De manera que podemos ver mejor este verso como siendo una manera poética de expresar los pensamientos de Pablo, de que todos han pecado. Así no forzamos ninguna contradicción en las Escrituras.

El estudiante que haya estudiado Hebreos querrá examinar las palabras "en pecado" en el texto hebraico y en diferentes diccionarios. Podrá observarse que la preposición "en" es una traducción de un prefijo hebreo que consiste de una letra y de un suscrito, y que es usada en una gran variedad de disposiciones preposicionales. El significado puede ser en, entre, o aun sin, dependiendo del contexto. Algunos diccionarios colocan ocho diferentes traducciones de esta palabra (prefijo). Es evidente que una palabra así no puede proveer una base adecuada sobre la cual se pueda construir una doctrina teológica importante, tal como la doctrina del pecado original.

No he sido capaz de encontrar ningún uso del término pecado original en relación a culpa o debilidad imputada a nosotros por el pecado de Adán, en los escritos de Ellen White; pero sí he encontrado claras evidencias de que ella estaba familiarizada con el concepto y el uso hecho por ello:

"Existen muchos que murmuran en sus corazones contra Dios. Ellos dicen, "Hemos heredado la naturaleza caída de Adán, y no somos responsables por nuestras imperfecciones naturales". Encuentran faltas en los requerimientos de Dios, y se quejan que Él demanda algo que ellos no tienen el poder de dar. Satanás hizo la misma queja en el cielo, pero esos pensamientos deshonran a Dios".[20]

Uno de los mayores énfasis en los escritos de Ellen White es su entendimiento de que el clamor que la ley de Dios no podía ser obedecida por Sus criaturas, fue el primer, grande, y más persistente ataque contra el carácter de Dios. El estudiante encontrará más referencias en DTG 29, DTG 69, DTG 117, DTG 308-309, DTG 311-313, DTG 618, ST 16/01/96 y ST 23/07/02, para mencionar solamente algunas. Su propia respuesta a esta reclamación está mejor colocada en sus propias palabras:

"Por eso él (Satanás) está constantemente buscando engañar los seguidores de Cristo con su FATAL SOFISMA de que es imposible para ellos vencer".[21]

"Que nadie diga, no puedo remediar mis defectos de carácter. Si llega a esta decisión, ciertamente fallará en obtener la vida eterna".[22]

Los Adventistas del Séptimo Día, por eso, históricamente han predicado la doctrina de la debilidad heredada, pero no una doctrina de culpa heredada. Cuando consideremos este asunto, haríamos bien en recordar que los sistemas teológicos pueden ser comparados con una malla en forma de cadena, esto es, un nido formado de eslabones metálicos unidos que están conectados con otros eslabones cerca de ellos. Existen pocas doctrinas aisladas, que no tengan conexión con otras doctrinas.

Así, aquellos que aceptan la doctrina del pecado original definida como culpa heredada, tendrán que desarrollar alguna doctrina de inmaculada concepción, para poder mantener lejos la culpa de alcanzar a Jesús. Habiendo hecho esto, tendrán que definir el papel de Cristo como nuestro ejemplo en armonía con esta separación de Su experiencia con la nuestra, lo cual a su vez lleva a la conclusión de que nosotros no podemos vencer la tentación como Él lo hizo. Esto a su vez lleva a la conclusión que el hombre es salvo solamente por la justificación, ya que no le es posible parar de pecar. Y esto lleva a una doctrina de salvación a través de la manipulación, a través de la cual Dios efectuará un ajuste mecánico en el cerebro del hombre, para poder eliminar el pecado de su experiencia cuando Él lleve al hombre al reino celestial.

Todo esto es contrario a la plataforma de la verdad desarrollada por nuestros pioneros bajo la guía del Espíritu Santo, y es extraño a la teología Adventista del Séptimo Día.

Para terminar esta sección, permítanme ofrecerles algunos pensamientos en relación al problema de la culpa, para que el estudiante pueda llevarlos en consideración:

Al comienzo de la historia del pecado en la experiencia humana, vemos una mujer mirando una fruta prohibida, tomándola en la mano, y comiéndosela. ¿Cuál, podemos preguntar, era más culpado? ¿El ojo por mirar, la mano por tomar, o la boca por comerla?

Hemos colocado la pregunta solamente para demostrar su falta de apelo a la razón. Ninguna persona inteligente le asignaría ninguna carga de culpa al ojo, a la mano o a la boca de Eva. Estos instrumentos carnales estaban todos bajo el control de la voluntad de Eva, y no podían hacer cualquier cosa a no ser obedecer. La opción de ejecutar otras cosas no estaba en ellos; ciertamente, ellos no poseían ningún equipo para escoger opciones. La elección y la decisión eran actos de la voluntad de Eva, y ella tendrá que cargar con la responsabilidad, con la culpa.

Nunca hubo alguna culpa en la carne de Eva.

La voluntad humana, que se ha colocado ella misma en oposición a la voluntad de su Creador Dios, es la culpable. Ellen White, con una percepción característica, escribe:

"... la carne por sí misma no puede actuar contrariamente a la voluntad de Dios".[23]

Si la carne no puede actuar contrariamente a la voluntad de Dios, entonces es cierto que la carne no puede ser culpada.

En la siguiente escena de esta tragedia cósmica, vemos a Adán mirando a la fruta, tomándola, y comiéndosela. ¿Deberíamos culpar al ojo, a la mano, a la boca, o a cualquier otra parte de la carne de Adán, como los genes o los cromosomas?

La respuesta puede solamente ser, NO. Fue la voluntad de Adán que pecó, y es la voluntad de Adán que debe cargar con la responsabilidad, la culpa.

Nunca hubo alguna culpa en la carne de Adán.

La carne de mi estómago desea comida. La distinción moral entre comer la comida de mi vecino y comer mi propia comida, no tiene ningún significado para mi carne. La voluntad debe direccionar la carne para que no coma la comida de mi vecino y de estar contenta con mi propia comida. Con cada necesidad, apetito, o deseo de la carne se mantiene el mismo principio. Todas las acciones voluntarias de la carne están controladas por las elecciones y las decisiones de la voluntad. Todas las acciones involuntarias están controladas por relaciones mecánicas. La carne no hace ninguna elección y tampoco toma ninguna decisión, aun en acciones voluntarias o involuntarias, por lo tanto no tiene ninguna responsabilidad, y ninguna culpa.

Nunca hubo alguna culpa en la carne de cualquier ser humano.

Cuan inútil, entonces, es el esfuerzo de descubrir por cuáles medios la culpa es transferida desde la carne hacia la carne; desde la carne de Adán hacia la carne de sus descendientes, o desde la carne de cualquier pariente hacia la carne de algún niño.

"... El hijo no llevará el pecado del padre" (Ezequiel 18:20)

La carne no puede transmitir a la carne aquello que la carne no tiene y no puede tener.

¿Y qué pasa entonces con la voluntad? ¿No es también carne? Aparentemente no.

Este es uno de los mayores misterios de la existencia humana. La carne (del cerebro) produce la voluntad, y entonces la voluntad aparentemente permanece separada de la carne y la controla, aun incluyendo la carne del cerebro.

La inspiración no nos ha revelado cómo esto puede ser, y la investigación científica no ha sido aún capaz de explicarlo. Sin embargo es claro y demostrablemente verdadero.

Que la carne del cerebro produce la voluntad no podemos dudarlo. Muchos ejemplos han probado que al ocasionarse algún daño a la carne del cerebro puede perjudicar, o aun destruir, la función de la voluntad. Estos ejemplos también indicarían que la "producción" de la voluntad por la carne del cerebro es un proceso continuo. La voluntad no dura más que el cerebro, o sobrevive a la destrucción del mismo. Así el cerebro continuamente produce la voluntad, lo cual a su vez controla continuamente (o debiera controlar) al cerebro.

Esto, puede ser observado en nuestra propia experiencia, y en las experiencias a nuestro alrededor. El control del pensamiento es de alguna manera practicado por todos. Y en cada experiencia donde la voluntad instruye al cerebro para comenzar a pensar de acuerdo con alguna pauta, o a parar de pensar de acuerdo a otra pauta, o a aceptar ciertas ideas, o a rechazar o a descartar ideas, vemos aquel misterioso fenómeno, la voluntad dando instrucciones a la carne del cerebro, la cual la está produciendo.

Decidí no pensar más en ese asunto.

Esa declaración simple y a veces bastante dura, refleja uno de los mayores misterios de la existencia humana, el control de la carne del cerebro por la voluntad, la cual está siendo producida por la misma carne del cerebro.

No, la voluntad no es carne. Para definir la voluntad en términos de su esencia o naturaleza parece no ser posible hasta hoy día, pero definirla en términos de su función es no solamente posible sino que instructivo. Esta es la aproximación que hace Ellen White sobre este asunto. Ella nos dice qué es lo que es la voluntad diciéndonos lo que ella hace:

"La voluntad es el poder gobernante en la naturaleza del hombre, trayendo todas las otras facultades bajo su control ... Es el poder de decisión ..."[24]

"... es la elección... el poder Real..."[25]

"Pero mientras Satanás puede pedir insistentemente, no puede compeler a pecar ... el tentador no puede nunca compelernos a que hagamos el mal ... La voluntad tiene que consentir ..."[26]

La carne del hombre, entonces, nunca ha sido culpable, nunca ha cargado la culpa, y nunca podrá trasmitir la culpa de una carne hacia otra carne. La transmisión de la culpa siempre ha estado y siempre estará de una voluntad a otra, y solamente a través del consentimiento para pecar de la voluntad recibidora.

Esto nos lleva, finalmente, a una definición: ¿Qué es, precisamente, culpa? Yo estoy proponiendo que la más útil y defendible definición es esta:

"Culpa es una asignación de responsabilidad entre la voluntad de un creador de la ley y la voluntad del transgresor de la ley".

Esta definición cuidadosamente evita asignar a la culpa cualquier cualidad mecánica, orgánica o intrínsecamente legal, por las siguientes razones:

1.- Aquellos que quisieran asignarle a la culpa cualidades mecánicas u orgánicas, lo cual haría posible que la culpa residiese en la carne y sea transmitida de una carne a otra a través de la herencia biológica, debe esforzarse por responder las preguntas acerca de la transmisión de la culpa hacia niños inocentes, la transmisión de la culpa al infante Jesús, etc., que ya han sido examinadas antes en este libro, y las preguntas más profundas que yacen al lado de estas: ¿Si realmente es así, quién lo hizo de esa manera? La responsabilidad inevitablemente cae sobre Dios.

2.- Aquellos que buscan evitar estas dificultades analizando el problema en términos casi legales (algunos aun evitan usar la palabra culpa, pero se refieren a un estado o condición que produce el mismo resultado) fallan en tratar adecuadamente las preguntas más importantes. ¿Si ese es el estado o condición del hombre, quién lo hizo así? ¿Quién estableció esas condiciones? Nuevamente la responsabilidad inevitablemente cae sobre Dios.

El problema compartido por ambos grupos es que su concepto de culpa y su transmisión contiene tantas y tan grandes injusticias, y aun crueldades, que simplemente no hará con que la responsabilidad caiga sobre Dios. Hasta ahora no se ha descubierto ningún camino efectivo que prevenga este resultado.

¿Por qué no dejar a un lado estos fútiles esfuerzos para prevenir responsabilidad para un concepto cruel e injusto de culpa llegando hasta el Creador del universo, resolviendo el problema aceptando un concepto de culpa en el cual no exista crueldad o injusticias? No tendremos entonces la necesidad de hacer esfuerzos para negar la realidad pretendiendo que Dios no es responsable por la asignación de culpa para con Sus criaturas creadas.

Si la voluntad del hombre está en el control de todas las otras facultades, y si Satanás no nos puede compeler (obligar) a que esa voluntad peque, se concluye que pecar es siempre una elección libre o decisión de una voluntad libre, la cual puede ser expresada ya sea por las actitudes interiores o por las exteriores, o por ambas.

Así no podrá nunca, entonces, existir cualquier cosa injusta o cruel al mantener la voluntad libre del hombre responsable por sus elecciones y decisiones, en especial si las inhabilidades humanas para realizar lo bueno que es deseado son alcanzadas o excedidas por la habilitadora gracia de Dios.

A medida que reflexionamos acerca de la naturaleza de la culpa, mantengamos en mente estas verdades básicas de la Biblia:

1.- Pecado es la transgresión de la ley. (1 Juan 3:4)

2.- Donde no hay ley, no hay pecado. (Romanos 4:15)

3.- Dios pasa por alto los tiempos de ignorancia. (Hechos 17:30)

Así la culpa no es colocada automáticamente por la violación de la ley de Dios. Pueden existir actos malos (errados) sin haber culpa, si el hecho es cometido por ignorancia y no por voluntad. El factor decisivo es la actitud de la voluntad del transgresor. ¿Quería él violar la ley de su Dios Creador? ¿O violó un precepto desconocido o no completamente entendido de la ley de Dios, mientras quería servir y obedecer a Dios? El Dios Creador lleva en consideración estas circunstancias atenuantes al decidir si lo asigna culpable o no.

Y es la voluntad del creador de la ley, el Dios Creador, quien decide si mantiene la voluntad del transgresor como responsable, o culpable.

Quítese de esta ecuación ya sea la decisión de la voluntad del transgresor para pecar o la decisión de la voluntad del creador de la ley en asignar responsabilidad por pecar, y la culpa no puede existir. La acción de ambas voluntades tienen que estar presentes.

Esta definición de culpa, entonces, parece ser exacta, justa, y razonable:

"Culpa es una asignación de responsabilidad entre la voluntad de un creador de la ley y la voluntad del transgresor de la ley".

Con esta definición de culpa no hay necesidad de elaborar defensas para el carácter de Dios. No necesitamos esforzarnos para explicar cómo un Dios de amor y justicia puede hacer con que guaguas sean responsables por el pecado de alguien que murió mucho antes de que ellos hubieran nacido, y los puna por el pecado que ellos no han cometido. No hay necesidad de explicar la condenación y la destrucción de personas por parte de Dios, en países paganos que siguieron toda la luz moral que brilló sobre sus caminos. Y no hay necesidad de construir elaborados esquemas para hacer con que la culpa de Adán no repose sobre el infante Jesús.

No puede haber pecado sin un acto de la voluntad del transgresor. No puede haber culpa sin un acto de la voluntad del creador de la ley. Cuando Ellen White hace referencia a una recepción de culpa, o una herencia de culpa de Adán, ella no deja el factor voluntad fuera del cuadro:

"Es inevitable que los hijos sufran por las consecuencias de los errores de sus padres, pero ellos no son castigados por causa de la culpa de los padres, excepto cuando ellos participan en sus pecados. Normalmente es el caso, sin embargo, que los hijos caminen en los pasos de sus padres. Por herencia y ejemplo los hijos se hacen partícipes de los pecados de sus padres. Las tendencias erradas, apetitos pervertidos, y morales envilecidas, como también enfermedades físicas y degeneraciones, son transmitidas como un legado del padre hacia el hijo, hasta la tercera y cuarta generación. Esta terrible verdad debiera tener un poder solemne para restringir al hombre de seguir el curso del pecado".[27]

"Estos queridos hijos recibieron de Adán una herencia de desobediencia, de culpa, y de muerte".[28]

Ellen White escribió en estricta conformidad con las definiciones del diccionario, y de acuerdo con los diccionarios una herencia es algo que puede ser retenido, rechazado, dividido, comprado, vendido o perdido, de acuerdo a las elecciones de la voluntad del que la recibe. Los conceptos Calvinísticos de culpa heredada como siendo algo que ningún ser humano puede evitar o escapar tendrían que ser descritos como una herencia de culpa biológica, o de carne para carne. En ese caso la herencia no puede ser rechazada o puesta a disposición por ningún medio, ya que estaría en la carne. No encontramos ese tipo de expresiones ni ese tipo de pensamientos en los escritos de Ellen White. Ella nunca describe la culpa o su transmisión en términos de carne, ni en términos de un estado o condición inevitable.

De acuerdo con las enseñanzas de Ellen White, y de la iglesia Adventista del Séptimo Día en general hasta años recientes, todos los niños nacidos en esta tierra, incluyendo Jesús, heredaron la naturaleza caída de Adán como debilidad, no como culpa. Llegado el instante en el tiempo en que la voluntad del niño escogía pecar, la culpa entraba en el cuadro.[29]

La voluntad del niño Jesús nunca escogió pecar, por lo tanto nunca experimentó la culpa. De acuerdo con Ellen White, esta posibilidad está abierta para todos:

"El ha demostrado que una obediencia continua (por toda la vida) es posible".[30]

"No hay excusa para el pecado".[31]

"Dejen que los niños tengan en mente que el niño Jesús tenía sobre Sí mismo la naturaleza humana, y tenía la semejanza de la carne pecaminosa, y fue tentado por Satanás como todo niño es tentado".[32]

Tan firmemente como Ellen White rechaza el concepto que nosotros inevitablemente heredamos la culpa de Adán, ella también rechaza el concepto que nosotros heredamos una debilidad tan grande por parte de Adán que el pecado es inevitable.

"Desde el pecado de Adán, el hombre en todas las edades se ha excusado a sí mismo del pecado, cargando a Dios con sus pecados, diciendo que no puede guardar Sus mandamientos".[33]

"Existen muchos que en sus corazones murmuran contra Dios. Ellos dicen, "Heredamos la naturaleza caída de Adán, y no somos responsables por nuestras imperfecciones naturales". Encuentran fallas en los requerimientos de Dios, y se quejan que El demanda lo que ellos no tienen el poder de dar. Satanás hizo la misma queja en el cielo, pero estos pensamientos deshonran a Dios".[34]

Finalmente, consideremos esta pregunta: ¿Conocemos alguna herencia inevitable que sea diferente a una herencia biológica?

Ya que esta es una pregunta tremendamente importante, definamos cuidadosamente los términos:

Por biológica entendemos algo que reside en la carne del hombre de tal manera que puede ser transmitida de carne para carne, de la carne del padre hacia la carne del hijo.

Por herencia entendemos algo que recibimos de nuestros ancestrales al instante de nacer.

Por inevitable entendemos algo a que ningún ser humano sobre la tierra puede escapar, ya que es una consecuencia siempre presente del que nació, sin ninguna excepción (excepto bajo la milagrosa intervención de Dios).

Con nuestras definiciones establecidas, volvamos a nuestra pregunta: ¿Conocemos alguna herencia inevitable que sea diferente a una herencia biológica?

Primero, es la herencia biológica, de carne para carne, realmente inevitable? Debemos concordar en que sí lo es. No hay manera que nosotros rechacemos las condiciones cromo somáticas que en nuestra propia concepción hicieron que tuviésemos ojos azules o cafés, cabellos rubios o negros, piel morena o blanca, etc. La herencia biológica parece ser toda, incondicionalmente inevitable.

Segundo, ¿existen otros tipos de herencia que también sean inevitables? No podemos concebir ninguna. Me gustaría que los estudiantes probasen esta proposición haciendo una lista de todos los tipos de herencias que se les venga a la memoria. Quedará inmediatamente claro que cada una y todas ellas pueden ser evitadas.

¿Una herencia en plata? No tenemos necesariamente que aceptarla o guardarla.

¿Una herencia de tierras o propiedades? Podemos rechazarla o disponer de ella.

¿Una herencia de ciudadanía en algún país? Podemos renunciar a ella.

Aunque la lista sea inmensamente larga, el resultado será siempre el mismo. Somos forzados a concluir de que no existe una herencia universal inevitable, a no ser la herencia biológica.

Al decir entonces de que la herencia de culpa de Adán es inevitable, y al decir en la misma sentencia que no es biológica, estamos contradiciéndonos ingenuamente a nosotros mismos. Una herencia no biológica inevitable simplemente no puede existir.

Se concluye, entonces, que si una guagua nace con la culpa heredada de Adán, esto se debería a una de estas dos razones, y solamente a estas dos razones:

1.- La herencia es biológica y por lo tanto inevitable. En este caso, generalmente se concibe que la responsabilidad cae sobre el Creador de la biología humana, el cual hizo la carne del hombre de tal manera que puede y lleva y transmite la culpa.

2.- La así llamada herencia se debe a la directa voluntad de Dios, reflejando una actitud administrativa por parte del Gobernador del universo, y por lo tanto es inevitable. En este caso la responsabilidad es obviamente e incuestionablemente de Dios, pero la palabra herencia tiene que ser redefinida, ya que la culpa viene de Dios, y no de los padres. Esto realmente no es una herencia genuina.

Aquellos que han tratado de inventar una tercera disposición a través de la cual el hombre nace (pero no lo hereda) en un estado o condición (indefinida) la cual inevitablemente lo coloca bajo el juicio y la condenación de Dios (pero no es culpa) ha solamente enlodado las aguas. Esto es tratar de describir algo como inevitable, pero que ni es biológico y tampoco es la voluntad aplicada de Dios, y esto es imposible. No existe algo así. Para seguir este argumento requiere que nos apartemos de razones y realidades, y tomemos un vuelo hacia el reino de la más pura fantasía.

Bajo el riesgo de ser aburrido, debemos parar para considerar este inusual uso de los términos estado y condición.

Estos, lo reconocemos, son ambos términos opuestos, que no tienen un significado específico a menos que sean usados en relación con otras palabras. Podemos hablar en estado de salud, o en una condición del tiempo o en una condición de la economía, pero no tiene significado hablar en un estado o en una condición, y punto. Estas palabras tienen que modificar algo, y no pueden modificarse a sí mismas. Esto puede parecerle a los estudiantes un absurdo técnico, pero el nivel en el cual los argumentos actualmente han sido colocados, nos fuerzan a recalcar que no existe estado de un estado, que no existe un estado de una condición, que no existe una condición de un estado, y que no existe una condición de una condición. Sin embargo cuando he buscado cuidadosamente encontrar en esos argumentos una respuesta a la pregunta esencial, ¿Estado de qué? ¿Condición de qué?, he encontrado nada más que esto:

"El pecado original es un estado o condición del pecado original".

No encuentro que esto sea muy provechoso. Describir la culpa o definir la culpa como podamos hacerlo, no veo ninguna manera como podamos escapar a la conclusión de que si no es una herencia biológica y no se aplica la voluntad de Dios, entonces no es inevitable.

No existe una herencia no biológica inevitable. Y si es la expresa voluntad de Dios, la palabra herencia es poco aplicable. Juicio sería el término más apropiado.

Esto no es problema para el Adventista, que no visualiza al Señor aplicando un juicio de culpa a pequeños infantes, incluyendo al infante Jesús. Este es un problema para los Calvinistas, y ha requerido que ellos inventen una teoría extra bíblica de que el Señor Jesús Cristo vino a esta tierra en la naturaleza humana no caída de Adán, para poder hacer con que la culpa de Adán no cayese sobre el infante Jesús.

Me gustaría muy respetuosamente y sin ser poco amable, sugerir que este es un problema de los Calvinistas, y no nuestro. No tenemos nada a ganar y mucho a perder aceptando en nuestra teología un problema artificial: la inevitable transmisión de culpa de Adán hacia todos sus descendientes, incluyendo Jesús; un problema que solamente puede ser resuelto a través de solución igualmente artificial: la doctrina de que Cristo vino a esta tierra en la naturaleza no caída de Adán.

Nuestra posición de que todos los seres humanos heredan la debilidad de Adán pero no heredan la culpa, estoy convencido, es lejos el mejor entendimiento de las Escrituras, y es el único entendimiento posible de los consejos inspirados que han llegado a nosotros a través de Ellen White, tal como este, uno de los más simples y claros, y sin embargo es una de las declaraciones más significativas:

"Aquello que tú puedes ser, El lo fue en la naturaleza humana".[35]

Notas:

1. L. Berkhof, Systematic Theology (Grand Rapids, Wm. B. Eerdman´s Publishing Company, 1976); William G. T. Shedd, Dogmatic Theology (Grand Rapids, Zondervan Publishing House); Augustus Hopkins Strong, Systematic Theology (Old Tappan, Fleming H. Revell, 1975).

2. N. P. Williams, The Ideas Of The Fall And Of Original Sin (New York, Longman, Green & Co., 1927), p. 320.

3. Eugene Portalie, A Guide To The Thought Of St. Augustine (Chicago, Henry Regnery & Co., 1960), p. 7.

4. Ibid.

5. Portalie, op. cit., p. 13.

6. J. N. D. Kelly, Early Christian Doctrines (New York, Harper & Bros., 1960), p. 365.

7. Reginald Steward Moxon, The Doctrine Of Sin (New York, George H. Doran Co., 1920), p. 138.

8. Ibid.

9. Kelly, op. cit., pp. 361-369.

10. Williams, op. cit., p. 376.

11. Williams, op. cit., p. 370.

12. Henri Rondet, Original Sin (New York, Ala House, 1972), pp. 123-132.

13. Moxon, op. cit., p. 135.

14. Strong, op. cit., p. 621.

15. Berkhof, op. cit., p. 245.

16. Moxon, op. cit., p. 165.

17. Williams, op. cit., p. 424.

18. H. Shelton Smith, Changing Conceptions Of Original Sin (New York, Chales Scribner´s Sons, 1955).

19. Ellen White, Patriarcs and Prophets (Mountain View, Pacific Press, 1958), p. 42.

20. Ellen White, "They That Have Done Good", Signs of the Times, August 29, 1892.

21. Ellen White, The Great Controversy (Mountain View, Pacific Press, 1950), p. 489.

22. Ellen White, Christ´s Object Lessons (Washington, Review and Herald Publishing Co., 1941), pág. 331.

23. El Hogar Adventista:127.

24. 5T: 513.

25. Ministerio de Curación:318.

26. DTG:125.

27. PP: 306.

28. Carta Baker, página 1.

29. Ellen White atribuye la muerte de infantes a la separación del árbol de la vida, no a la culpa heredada. Vea la página 19.

30. Manuscrito 1, 1892.

31. DTG:311-312.

32. YI: 23/08/94.

33. Australian Signs of the Times, 14-09-1903.

34. Signs of the Times, 29-08-1892.

35. Carta 106, 1896.

# Apéndice D – Yo Solo; El Predicamento de Pablo en Romanos 7

Hemos visto que uno de los textos favoritos usados por Ellen White y sus contemporáneos en sus análisis de la naturaleza de Cristo y la obra muy cercana de la salvación efectuada por Cristo fue. (Romanos 8:30)

Dios envió a Su propio Hijo en semejanza de carne pecaminosa, y murió por el pecado, condenó al pecado en la carne.

Ellos entendieron "en semejanza de carne pecaminosa" como queriendo decir que Cristo vino a esta tierra en la naturaleza caída del hombre. Ellos entendieron "condenó al pecado en la carne" como queriendo decir que Cristo enfrentó al enemigo y lo venció en su propio bastión, la carne pecaminosa del hombre. A través de estos medios Él les dejó claro a todos que el hombre en carne pecaminosa puede vivir sin pecar, a través del poder de Dios.

Ellos, por eso, entendieron Romanos 7 a la luz de estas dos grandes realidades. Ya que los Calvinistas ofrecen una interpretación totalmente diferente de Romanos 7, el siguiente material es colocado a disposición para propósitos de comparación.

El apóstol Pablo esta envuelto. Él estaba preocupado. Él cuidaba tan profundamente las personas por las cuales él trabajaba, y se identificaba a sí mismo tan completamente con sus intereses, que él pudo escribir:

"Si la carne hace con que yo ofenda a mi hermano, no comeré carne mientras el mundo permanezca". (1 Cor. 8:13)

Su ardiente afección por sus conversos es expresada en (Fil. 4:1)

"Por eso, mis hermanos, muy amados y deseados, mi gozo y mi corona, estad así firmes en el Señor, mis queridos amados.

Su naturaleza sensible estaba herida profundamente por una separación temporaria de los Corintios, a quienes él había traído a Cristo, y cuando los mal entendidos entre ellos fueron aclarados, su gozo no conoció límites. (Ver 2 Cor. 7)

Pero la carga más pesada de su corazón era por los Judíos, Israel, el pueblo escogido, el árbol que el propio había plantado. Todas las veces que él fue a predicarles a los gentiles, todas esas veces él volvió a los Judíos, esperando, orando, anhelando su salvación.

"Digo la verdad en Cristo, no miento, mi consciencia también me hace dar testimonio en el Espíritu Santo, que tengo un gran peso y continua pena en mi corazón. Porque podría desear que yo mismo fuese maldito por Cristo por mis hermanos, mis parientes de acuerdo con la carne". (Rom. 9:1-3)

El libro de Romanos, en el cual estas conmovedoras palabras fueron escritas, reflejan los sinceros esfuerzos de Pablo a favor de los Judíos. En el capítulo siete encontramos un ejemplo clásico de la simpatía, la empatía, la devoción por el bien del pueblo Judío, que está expresada en (1 Cor. 9:20-22)

"Para los Judíos me he hecho Judío, para que pueda ganar a los Judíos; para aquellos que están bajo la ley, como si estuviese bajo la ley, para que pueda ganar a los que están bajo la ley... Me he hecho todas las cosas a todos los hombres, para que pueda por todos los medios salvar algunos".

Este séptimo capítulo de Romanos a menudo ha sido analizado por escritores cristianos desde que escrito por la primera vez por Pablo. En él vemos un cuadro gráfico de un hombre en dificultad, un hombre en angustia (sufrimiento), un hombre que parece estar destinado a fallar y a ser derrotado en su vida espiritual. Él parece haber sido cogido en una tensión entre sus propias tendencias y deseos pecaminosos, y los justos requerimientos de la santa ley de Dios. El capítulo habla en términos móviles a respecto de tentaciones resistidas pero no vencidas, de objetivos no alcanzados, de propósitos no cumplidos, de ideales mantenidos pero no conseguidos, de una victoria que es deseada pero no ganada, de un conflicto que es doloroso y que termina uniformemente en derrota. Y este hombre desafortunado es identificado por el pronombre personal "yo". En una forma substantiva, objetiva o posesiva el pronombre personal singular aparece 46 veces en los versos 7-25, los cuales describen el predicamento de este perdedor nacido, este hombre derrotado.

¿Quién, es entonces, esta persona, este hombre? ¿Quién es el "yo" de Romanos 7? Procedamos cuidadosamente. Hay envueltas profundas implicaciones teológicas en nuestra conclusión. Nuestro punto de vista sobre la naturaleza de la salvación en sí misma puede depender de nuestra respuesta a esta pregunta. El capítulo es claramente un caso para ser estudiado, y está colocado delante de nosotros de una manera tan específicamente detallada, que sentimos que fue hecho definitivamente así. ¿Pero de qué? ¿Quién es este hombre de Romanos 7 que continuamente anhela aquello que él no puede alcanzar, y vive en una continua e irrompible frustración y derrota?

Dos sugestiones importantes han sido colocadas por los escritores cristianos a través de los siglos:

1.- El hombre de Romanos 7 es el hombre no regenerado, no convertido, cuyo corazón está naturalmente en rebelión contra Dios y Su santa ley. Como no tenemos una razón para creer que Pablo estuvo alguna vez en esta condición de rebeldía, se propone que Pablo estaba simplemente identificándose a sí mismo con el hombre rebelde, no regenerado, simplemente con propósitos de comunicación, así como los predicadores lo hacen a menudo ahora.

2.- El hombre de Romanos 7 es el propio Pablo en su experiencia regenerada, convertida, después de haber llegado a conocer a Cristo. Esto por lo tanto prueba que la victoria sobre la tentación y el pecado no es posible para los cristianos en esta vida. Si Pablo no pudo parar de pecar, aun a través del poder de Cristo, es seguro de que nadie más puede parar de pecar.

El problema que encontramos cuando consideramos estas dos alternativas es que ninguna es fácil de ser defendida. Ninguna soporta muy bien la investigación.

Si preferimos la primera, que el hombre de Romanos 7 es el hombre no regenerado, no convertido, pecador rebelde, tenemos dificultades para responder preguntas como estas:

¿Confiesan los pecadores no regenerados que la ley de Dios es santa, justa y buena? (verso 12).

¿Tales tipos de hombres reconocen que la ley es espiritual, pero que "yo soy carnal"? (verso 14).

¿Los hombres no regenerados apelan que no es por ellos mismos que el mal es hecho? (verso 17).

¿Los hombres no regenerados hacen el bien? (verso 18).

¿Dicen los hombres no regenerados, "el bien que quiero hacer, no lo hago, pero el mal que no quiero, ese hago"? (verso 19).

¿Dicen los hombres no regenerados, "me regocijo en la ley de Dios en el hombre interior"? (verso 22).

Sería difícil responder si a cualquiera de estas preguntas. En nuestra experiencia humana no escuchamos a hombres no regenerados alabando la santa ley de Dios. Mas bien la maldicen. Tampoco admiten que la ley de Dios es espiritual, pero que ellos son carnales. Ellos tratan de ser defensivos en su condición. Ellos no odian el mal que hacen; más bien lo aman. Ellos no desean hacer el bien; ellos desean hacer el mal. Y ellos ciertamente no se "regocijan en la ley de Dios en el hombre interior". Ellos odian la ley, se sienten condenados por ella, y la temen. Aquellos de nosotros que hemos vivido en una condición no regenerada creemos que el cuadro que las palabras de Pablo pintan no describe correctamente nuestra experiencia.

Así, encontrando difícil de defender la primera posición, que el hombre de Romanos 7 es el hombre no convertido, no regenerado, que vive en rebelión contra Dios, vamos a considerar la segunda, que el hombre de Romanos 7 es el hombre cristiano convertido, regenerado, el que encuentra que aun estando en Cristo, no puede dejar de pecar.

Muy luego encontramos problemas. ¿Cómo podríamos responder preguntas como estas?

¿Por qué diría Pablo, "yo soy carnal" (verso 14) y en el mismo análisis dice, "la mente carnal es enemistad contra Dios"? (Rom. 8:7)

¿Por qué diría Pablo, "yo estoy vendido al pecado" (verso 14) y en el mismo análisis dice, "habiendo sido liberado del pecado"? (Rom. 6:18)

¿Por qué diría Pablo que él encuentra imposible en poder parar de hacer el mal que él odia (versos 15-23) y en el mismo análisis él escribe.

que la justicia de la ley puede ser cumplida en nosotros que caminamos conforme a la carne, sino conforme el espíritu. (Rom. 8:4)

¿Por qué se describiría Pablo a sí mismo como estando "cautivo a la ley del pecado" (verso 23) y en el mismo análisis escribe.

pero ahora siendo liberado del pecado, y siendo siervos de Dios, tenéis como vuestro fruto la santificación... (Rom. 6:22)

Y trasladando la materia del análisis abstracto a la vida real, ¿creemos que Pablo quería parar de jurar, pero no podía; que él quería parar de robar, pero no podía; que él no quería continuar cometiendo adulterio, pero no podía? ¿O aun que él quería parar de imaginarse a sí mismo haciendo estas cosas, pe-ro no podía? ¿Cómo pudo entonces escribir en (2 Cor. 10:5) derribando imaginaciones... y llevando cautivo todo pensamiento a la obediencia de Cristo?

Si nosotros ampliamos el contexto para incluir todos los escritos de Pablo, quedamos impresionados con la ausencia de derrotismo y con la nota de victoria que los impregna. Las limitaciones de espacio impiden que coloquemos aquí todos los textos de victoria, pero podemos incluir algunos más representativos:

"Puedo hacer todas las cosas a través de Cristo que me fortalece". (Fil. 4:13)

"De modo que si alguno está en Cristo, nueva criatura es; las cosas viejas pasaron; he aquí todas son hechas nuevas". (2 Cor. 5:17)

"Yo estoy crucificado con Cristo: no obstante yo vivo, pero no yo, sino Cristo vive en mí...". (Gal. 2:20)

"Ahora sobre Él que es capaz de hacer extremamente abundante sobre todo lo que nosotros pedimos o pensemos, de acuerdo con el poder que opera en nosotros". (Efe. 3:20)

"Y renovaos en el espíritu de vuestra mente; y vestíos del nuevo hombre, creado según Dios en la justicia y santidad de la verdad". (Efe. 4:23-24; ver también 1 Cor. 10:13; 2 Cor. 10:4-5; Gal. 5:16,20-25; Efe. 2:1-6; Efe. 5:25,27; Efe. 6:10-17; Fil. 2:13; etc.)

Así encontramos que la segunda opción, de que el hombre de Romanos 7 es el cristiano convertido, regenerado, es decir, el propio Pablo, también es difícil de defender. ¿No hay ninguna otra solución?

Afortunadamente, sí existe. No estamos limitados a estas dos alternativas. Una tercera sugestión ha sido hecha, y ha sido apoyada por teólogos tales como Arminio y Wesley, y por testigos tan antiguos como Irineo, Tertulio, Orígenes, Cipóleo, Crisóstomo, Basileo el Grande, Teodoro, Cirilo de Alejandría, Macario, Juan de Damasco, Teofiláctéo, Ambrosio, Jerónimo, Clemente de Alejandría, Virgilio, Procopio de Gaza, Bernardo de Calirveaux, León el Grande, Gregorio Nazianzeno, Gregorio de Niza, y el propio Agustín.[1]

Lo que tal vez sea más directo, es que este tercer punto de vista es fuertemente apoyado por las propias palabras de Pablo en el texto original Griego.

¿Cuál es el tercer punto de vista? Que el hombre de Romanos 7 no es ni el no regenerado rebelde contra Dios, ni el cristiano convertido y regenerado, sino que es el hombre "bajo la ley", el Judío que quiere hacer la voluntad de Dios pero que no acepta a Cristo; solamente un tipo de hombre así como Pablo fue antes de su experiencia en el camino de Damasco. Pablo puede hablar de este hombre como "yo" con toda precisión, porque él está describiendo una experiencia que él mismo tuvo antes de que conociera a Cristo. Aun cuando no describe su experiencia actual, él enfatiza y se identifica a sí mismo con este hombre y su predicamento tal como está indicado en (1 Cor. 9:20)

"Para los Judíos me he hecho Judío, para que pudiese ganar a los Judíos; para aquellos que están bajo la ley, como si estuviese bajo la ley, para que pudiese ganar a aquellos que están bajo la ley".

Haríamos bien en recordar que en la visión del mundo de Pablo todos los seres humanos estaban divididos en tres grupos: aquellos sin ley, aquellos bajo la ley y aquellos bajo la gracia. (También descritos como bajo la ley de Cristo; compare 1 Cor. 9:20-21 con Rom. 6:15, Gal. 4:4-5 y Gal. 5:18; etc.)

Aquellos sin ley eran los paganos, no regenerados rebeldes contra Dios; aquellos bajo la ley eran los Judíos que profesaban estar haciendo la voluntad de Dios mientras rechazaban a Cristo; y aquellos bajo la gracia que eran los paganos o Judíos que habían aceptado a Cristo.

Encontramos esta tercera posición mucho menos vulnerable que las otras dos. No tenemos problemas ni con la caracterización ni con la descripción. Cualquier hombre, creemos, que tratase de hacer la voluntad de Dios sin un relacionamiento con Cristo sería como tener una experiencia del tipo que Pablo nos coloca. No nos encontramos a nosotros mismos luchando para armonizar aparentes discrepancias o contradicciones ni en el contexto inmediato de Romanos o en el mayor contexto de Pablo en sus otros escritos.

Tenemos sí una pregunta, pero, tal como fue sugerido anteriormente, ella puede ser rápidamente respondida a través de un examen de las palabras de Pablo en el lenguaje original. La pregunta es la siguiente:

La larga y gráfica descripción de Pablo del hombre que quiere hacer la voluntad de Dios pero que encuentra imposible de alcanzar, llega a su clímax en (Rom. 7:24)

¡Oh miserable hombre que soy! ¿Quién me librará del cuerpo de esta muerta?

En la primera mitad del verso 25 hay una respuesta, una respuesta a la pregunta

"Yo le agradezco a Dios a través de Jesús Cristo nuestro Señor".

Entonces la última parte del verso 25 presenta un pensamiento que nos llama a reflexionar:

"Y entonces con la mente yo mismo sirvo a la ley de Dios; pero con la carne a la ley del pecado".

Esta es una conclusión fácil y lógica para toda la línea de pensamiento que ha sido presentada. Pero nuestra pregunta es acerca de su relación con las palabras que justamente le preceden:

"Yo le agradezco a Dios a través de Jesús Cristo nuestro Señor".

Aquellos que creen que el hombre de Romanos 7 es el cristiano regenerado ven estas palabras como su mayor evidencia. Ellos creen que aquí se provee una prueba de que Pablo está escribiendo su propia experiencia como cristiano, dispuesto a obedecer la ley de Dios solamente con la mente pero no dispuesto a parar de pecar en su experiencia real de vida.

Aquellos, sin embargo, que creen que el hombre de Romanos 7 es el hombre que trata de hacer la voluntad de Dios mientras rechazan a Cristo ven las palabras:

"Yo le agradezco a Dios a través de Jesús Cristo nuestro Señor" como entre paréntesis, una explosión espontánea de alabanza que interrumpe la línea de pensamiento de Pablo, a la cual él vuelve inmediatamente.

¿Es posible saber cuál de estos tipos de pensamientos es el correcto? Sí. Un examen de algunas palabras en el idioma original responderá satisfactoriamente nuestra pregunta. Este es el pasaje bajo consideración, la última parte del verso 25:

"Así entonces con la mente yo mismo sirvo a la ley de Dios; pero con la carne a la ley del pecado".

Comencemos con el sujeto de la oración, las dos palabras "yo mismo". Estas dos palabras parecen ser muy cortas para expresar el verdadero significado de las palabras de las cuales ellas han sido traducidas. Las dos palabras griegas son "ego autos". La primera palabra, ego, significa simplemente "yo". ¿Pero qué significa "autos"? Tiene un significado mucho mayor que el que le da el inglés (o español en este caso) "mismo". Observemos las definiciones dadas en varios diccionarios Griego-Inglés:

Mismo: intensivo, colocando la palabra la modifica de cualquier otra cosa, enfatizando y contrastando. Gingrich.

Mismo, usado para distinguir una persona o cosa de o contrastarla con otra. Thayer.

De uno mismo, por uno mismo, solo. Lidell y Scott.

De uno mismo, de su propia voluntad, solo. Greenfield.

Ego autos, entonces, nunca sería usado para describir un esfuerzo conjunto o acción, o una relación cooperativa entre dos personas. Significa, enfáticamente, yo solo. En el contexto de Romanos 7 significa yo sin Cristo. Pablo está diciendo:

Yo solo, sin Cristo, con la mente sirvo a la ley de Dios, pero con la carne a la ley del pecado.

Esto armoniza perfectamente con el punto de vista de que en todo el capítulo él está describiendo la experiencia del hombre que no es un rebelde contra Dios, sino que está tratando de hacer la voluntad de Dios mientras rechaza a Cristo. Arndt y Gingrich, en una definición que usa (Rom. 7:25) como ejemplo, nos dan el verdadero significado en este contexto, de ego autos:

Dejado (abandonado) en mis propios recursos, yo solo puedo servir a la ley de Dios como un esclavo, con mi mente.

Autos es una palabra que ha venido siendo usada en el idioma Inglés con un número bastante grande de usos, los cuales reflejan su verdadero significado:

Automóvil – un vehículo con propulsión propia.

Automático – un aparato con un control que actúa por sí mismo.

Autosugestión- una hipnosis hecha por la misma persona.

Autonomía – algo que se gobierna a sí mismo.

Autógrafo – una escritura de uno mismo.

Autobiografía – una historia de su propia vida.

Autopsia – una inspección de uno mismo.

De tal manera que las palabras ego autos, yo solo, nunca serán usadas para describir la experiencia que está descrita en pasajes tales como:

(Gal. 2:20) = Cristo vive en mí.

(Fil. 4:13) = Puedo hacer todas las cosas a través de Cristo que me fortalece.

(Efe. 4:23) = el poder que opera en nosotros.

(Rom. 8:10) = Su espíritu que habita en ti.

Estas expresiones experienciales Paulinas son todas precisamente opuestas a ego autos en lo que ellas dicen de los recursos de Cristo que son colocados a disposición del creyente, donde ego autos significa dejado en mis propios recursos, yo solo. Ellas hablan de unión, la vida unida y el esfuerzo unido del cristiano con Cristo; ego autos habla del individuo, de la vida y del esfuerzo solitario.

El intenso y reflexivo significado de autos: el sujeto y no otro, está indicado en diversas escrituras donde es traducido en la pobre palabra inglesa (como también lo es en español) mismo.

Porque el mismo David dijo. (Mar. 12:36)

Jesús mismo se acercó. (Luc. 24:15)

Jesús mismo se puso en medio de ellos. (Luc. 24:36)

Pues el Padre mismo os ama. (Juan 16:27)

La cual ellos mismos también abrigan. (Hechos 24:15)

Juzgad vosotros mismos. (1 Cor. 11:13)

La acción es siempre individual, y diferente de las acciones o de la asistencia de otros; de tal manera que cuando Pablo dice ego autos en (Rom. 7:25), su significado es:

Yo, de mis recursos propios, yo sin Cristo, yo solo, con la mente sirvo a la ley de Dios, pero con la carne a la ley del pecado.

Esto enfáticamente no es la experiencia del hombre regenerado, el cristiano que hace todas las cosas en el campo espiritual en y con y a través del poder de Cristo.

Veremos ahora otra expresión en el verso 25, y las dos palabras así entonces:

"Así entonces con la mente yo mismo sirvo a la ley de Dios; pero con la carne a la ley del pecado".

Las dos primeras palabras de la sentencia en Griego son ara aún. Nuevamente establecemos rápidamente el significado de la primera palabra, ara, que significa simplemente por eso, o así entonces, o así que. ¿Pero qué quiere decir la palabra aún? Infelizmente, los traductores de la Versión King James no se preocuparon en traducirla al inglés (Nota del traductor: ni tampoco los traductores de la Versión Reina Valera la tradujeron al español). Esto puede ser debido a que el primer uso más común de esta palabra es idéntico al de la palabra ara: por eso, o así que, o así entonces. Aparentemente los traductores sintieron que no había ninguna necesidad de escribir en inglés (o en español), por eso por eso; o así entonces, así entonces; o aun por eso así entonces. Una sola de esas expresiones debiera ser suficiente.

¿Pero qué sucede en el Griego? Pablo usó ambas palabras, como podemos comprobarlo al ver cualquier versión griega del Nuevo Testamento. Pablo no dijo solamente ara, él dijo ara aún. Tendríamos nosotros que suponer que Pablo se olvidó que ya había usado la palabra ara, y que entonces le agregó erróneamente la palabra aún? ¿O que él quiso realmente decir por eso por eso, o así que así qué? Ninguna de estas dos posiciones parecen ser semejantes. ¿Qué hacemos ahora?

Volviendo a nuestros diccionarios, notamos con interés de que ellos dan un segundo uso mayoritario para la palabra aún, y ellos concuerdan en su significado. Ellos dicen que aún es usado:

Para conectar un discurso después de una divagación. Donnegan.

Para resumir un asunto interrumpido. Follet.

Cuando un discurso ha sido interrumpido por cláusulas entre paréntesis, aún sirve para retomarlo. Lidell y Scott.

Para resumir un asunto una vez más después de una interrupción. Arndt y Gingrich.

Para resumir un pensamiento o un asunto interrumpido en una materia interrumpida. Thayer.

(Aún es usado) donde una sentencia ha sido interrumpida por un paréntesis o por cláusulas de intervención, y es retomada nuevamente. Robinson.

Para marcar el resumen de un discurso después de una intervención por paréntesis. Moulton.

Vemos entonces que nuestro entendimiento de Romanos 7 habría sido grandemente incrementado si los buenos traductores de la Versión King James (Nota del traductor: y también de la Versión Reina Valera) no hubiesen dejado la palabra *oun* fuera de sus traducciones. Lo que ahora estamos en condiciones de reconocer es lo siguiente:

Pablo está desarrollando una línea de pensamiento que comienza en Romanos 7, verso 7. En este extenso pasaje él describe con precisión y elocuencia las frustraciones y fallas del hombre que está "bajo la ley". Él es el hombre que ni es un rebelde contra Dios pero que tampoco es un nacido de nuevo en Cristo, pero que está tratando de hacer la voluntad de Dios mientras rechaza la ayuda que solamente puede venir de Cristo. Este es justamente un hombre tal cual Pablo había sido antes. Y en armonía con el celoso espíritu misionero que lo llevó a decir,

Y para los Judíos me hice Judío, para que pudiese ganar a los Judíos; para aquellos que están bajo la ley, como si yo estuviese bajo la ley, para que pudiese ganar aquellos que están bajo la ley,

Pablo se identifica a sí mismo con este hombre desafortunado, como si fuese su propio predicamento, como en realidad una vez lo había sido. Su descripción continua y a través de los versos 22 y 23:

Porque yo me regocijo en la ley de Dios en el hombre interior, pero yo veo otra ley en mis miembros, peleando contra la ley de mi mente, y trayéndome en cautiverio a la ley del pecado que está en mis miembros.

En este punto, la intensidad de sus sentimientos, combinado con el conocimiento personal actual de la frustración del pobre hombre, hizo con que él explotase en una pregunta y una respuesta que interrumpe su línea de pensamiento y entonces abre un paréntesis:

(¡Oh infeliz hombre que soy! ¿Quién me librará del cuerpo de esta muerte? Yo le agradezco a Dios a través de Jesús Cristo nuestro Señor).

Entonces, creyendo que su línea de pensamiento ha sido interrumpida, él advierte al lector a respecto de ello, como también de su intención de volver a su línea de pensamiento, usando la palabra oun. Oun es usado para volver a una línea de pensamiento que ha sido interrumpida. Habiendo tomado esta precaución, él usa las palabras que debieran ser incuestionablemente claras como para indicar de que él aún está hablando acerca de la misma persona que está tratando de hacer la voluntad de Dios sin conseguir tener éxito, porque está separada de Cristo: las dos palabras ego autos, yo solo, dejado en mis propios recursos.

Una traducción fiel de esta última parte del verso 25 sería como sigue:

Así entonces (para volver a mi línea de pensamiento, que fue interrumpida), yo solo con la mente sirvo a la ley de Dios, pero con la carne a la ley del pecado.

La traducción de Moffat del Nuevo Testamento indica el sentido de ego autos de la siguiente manera:

Así, abandonado a mí mismo, yo sirvo a la ley de Dios con mi mente, pero con mí carne yo sirvo a la ley del pecado.

Y para que el lector inglés no consiga entender todo el significado de oun, esta traducción coloca el verso anterior antes de la interrupción, en vez de colocarlo después.

El estudiante cuidadoso querrá comparar otros ejemplos bíblicos del uso de la palabra oun, para resumir una línea de pensamiento después que este ha sido interrumpido, tales como los siguientes (los paréntesis son a veces colocados; la identificación de la palabra que es traducida a partir de la palabra oun es colocada en todos los casos):

Entonces vino Él a una ciudad de Samaria, que se llama Sicar, cerca de la parcela de tierra que Jacob le dio a su hijo José. (Y estaba allí el pozo de Jacob). Jesús entonces (oun), habiéndose cansado con el viaje, se sentó en el pozo: y era aproximadamente la hora sexta. (Juan 4:5-6)

Al día siguiente, cuando la gente que estuvo al otro lado del mar vio que no había ninguna otra barca ahí, a menos aquella en la cual los discípulos habían entrado, y que Jesús no se fue juntamente con sus discípulos en la barca, sino que sus discípulos se habían ido solos; (Pero otras barcas habían llegado de Tiberias junto al lugar donde habían comido pan, después que el Señor había dado gracias). Cuando la gente entonces (oun) vio que Jesús no estaba allí, ni tampoco sus discípulos, ellos también se embarcaron, y llegaron a Capernaum, buscando a Jesús. (Juan 6:22-24)

Y él (Juan) vino a toda la región contigua al Jordán, predicando el bautismo de arrepentimiento para la remisión de pecados: (como está escrito en el libro de las palabras de Isaías, el profeta, diciendo, voz de uno que clama en el desierto, preparad el camino del Señor, enderezad sus sendas. Cada valle será rellenado, y cada montaña y collado será aplanado, y el camino torcido será enderezado, y el camino áspero será suavizado; y toda carne podrá ver la salvación de Dios).

Entonces (oun) le dijo a la multitud que había venido para ser bautizada por él, oh generación de víboras, ¿quién os ha alertado para huir de la ira venidera? (Luc. 3:3-7)

Y Jesús le dijo, hoy ha venido la salvación a esta casa por cuanto él también es hijo de Abrahán. Porque el Hijo del hombre ha venido a buscar y a salvar lo que se había perdido.

(Y cuando ellos oyeron estas cosas, él les agregó y les dijo una parábola, porque ellos creían que el reino de Dios debería aparecer inmediatamente).

Él entonces (oun) les dijo, un cierto hombre noble se fue a un país lejano para recibir por sí mismo un reino, y después volver. (Luc. 19:9-12)

Ahora en cuanto a las cosas ofrecidas a los ídolos, sabemos que todos tenemos conocimiento. El conocimiento envanece, pero la caridad edifica.

Y si algún hombre piensa que él sabe algo, aún no sabe nada, como debiera saberlo. (Pero si algún hombre ama a Dios, el mismo es conocido por él).

Acerca, pues (oun), de las comidas de aquellas cosas que son ofrecidas en sacrificio a los ídolos, sabemos que un ídolo no es nada en el mundo, y que no hay más que un Dios. (1 Cor. 8:1-4)

Pues en primer lugar, cuando os reunís en la iglesia, yo escucho que hay división entre ustedes, y en parte yo lo creo.

(Porque deben haber también herejías entre ustedes, para que los aprobados puedan hacerse manifiestos entre ustedes).

Cuando, pues (oun) os reunís en un lugar, no es para comer la cena del Señor. (1 Cor. 11:18-20)

De estos ejemplos podemos ver que la opinión unánime de los expertos del idioma griego que prepararon los diccionarios, diciendo que oun es usado para resumir una línea de pensamiento después de una interrupción, está bien apoyado por la evidencia bíblica.

Hemos visto que la tercera manera de ver Romanos 7, que el hombre desafortunado identificado por el pronombre personal de la primera persona, es el hombre que trata de hacer la voluntad de Dios mientras se rehúsa a aceptar a Cristo, así como Pablo una vez también lo hizo, fue mantenida por muchos escritores cristianos primitivos y por los líderes reformistas, Arminio y Wesley. Este punto de vista también fue mantenido por Ellen White. Aquí hay un ejemplo típico de su uso de los versos de Romanos 7.

"El pecado no mató a la ley, sino que mató la mente carnal en Pablo. "Ahora estamos libres de la ley declara él por haber muerto para aquélla en que estábamos sujetos, de modo que sirvamos bajo el régimen nuevo del Espíritu y no bajo el régimen viejo de la letra". (Rom. 7:6) "¿Luego lo que es bueno, vino a ser muerte para mí? En ninguna manera; sino que el pecado para mostrarse pecado, produjo en mí la muerte por medio de lo que es bueno, a fin de que por el mandamiento el pecado llegase a ser sobremanera pecaminoso". (Rom. 7:13) "De manera que la ley a la verdad es santa, y el mandamiento santo, justo y bueno". (Rom. 7:12) Pablo llama la atención de sus oyentes a la ley quebrantada y les muestra en qué son culpables. Los instruye como un maestro instruye a sus alumnos, y les muestra el camino de retorno a su lealtad a Dios.

En la transgresión de la ley, no hay seguridad ni reposo ni justificación. El hombre no puede esperar permanecer inocente delante de Dios y en paz con él mediante los méritos de Cristo, mientras continúe en pecado. Debe cesar de transgredir y llegar a ser leal y fiel".[2]

Cuando Arminio estaba defendiendo lo que él entendía por justificación y santificación a la luz de Romanos 7, le fue preguntado: "¿Si no es necesario que un cristiano peque, por qué ellos pecan? Su cuidadosa y considerada respuesta fue que los cristianos pecan porque no hacen uso del poder que Dios les ha otorgado.[3] De tal manera que sus pecados no pueden ser cargados contra Dios, como si fuese una falla de Él en no suplirlos con la gracia y la fuerza necesarias. Nuevamente, notamos la similitud con este punto de vista en los escritos de Ellen White:

"Nuestro Padre celestial mide y pesa cada prueba antes de permitir que le sobrevengan al creyente. Considera las circunstancias y la fortaleza del que va a soportar la prueba de Dios, y nunca permite que las tentaciones sean mayores que su capacidad de resistencia. Si el alma se ve sobrepasada y la persona es vencida, nunca debe ponerse esto a la cuenta de Dios, como que no proporcionó la fortaleza de su gracia, sino que ello va a la cuenta del tentado, que no fue vigilante ni se dedicó a la oración, ni se apropió por la fe de las provisiones que Dios había atesorado en abundancia para él. Cristo nunca le ha fallado a un creyente en su hora de conflicto. El creyente debe reclamar la promesa y hacer frente al enemigo en el nombre del Señor, y no conocerá nada que se parezca al fracaso. Mensaje 6, 1889". 2 Mente, Carácter y Personalidad, Capítulo 50, Fortaleza Para Cada Prueba.

Ego autos, entonces, yo solo, no es definitivamente el secreto del éxito. Aquello que es hecho a través del poder suplido por Dios no puede ser descrito por las palabras ego autos. El creyente que falla en reconocer su necesidad del perdón y de la gracia facultativa de Cristo está destinado a la frustración y a la derrota en la vida cristiana. Este es el mensaje de Romanos 7. Es un mensaje de advertencia, haciendo sonar su trompeta a lo largo de los siglos, contándonos que nunca debemos ser encontrados en la actitud de ego autos: yo solo.

"La Palabra Se Hizo Carne", cuyo autor es el Dr. Ralph Larson (Pastor de la Iglesia Adventista del Séptimo Día en California, Estados Unidos).

Notas:

1. Bangs, Carl, Arminio: Un Estudio en la Reforma Holandesa, pág. 191-192.

2. 1MS:250.

3. Los Escritos de Jaime Arminio, Volumen II, pág. 312-320.

### Libros Para Continuar Comprendiendo Este Precioso Mensaje de 1888

1. Cristología en los Escritos de Elena G. de White, Ralph Larson. (A4)*

2. 1888 Reexamindo, Robert Wieland (A4).

3. El Retorno de la Lluvia Tardía, Ron Duffield (A4).

4. Herido en Casa de sus Amigos, Ron Duffield (A4).

5. Tocado por Nuestros Sentimientos, Jean Zurcher (A4).

6. Oro Afinado en Fuego, Robert Wieland (A4).

7. Carta a los Romanos, Waggoner (A4).

8. El Pacto Eterno, Waggoner (A4).

9. El Evangelio en Gálatas, Waggoner (A4).

10. El Camino Consagrado a la Perfección Cristiana, A. T. Jones (A4)

11. El Mensaje del Tercer Ángel 3 Tomos en 1, A. T. Jones (A4).

12. Lecciones sobre la Fe, Waggoner y Jones (A4).

13. Mensajera del Señor, Herbert Douglass (A4).

14. Cartas a las Iglesias, M. L. Andreasen (A4).

***PRONTO VENDRÁN MAS LIBRO EN CAMINO

* Tamaño del Libro y a letra GRANDE

Para conseguir estos libros por cajas (40% descuento) o un cátalogo con mas de nuestras publicaciones, favor escribirnos a:

lsdistribution07@gmail.com